"CLAMAR E AGITAR SEMPRE"

OS RADICAIS DA DÉCADA DE 1860

JOSÉ MURILO DE CARVALHO

"CLAMAR E AGITAR SEMPRE"

OS RADICAIS DA DÉCADA DE 1860

Copyright © 2018 José Murilo de Carvalho

EDITOR
José Mario Pereira

EDITORA ASSISTENTE
Christine Ajuz

REVISÃO
Cristina Pereira

PRODUÇÃO
Mariângela Felix

CAPA
Miriam Lerner | Equatorium

DIAGRAMAÇÃO
Arte das Letras

CIP-BRASIL. CATALOGAÇÃO NA FONTE.
SINDICATO NACIONAL DOS EDITORES DE LIVROS, RJ.

C324c

Carvalho, José Murilo de
    Clamar e agitar sempre: os radicais da década de 1860 / José Murilo de Carvalho. – Iª ed. – Rio de Janeiro: Topbooks, 2018.
    365 p.; 23 cm.

    ISBN 978-85-7475-276-1

    1. Brasil – História. 2. Brasil – Política e governo. 3. Movimentos sociais – Brasil – História. I. Título.

18-49969   CDD: 981.04
                                                                          CDU: 94(81)

TODOS OS DIREITOS RESERVADOS POR
Topbooks Editora e Distribuidora de Livros Ltda.
Rua Visconde de Inhaúma, 58 / gr. 203 – Centro
Rio de Janeiro – CEP: 20091-007
Telefax: (21) 2233-8718 e 2283-1039
topbooks@topbooks.com.br/www.topbooks.com.br
Estamos no Facebook e no Instagram.

SUMÁRIO

Apresentação 9

Parte I
NASCIMENTO, VIDA E MORTE DO RADICALISMO

Os agitados anos 1860 15
1853: a reforma partidária de Paraná 19
Anos 1860: instabilidade partidária e debate político 29
O surgimento do radicalismo 31
As conferências radicais: palco e público 32
Quem eram os radicais? 41
Conferências e clubes radicais fora da capital 43
A postura dos radicais 45
As ideias radicais 47
O legado dos radicais 54

Parte II
AS CONFERÊNCIAS RADICAIS

As Conferências do Clube Radical do Rio de Janeiro 71
As Conferências do Clube Radical Pernambucano 263
As Conferências do Clube Radical Paulistano 323
Cronologia 353

Fontes e bibliografia 357
Bibliografia de apoio 363

APRESENTAÇÃO

Este trabalho tem dois antecedentes. O primeiro deles é o levantamento dos panfletos da Independência levado a cabo por Lúcia Bastos, Marcello Basile e por mim, de que resultaram quatro volumes publicados pela Editora da UFMG (2014). Diante da riqueza do material levantado e da importância que revelou para o esforço de compreensão daquele momento fundador do país, ocorreu aos autores estender a pesquisa aos períodos do Primeiro Reinado, da Regência e do Segundo Reinado. Este livro é uma primeira contribuição, de minha exclusiva responsabilidade, a esse esforço, uma vez que várias das conferências que reproduz foram publicadas, na íntegra ou resumidamente, e se encaixam na definição de panfleto.

Um segundo antecedente tem a ver com vários trabalhos que escrevi sobre a história política e intelectual do Segundo Reinado. Esses trabalhos tiveram início em minha tese de doutoramento (1975) e não sofreram interrupção desde então. A obra atual distingue-se, no entanto, tematicamente das anteriores por trabalhar antes com os esforços políticos e intelectuais de desconstrução da ordem, quando a tese enfocava sua construção, e metodologicamente por recorrer a uma fonte quase totalmente desconhecida dos estudiosos do período, a saber, as conferências radicais pronunciadas na Corte, na cidade de São Paulo, no Recife e em algumas outras cidades de menor porte. Dezoito das 26 realizadas são aqui reproduzidas e comentadas. Elas constituem preciosa documentação sobre o debate político da época.

A pesquisa envolveu o levantamento mais completo possível dos jornais radicais, sobretudo do *Opinião Liberal* e do *Correio Nacional*, ambos publicados na Corte, e do *Radical Paulistano*, publicado em São Paulo. O *Opinião Liberal*, porta-voz do Clube Radical do Rio de Janeiro, publicou na íntegra várias conferências do Rio de Janeiro e do Recife. O *Radical Paulistano*, porta-voz do Clube Radical Paulista, divulgou resumos das conferências pronunciadas em São Paulo. Não foi encontrado jornal recifense que tenha publicado as conferências realizadas naquela capital, encarregando-se disso o *Opinião Liberal*. Foram ainda consultados, posto que mais esparsamente, *A Reforma*, *A República*, o *Jornal do Commercio*, entre outros. Na realização da pesquisa, contei com a preciosa colaboração de Elisana Furtado de Lira Kauffmann, a quem ficam aqui registrados meus agradecimentos. É também de justiça anotar que o trabalho de digitalização de jornais e revistas realizado pela Hemeroteca Digital da Biblioteca Nacional facilitou enormemente a pesquisa.

Para facilitar aos leitores de hoje o acesso aos textos das conferências, a ortografia, a pontuação e o emprego de maiúsculas foram atualizados. Como se trata de conferências estenografadas para serem depois impressas (nenhum dos conferencistas parece ter lido seus discursos), havia o risco de interferência dos estenógrafos, ou dos tipógrafos, no texto. Mas não há nas fontes registro de qualquer queixa nessa direção. Por outro lado, o fato de terem sido falados conferiu aos textos sabor especial que variava de acordo com a habilidade retórica de cada orador.

Por fim, cabe ressaltar a originalidade da técnica de comunicação utilizada pelos radicais, a conferência pública, antes muito pouco empregada no Brasil. Em si, a tentativa já revelava nova postura política, qual seja, a tentativa de falar a um público mais amplo do que aquele que lia jornais ou acorria às galerias da Câmara e do Senado. Pelo esforço, pela sincera preocupação com os problemas do país e pelas ideias que pregavam, "clamando e agitando sempre", atacando as falhas do sistema político, sobretudo as que diziam respeito à representação política e à garantia das liberdades dos cidadãos, os radicais merecem o reconhecimento de sua luta, independentemente do fato de terem tido pouco impacto na vida política do país. Nesse relativo fracasso não estavam e não estão sós: quem jamais conseguiu fazer reformas radicais neste país que eles chamavam de Bizâncio da América?

Na organização do livro, tenho a agradecer a ajuda da professora Norma Cortes, sempre aguda e certeira em suas críticas. Na publicação, o reconhecimento vai para o editor da Topbooks, José Mario Pereira.

PARTE I
Nascimento, vida e morte do radicalismo

OS AGITADOS ANOS 1860[1]

Por alguma razão, a historiografia, particularmente a das ideias, não tem dado a atenção devida aos anos 1860. Pode-se especular que, no que refere à história política, uma das razões tenha sido o fato de que a década, juntamente com a de 1850, tenha ficado imprensada entre a de 1840 e a de 1870. A de 1840, sem falar da Regência, foi de constante agitação. Iniciou-se com o golpe da Maioridade, promovido pelos liberais para derrubar os conservadores, no poder desde 1837. Em 1841, voltaram os conservadores. Enquanto isso, a 4ª Legislatura (1838-1841) aprovou três projetos regressistas que deram motivo a novas revoltas e polêmicas de longa duração. Foram eles a interpretação do Ato Adicional (1840), a Reforma do Código de Processo Criminal (1841) e a restauração do Conselho de Estado (1841). Como reação, e enquanto ainda persistia a revolta separatista da Farroupilha, revoltaram-se em 1842 os liberais de São Paulo, Minas e Rio de Janeiro.

---

[1] Este trabalho faz uso de algumas ideias expostas em outros textos do autor, sobretudo em "As conferências radicais do Rio de Janeiro: novo espaço de debate", em José Murilo de Carvalho, org. *Nação e cidadania no Império: Novos horizontes*. Rio de Janeiro: Civilização Brasileira, 2007, 17-41; *"Radicalismo e republicanismo"*, em José Murilo de Carvalho e Lúcia Maria Bastos Pereira das Neves, orgs., *Repensando o Brasil do Oitocentos: Cidadania, política e liberdade*. Rio de Janeiro: Civilização Brasileira, 2009, 19-48; e "O radicalismo político no Segundo Reinado", em André Botelho e Lilia Moritz Schwarcz, orgs., *Um enigma chamado Brasil: 29 intérpretes e um país*. São Paulo: Cia. das Letras, 2009, 32-45.

Ao cair o Partido em 1848, sua parcela pernambucana recorreu a mais uma rebelião.

Nada tão excitante sucedeu nos anos 1860, muito menos nos 1850. Os liberais, mesmo os remanescentes de 1842 e de 1848, tinham renunciado à revolta armada, convencidos de sua inviabilidade. O único acontecimento marcante na política interna foi a queda dos progressistas em 1868, já quase ao final da década. Nos anos 1850, só causou alguma sensação a política conciliatória introduzida em 1853 pelo então visconde do Paraná.

Pode-se alegar, no que se refere à década de 1860, que a atenção pública foi canalizada para a Guerra da Tríplice Aliança contra o Paraguai. De fato, a guerra teve profundas consequências políticas, econômicas e sociais e tem, com justiça, merecido ultimamente a atenção dos historiadores, com importantes renovações interpretativas.[2] Mas ela ocupou apenas a segunda metade da década e seu principal efeito sobre a política interna só se fez sentir em 1868.

No que diz respeito à história intelectual, preocupação central deste livro, talvez a principal razão do descaso pelos anos 1860 tenha sido a influência das ideias de Sílvio Romero. Respondendo a discurso de Euclides da Cunha na Academia Brasileira de Letras, em 18 de dezembro de 1906, afirmou ele: "Um bando de ideias novas esvoaçou sobre nós de todos os pontos do horizonte."[3] O esvoejar teria começado, segundo ele, em 1868, ano que considerava como fundador pela razão de ter sido aquele em que seu ídolo, Tobias Barreto, iniciara no Recife sua "evolução crítica".[4] Nossa história intelectual engoliu os dois anos finais da década e consagrou a expressão "Geração de 1870" como

---

[2] Entre os novos estudos sobre a guerra, destaca-se o excelente *Maldita Guerra*, de Francisco Doratioto (Companhia das Letras, 2002).
[3] ABL. *Discursos acadêmicos.* Tomo I, 1897-1919, Rio de Janeiro, 2003, p. 285.
[4] Ironicamente, tendo em vista a ojeriza que Sílvio Romero nutria pelos positivistas ortodoxos, a expressão "ano da evolução crítica" de Tobias Barreto lembra muito o ano da "regeneração moral" de Comte (1844), aquele em que o filósofo encontrou Clotilde De Vaux.

sendo a responsável pela renovação anunciada por Sílvio Romero, entendendo-se Geração de 1870 como a daqueles que começaram nessa década a participar do debate político e intelectual.⁵ Com isto, a década anterior foi alijada da atenção dos analistas, como se nada de importante em matéria de pensamento tivesse sido nela produzido.

Não quero com isso dizer que não tenha havido inovação a partir dos anos 1870. Seria cair na mesma parcialidade de Sílvio Romero. No texto citado, ele afirmou, agora corretamente, que as novas ideias que esvoaçaram sobre o Brasil eram filosofias importadas da Alemanha, França e Inglaterra: os positivismos, os darwinismos, os organicismos, as teorias raciais, o cientificismo em geral, e suas respectivas filosofias da história. Essas novas ideias vieram, ainda segundo o autor, substituir nosso escolasticismo, ecletismo, beletrismo. Seu viés a favor das novas filosofias era tão forte que alguns dos grandes debates políticos travados nos anos 1860, baseados em nossa vivência política, como os travados entre o visconde do Uruguai e Zacarias de Gois e Vasconcelos sobre o Poder Moderador, ou entre o mesmo visconde e Tavares Bastos sobre a centralização política foram vistos por ele como bizantinismo, e as *Cartas de Erasmo* e outros textos de José de Alencar, um dos mais originais pensadores políticos do Segundo Reinado, foram descartados como divagações.

É claro equívoco, fruto do culto à personalidade de Tobias Barreto, desprezar as análises políticas da década de 1860 – de contorno mais jurídico, mais institucional, mais voltado para a atuação dos agentes políticos – por não se basearem nas esvoaçantes novas ideias vindas da Europa. Nessa década foram produzidas as mais ásperas críticas às principais instituições políticas e sociais do Império, como o Poder Moderador, as eleições, os partidos, a religião oficial, o sistema judiciário, a escravidão. A ênfase excessiva, se não exclusiva, na Geração de 70 exclui os pensadores e militantes da década anterior, autênticos representantes do nosso pensamento político.

---

⁵ O mais completo estudo dessa geração foi feito por Ângela Alonso em *Ideias em movimento: a geração 1870 na crise do Brasil Império*. São Paulo: Paz e Terra, 2002.

Em parte como consequência desse apagamento da década de 1860, só recentemente textos clássicos do período, como os mencionados acima e outros, têm sido visitados.[6] Os panfletos políticos da época, que são dezenas, têm merecido pouca atenção. As conferências radicais, pronunciadas em teatros da Corte, de São Paulo e do Recife, entre 1869 e 1870, têm sido totalmente ignoradas. Experiência inédita entre nós de levar o debate político para um espaço público novo, além da tribuna parlamentar e da imprensa, as conferências são o principal objeto deste estudo.

O que se pretende demonstrar, com base forte, mas não exclusiva, nas conferências radicais, pronunciadas em teatros da Corte, de São Paulo e do Recife, entre 1869 e 1870, têm sido totalmente ignoradas. Experiência inédita entre nós de levar o debate político para um espaço público novo, além da tribuna parlamentar e da imprensa, as conferências são o principal objeto deste estudo.

O que se pretende demonstrar, com base forte, mas não exclusiva, nas conferências radicais é que a década de 1860 pode ter sido a mais fértil de todo o Segundo Reinado em termos de pensamento e de debate político. Seria exagero chamá-la de *roaring sixties*, à semelhança dos *roaring twenties* do século XX. Mas pode-se dizer que em nenhuma outra se discutiram tanto os grandes temas políticos, institucionais e sociais do país. Discutiu-se nos livros, na imprensa, no Parlamento, em panfletos, em conferências públicas. Mais ainda, foi nessa década que se formularam as propostas mais radicais de reforma social e política durante o Segundo Reinado. A se manter o conceito de geração, definindo-o, no entanto, como deve ser feito, pelo ano de nascimento, poder-se-ia dizer que o impulso reformista veio da Geração Segundo Reinado, aquela nascida nos anos finais da Regência e que passou a atuar durante a década de

---

[6] A Coleção *Formadores do Brasil* da Editora 34, ideada e dirigida por Jorge Caldeira, contribuiu para o início da recuperação desse debate, publicando textos de Uruguai, Zacarias, e mesmo de autores mais antigos, como Cairu, Feijó e Vasconcelos. Infelizmente, a iniciativa foi interrompida.

1860.[7] A marca principal dessa geração no campo político era o fato de não ter vivido as guerras do período regencial e dos anos 1840, quando a própria sobrevivência do Império e da Monarquia estava em questão. Ela se sentia livre dos fantasmas do passado, livre para pregar reformas sem o receio de ser acusada de ameaçar a integridade do país e a ordem social. Muitos dos novos militantes eram mesmo filhos dos políticos da Regência e do Primeiro Reinado. Os liberais haviam dito adeus às armas.

Como curiosidade, note-se que os anos 1860 foram tumultuados em vários outros países. Nas Américas, houve a sangrenta guerra civil nos Estados Unidos (1862-1865), a Guerra da Tríplice Aliança na América do Sul (1864-1870), a Guerra do Pacífico da Espanha contra o Peru, a Bolívia e o Chile (1864-1866), a queda e fuzilamento do imperador Maximiliano, primo de d. Pedro II, no México (1867). Na Europa, houve a Revolução Gloriosa na Espanha (1868), que forçou a renúncia da rainha Isabel II, a Guerra Franco-Prussiana de que resultou a queda da Monarquia na França (1870). Quase todos esses eventos tiveram repercussão no Brasil, quando o país não esteve neles diretamente envolvido.[8]

1853: A REFORMA PARTIDÁRIA DE PARANÁ

Antes de falar sobre a década de 1860 e o radicalismo que a caracterizou, convém rever brevemente os acontecimentos que a prepararam. O quinquênio liberal, iniciado em 1844, terminou com a subida dos conservadores em 1848. Seguiram-se cinco anos de total domínio

---

[7] Joaquim Nabuco chama de Câmara *Segundo Reinado* a 9ª Legislatura (1853-56), formada pela geração que tinha estreado na política em 1840. Ver *Um estadista do Império*, p. 139. Esse livro, publicado originalmente em três volumes pela Garnier entre 1897-1899, continua sendo de consulta obrigatória para a história do Segundo Reinado. A edição citada aqui é a da Nova Aguilar S. A., Rio de Janeiro, 1975. A citação está na p. 139.
[8] Seminário organizado no Colégio de México em 2011, com o título de "Os revolucionários sessenta", dedicou-se a estudar esses grandes conflitos. Os textos ainda não foram publicados.

do Partido Conservador.[9] O primeiro gabinete foi chefiado pelo então visconde de Olinda (Pedro de Araújo Lima, ex-regente), continuado pelo do visconde de Monte Alegre (José da Costa Carvalho, também ex-regente) em 1849 e seguido pelo de Joaquim José Rodrigues Torres, futuro visconde de Itaboraí, em 1852. O quinquênio fechou o ciclo das revoltas iniciado na Regência e só encerrado em 1849 com a derrota da Praia. Nele foram aprovadas, por Câmaras conservadoras unânimes, medidas importantes como as leis do fim do tráfico de escravos, de terras, da reforma da Guarda Nacional, e do Código Comercial, além de ter sido definida a política brasileira no Rio da Prata. Abriu-se nova agenda econômica e política para o país. Completamente batidos e convencidos da ineficácia da revolta armada, os liberais tinham voz, e minoritária, apenas no Senado, no Conselho de Estado e na imprensa.

O primeiro indicador político de novos tempos sobreveio em 1853, quando Honório Hermeto Carneiro Leão, então visconde de Paraná (seria feito marquês no ano seguinte) deu início a seu experimento de conciliação política via reforma partidária e eleitoral. Ele estava convicto, e esta convicção foi certamente a razão de sua escolha pelo imperador, de que era tempo de superar os ódios partidários que vinham da Regência e das lutas da década de 1840, de fundar um novo tempo, redefinindo as fronteiras partidárias, superando o bipartidarismo que dividia a política nacional desde 1837.

A grande dificuldade da tarefa em si era acrescida do fato de que, para levá-la adiante, o futuro marquês tinha que enfrentar um doloroso rompimento político com seus correligionários e amigos com os quais, desde o Regresso de 1837, vinha definindo e pondo em prática a política do Partido Conservador. Entre eles destacavam-se Eusébio de Queirós, Paulino José Soares de Sousa (depois visconde do Uruguai) e Joaquim José Rodrigues Torres. Particularmente penoso foi o

---

[9] Uso de propósito o termo conservador em vez de saquarema para enfatizar a natureza política da análise. Saquarema, em boa parte como decorrência do trabalho de Ilmar Rohloff de Mattos, adquiriu conotação mais ampla, envolvendo dimensões sociais e culturais. Ver *O tempo saquarema*. São Paulo: Hucitec, 1987.

afastamento de Paulino, seu colega e amigo desde os tempos universitários em Coimbra.[10] Só não teve que se atritar com Bernardo Pereira de Vasconcelos, que falecera em 1850. Do antigo grupo conservador, restou-lhe apenas Luís Alves de Lima, futuro duque de Caxias, com quem trabalhara no Rio de Prata, e que aceitou participar do ministério. Caxias era do Partido Conservador mas, como dublê de militar e político, nele o vínculo partidário não era tão forte como nos outros.

Pôr em prática plano tão ambicioso e, por cima, indispor-se com os amigos políticos de longa data era empresa temerária que talvez só Paraná tivesse autoridade e legitimidade para levar a cabo naquele momento. Joaquim Nabuco assim pensava ao escrever: "O novo presidente do Conselho era nesse tempo o homem político de maior ascendente no país."[11] A ascendência de Paraná fora conquistada ao longo de já extensa carreira política, pontuada por quatro intervenções marcantes. A primeira foi a reação à tentativa de golpe de 1832. Com a cumplicidade dos regentes e do ministro da Justiça, Diogo Antônio Feijó, a Câmara dos Deputados tentou transformar-se em Assembleia Nacional, passando por cima do Senado, que se opunha a algumas das reformas liberais. Em curto discurso pronunciado em 30 de julho, defendendo a Constituição e a legalidade, o deputado Honório Hermeto, então com 31 anos, parou o golpe em andamento.[12] A segunda verificou-se em 1844 e o colocou em choque com o próprio imperador. Ministro da Justiça, mas verdadeiro organizador do Ministério, embora ainda não existisse a figura de presidente do Conselho de Ministros, quis demitir o inspetor da Alfândega, Saturnino de Sousa e Oliveira, irmão do chefe da facção áulica, Aureliano de Sousa e Oliveira Coutinho. Saturnino publicara na imprensa críticas duras a seu superior hierárquico, o ministro da Fazenda, Joaquim Francisco Via-

---

[10] Para uma análise da visão política conservadora, ver Jeffrey D. Needell, *The party of order*. Stanford: Stanford University Press, 2006.
[11] *Um estadista do Império*, p. 154.
[12] Ver a respeito do episódio, Aldo Janotti, *O marquês de Paraná*, p. 147-167, e Otávio Tarquínio de Sousa, *História dos fundadores do Império do Brasil*. Vol. VIII *Três golpes de Estado*, p. 95-129.

na. Honório Hermeto pediu a demissão do inspetor, o imperador não assentiu, o Ministério demitiu-se.[13] A terceira foi seu esforço, como presidente de Pernambuco em 1849, após a derrota da Praia, de apaziguar os ânimos e garantir a segurança dos derrotados, granjeando o apreço dos próprios praieiros. Finalmente, foi marcante sua missão especial ao Rio da Prata em 1851-1852 como enviado extraordinário e ministro plenipotenciário. Trabalhando em estreita colaboração com Paulino José Soares de Sousa, ministro dos Negócios Estrangeiros, ajudou a definir a política brasileira no Prata.[14]

Paraná, então com 52 anos, convocou para o gabinete políticos jovens, com destaque para José Tomás Nabuco de Araújo, 40 anos, conservador a caminho do liberalismo, José Maria da Silva Paranhos, futuro visconde do Rio Branco, 39 anos, fazendo o percurso oposto, e João Maurício Wanderley, futuro barão de Cotegipe, 38 anos, conservador. Todos eles se tornaram líderes influentes nas três décadas seguintes, tanto no campo liberal como no conservador. O único político veterano das lutas regenciais, além do próprio marquês, era Antônio Paulino Limpo de Abreu, visconde de Abaeté, 55 anos, que vinha das fileiras liberais em direção ao campo conservador. A nomeação mais chocante, no entanto, foi a de Sales Torres Homem para a direção do Tesouro Nacional. O panfletário do *Libelo do povo*, de 1848, virulenta agressão aos Braganças, dava uma guinada de 180 graus e aderia ao campo conservador. Em suma, Paraná atraiu para o Ministério representantes de

---

[13] Ver J. M. Pereira da Silva, *Memórias do meu tempo*, tomo I, 116-119. Tito Franco de Almeida em seu livro *O conselheiro Francisco José Furtado*, publicado em 1867, usou o episódio para denunciar o imperialismo de Pedro II. O imperador, em nota manuscrita feita no livro, justificou-se e concluiu: "O marquês de Paraná relevou-me de qualquer falta que eu houvesse cometido em relação a Carneiro Leão" (p. 33). Mais adiante, à afirmação de Tito Franco de que o marquês se curvara também em 1853, d. Pedro anotou novamente: "O Paraná não se curvava" (p. 74).

[14] Ver sobre o assunto Gabriela Nunes Ferreira, *O Rio da Prata e a consolidação do Estado imperial*. São Paulo: Hucitec, 2006; e *Missão especial de Honório Hermeto Carneiro Leão ao Rio da Prata*, organização do Centro de História e Documentação Diplomática. Rio de Janeiro: Funag, 2001.

uma geração de políticos menos marcada pelas lutas sangrentas anteriores e menos presos a identidades partidárias.

Seu propósito era reformar o sistema partidário e libertá-lo da polarização entre Liberais e Conservadores. Segundo disse no Senado: "Não há mais Saquaremas nem Luzias. As lutas passadas estão terminadas e esquecidas. O governo é conservador progressista, e progressista conservador."[15] Os liberais saudaram com entusiasmo a nova política, os conservadores a acusaram de enfraquecer e desorganizar os partidos e de promover a corrupção da política pela eliminação das identidades políticas.[16]

A principal reforma política introduzida pelo marquês foi a adoção do voto distrital uninominal, isto é, de um deputado por distrito, em substituição ao voto por província. O projeto sofreu forte oposição na Câmara unanimemente conservadora, sobretudo por parte de Eusébio de Queirós, e só foi aprovado porque Paraná fez dele questão de gabinete. A nova legislação, autorizada pelo decreto de 19 de setembro de 1855, foi posta em prática já na eleição da 10ª Legislatura (1857-1860). O impacto foi grande. Reduziu-se drasticamente o peso das lideranças nacionais dos partidos na indicação de candidatos, acabando com o que Paraná chamava de "deputados de enxurrada", segundo ele pouco representativos da população.[17] Em contrapartida, apareceram na Câmara as notabilidades de aldeia, os "tamanduás", como debochava a oposição, entre eles muitos padres e médicos. Se estivesse ain-

---

[15] Citado em J.M. Pereira da Silva, *Memórias do meu tempo*, p. 240. Na Câmara, a política de Paraná foi defendida por Nabuco de Araújo em discurso que ficou conhecido como da "ponte de ouro" (Joaquim Nabuco, *Um estadista*, p. 141-149).

[16] Texto clássico sobre a Conciliação é o panfleto de Justiniano José da Rocha, *Ação, reação, transação*, publicado em 1855, republicado pela Companhia Editora Nacional com introdução de R. Magalhães Júnior em 1956 em *Três panfletários do Segundo Reinado*, de que há segunda edição em 2009 feita pela Academia Brasileira de Letras. Sobre o panfleto, ver Lucia Maria Paschoal Guimarães, "Ação, reação e transação: a pena de aluguel e a historiografia", em José Murilo de Carvalho, org. *Nação e cidadania no Império: novos horizontes*. Rio de Janeiro: Civilização Brasileira, 2007, 71-91.

[17] A reforma eleitoral foi discutida mais largamente em José Murilo de Carvalho, *A construção da ordem/Teatro de sombras*, Rio de Janeiro: Civilização Brasileira, 9ª ed., 2014, p. 199-228 e 391-416.

da vivo, o próprio marquês sentiria na carne as consequências de sua obra: seu filho foi derrotado por um vigário no 14º distrito de Minas Gerais. Filho de ministro ser derrotado era algo impensável no sistema anterior. A consequência mais importante da reforma, no entanto, foi a quebra da unanimidade partidária da Câmara. Na 10ª Legislatura (1857-60), ao lado de 83 conservadores, apareceram 17 liberais, que, na legislatura seguinte (1861-63), já passaram a 20 e na 12ª (1864-66) a 39. Joaquim Nabuco referiu-se à eleição de 1860 dizendo que com ela "recomeça a encher a maré democrática", mas, de fato, o fenômeno já surgira na eleição anterior.[18] A diferença em 1860 é que entre os 23 liberais estava um grupo aguerrido formado pelos irmãos Otoni, Teófilo Benedito e Cristiano Benedito, eleitos pelos 2º e 3º distritos de Minas Gerais, Francisco Otaviano e Saldanha Marinho, pelo 1º distrito do Rio de Janeiro, e José Bonifácio, o Moço, pelo 1º distrito de São Paulo.

Teófilo Otoni encerrara sua desastrada tentativa de colonizar o Vale do Mucuri com trabalhadores europeus e tentava voltar à política. Desde 1859, buscava uma cadeira no Senado. Em 1860, chegou à Câmara, certamente com a ajuda de sua circular aos eleitores de senadores.[19] Era um luzia histórico, legenda viva do liberalismo, presente no cenário político da Corte desde o início da Regência. Em 1860, liderou a campanha eleitoral na Corte ao lado de Saldanha Marinho e Francisco Otaviano. Saíam pelas ruas arengando os votantes e agitando lenços brancos transformados em símbolo da campanha. Foi a primeira experiência de algo parecido com comício político na história do país.[20] A

---

[18] Para esses cálculos, ver José Murilo de Carvalho, *A construção da ordem/Teatro de sombras*, p. 407. Ver ainda Francisco Belisário Soares de Sousa, *O sistema eleitoral no Império*. Brasília: Senado Federal, 1979. 1ª edição em 1872. Para a citação de Nabuco, *Um estadista*, p. 364.

[19] Theophilo Benedicto Ottoni, *Circular dedicada aos senhores eleitores de senadores pela província de Minas Gerais [...]*. Rio de Janeiro: Typ. do Correio Mercantil, 1860. Não conheço uma boa biografia de Otoni. A de Paulo Pinheiro Chagas é puramente laudatória (*Teófilo Otoni, ministro do povo*, Rio de Janeiro: São José, 1956), a de Leônidas Lorentz é um julgamento (*Teófilo Otoni no tribunal da história*, Rio de Janeiro, editora Luna, 1981).

[20] Nabuco, *Um estadista*, p. 364-65.

famosa e temida habilidade de orador popular de Teófilo Otoni chegou ao auge em 1863, quando liderou nas ruas o protesto contra o representante inglês, Douglas Christie. O imperador dizia dele ter sido a pessoa mais inteligente que conhecera.

Após a morte de Paraná, ocorrida em 1856, quando ainda chefiava o Ministério, seguiu-se, até 1868, uma fase de indefinição partidária, uma "época sem fisionomia", como lhe chamou Sales Torres Homem. Sucediam-se rapidamente no governo Ministérios sem nítida definição política, chefiados por antigos conservadores, como Olinda, antigos liberais, como Abaeté, liberais progressistas vindos do Partido Conservador, como Zacarias de Gois e Vasconcelos, não faltando um liberal histórico, Francisco José Furtado. Alguma definição esboçou-se após 1860 quando se começou a falar em uma Liga entre conservadores dissidentes e liberais. Já o primeiro gabinete de Zacarias, em 1862, foi considerado fruto da Liga.[21] No segundo gabinete desse político, em 1864, a Liga já se transformara no Partido Progressista, o primeiro no Brasil a redigir e publicar um programa, tornado público no Senado em 6 de junho de 1864 pelo senador Silveira da Mota.[22] Muito moderado, o programa afirmava explicitamente não buscar reformas da Constituição, eleição direta, descentralização política. Mantinha-se muito preso às temáticas de Nabuco e de Zacarias. Nabuco, um magistrado, preocupava-se com o adequado funcionamento do júri, a separação entre polícia e justiça, a independência do judiciário, o combate à impunidade generalizada, isto é, uma pauta de garantia de direitos civis, embora estreitamente vinculada aos direitos políticos, sobretudo à liberdade do voto. O

---

[21] Sobre a criação da Liga, ver Silvana Mota Barbosa, "A política progressista: Parlamento, sistema representativo e partidos nos anos 1860". Em José Murilo de Carvalho e Lucia Maria Bastos Pereira das Neves, orgs., *Repensando o Brasil do Oitocentos: cidadania, política e liberdade*. Rio de Janeiro: Civilização Brasileira, 2009, 293-324.

[22] Sobre o programa do Partido Progressista, ver A. Brasiliense. *Os programas dos partidos e o Segundo Império*. Brasília: Senado Federal, 1979, p. 25-30. A primeira edição é de 1878.

tema preferido de Zacarias, sobre o qual escrevera um livro de grande repercussão, era o da responsabilidade dos ministros pelos atos do Poder Moderador. Resumidamente, o que ele propunha para o Brasil era um parlamentarismo à inglesa. Embora incompatível com a Constituição, tinha a vantagem de enfrentar um dos grandes cavalos de batalha entre liberais e conservadores desde o início do Segundo Reinado: o do imperialismo. O programa defendia ainda a descentralização administrativa nos termos do Ato Adicional de 1834, embora sem grande ênfase, e o aperfeiçoamento da lei eleitoral no sentido de coibir fraudes.

Mas ficou logo claro que a Liga se formara de dois componentes não ligáveis. Os liberais históricos começaram a radicalizar suas demandas e a disputar a hegemonia aos conservadores dissidentes. O primeiro sintoma do fenômeno foi o aparecimento, em abril de 1866, do jornal *Opinião Liberal*, criado por um grupo de jovens. O jornal prenunciava o radicalismo que desabrocharia três anos depois. Apresentou no ano seguinte a mais radical lista de reformas produzidas no Segundo Reinado.

Como consequência do conflito, o período entre 1864 e 1868 foi o de maior instabilidade ministerial do Reinado. Nenhum gabinete conseguia apoio sólido na Câmara. Nada menos de quatro Ministérios se sucederam, em média de um por ano, sistematicamente derrubados por votações da Câmara, dividida agora entre progressistas e históricos, com a quase total exclusão dos conservadores vermelhos. A instabilidade governamental acontecia em momento dos mais inoportunos, quando o país estava envolvido no mais sério conflito internacional de sua história, a Guerra da Tríplice Aliança, iniciada em 1864 no Ministério Liberal de Francisco José Furtado.

A guerra foi a principal razão da crise que pôs fim, em 1868, ao experimento de Paraná. Vista no início pelos aliados como tarefa para poucos meses, ela se prolongou irritantemente sem dar sinais de fim próximo. A situação agravou-se com a traumática derrota dos aliados em Curupaiti em 22 de setembro de 1866, logo após a nomeação de Zacarias para seu terceiro gabinete. O desastre paralisou as atividades bélicas por um ano, enquanto se agravava o desentendimento entre os chefes militares brasileiros entre si e com os chefes aliados.[23] O progressista Zacarias aceitou nomear o conservador Caxias comandante das tropas brasileiras por julgar ser ele o único líder com autoridade suficiente para acabar com os desentendimentos e o fez ao preço de abrir mão de seu ministro da Guerra, Ângelo Muniz da Silva Ferraz, inimigo de Caxias. Tendo recusado o comando no início da guerra, Caxias o aceitou agora, num pacote que incluía também a saída do almirante Tamandaré, comandante da esquadra e vinculado aos liberais.

Por um ano, as atividades no front resumiram-se a combater o cólera e à reorganização das forças combatentes em preparação para a retomada da ofensiva; na Corte, ferviam intrigas políticas; no país crescia a oposição à guerra. Quando as coisas começaram a melhorar no front com a passagem de Humaitá, uma crise política se instalou na capital do país. Em fevereiro de 1868, chegou ao presidente do Conselho pedido de demissão de Caxias sob a alegação de que correspondência pessoal e jornais da Corte informavam que perdera a confiança do governo. Zacarias, então, pediu sua própria demissão e a questão foi levada pelo imperador ao Conselho de Estado que negou as duas demissões. Colocado diante da disjuntiva demissão do gabinete ou do general, o Conselho dividiu-se. O próprio senador Nabuco, aliado do governo, preferiu, em benefício do êxito da guerra, a conservação do general. Ambos, Ministério e general, permaneceram, mas, segundo Joaquim Nabuco, o governo saiu ferido de morte. Cinco meses depois, em julho de 1868, Zacarias aproveitou o primeiro pretexto que se lhe apresentou, uma escolha de senador, para pedir demissão, recusando-se a indicar sucessor. O imperador, em iniciativa legal, mas temerária, tendo em vista a conjuntura política, resolveu, em 16 de julho, entregar o governo ao mesmo partido do comandante militar, apesar de estar a Câmara dominada

---

[23] Sobre as vicissitudes da guerra, ver o livro de Francisco Doratioto, *Maldita guerra*.

por progressistas e liberais históricos, com apenas nove conservadores em cem deputados. Após 15 anos de ostracismo, o Partido Conservador voltou ao poder na pessoa do visconde de Itaboraí.

A decisão imperial causou reação imediata e virulenta na Câmara, que negou confiança ao novo governo e foi dissolvida. O senador Nabuco de Araújo definiu o ato como ilegítimo e ditatorial. Em 25 de julho, ele reuniu em sua casa progressistas, liberais e históricos, na tentativa de unir a oposição. Houve divergência quanto ao grau de radicalismo das decisões a serem tomadas. Cristiano Otoni, um republicano, insistiu em que se exigisse a extinção do Poder Moderador. Outros propuseram medidas mais radicais e nada se resolveu.[24] Criou-se logo depois um Clube da Reforma e o jornal *A Reforma*. Em novembro, o Clube recomendou aos liberais que se abstivessem de participar nas eleições convocadas pelo governo. Para justificar a decisão, lançou, em março de 1869, um longuíssimo manifesto, assinado por nove senadores, citando exemplos de outros países e chamando o ato do imperador de golpe de Estado. A conclusão, na retórica algo bombástica da época, pregava a disjuntiva: "Ou a reforma ou a revolução", acrescentando logo a seguir: "A reforma para conjurar a revolução".[25] A ameaça de revolução e o recuo imediato refletiam o conflito que dividia o Clube. Nada menos desejável do que a revolução para Nabuco, Zacarias e Francisco Otaviano. Até mesmo antigos revolucionários de 1842 e 1848, como Teófilo Otoni e Chichorro da Gama, que também assinaram o manifesto, àquela altura dos acontecimentos e na idade em que estavam, dificilmente ainda pensariam em recorrer às armas. Mas pode-se bem imaginar o prazer secreto que lhes dava a simples menção da ameaça.

O programa era mais radical do que o proposto no ano anterior. Pedia, entre outras coisas, a responsabilidade dos ministros pelos atos

---

[24] A reunião foi descrita por Américo Brasiliense, que a presenciou (*Os programas*, p. 41-43).
[25] A. Brasiliense, *Os programas*, 203-223.

do Poder Moderador, eleições diretas, reforma policial e judiciária, abolição do recrutamento militar e da Guarda Nacional, Conselho de Estado apenas administrativo, e a emancipação dos escravos. O recrutamento deveria ser substituído pelo voluntariado e a Guarda Nacional por guardas cívicas municipais, cujos chefes seriam nomeados pelas Câmaras Municipais. Entre as novas propostas, estavam algumas autenticamente liberais: a promoção da iniciativa individual, o fortalecimento do espírito de associação, a limitação da interferência do Estado. Eram, sem dúvida, sugestões de Tavares Bastos. Admirador incondicional dos Estados Unidos e leitor de Tocqueville, o jovem alagoano já se firmava como o mais coerente defensor do liberalismo, em aberto confronto com as tradições estatistas e ibéricas do país.

No mesmo ano de 1868, foi criado o Clube Radical. Em março do ano seguinte, foi pronunciada a primeira conferência radical no Rio de Janeiro. Era o fim melancólico do experimento de Paraná.

ANOS 1860: INSTABILIDADE PARTIDÁRIA E DEBATE POLÍTICO

A sacudida política promovida por Paraná criou condições favoráveis ao desabrochar de intenso debate político. Encerradas as guerras de balas, começou a guerra de palavras. Já em 1855, como consequência direta da Conciliação, surgiu o folheto *Ação, reação, transação*, de Justiniano José da Rocha. Texto criativo, embutia a conciliação na dinâmica da história brasileira, vista como um processo dialético em que um período de excesso de ordem foi seguido por outro de exagero de liberdade, completando-se o ciclo num terceiro momento de acomodação. Dois anos depois, Pimenta Bueno publicou o *Direito público brasileiro e a Constituição do Império*, a principal obra do constitucionalismo conservador. Em 1862, Zacarias de Góes e Vasconcelos, já na liderança da Liga Progressista, publicou, de início sob pseudônimo, seu *Da natureza e limites do Poder Moderador*, no qual propunha uma interpretação heterodoxa da Constituição com base nas práticas do parlamentarismo inglês, em que o rei, no caso, rainha, reinava, mas não governava. Do mesmo ano é o *Ensaio sobre o direito administrativo*, do visconde do Uruguai, a mais completa e elaborada formulação do pensamento conservador, escrita quando o visconde já se afastara das lutas partidárias. Contra Zacarias, surgiu em 1864 *Do Poder Moderador*, escrito por Braz Florentino Henriques de Souza.

Em 1868, José de Alencar publicou seu originalíssimo *Sistema representativo*, proposta pioneira de introdução no Brasil do sistema proporcional de votação.[26] Fora do campo constitucional, Tavares Bastos abriu vasto leque de propostas reformistas liberais em *Os males do presente e as esperanças do futuro*, de 1861, nas *Cartas do solitário*, de 1862 e em *A Província*, de 1870, este último uma primeira defesa sistemática da descentralização política, feita sob a inspiração do federalismo norte-americano. Na temática social, apareceu em 1866-67, em três volumes, o monumental *A escravidão no Brasil, ensaio histórico, jurídico e social*, de Agostinho Marques Perdigão Malheiro. O livro era um erudito arrazoado sobre o tema, um apelo à resolução do problema e um alerta para o perigo que representava: o Brasil, segundo o autor, dormia sobre um vulcão.

Foram muitos os panfletos lançados na década, alguns de grande impacto. Um deles foi a *Circular aos eleitores de senadores de Minas Gerais*, de 1860, com que Teófilo Otoni voltou à militância política, tentando eleger-se senador. Outro texto de grande impacto foi a *A conferência dos divinos*, de Ferreira Viana, publicado em 1867. Embora conservador, o autor, com esse vitriólico panfleto, forneceu abundante arsenal antimonárquico aos radicais e, mais tarde, aos republicanos. Destacaram-se ainda *Os cortesãos e a viagem do imperador*, de Landulfo Medrado, de 1860, e *O rei e o Partido Liberal*, de Saldanha Marinho, um dos futuros fundadores do Partido Republicano, de 1869. Vindas também de um conservador, mas profundamente provocadoras foram as *Cartas de Erasmo*, de José de Alencar, de

---

[26] O livro de José de Alencar foi recuperado por Wanderley Guilherme dos Santos em *Dois escritos democráticos de José de Alencar. O sistema representativo*, 1868 e *Reforma eleitoral*, 1874. Rio de Janeiro: Editora da UFRJ, 1991.

1867, dirigidas ao imperador e ao povo. A nova série *Ao imperador: Novas cartas políticas de Erasmo*, expunha a posição conservadora diante da questão da escravidão, colocada em pauta nesse ano pela Fala do Trono.[27]

Medida simples do número de publicações de caráter histórico e político na década, em comparação com o das décadas anterior e posterior, pode ser obtida consultando o *Catálogo da Exposição de História do Brasil*, seção *História do Brasil por épocas*, compilado por Ramiz Galvão. O catálogo lista, para a década de 1850, 28 publicações; para a de 1860, 93; para a de 1870, 101. Vê-se que o grande salto foi dado na década de 1860, quando triplicaram as publicações. Entre as décadas de 1860 e 1870, o crescimento foi quase nulo.[28]

Com seus manifestos e programas, os novos partidos e clubes políticos contribuíram largamente para a expansão e diversificação do debate. Os clubes e conferências radicais, por sua vez, levaram o debate político para além da tribuna, da imprensa e da Corte.

O SURGIMENTO DO RADICALISMO

O programa do Centro Liberal, mais sintético do que o manifesto, listava as cinco principais reformas julgadas necessárias ao país: eleitoral, policial-judiciária, do recrutamento militar, da Guarda Nacional, e da questão servil.[29] A grande novidade do programa era, sem dúvida, a introdução do tema da emancipação. É verdade que ele já fora levantado em 1866 pelo *Opinião Liberal* e em 1867 na Fala do Trono. Mas

---

[27] Sobre a circulação de panfletos na década de 1860, com a análise de alguns deles, ver Silvana Mota Barbosa, "'Panfletos vendidos como canela': anotações em torno do debate político nos anos 1860". Em José Murilo de Carvalho, org. *Nação e cidadania no Império*, 153-183. A lista de fontes ao final deste livro relaciona vários panfletos, sem ser exaustiva.

[28] Ver Ramiz Galvão, org. *Catálogo da Exposição de História do Brasil*, impresso em 1881 e reimpresso em edição fac-similar pelo Senado Federal (Brasília, 1998), Tomo I, p. 478-694. Pode haver pequena variação na contagem das publicações decorrente de diferenças nos critérios de classificação, mas ela não afetará o panorama geral.

[29] Brasiliense, *Os programas*, p. 44-60.

agora, pela primeira vez, simultaneamente ao Clube Radical, um partido adotava a causa, propondo a liberdade dos nascituros e a libertação gradual dos escravos existentes. O Centro reconhecia que a medida não tinha relação íntima com seu objetivo principal, mas era exigência urgente da civilização e um dever do Partido Liberal.

Criou-se no mesmo ano um Clube da Reforma que lançou a 12 de maio o jornal *A Reforma*. Ainda em 1868, um grupo composto de históricos e de outros descontentes deu um passo à frente e fundou o Clube Radical, acompanhando o ato com o tradicional manifesto. O novo Clube, formado, sobretudo, por jovens advogados pertencentes à geração Segundo Reinado, adotou como seu porta-voz, pela coincidência de ideias, o jornal *Opinião Liberal* de 1866. O *Opinião Liberal* trazia na primeira página, desde 1867, uma lista de 14 reformas que refletiam, segundo os radicais, a plenitude das doutrinas liberais "professadas pelo mesmo Clube".[30] Desenvolveu-se entre os dois clubes, e entre os dois jornais, grande rivalidade em torno da natureza das reformas propostas.[31] Em 1869, o grupo inovou nos métodos de propaganda de ideias e passou a promover conferências públicas, depois conhecidas como Conferências Radicais. O Clube Radical sobreviveu pouco mais de dois anos. Em dezembro de 1870, seus membros decidiram fundar o Clube Republicano do Rio de Janeiro. Seguindo a moda, o novo clube anunciou-se com outro manifesto. Os que não aderiram ao republicanismo ou voltaram ao Partido Liberal, ou se afastaram da militância partidária.

AS CONFERÊNCIAS RADICAIS: PALCO E PÚBLICO

A primeira experiência com conferências públicas no Rio de Janeiro de que se tem notícia data de 1849. Alijados do poder em 1848, os li-

---

[30] *Opinião Liberal*, 1º/03/1869, p. 4.
[31] Esta rivalidade foi bem estudada por Elisana Furtado de Lira Kauffmann em sua monografia "Liberais versus liberais: a oposição da *Opinião Liberal* ao Centro Liberal na Corte imperial (1868-1870)", UFRJ, 2004.

berais recorreram a essa prática para enfrentar as próximas eleições. As palestras realizavam-se no vastíssimo Salão da Floresta, localizado na rua da Ajuda. "Aí comparecia então tudo quanto havia de mais distinto e autorizado no mundo político liberal ou democrático desta Corte", informou Carlos Bernardino de Moura quando, 20 anos depois, fazia sua conferência radical no Salão da Fênix Dramática, construído no mesmo local do Salão da Floresta.[32] As conferências de 1849 eram organizadas por comissão de três pessoas e contavam com a presença de chefes liberais, como Teófilo Otoni e Alves Branco, além de outros mais jovens, como Sales Torres Homem. Ainda segundo Carlos Bernardino de Moura, as conferências destinavam-se a encorajar a "população laboriosa do Rio de Janeiro a concorrer às urnas". Políticos, mesmo liberais, dirigindo-se a trabalhadores em 1849 é revelação surpreendente. Falava-se muito em povo, mas interpelar a "população laboriosa" não escrava era absoluta novidade. Precedia de um século as arengas de Getúlio Vargas ao final do Estado Novo.

Sintoma de novos tempos foi também a posição tomada nessas conferências pelo mesmo Carlos Bernardino de Moura. Jovem militante liberal, opôs-se, com apoio de outros correligionários, à realização de debates puramente eleitorais. Defendeu a tese de que antes se deveria organizar e fortalecer o Partido, criar uma imprensa doutrinária, fundar associações, desenvolver a propaganda das ideias liberais, formular políticas consoantes com essas ideias. Só assim, disse ele então, se poderiam organizar partidos que fossem legítimos representantes de princípios e despertassem lealdade nas diversas classes da sociedade. Sem isso, acrescentou, as eleições só serviriam para fortalecer os adversários. Sua posição foi derrotada, houve a eleição, o Partido sofreu arrasado-

---

[32] Carlos Bernardino de Moura, "Temporariedade do Senado", *Opinião Liberal*, 04/09/1869, p. 2. A conferência foi pronunciada em 27/06/1869. Consulta aos jornais da época não forneceu informações sobre as conferências. O *Correio Mercantil* apenas registrou crítica de *O Brasil*, jornal conservador de Justiniano José da Rocha, aos liberais por fazerem reuniões eleitorais nas freguesias para arregimentar votantes (CM, 08/07/1849, p. 2).

ra derrota e as conferências foram interrompidas. Em retrospectiva, Carlos Bernardino lamentou o açodamento dos chefes, seu excesso de ambição, o descuido com a organização da opinião. E lembrou-se do exemplo inglês. Na Inglaterra, afirmou, os partidos tinham direção e imprensa. Lá havia "as reuniões públicas, a propaganda, as conferências e leituras". Honrava-se o "princípio de associação".[33] Se tivesse lido *Democracia na América* de Tocqueville, teria, sem dúvida, falado também na "arte da associação". Mas na falta dos Estados Unidos, a Inglaterra já servia como exemplo de sociedade onde as arenas e a cultura do debate estavam bem à frente das nossas.

A experiência de 1849 teve curta duração e passou quase despercebida. O mesmo não se deu com a de 1869, quando o cenário político era mais favorável. Não havia mais o receio de que conflitos verbais pudessem degenerar em ação armada, a competição partidária dava-se abertamente na tribuna e na imprensa. Além disso, tinham aumentado a população e a complexidade da estrutura ocupacional na Corte e em algumas capitais provinciais. Crescera o número de profissionais liberais, de funcionários públicos, de estudantes, de pequenos comerciantes, de artesãos. Havia, sobretudo, grande número de bacharéis em direito que a magistratura e a docência nas duas faculdades não podiam mais absorver. Também era mais amplo o leque de temas em debate e mais complexa a argumentação envolvida, mesmo dentro da opção monárquica. Não se discutia mais apenas a sorte de um partido, como em 1849. Estavam em questão a liberdade religiosa e educacional, o papel do Estado na economia, a representação política, a garantia de direitos civis, a escravidão, entre outros temas. Sobretudo, havia uma imprensa mais aguerrida que apoiava e difundia as falas dos conferencistas.

---

[33] Ver *Opinião Liberal*, 04/09/1869, 2-3.

A IMPRENSA RADICAL

Opinião Liberal

O principal porta-voz do radicalismo na Corte foi o *Opinião Liberal*, cuja tipografia se localizava na rua da Ajuda, 16. Tinha sido fundado em 21 de abril de 1866, data provocadora por homenagear Tiradentes, e sobreviveu até 17 de novembro de 1870. Seus criadores foram três jovens, Francisco Rangel Pestana, Henrique Limpo de Abreu e José Luís Monteiro de Sousa. O objetivo inicial do jornal era combater os progressistas, julgados excessivamente moderados. Neste esforço, antecipou vários temas do radicalismo. A partir de 1867, passou a imprimir na primeira página uma lista de reformas que refletiriam, segundo os editores, a plenitude da doutrina liberal. Entre elas, estava a emancipação. Mas até o início de 1870 ainda publicava anúncios de fuga de escravos e de recompensas pela captura. Os temas das conferências radicais seguiram de perto a lista das reformas propostas pelo jornal, que também publicou várias das conferências.

Correio Nacional

Foi criado no Rio de Janeiro em três de novembro de 1869 por Henrique Limpo de Abreu e Francisco Rangel Pestana, egressos do *Opinião Liberal*. O primeiro número não forneceu a razão do cisma. Dizia apenas que o jornal incentivaria o debate, abriria espaço para opiniões divergentes e só usaria textos assinados, sem testas de ferro, prática usada, segundo eles, no *Opinião Liberal*. De início, o jornal não se declarou porta-voz do Clube Radical, mas sediava (Rua 7 de Setembro, nº 64), as reuniões do Clube e publicava notícias sobre ele. Publicou a conferência de Francisco Rangel Pestana sobre "Eleições diretas". O nº 5 (18/11/69, p. 2) listava as reformas que defendia, entre as quais a abolição do Poder Moderador, da Guarda Nacional, do Conselho de Estado, do Senado vitalício, e a defesa da eleição direta e da emancipação. No ano de 1870, esta última questão ganhou destaque em suas páginas, aparecendo em quase todas as edições.

Era impresso na Tipografia de Domingos Luís dos Santos, localizada na rua Nova do Ouvidor, 20. O preço na Corte era de 12$ ao ano, 6$ o semestre e $120 o número avulso. A frequência inicial era de três vezes por semana. A quarta página era destinada a anúncios, muitos deles de advogados como Saldanha Marinho, Antônio Moreira de Barros, Carlos Bernardino de Moura, Francisco Rangel Pestana, Henrique Limpo de Abreu, Prado Pimentel, José Cesário de Faria Alvim, e também de médicos, quase todos futuros republicanos.

Circulou até 16 de novembro de 1870, num total de 102 números. Desde o início da segunda metade do ano de 1870, começou a emitir sinais da transformação que culminaria com a interrupção de sua publicação. Na primeira página do último número, o jornal anunciou: "Deixando de sair o *Correio Nacional* de hoje em diante, os senhores assinantes não sofrerão com isso porque ficam com direito a receber a nova folha, criada pelo Clube Republicano. Aquelas pessoas que ainda não nos enviaram a importância de suas assinaturas, terão a bondade de fazê-lo à direção da nova folha. Para eles apelamos, cheios de confiança, neste momento em que a ideia democrática entra em sua fase mais auspiciosa e trata-se, como primeira necessidade, da fundação de uma nova folha política, que seja no jornalismo da Corte o órgão do Clube Republicano. Fundindo a *Opinião Liberal* e o *Correio Nacional*, em ordem a unificar a imprensa democrática, o Clube Republicano, de que temos a honra de fazer parte, satisfaz os desejos dos que nos distinguiram sempre com seu apoio e auxílio, apoio e auxílio que nunca poderemos esquecer porque assentaram na larga confiança que lhes inspirou o nosso comportamento político." Nesse mesmo mês, o Clube Radical transformou-se no Clube Republicano. O novo jornal prometido foi *A República*, que saiu já em dezembro, incorporando o *Correio Nacional* e o *Opinião Liberal*.

O Radical Acadêmico

Ainda na Corte, publicou-se também *O Radical Acadêmico*, que se anunciou como órgão democrático, científico e literário de alguns estudantes da Faculdade de Medicina do Rio de Janeiro. Teve curta duração: de nove de junho a 17 de agosto de 1870.

Radical Paulistano

Foi criado em São Paulo, em 1º de abril de 1869, como órgão de imprensa do Clube Radical Paulistano. Tinha gerência democrática: era dirigido por comissão eleita para mandatos de dois meses. Participavam da comissão nomes que, mais tarde, desempenhariam importante papel político, como Américo de Campos, Luís Gama, Rui Barbosa, Américo Brasiliense. Sobreviveu até 13 de novembro de 1869. Anunciava as conferências paulistas e publicava resumos delas. Sintomaticamente, embora o Clube paulista tivesse sido o único a promover uma conferência abolicionista, a cargo de Rui Barbosa, e a abolição fizesse parte de seu programa, o jornal publicava anúncios pagos de escravos fugidos e de procura de serviços de escravos.

No Recife, publicou-se o *Idea Liberal*, de que a Biblioteca Nacional só possui um número, datado de dois de janeiro de 1889. Na capital pernambucana publicava-se também *O Democrata Pernambucano*, que circulou de 14 de novembro de 1868 a oito de maio de 1859 e de que só existem dois números na Biblioteca Nacional. Reproduz a lista de reformas do *Opinião Liberal*, mas tem linguagem mais agressiva e parece estar mais próximo do republicanismo. Outro jornal que apoiava as ideias radicais era *O Tribuno*, que durou de 5 de setembro de 1866 a 22 de maio de 1869. Era redigido em linguagem agressiva pelo velho batalhador Borges da Fonseca e tinha posição abertamente republicana.

O *Radical Paulistano* informou (24/05/1869, p. 3) o aparecimento do *Radical Sul Mineiro*, que trazia no frontispício as teses do radicalismo. Este jornal não pôde ser localizado na hemeroteca da Biblioteca Nacional.

A República

Começou a ser publicado em três de março de 1870. O último número (868) é de 28 de fevereiro de 1874. A redação estava a cargo de Aristides da Silveira Lobo, Miguel Vieira Ferreira, Flavio Farnese, Lafaiete Rodrigues Pereira e Pedro R. Soares de Meireles e tinha sede na rua do Ouvidor. Apresentou-se assim:

"Há cinco anos fundou-se nesta cidade uma folha que consagrou-se à discussão da ideia democrática pura. Os Srs. Drs. Godoi de Vasconcelos, Henrique Limpo de Abreu e F. Rangel Pestana resolveram imprimir à *Opinião Liberal* o caráter sério e grave que deve distinguir um órgão democrático. Os serviços prestados por essa folha estão na lembrança de todos os que acompanharam a sua marcha. Posteriormente os Drs. Limpo de Abreu e Rangel Pestana fundaram uma outra folha o *Correio Nacional*. A ideia era a mesma, a democracia pura, a república." (p. 1).

Seguia-se o texto do Manifesto Republicano (p. 1-3) e a justificativa da República. "A monarquia, anacrônica em toda a Europa Ocidental, que papel pode representar neste país virgem da América?" (p. 3). Mas não queriam uma república centralizadora como a francesa de 1793 e 1848, ela deveria fundar-se sobre a liberdade dos indivíduos e das províncias. "Para nós a república é a federação. Sem federação no Brasil não há república" (p. 3). "Governem-se as províncias como entenderem melhor para os seus interesses; disponham livremente, sem tutela, dos seus recursos, sejam verdadeiros estados autonômicos, ligados pelos laços da federação e a união brasileira cada vez mais se fortificará". (p. 3).

O último número (28/02/1874) avisou secamente: "A República interrompe a sua publicação desde hoje. Motivos políticos e motivos pessoais influem para essa deliberação." (p. 1).

Em maio de 1869, o Clube Radical do Rio de Janeiro funcionava à rua dos Ourives, 55. Antes ocupara um sobrado na rua da Quitanda, 41. Realizava suas sessões às terças e sextas. As conferências eram aos domingos, às 11 da manhã. Os organizadores conseguiram o empréstimo do salão do Teatro Fênix Dramática, situado à Rua da Ajuda, 57, onde hoje fica a Cinelândia.[34] Os teatros eram na época os únicos espaços capazes de comportar grandes audiências. Pelas informações publicadas no *Opinião Liberal* pode-se deduzir que a Fênix Dramática seria capaz de abrigar até três mil pessoas. Vasta como a capacidade da sala era a boa vontade de seus donos. Públicos tão grandes necessariamente causavam danos à

---

[34] O Fênix Dramática foi inaugurado em 1863 e sobreviveu até 1906.

mobília. De fato, em 9 de julho de 1869, o jornal solicitava aos ouvintes que não saíssem saltando sobre as cadeiras de palhinha, danificando-as.

A primeira conferência na Corte, pronunciada por José Leandro Godoi e Vasconcelos sobre o ensino livre, atraiu, segundo o *Opinião Liberal*, 200 pessoas; a quarta, de Francisco Rangel Pestana, sobre eleições diretas, 800; a quinta, de Silveira da Mota, um político conhecido, sobre a degeneração do sistema representativo, 2.000, o mesmo número que compareceu à sexta, feita por Carlos Bernardino de Moura sobre o poder moderador; o recorde de público foi batido pela última, a 16ª, a cargo de Prado Pimentel que falou sobre centralização, supostamente para 3.000 ouvintes. Não há informação sobre o tamanho da audiência da oitava conferência pronunciada por Gaspar da Silveira Martins sobre radicalismo. Pelos comentários do jornal, foi de longe a de maior êxito.[35] O *Opinião Liberal* escreveu a propósito da conferência: "Foi sem dúvida alguma o mais esplêndido triunfo que jamais conseguiu o poder da palavra. O inspirado orador, aplaudido freneticamente desde o começo de seu eloquentíssimo discurso por um extraordinário auditório foi acompanhado até sua casa por uma imensa onda de povo que o vitoriava incessantemente. Jamais espetáculo tão importante se observou nesta Corte em nossos dias!"[36] Os números fornecidos pelo *Opinião Liberal* são grosso exagero propagandístico. A prática, comum hoje, é antiga. Na realidade, o teatro tinha capacidade de 860 lugares, incluindo camarotes e galerias, as cadeiras das gerais eram apenas 500. Não poderia comportar três mil pessoas. A média de público talvez possa ser calculada em torno de umas 300 pessoas, número ainda razoável.[37]

Em São Paulo, o *Radical Paulistano* fala em 300 a 400 pessoas na segunda conferência, pronunciada por Américo de Campos em 5 de

---

[35] De Silveira Martins disse Nabuco: "tudo [nele] era vasto, largo, soberbo, dominador". Nas confeitarias da rua do Ouvidor, exercia "entre os moços e os exaltados a ditadura da eloquência e da coragem". *Um estadista*, p. 701.
[36] *Opinião Liberal*, 18/05/1869, p. 4.
[37] Ver George Ermakoff e Cristiano Mascaro, *Theatro Municipal do Rio de Janeiro*. Rio de Janeiro: G. Ermakoff Casa Editorial, 2010, p. 29.

agosto de 1869 sobre "A liberdade de cultos". É provável que esses números também estejam inflacionados, embora nem tanto como os do Rio de Janeiro. Podemos supor um público médio de umas 200 pessoas. Não há informação sobre o número de ouvintes das conferências do Recife.

Havia na Corte muitas opções de lazer aos domingos: passeios, piqueniques, missas, corridas de cavalo. Abrir mão desses divertimentos para assistir a conferências políticas às 11 horas da manhã exigia certo sacrifício. Silveira Martins percebeu a situação e elogiou o esforço feito pelos que o foram ouvir exatamente num dia de corridas. Há pouca informação sobre a composição das audiências. O *Opinião Liberal* de 27 de abril de 1869, fez a seguinte observação após a quinta conferência: "[...] é de sentir que todas as classes do país não se façam representar aí com maior número de pessoas. Quiséramos ver nesse recinto, onde a verdade política é pregada com franqueza, aqueles que mais sofrem e que, entregues aos seus trabalhos diários, não têm tempo para estudar e pensar detidamente sobre os negócios públicos. Infelizmente, as conferências radicais até hoje se têm passado, em geral, no meio de homens ilustrados". A conferência seguinte a esse comentário, a cargo de Carlos Bernardino de Moura, figura conhecida nos meios político e cultural, foi ouvida "por um auditório [...] no qual sobressaíam senadores, desembargadores e muitos cidadãos graduados nas diferentes escolas científicas do país".[38] Na terceira conferência do Recife, o orador, Sinfrônio Coutinho, cumprimentou os "mancebos" que tinham comparecido à sua fala.

Esse tipo de público é o que se podia esperar na época: gente jovem, com nível educacional acima da média, sobretudo estudantes das escolas superiores da Corte, de São Paulo e do Recife. No Recife, Jacobina, em sua palestra, mencionou explicitamente a "mocidade estudiosa". Certamente os "mancebos" mencionados por Sinfrônio Coutinho, também no Recife, eram estudantes da Faculdade de Direito

---

[38] *Opinião Liberal*, 04/05/1869, p. 3-4.

local, assim como boa parte da audiência em São Paulo devia provir da Faculdade do Largo de São Francisco. Na Corte, aos estudantes da Faculdade de Medicina, da Escola Militar e do Colégio de Pedro II, juntavam-se políticos e profissionais liberais. Estes últimos, advogados, médicos, engenheiros, professores e homens de letras, somavam, na cidade, segundo o censo de 1872, cerca de duas mil pessoas. Era uma audiência motivada a se envolver em manifestações políticas e capaz de acompanhar as exposições. O povo estava presente apenas na retórica dos oradores, a ele se atribuía a legitimidade de promover as reformas e a implantação da democracia, bastando que fosse educado pelos radicais. Silveira da Mota, senador, depois de começar dizendo que falava para "as classes mais distintas da sociedade brasileira", chegou a fantasiar que conversava com o povo, no meio do povo.

QUEM ERAM OS RADICAIS?

A iniciativa e o principal impulso do radicalismo vieram de uma nova geração que se identificava, e era identificada, como tal. Carlos Bernardino de Moura, jornalista de 42 anos,[39] declarou-se radical e disse falar por si e "por um grupo de moços de coração e ideais, constituindo essa nova geração que aparece formando, honrando e simbolizando o princípio de associação, associação que é a força e a vida das sociedades modernas".[40] Silveira Martins, de 34 anos, definiu os radicais como rapazes que só tinham a dar o entusiasmo pelas instituições livres. Graciliano Aristides do Prado Pimentel, de 30 anos, identificou os radicais como "um punhado de moços obscuros", uma "plêiade de moços que se consagram de corpo e alma ao culto da pátria". Francisco Rangel Pestana foi mais explícito ainda, atribuindo o início do radicalismo na Corte à pregação de três moços, Henrique Limpo de Abreu,

---

[39] As idades foram calculadas tendo o ano de 1869 como ponto de chegada.
[40] *Opinião Liberal*, 25/06/1869, p. 2.

Monteiro de Sousa e ele próprio. Em 1866, quando os três fundaram o *Opinião Liberal*, o primeiro e o terceiro tinham 27 anos, não devendo fugir muito desse parâmetro o segundo. A presença de jovens no movimento radical verificava-se também em Campinas. O *Correio Nacional* anunciou em 6/11/69 a organização de um Clube Radical nessa cidade, formado por "uma plêiade brilhante de moços cheios de talento, de ilustração, de patriotismo".

Entre os conferencistas, houve alguns que pertenciam à geração liberal anterior, como Silveira da Mota, de 62 anos, senador desde 1848, o mais velho de todos, Carlos Bernardino de Moura (43) e Sinfrônio Coutinho (40). Todos os outros pertenciam ao que venho chamando de geração Segundo Reinado. A média de idade deste grupo era cerca de 30 anos. O caçula era Rui Barbosa, um jovem de 20. A geração anterior que os apoiou tinha média de 57 anos. Três dos radicais eram filhos de conhecidos políticos. Eram os casos, por exemplo, de Henrique Limpo de Abreu, filho do visconde de Abaeté (Antônio Paulino Limpo de Abreu) e dos irmãos Pedro Antônio Ferreira Viana e Antônio Ferreira Viana Filho, filhos de Antônio Ferreira Viana, o autor da *Conferência dos divinos*.

Pelo status social, os radicais não se distinguiam da geração de seus pais. Eram quase todos profissionais liberais, sobretudo advogados e jornalistas, vindo os médicos em distante segundo lugar. Eram advogados, por exemplo, com escritórios montados, Rangel Pestana, Henrique Limpo de Abreu, José Leandro de Godoi e Vasconcelos, Pedro Antônio Ferreira Viana, Graciliano Aristides do Prado Pimentel, Gaspar da Silveira Martins, Rui Barbosa, futuro advogado, e Luís Gama, advogado provisionado. Os jornais radicais estavam cheios de anúncios dos escritórios desses advogados. O único conferencista definido como fazendeiro foi o paulista Bernardino Pamplona. Não por acaso, profissionais liberais, sobretudo advogados, predominariam também entre os signatários do Manifesto Republicano. Dos 47 signatários (entre os 57) para os quais foi possível identificar a ocupação, 77% eram profissionais liberais, 36% advogados.

Curiosamente, alguns conferencistas se autoproclamaram homens do povo. Leonardo de Almeida, conferencista do Recife, identificou-se como "emanado do povo", e afirmou que os radicais falavam em nome do povo. Outro orador do Recife, o baiano José Eustáquio Jacobina, também se autodefinia como plebeu. Mas homem do povo mesmo só havia um entre os conferencistas: Luís Gonzaga Pinto da Gama, ou Luís Gama, que fez a primeira conferência de São Paulo, cujo texto não foi possível localizar. Com razão o jornal *O Ypiranga* a ele se referiu como "verdadeiro homem do povo".

CONFERÊNCIAS E CLUBES RADICAIS FORA DA CAPITAL

O radicalismo repercutiu, ao que se sabe, em quatro províncias: São Paulo, Pernambuco, Minas Gerais e Rio de Janeiro, num primeiro ensaio de nacionalização da opinião política, cujo ponto alto no Oitocentos seria a campanha abolicionista.[41] Na cidade de São Paulo, foi criado o Clube Radical Paulistano. Seu porta-voz na imprensa foi o *Radical Paulistano*. O jornal reconheceu que a criação do Clube paulista tinha sido inspirada pelo exemplo dos radicais da Corte. De fato, em visita ao Clube paulista em maio de 1869, Rangel Pestana falara do êxito das conferências do Rio de Janeiro e sugerira que a experiência fosse duplicada em São Paulo.[42] A sugestão foi aceita e seis conferências foram realizadas no segundo semestre de 1869 "no salão do sr. Joaquim Elias, localizado na rua de S. José". A primeira delas aconteceu no dia 18 de julho. A quinta foi pronunciada por Rui Barbosa.

Os radicais paulistanos, como todos os outros, intitulavam-se democratas. Mas a democracia não ia muito longe dentro do Clube: as

---

[41] Para um excelente estudo do abolicionismo como movimento político de caráter nacional, ver Angela Alonso, *Flores, votos e balas. O movimento abolicionista brasileiro (1868-1888)*. São Paulo: Cia. das Letras, 2015.
[42] *Radical Paulistano*, 17/05/1869, p. 3.

conferências eram mantidas sob controle. O ingresso era livre, mas, em princípio, só podia falar membro do Clube e mesmo assim depois de submeter um resumo da palestra à aprovação dos responsáveis. Estranhos poderiam solicitar permissão para falar "desde que professassem as ideias do programa político adotado pelo Clube".[43] As conferências radicais, e isso vale também para as do Rio de Janeiro, eram destinadas a discutir e difundir o radicalismo, não eram fóruns de livre debate.

O radicalismo chegou ainda ao Recife, onde foi organizado um Clube Radical. O Clube promoveu quatro conferências na "gentil Veneza do Atlântico", como lhe chamou um dos oradores. Três delas foram localizadas no *Opinião Liberal* e constam deste livro.

Mesmo que não tenha promovido conferências públicas, cabe registrar a criação de um Clube Radical em Campinas. Seu aparecimento em 26 de outubro de 1869 foi anunciado pelo *Radical Paulistano*. A ele também se referiu o *Correio Nacional*, dizendo que foi organizado por "uma plêiade brilhante de moços cheios de talento, de ilustração, de patriotismo".[44] Na reunião de fundação, falaram Campos Sales, aclamado presidente do Clube, e Américo de Campos, futuros fundadores do Partido Republicano Paulista. O jornal congratulou-se com o fato de que "o germe democrático vai-se difundindo rapidamente pelo país. A ideia radical brota por toda a parte esperançosos renovos".[45]

Surpreendente foi a criação de clubes em Vassouras e São Fidelis, na província do Rio de Janeiro.[46] Houve mesmo conferências públicas em Vassouras, segundo noticiou o *Correio Paulistano*. A surpresa vem do fato de que a cidade era o centro da produção cafeeira do Vale do Paraíba fluminense e os barões do café só passaram a tomar posições de crítica ao governo quando viram ameaçada a existência da escravidão, o que

---

[43] *Radical Paulistano*, 03/07/1869, p. 3.
[44] *Correio Nacional*, 06/11/1869.
[45] *Radical Paulistano*, 16/09/1869, p. 3.
[46] *Radical Paulistano*, 07/10/1869, p. 3.

se deu só após a aprovação Lei do Ventre Livre em 1871. Pode-se argumentar que o governo já levantara o assunto em 1867 no Ministério Zacarias. Mas aderir ao radicalismo seria atitude suicida na medida em que a emancipação era uma das demandas radicais. De fato, o Clube que lá foi criado em 6 de outubro de 1869 não contava entre seus líderes nomes da aristocracia cafeeira. Compunha-se, provavelmente, de advogados e outros profissionais liberais da cidade enriquecida pelo café. O plano de se criar um Clube Radical de São Fidelis em 7 de setembro de 1869 foi anunciado pelo *Opinião Liberal* em 31 de julho desse ano. Não se sabe se foi efetivado.

O *Radical Paulistano* anunciou ainda a fundação de um Clube Radical Mineiro, filial do clube da Corte, com o respectivo jornal *Radical Sul Mineiro*.[47] Um mês depois (24/05/1869, p. 3), o jornal acusou o recebimento do primeiro número desse jornal que também exibia no frontispício as teses adotadas pelo *Opinião Liberal*.[48]

A POSTURA DOS RADICAIS

A mocidade radical era movida por um espírito missionário e pedagógico. Os redatores do *Radical Paulistano* foram os que mais insistiram na finalidade educativa das conferências. Segundo eles, elas se destinariam a "ensinar o povo, distribuir o alimento do espírito, derramar a luz por todas as camadas do Brasil". A tribuna parlamentar estava falhando em sua missão de ser o eco das aspirações nacionais e as eleições tinham perdido sua autenticidade. Nessas condições, era preciso que os radicais trabalhassem "para levantar no meio do povo uma instituição que o civilize, que o dirija, que o nobilite". Essa instituição eram o Clubes Radicais e as conferências públicas.[49]

---

[47] *Radical Paulistano*, 19/04/ e 24/05/1869, p. 3.
[48] *Radical Paulistano*, 24/05/1869, p. 3.
[49] *Radical Paulistano*, 17/05/1869, p. 1-2.

O vanguardismo dos radicais assumia às vezes tons messiânicos. Em sua conferência, o senador Silveira da Mota, afirmou: "Senhores, as grandes ideias reformadoras da humanidade têm sempre partido de pequenos núcleos de homens que avistam ao longe a luz da verdade e, dedicados, a pregam expondo-se ao ludíbrio, e, às vezes, ao martírio." E prosseguiu referindo-se ao exemplo de Cristo e seu punhado de apóstolos, definindo-se a si mesmo como um apóstolo da religião radical. Tinha a honra, disse, "de ser nesta tribuna popular um dos pregadores das verdades do sistema representativo que são meu Evangelho".[50] Liberato Barroso falava em "cruzada do progresso". Prado Pimentel, em sua conferência, definiu seu grupo como "uma plêiade de moços que se consagram, corpo e alma, ao culto da pátria". Na mesma linha, afirmou que de "um punhado de moços obscuros, mas independentes e livres, [...] partiu a primeira palavra para a grande obra da regeneração social".[51] Editoriais do *Radical Paulistano*, já citados, vinculavam a ilustração do povo à salvação da nação.

Como em geral sucede com grupos reformistas, os radicais consideravam-se uma vanguarda virtuosa, formada de pessoas abnegadas, idealistas, desinteressadas, patrióticas, puras, democráticas, em luta contra um sistema político despótico, subjugado pelo Poder Moderador e controlado por instituições, partidos e políticos corruptos. Era por essa razão, argumentavam, que pagavam o preço de serem tachados de anarquistas ou loucos. Não há por que duvidar da honestidade de suas intenções e propostas. Diria mesmo que elas foram responsáveis pelo papel modesto que os conferencistas desempenharam dentro do Partido Republicano quando nele ingressaram. Nenhum deles ocupou posição importante em nível nacional após a proclamação da República. O único que o fez, Rui Barbosa, era republicano do 15 de Novembro.

Em São Paulo, onde se localizou o maior reduto republicano, desde a fundação do partido em 1873, foi grande nele o peso de "agricultores", em contraste com o que se passava na Corte. O Partido adotou

---

[50] *Opinião Liberal*, 13/07/1869, p. 3.
[51] *Opinião Liberal*, 14/08/1869, p. 2.

desde o início postura pragmática que, no caso da abolição, irritava profundamente o conferencista radical Luís Gama. Foram os pragmáticos que controlaram o Partido e chegaram às mais altas posições na política nacional após a proclamação da República, como Campos Sales e Prudente de Morais. Na Corte, o controle do Partido ficou com Saldanha Marinho e, sobretudo, com Quintino Bocaiúva, outro pragmático detestado por militantes do tipo de Silva Jardim. Foi como se dentro do próprio Partido se repetisse a cisão entre moderados e radicais, perdendo, como quase sempre, os radicais.

AS IDEIAS RADICAIS

Resumo rapidamente o percurso que levou ao radicalismo. A Conciliação de 1853 abriu o caminho para a volta dos liberais. Os antigos liberais, que passaram a ser chamados de históricos, voltaram à cena política. Em 1862, surgiu a Liga Progressista, transformada, em 1864, em Partido Progressista, formado por conservadores dissidentes e liberais históricos, com a exclusão do Partido Conservador. Em 1866, surgiu o jornal *Opinião Liberal* que, no ano seguinte, apresentou lista de 14 reformas, destacando-se entre elas a introdução do grande tema social da época, a emancipação, embora publicasse anúncios de fugas de escravos. A partir da queda de Zacarias em 1868, e da fracassada tentativa de unir progressistas e históricos, duas agendas de reformas se definiram. De um lado, a dos progressistas, sob a liderança de Nabuco de Araujo e de Zacarias, que teve como porta-voz o jornal *A Reforma* e se tornaria, após a crise de 1868, o programa do revivido Partido Liberal; de outro, a que vinha sendo proposta pelo *Opinião Liberal*, que foi encampada pelos radicais em 1868, e teve continuidade no *Correio Nacional* e no *Radical Paulistano*. Foi esta última agenda que norteou as Conferências Radicais.

Para simplificar a apresentação, segue abaixo uma tabela com a lista das 14 reformas do *Opinião Liberal*, ao lado das propostas do Centro Liberal e dos títulos das conferências radicais. As propostas do Centro Liberal foram retiradas do Manifesto e do Programa por ele elaborados.

TABELA I: Reformas propostas (1867-69)

	Opinião Liberal Correio Nacional	Centro Liberal	Conferências
Descentralização	X	X	X
Ensino Livre	X	X	X
Polícia eletiva	X	-	X
Abolição da G. Nacional	X	X	X
Extinção do P. Moderador	X	-	X
Senado temporário e eletivo	X	X	X
Separação da judicatura da polícia	X	X	-
Sufrágio direto e generalizado	X	X	X
Substituição do trabalho servil pelo livre	X	X	X
Presidentes de províncias eleitos por elas mesmas	X	-	-
Suspensão e responsabilidade dos magistrados pelos Trib. Superiores	X	-	-
Magistratura independente	X	X	-
Proibição de representantes terem emprego público e condecorações	X	-	-

Funcionários públicos eleitos têm que optar entre mandato e emprego	X	-	X
Conselho de Estado administrativo	-	X	-
Responsabilidade dos ministros	-	X	X
O rei reina e não governa	-	X	X
Liberdade de consciência	-	X	X
Liberdade de comércio e indústria	-	X	X
Redução das forças militares em tempo de paz	-	X	-
Abolição do recrutamento	-	X	-

Vê-se que havia boa dose de superposição nas propostas. Em vários casos, a distinção entre as três listas resumia-se a maior ou menor grau de radicalidade. Por exemplo, se os liberais pediam responsabilidade dos ministros pelos atos do Poder Moderador, os radicais exigiam logo a extinção desse poder. A descentralização administrativa e a defesa dos direitos provinciais garantidos pelo Ato Adicional e defendidos pelos liberais tornavam-se, na versão radical, demanda de eleição dos presidentes de província, o que equivalia a introduzir o federalismo. Em vez da reforma da Guarda Nacional, os radicais pregavam sua pura e simples extinção. A redução do uso político da polícia pelo governo e sua separação da justiça tornavam-se na proposta radical criação de uma polícia eletiva, ao estilo do que se passava com os juízes de paz. Concordavam todos com a extinção da vitaliciedade do Senado e da eleição de senadores em lista tríplice, com a independência da magistratura em relação ao governo, com eleições diretas e generalizadas, com a liberdade de consciência, de ensino, de comércio e de associação e com a substituição do trabalho escravo pelo trabalho livre.

Em relação à emancipação, no entanto, a posição do *Opinião Liberal*, do *Correio Paulistano*, e dos respectivos clubes, foi hesitante. O Clube do Rio não promoveu conferência sobre o tema. Os dois jornais publicavam anúncios de fugas de escravos. O *Opinião* chegou mesmo a acusar o governo de querer acender o "facho da insurreição" ao colocar o tema da emancipação na Fala do Trono de 1867. Nesse assunto, o governo, leia-se d. Pedro II, estava à frente mesmo dos radicais.[52] Ainda no lado negativo, cabe registrar que liberais e radicais não tocaram no tema da regulamentação da propriedade da terra, discutido longamente no Congresso desde 1843 e transformado em lei, nunca aplicada, em 1850. Diante do tema, calaram-se liberais, radicais e republicanos.

Grosso modo, as mudanças tinham a ver com a agenda clássica do liberalismo: liberdade de culto, de ensino, de comércio, de associação, de trabalho e maior representatividade do sistema político, incluindo aí a federação. Tratava-se, em boa medida, de um ataque à tradição estatista e centralizadora luso-brasileira, profundamente enraizada nas leis e práticas políticas. Tavares Bastos foi quem melhor encarnou esse combate contra o que se chamava na época de asiatismo e despotismo. Prado Pimentel, em sua conferência, chamou o Brasil de Rússia da América. Silveira Martins comparou-o a Bizâncio.

Como pontos de apoio da argumentação, ao lado do repertório liberal clássico a que recorriam, citando autores ingleses e franceses, havia, mantida pelos históricos, a memória das lutas regenciais e do início do Segundo Reinado em torno das mudanças introduzidas pelo Ato Adicional e o sentimento de frustração pelas derrotas sofridas entre 1840-1842, com a Interpretação do Ato Adicional, a Reforma do Código de Processo Criminal e a recriação do Conselho de

---

[52] Sobre a posição do *Opinião Liberal*, ver Elisana Furtado de Lira Kauffmann, "Liberais versus liberais", p. 53-55. A autora sugere como explicação da posição cautelosa em relação à emancipação, o fato de Rangel Pestana, um dos redatores do *Opinião*, ter relações estreitas com cafeicultores de Campinas, sobretudo com Quirino dos Santos, um dos conferencistas de São Paulo, de quem seria genro.

Estado, leis que em cinco anos de governo (1844-1848) não tinham sido capazes de reformar.

Radicais e liberais afastavam-se claramente em um ponto: a postura diante da forma de governo. Progressistas e liberais, mesmo os históricos, não colocavam a monarquia em questão. O programa do Centro Liberal, que não questionava a Monarquia, foi assinado, entre outros, por revoltosos de 1842 e de 1848, como Teófilo Otoni, José Pedro Dias de Carvalho e Antônio Pinto Chichorro da Gama, além de liberais insuspeitos como Francisco José Furtado e Bernardo de Sousa Franco. Todos criticavam fortemente várias características da Monarquia brasileira, sobretudo a existência de um Poder Moderador sem o contrapeso da responsabilidade dos ministros, o Senado vitalício e o excesso de centralização política, mas não acreditavam na possibilidade de que um regime republicano pudesse substituir o monárquico com vantagem, pelo menos nas circunstâncias da época. Era algo para o futuro.

Quanto aos radicais, pode-se dizer que a grande maioria deles, embora não pregassem abertamente a República, não tinham compromisso com o sistema monárquico. Um de seus conferencistas, Sinfrônio Coutinho, falando no Recife, mencionou a palavra revolução, codinome para proclamação da República, diante da qual, garantiu, os radicais não recuariam caso não se fizessem as reformas exigidas.[53] Acreditavam, um tanto romanticamente, no advento, em breve, de um tempo de grandes mudanças. Na mesma conferência, o orador afirmou: "As conferências radicais são a aurora de um regime livre que começa a aparecer nesta nação de despotismo." Rangel Pestana afirmou em sua conferência de 20 de junho de 1869: "Não fazemos *por ora* [grifo meu] questão da forma extrínseca de governo." O "por hora" era clara indicação de que se tratava apenas de oportunidade. Os conferencistas radicais descriam das possibilidades de reforma dentro do sistema vigente, mesmo que estivesse no poder o Partido Liberal, do qual disse Prado Pimentel: "Senhores, o Partido Liberal do Brasil tem caminhado de decepção em

---

[53] *Opinião Liberal*, 15/07/1869, p. 2-3.

decepção, de mistificação em mistificação."⁵⁴ Daí a facilidade com que os jovens radicais evoluíram para o republicanismo. É mesmo possível que vários deles tivessem desde o início o propósito de evoluir nessa direção, como o sugere a afirmação de Rangel Pestana. O "por ora" dele durou cinco meses.

Curiosamente, apesar do fato de terem sido as reformas dos radicais as mais avançadas entre as que foram propostas no Segundo Reinado por grupo político, elas não atingiram o grau de radicalidade das que foram defendidas durante a Regência. Como se sabe, o Ato Adicional foi um compromisso. As emendas constitucionais propostas pela chamada Constituição de Pouso Alegre, motivo da tentativa de golpe de Estado frustrada por Honório Hermeto em 1832, incluíam a eliminação do Poder Moderador e do Conselho de Estado e o fim do Senado vitalício e liberdades provinciais que aproximavam o país de uma monarquia federativa. Fora da Câmara, os exaltados da Regência, o equivalente dos radicais do Segundo Reinado, propunham a libertação do ventre, a participação das mulheres, pardos e negros na política, e uma reforma agrária de natureza socialista, a que chamavam de fateosim nacional. Segundo o fateosim, toda propriedade rural seria pública, podendo ser explorada apenas por arrendamento. Além disso, os exaltados, não hesitavam em pregar o recurso às armas para fazer a revolução.⁵⁵ Radicais e republicanos nunca tocaram no problema da terra e o Manifesto Republicano propunha uma transição pacífica para a República. A proclamação do novo regime via golpe militar não estava nos planos da maioria dos republicanos, embora, mesmo assim, tivessem endossado a ação militar do 15 de Novembro.

---

⁵⁴ *Opinião Liberal*, 28/08/1869, p. 2-3.
⁵⁵ Sobre os exaltados, ver Marcello Basile, "O radicalismo exaltado: definições e controvérsias". Em Lucia Maria Bastos P. Neves e Tânia Maria Bessone, orgs., *Dimensões políticas do Império do Brasil*. Rio de Janeiro: Contra Capa, 2012, 19-50. Sobre a Constituição de Pouso Alegre, ver Octávio Tarquínio de Sousa, *Três golpes de estado*. Rio de Janeiro: José Olympio, 1957, 95-129.

Sob o ponto de vista epistemológico, o pensamento radical, como o da maioria dos liberais em geral, caracterizava-se pelo que podíamos chamar de politicismo. Quero com isso dizer que sua análise do Brasil era estritamente política, sem atenção a outras dimensões da sociedade, econômica, sociológica ou cultural. Nesse ponto, afastavam-se claramente da abordagem do visconde do Uruguai. Em sintonia com o estilo conservador de pensar, o visconde dava grande importância ao que se poderia chamar de dimensão sociológica. Basta um exemplo. Para os radicais, e liberais como Tavares Bastos, o país vivia sob um despotismo e esse despotismo vinha de cima, do governo, do Poder Morador, do Estado e seus agentes. A liberdade consistia em reduzir ao máximo esse poder e deixar que o povo se autogovernasse. Daí a defesa da contenção do Poder Moderador, do fim do Senado vitalício, da descentralização política, do fim da Guarda Nacional, da polícia eletiva, da liberdade de ensino, de religião, de associação. Feito isso, teríamos um país livre e democrático.

Uruguai, em seu *Ensaio sobre o direito administrativo*, publicado em 1862,[56] insistia em que se desse atenção à tradição, aos costumes, às hierarquias sociais, ao que mais tarde se chamou poder local e coronelismo. Com base nessas premissas, ou nesses constrangimentos, desenvolveu uma interpretação das relações entre liberdade e autoridade totalmente distinta da dos liberais em geral, em particular, da dos radicais. Partindo da premissa, derivada de sua experiência como ministro da Justiça, de que nossa estrutura social era totalmente diferente, por exemplo, da norte-americana, que conhecia via Tocqueville, Michel Chevalier e Edouard Laboulaye, concluiu que entre nós predominava no nível local o poder privado dos grandes proprietários, e que este poder próximo era mais despótico do que o poder distante do Estado. Sendo assim, cabia ao Estado exercer um papel pedagógico no sentido de ir aos poucos fornecendo aos cidadãos condições de se emanciparem da tutela do poder privado. Liberais e radicais não faziam qualquer

---

[56] Ver *Visconde do Uruguai*. Organização e introdução de José Murilo de Carvalho. São Paulo: Editora 34, 2002.

referência ao poder privado dos grandes proprietários e senhores de escravos. Para eles, a Guarda Nacional e a polícia eram apenas instrumentos de opressão do poder central, em contrate com jurados e juízes de paz, que representavam o povo.

Não se trata aqui de discutir a maior ou menor correção de uma e outra postura. Ninguém hoje aceitaria, por exemplo, uma separação tão nítida entre poder do Estado e poder privado. Pode-se, no entanto, supor, com alguma tranquilidade que, nas condições do Segundo Reinado, a falta de visão sociológica de liberais e radicais, seu viés de ver em tudo a ação maléfica do governo, tenha dificultado um diagnóstico mais realista da situação e reduzido sua capacidade de introduzir as reformas propostas. Do mesmo modo, a crença excessiva nas virtudes do Estado como fator de civilização e progresso pode ter constituído um obstáculo à realização de várias das reformas propostas pelos radicais, e mesmo pelos liberais, sobretudo as que implicavam maior espaço para a ação de pessoas e instituições privadas.

O LEGADO DOS RADICAIS

O legado dos radicais pode ser visto sob três ângulos, o de sua tática de propaganda, o do conteúdo de suas ideias e o da eficácia de sua pregação. Foi, sem dúvida, admirável, o esforço que fizeram para empurrar o debate político para fora da tribuna e da imprensa. Seu público limitou-se, é verdade, às camadas letradas, mas era politicamente significativo e não fora antes exposto ao novo meio de comunicação. A continuação da prática das conferências e dos debates públicos no Rio de Janeiro até 1889 indica mudança cultural que lhes deve ser em parte creditada.

Ainda em julho de 1870, o *Opinião Liberal* noticiou uma série de quatro palestras proferidas por Quintino Bocaiúva no teatro São Luís. A nota curiosa é dada pela informação de que "o recinto transbordava de ouvintes, realçando a presença do belo sexo [em] tão distinto auditório". O tema das palestras era "As instituições e os povos do Rio da Prata". Quintino Bocaiúva era filho de uma argentina e visitara Buenos Aires durante a guerra da Tríplice Aliança, tornando-se amigo do presidente Mitre.[57] A presença feminina nas palestras explica-se pelo fato de que na primeira conferência o orador exaltou o papel da mulher nas sociedades platinas, aproveitando-se do tema para criticar a Monarquia brasileira. No ano seguinte, o jornal *A República* publicou resumos e notícias de sete conferências chamadas nacionais, pronunciadas por republicanos, incluindo duas de Quintino Bocaiúva. Várias outras de autores estrangeiros, como Jules Simon, Jules Favre e Eduardo Laboulaye, aparentemente não pronunciadas no Rio de Janeiro, foram publicadas no jornal.

A iniciativa mais exitosa e de mais longa duração, no entanto, foram as chamadas Conferências da Glória, organizadas pelo conselheiro Manoel Francisco Correia. O organizador era senador e conselheiro de Estado extraordinário. Fora ministro e coordenara a realização do primeiro recenseamento nacional em 1872. As Conferências da Glória começaram em 1873 e eram realizadas, como as radicais, nas manhãs de domingo, em uma escola pública da Glória, localizada no Largo do Machado. A partir de 1876, o conselheiro publicou um periódico chamado *Jornal das Conferências Populares*, que servia para difundir as palestras. As conferências não eram políticas. Dedicavam-se, na proposta do organizador, à instrução do povo em temas variados. O mais frequente foi o da instrução pública, tratado em geral pelo próprio conselheiro. Mas discutiam-se também literatura, história, filosofia, botânica, a situação das mulheres, águas minerais, aeróstatos.

Essas conferências transformaram-se em evento cultural. Uma das razões do êxito tinha a ver com o fato de o imperador ser um de seus frequentadores assíduos. Na correspondência com Barral, ele por várias

---

[57] Sua simpatia pela Argentina manifestou-se quando, como primeiro ministro das Relações Exteriores da República, foi a Montevidéu para negociar um tratado de limites com ela. O tratado foi tão favorável à Argentina que foi recusado pelo Congresso brasileiro. Sobre Quintino Bocaiúva, ver Eduardo Silva, org., *Ideias políticas de Quintino Bocaiúva*. Brasília: Senado Federal, 1986. O livro inclui uma das conferências (v. I, 292-310).

vezes comentou as palestras. Embora não as patrocinasse formalmente, era como se o fizesse por sua presença que se, de um lado, podia afastar adversários políticos, do outro era poderoso endosso à iniciativa em si e à própria prática das conferências públicas em geral. Quando Agassiz andou pelo Brasil, o próprio d. Pedro lhe pediu que fizesse algumas palestras, a que assistia como espectador comum. Entre 1873 e 1889, foram pronunciadas 99 conferências. Só em 1876, foram cerca de 70. Constituem excelente amostra do pensamento da época.[58]

A herança da pregação radical é mais complexa de analisar. Apontamos os principais temas do intenso debate que ocupou a década de 1860, sobretudo após a crise de 1868. Vimos também como os radicais desapareceram. Alguns ingressaram no Clube, depois Partido, Republicano. Outros tomaram outros rumos. É, aliás, intrigante o fato de que apenas quatro dos 26 conferencistas tenham assinado o Manifesto Republicano. Seja como for, as consequências dessa fusão com o novo partido para o debate político foram grandes. O Manifesto Republicano, redigido por Quintino Bocaiúva e Salvador de Mendonça, nenhum dos dois conferencista radical, fazia um apanhado das críticas ao sistema monárquico feitas por radicais, liberais, e mesmo alguns conservadores, como Ferreira Viana. Ele as resumia em dois pontos principais, na realidade, relacionados, a falta de democracia (o despotismo) e a centralização política. O primeiro tema foi contribuição de Salvador de Mendonça.[59] O sistema imperial não era democrático, argumentava o Manifesto, porque parte da soberania, por dispositivo constitucional, residia nas mãos de uma dinastia hereditária não eleita pelo povo. Em consequência, continuava, "o elemento monárquico não tem coexistência possível com o elemento democrático", isto é, não poderia haver Monarquia democrática. Era longo o capítulo dedicado

---

[58] Ver, sobre elas, Karoline Carula, *A Tribuna da ciência. As Conferências da Glória e as discussões do darwinismo na imprensa carioca (1873-1880)*. São Paulo: Anablume; Fapesp, 2009.

[59] Confissão do próprio Salvador de Mendonça. Ver Eduardo Silva, org., *Ideias políticas*, p. 57.

à crítica à centralização política e administrativa. O federalismo não era ponto muito ressaltado no radicalismo, era antes um dos temas prediletos de Tavares Bastos.[60] Sua forte presença no Manifesto pode ter sido fruto dos contatos de Quintino Bocaiúva com as Repúblicas do Prata. Segundo o Manifesto, o federalismo no Brasil, isto é, a autonomia das províncias transformadas em estados, era exigência da própria geografia nacional. A centralização oprimia as províncias, constrangia o cidadão, impedia o progresso, enfraquecia a nação. O capítulo terminava com a conhecida disjuntiva: "centralização – desmembramento; descentralização – unidade", muito menos radical do que a do Manifesto do Centro Liberal: "Ou a reforma, ou a revolução."[61]

A passagem do radicalismo para o republicanismo parecia um passo lógico na trajetória dos radicais, e assim foi vista por eles.[62] No entanto, pode-se argumentar que, ao reduzir o debate à questão da forma de governo, ela causou um retrocesso no que se refere à variedade e profundidade das reformas propostas por liberais e radicais. As reformas do sistema eleitoral, da polícia, da magistratura, da Guarda Nacional, do recrutamento desapareceram na agenda do Manifesto, engolidas que foram pela questão da forma de governo. Sobretudo, desapareceu o tema da emancipação. Preocupado em evitar a rejeição dos proprietários de escravos, e incapaz de chegar a um acordo interno, o novo partido, sobretudo em sua vertente mais robusta, a paulista, optou por não se posicionar abertamente diante da questão. O jornal *A República* só tocou no assunto cinco meses depois de iniciar sua publicação. E o fez para criticar o projeto de lei do Ventre Livre, que julgava uma calamidade. Na província de São Paulo, onde

---

[60] Sobretudo no livro *A província. Estudo sobre a descentralização no Brasil*, publicado em 1870 e reeditado pela Companhia Editora Nacional em 1937.
[61] A relação entre republicanismo e federalismo foi discutida por Rosa Maria Godoy Silveira, em *Republicanismo e federalismo, 1889-1902*. Rio de Janeiro: Ediouro, 1996.
[62] Para maior desenvolvimento do tema, ver meu capítulo "República, democracia e federalismo: Brasil (1870-1891)". Em José Murilo de Carvalho, Miriam Halpern Pereira et alii, *Linguagens e fronteiras do poder*. Rio de Janeiro: Fundação Getúlio Vargas, 2011, 15-35.

também os clubes radicais aderiram ao republicanismo, o Partido Republicano, para o desespero de abolicionistas como Luís Gama, só assumiu posição clara contra a escravidão em 1887, às véspera da abolição. Em reunião prévia à fundação do Partido Republicano Paulista em 1872, foi emitido comunicado dizendo que se a democracia (i.e. a República) defendesse a abolição da escravidão "alienaria de si a maior parte das adesões que tem e as simpatias que espera atrair".[63] Até mesmo o republicano jacobino e abolicionista Silva Jardim indispôs-se com seu correligionário, José do Patrocínio, "esse homem de cor", que, segundo ele, ao apoiar a princesa Isabel na luta final pela abolição, tinha traído sua raça, seu Partido e sua pátria. Patrocínio dizia explicitamente, que mais importante do que alterar a forma de governo era abolir a escravidão.

Nos últimos 20 anos do Império, o debate político e social quase se reduziu ao tema da abolição, em que se destacaram alguns monarquistas e alguns republicanos, e o do federalismo, defendido pela maioria dos republicanos, sobretudo de São Paulo e Rio Grande do Sul, com o apoio de alguns monarquistas liberais como Joaquim Nabuco e Rui Barbosa. Os livros importantes após 1870, não contando os de propaganda e difusão da ideia republicana, limitaram-se a *O sistema eleitoral no Império*, de Francisco Belisário Soares de Sousa, de 1872, *O abolicionismo*, de Joaquim Nabuco, de 1883, *Agricultura nacional. Estudos econômicos*, de André Rebouças, de 1883, e *A pátria paulista*, de Alberto Sales, de 1888. O último, escrito pelo irmão do futuro presidente da República, Campos Sales, levou ao extremo a tendência federalista, propondo o separatismo paulista.

Dentro do próprio campo republicano, o principal debate, talvez o único de algum peso, teve a ver com a relação entre República e democracia, entendida esta última como governo do país por si mesmo, excluída a família real. Para os autores do Manifesto, e depois para Assis Brasil, democracia e República não se distinguiam. O republicano

---

[63] Ver sobre o assunto José Maria dos Santos, *Os republicanos paulistas e a abolição*. São Paulo: Martins, 1942.

gaúcho afirmou sem hesitação: "República é a forma de governo constituída pela democracia."⁶⁴ O desafio a esta posição veio dos positivistas ortodoxos e dos que deles se aproximavam como Silva Jardim, Aníbal Falcão, Júlio de Castilhos. Defensores da ditadura republicana, só tinham desprezo pela democracia defendida no Manifesto. Para Teixeira Mendes, por exemplo, implantar uma República democrática seria o mesmo que substituir o parlamentarismo burguesocrático monárquico pelo parlamentarismo burguesocrático puro. Estavam aí em jogo duas concepções de República, uma democrática, representativa, liberal, federal, a outra ditatorial, sociocrática, unitária. A última só conseguiu enraizar-se no Rio Grande do Sul. Pelo resto, nem mesmo se discutiu entre os republicanos liberais se a República que pregavam seria parlamentar ou presidencialista. Esse debate só aflorou após a promulgação da Constituição de 1891.⁶⁵

O que houve, sim, após o desaparecimento dos radicais, e aqui fechamos o círculo voltando a Sílvio Romero, foi a mudança de paradigma explicativo. Todo o debate político republicano posterior ao Manifesto estava impregnado de positivismos, evolucionismos, biologismos. Se nos anos 1860 citavam-se Jeremy Bentham, Benjamin Constant, De Tocqueville, Guizot, Stuart Mill e semelhantes, nas duas décadas seguintes os autores da moda eram Comte, Spencer, Littré, Haeckel, Teófilo Braga. E aqui não havia diferença entre as duas correntes republicanas. Em ambas, a ação humana, principal motor da política nos autores dos anos 1860, foi substituída por leis universais. O liberal Alberto Sales falava em leis imutáveis e permanentes da história. Silva Jardim afirmava que a República havia de se fazer, quisessem ou não os republicanos. Não consigo, ainda aqui, deixar de simpatizar com os agitados anos da década de 1860.

Uma observação final diz respeito ao modo de ler as conferências ra-

---

⁶⁴ J. F. Assis Brasil, *A democracia representativa na República*, Brasília: Senado Federal, 1998, 25-37. Primeira edição em 1881.
⁶⁵ Discuti o tema no livro *Parlamentarismo e presidencialismo*, organizado por Armando Boito Jr., Rio de Janeiro: Paz e Terra, 1993, 17-25.

dicais. Elas não podem ser entendidas simplesmente como uma descrição fidedigna do Brasil da época. Lendo-as, um estranho à história brasileira do Oitocentos ficaria convencido de que o país era um regime despótico, uma ditadura, uma Rússia, ou uma Bizâncio, americana, sem liberdade religiosa, política e social. Um soberano todo-poderoso, um César caricato, na expressão de Ferreira Viana, controlaria o país por intermédio de ministros subservientes, de políticos corrompidos, de um Senado reacionário, de uma polícia arbitrária, de uma Guarda Nacional a serviço do absolutismo. Se esse mesmo estranho lesse, no entanto, em seguida, por exemplo, as *Notas de um pianista*, de Louis Moreau Gottschalk, um norte-americano e republicano convicto, que em 1869 dava, com enorme êxito, concertos na Corte, ficaria desorientado. Gottschalk chegara ao Brasil depois de percorrer Peru, Chile, Argentina e Uruguai. Com base nessa experiência, anotou em suas memórias que o Brasil era o país mais liberal da América do Sul. Não seria difícil arrolar outros testemunhos de estrangeiros na mesma direção. Aliás, o simples fato de os radicais falarem livremente, inclusive atacando duramente o imperador, já poderia ter sugerido ao estranho que algo não combinava.

Não se trata aqui de provar que os radicais estavam certos ou errados. Muitas de suas afirmações eram caricaturais. Mas sua linguagem não se distanciava muito do estilo retórico predominante desde a Independência, caracterizado pelo uso abusivo da hipérbole, do exagero, do desprezo das nuanças. Eles apenas, fazendo jus ao nome, carregavam mais nas cores, como o tinham feito os exaltados da Regência. Para ser justo, não se pode negar que sua crítica atingia problemas importantes do sistema político imperial. Falo, sobretudo, das questões do Poder Moderador, da responsabilidade dos ministros, do Senado vitalício, da centralização, e da abolição da escravidão.

Excentuando a questão da escravidão, a mais polêmica, as outras não foram resolvidas, ou só o foram mal e parcialmente. E isto a despeito do fato de os liberais, inclusive Lafaiete Rodrigues Pereira, um dos assinantes do Manifesto Republicano, terem chefiado oito gabinetes após 1878. A única reforma importante enfrentada por eles, a da eleição direta, foi resolvida de modo a reduzir ao invés de aumentar a participação popular. No último gabinete do Império, de 7 de junho de 1889, seu presidente, o visconde de Ouro Preto, já pressentindo ameaça concreta da República, propôs levar adiante "largas reformas" inspiradas na "escola democrática", aprovadas em congresso do Partido Liberal do mesmo ano. As principais eram: autonomia das províncias e municípios, liberdade de cultos e temporariedade do Senado, ampliação do direito de voto, tudo já proposto 20 anos antes. E mesmo então não se tocou na responsabilidade dos ministros e na vitaliciedade do Senado. A grande reforma, pedida por liberais, progressistas e radicais, que foi realizada após 1869, foi a da abolição da escravidão. Mas, por decisão do imperador, a reforma foi levada a cabo pelos conservadores, fato que frustrou os liberais e cindiu o Partido Conservador, enfraquecendo mais uma vez o sistema partidário.

Não se podia esperar dos radicais mais do que fizeram, isto é, na expressão de um dos oradores, Sinfrônio Coutinho, "clamar e agitar sempre". Olhados do ponto de vista do país como um todo, eram apenas um minúsculo grupo de agitadores de classe média falando para a elite política e intelectual do país. A partir de sua absorção pelo Partido Republicano, perderam mesmo a capacidade, ou a motivação para agitar, a não ser com o fim de derrubar a Monarquia. Mesmo esse objetivo só foi conseguido em 1889 com a ajuda das baionetas, fator externo ao sistema partidário. E isso quando a Monarquia já perdera o apoio da Igreja, da grande propriedade e da maior parte dos letrados.

Segundo o *Correio Paulistano*, os radicais eram vistos como loucos, mas "amanhã a história nos olhará por outro prisma bem diferente e os nossos vindouros terão para os loucos de hoje uma palavra de admiração e um sentimento de amor". Eles merecem, sim, nosso respeito por terem clamado e agitado, na crença de poder modificar um país marcado ao longo de toda a sua história por um enraizado conservadorismo.

QUATRO CONFERÊNCIAS EM DESTAQUE

Algumas das dez conferências cujos textos constam deste livro merecem destaque. Seleciono quatro delas.

A primeira é a do senador Silveira da Mota sobre a degeneração do sistema representativo, quinta do Rio de Janeiro. O senador goiano de 51 anos era o mais idoso dos conferencistas. Formara-se em direito pela faculdade de São Paulo. Foi professor da faculdade e advogado na capital paulista e representante dessa província na Câmara entre 1849 e 1853. Nesse último ano, foi eleito senador por sua província natal. Sem se filiar a partido, destacou-se na Câmara e Senado por apresentar várias medidas voltadas para a melhoria da situação dos escravos e o fim da escravidão. Em 1869, aderiu com entusiasmo ao grupo de jovens radicais. Findado o breve surto radical, tentou por conta própria dar continuidade à experiência das conferências públicas. Em novembro de 1870, quando os jovens radicais já tinham aderido à República, abriu um curso popular de Direito Constitucional, com palestras quinzenais no mesmo teatro da Fênix Dramática. Os interessados inscreviam-se ao preço de 10$ e recebiam em troca um cartão que dava acesso às palestras e o direito de receber os textos impressos entregues na conferência seguinte à palestra (*A Reforma*, 08/11/1870, p. 3). Alguns desses textos foram publicados no folheto *Conferências Radicais do senador Silveira da Mota*, incluído na bibliografia.

Embora adepto sincero do radicalismo, sua conferência destaca-se mais pelo uso de sua vasta experiência na análise da crise do sistema representativo. Admitindo, como a grande maioria dos políticos, que não havia sistema representativo verdadeiro no Brasil, tinha, no entanto, visão diferente sobre as causas do fenômeno. Enquanto os radicais atribuíam toda a culpa ao imperador, ao governo pessoal, Silveira da Mota afirmava claramente: "A responsabilidade desse fato [a degeneração do sistema representativo] é de todos os partidos." Tomando o exemplo inglês como contraste, argumentou que nossas Câmaras estavam cheias de funcionários públicos e se submetiam à vontade do Executivo, abrindo mão de suas prerrogativas de legislar e de fiscalizar os governos. A dependência do governo, prosseguiu, estendia-se às indústrias, às associações, à iniciativa individual em geral: "Como tudo depende do governo, acostumou-se o povo a nada empreender sem ir solicitar a licença, o privilégio, a subvenção, a autorização." Enquanto não se formar um eleitorado livre, concluiu, não haverá representação autêntica.

* * *

A segunda conferência a destacar é a do radical Pedro Antônio Ferreira Viana sobre a abolição da Guarda Nacional, a terceira do Rio de Janeiro. Foi encontrada pouca informação sobre o orador. Filho do político conservador Antônio Ferreira Viana, era advogado, tinha 31 anos e assinou o Manifesto Republicano. A Guarda Nacional brasileira, objeto de sua palestra, fora copiada do modelo francês como tática dos liberais da Regência como alternativa ao Exército permanente, visto como esteio do absolutismo. Na prática, foi um recurso contra as revoltas populares da época, inclusive de soldados. Segundo disse o próprio Feijó, ela colocava a segurança pública nas mãos dos que tinham algo a perder. Originalmente, seus oficiais eram eleitos pelos próprios guardas, daí ser chamada de milícia cidadã. Em 1869, tinham que se alistar os homens entre 18 e 60 anos, com renda anual mima de 200$ (duzentos mil réis). A partir de 1850, no entanto, o ministro da Justiça, Eusébio de Queirós, conseguiu fazer aprovar uma reforma que dava ao Executivo autoridade para nomear os oficiais da Guarda. A partir daí, ela se tornou instrumento dos governos, conservadores ou liberais, para cooptar os proprietários rurais e para ganhar eleições. A queixa contra ela era, então, sobretudo, política. Foram dois os oradores que dela trataram, Pedro Antônio Ferreira Viana, na Corte, e o dr. Jacobina no Recife. O primeiro abordou o assunto em duas conferências, a primeira em 11 de abril, a segunda em 30 de maio de 1869. O texto dessa última não foi localizado.

A conferência disponível é de grande originalidade. O orador tratou da questão pelo lado econômico e não político, como soía, e até hoje sói acontecer. Não conheço outro trabalho que tenha adotado essa abordagem. Cuidadosamente, recorrendo a dados oficiais, mostrou o tamanho da instituição, os custos diretos do governo em sua manutenção (armamento, fardamento, pagamento dos dias de serviço etc.) e também, a parte mais original, os custos indiretos, compostos dos dias de trabalho perdidos pelos guardas quando de serviço. A Guarda, argumentou, tinha cerca de 400 mil praças na ativa. A perda em dias de trabalho corresponderia a cerca de 24 mil contos. Por outro lado, continuou, a força policial nas províncias previstas no orçamento montava a pouco mais de quatro mil praças, a força real era de cerca de 3.500. O custo de cobrir a diferença, que o ministro dizia não poder cobrir, era de cerca de 500 contos. Substituir, então, a Guarda pela polícia acarretaria uma poupança de 23 mil e quinhentos contos.

Tratava-se de um inteligente argumento econômico para conseguir um fim político, como ficou claro nos momentos finais da palestra. Depois de longa e monótona exposição, repleta de números e ouvida com apatia pela plateia, que se manifestou apenas quatro vezes, o orador resolveu concluir falando sobre a parte política da Guarda, tema que seria objeto de sua próxima conferência. Foi uma reviravolta de 180 graus, saiu o técnico, entrou o agitador radical. Esquecendo os números e a economia, o filho de Ferreira Viana passou a acusar a Guarda de ser instrumento de violência e de manipulação eleitoral por parte do governo, sobretudo o de Itaboraí, que subira no ano anterior. O Brasil tinha, afirmou, uma guarda de cossacos que prendia e torturava cidadãos e invadia lares. No *grand finale*, assumiu tom dramático: narrou a história de um cidadão que fora crucificado por membros da Guarda. E terminou o discurso deslocando o alvo do ataque para onde interessava ao radicalismo. A cruz que servira para supliciar o cidadão, disse, "há de se refletir nos paços imperiais desse rei ou imperador (sensação) que governa um povo tão desgraçado". Os aplausos represados explodiram: "Bravos! muito bem! muito bem!"

* * *

A terceira conferência a destacar é de Francisco Rangel Pestana, a 13ª do Rio de Janeiro. Sua escolha justifica-se por ser a única disponível feita por um dos três pioneiros do radicalismo, os fundadores do *Opinião Liberal* em 1866. Houve uma segunda, a cargo de Henrique Limpo de Abreu, mas seu texto não foi localizado. O orador tinha então 30 anos e advogava no Rio de Janeiro em sociedade com Henrique Limpo de Abreu. Assinou o Manifesto Republicano. Após 1870, foi deputado provincial por São Paulo, para onde se transferira. Em 1875, foi um dos fundadores e redator de *A Província de São Paulo*, depois *O estado de São Paulo*. Feita a República, fez parte da junta que governou o Estado e foi eleito senador em 1890. Foi ainda senador pelo Rio de Janeiro em 1902 e vice-presidente do estado nesse mesmo ano.

O tema da conferência era a proibição de os representantes da nação aceitarem empregos públicos e condecorações. Mas o orador pouco falou sobre isso, concentrou a palestra em comentários gerais sobre o país e sistemas de governo. Começou criticando a apatia de todos em relação aos problemas nacionais "a repugnância que tem cada um de vós de intervir nos negócios públicos". O fenômeno seria resultado da falta de educação do povo: povo mal-educado aceita mau governo. As conferências radicais seriam um instrumento de educar o povo, de levar-lhe a verdade. O Brasil não era um país livre porque "todas as forças sociais se acham concentradas e resumidas num só poder que é o Moderador". O Parlamento não representaria o povo. A Câmara era um conjunto de bacharéis dependentes do governo, uma confraria de pedintes: "O votante pede ao eleitor, o eleitor pede ao deputado, o deputado pede impertinentemente ao ministro." O meio de evitar o problema seria criar incompatibilidades para o exercício da representação, como faziam vários países.

O remédio proposto, talvez para honrar o título da palestra, ficava muito aquém da doença diagnosticada. Ao final, admitiu, citando Odillon Barrot, que a forma externa de governo (Monarquia, Aristocracia, República) não era o mais importante, o que interessava era o grau de liberdade existente no país. As monárquicas Inglaterra, Bélgica e Holanda estariam no mesmo bloco da liberdade que os republicanos

Estados Unidos e Suíça; a monárquica Prússia ao lado do republicano Paraguai, no bloco do despotismo. O monárquico Brasil estaria ao lado da Turquia e Rússia, autocracias em que o Estado é tudo, o indivíduo, nada. Os radicais, segundo ele, iam além dos liberais exigindo reforma constitucional, referência clara ao Poder Moderador. "Não faremos, por ora, questão da forma extrínseca de governo", afirma. Mas eram democratas (codinome para escolha popular do governo) e não se importavam de serem por isso acusados de utopistas ou republicanos. De maneira sutil, o recado estava dado. Sua palestra refletia uma profunda convicção liberal, ao estilo de Tavares Bastos, acoplada à preocupação democrática, que tinha como alvo principal o Poder Moderador e tendia para o republicanismo.

* * *

A quarta conferência, de Gaspar da Silveira Martins, entra nesta seleção como exemplo do estilo retórico da época. O orador, filho de ricos estancieiros, tinha 34 anos, formara-se em direito em São Paulo, fora juiz municipal na Corte onde, em 1869, mantinha banca de advogado. Não assinou o Manifesto Republicano, foi deputado geral pelo Rio Grande do Sul, ministro em 1878 no gabinete liberal presidido por João Lins Vieira Cansanção de Sinimbu, senador e conselheiro de Estado. Não aderiu à República. Tentou sem êxito organizar um movimento restauracionista e foi por isso exilado pelo governo republicano.

Seu discurso foi uma apoteose. Em nenhum outro, apesar de ter sido um dos mais longos, o público se manifestou tanto e com tanto entusiasmo. Foi a única conferência também em que houve demonstrações de desagrado, que o orador habilmente inverteu a seu favor atribuindo-as, com ou sem razão, à polícia. Os aplausos começaram já com a primeira frase: "Eu ainda não desesperei da regeneração da nossa pátria", indicação de que o orador já era provavelmente conhecido do público. A conferência foi interrompida umas 180 vezes por aplausos, sem contar as risadas, quase uma manifestação a cada frase. Auxiliado por seu porte agigantado e voz tonitruante, Silveira Martins alternava o dramático e o irônico, jogando habilmente com as emoções da plateia e mantendo-a cativa até o final. Sabia o que agradava ao público: por duas vezes elogiou Osório, o general liberal e seu conterrâneo, de quem era amigo. Eram aplausos na certa, e entusiasmados. Declarou-se radical e repetiu a versão liberal da história brasileira, acusando d. Pedro II de ingratidão por se ter voltado contra os que, na Regência, tinham garantido seu trono. Mas, à diferença dos radicais mais jovens, atacou o monarca e o sistema, mas não sugeriu rompimento. Refutando a acusação levantada contra os radicais de serem anarquistas e edificarem nas nuvens, teve uma frase surpreendente: "os radicais acreditamos na ciência política", querendo dizer com isso que valorizavam a razão. Também, diferentemente de todos os outros oradores, recorria, em suas citações, quase sempre à história antiga, sobretudo à República romana, característica próxima daquela encontrada nos panfletos da Independência.[66] Os outros oradores utilizavam autores e períodos históricos recentes e países como a Inglaterra e os Estados Unidos. Terminou sua arenga com uma observação muitas vezes repetida depois: "Todo esse Brasil é sublime! A natureza é harmônica em tudo! Não! O homem não pode aqui ser acanhado e mesquinho! (*Muitos e repetidos bravos, muito bem! Muito bem! O orador é entusiástica e calorosamente felicitado e acompanhado pelo povo em triunfo até a casa.*)"

---

[66] Sobre esses panfletos, ver José Murilo de Carvalho, Lúcia Bastos e Marcello Basile, orgs., *Guerra literária. Panfletos da Independência (1820-1823)*. Belo Horizonte: Editora da UFMG, 4 vols., 2014.

PARTE II
As Conferências Radicais

AS CONFERÊNCIAS DO CLUBE RADICAL DO RIO DE JANEIRO

O Clube Radical funcionava na rua dos Ourives, 55, 1º andar (*Opinião Liberal*,[1] 34, 04/05/1869, p. 4), depois na rua da Quitanda, 41, sobrado. Suas reuniões eram realizadas às terças e sextas. As regras de ingresso, estabelecidas em 24 de fevereiro, foram reiteradas na OL, 32, 27/04/1869, p. 3:

"Clube Radical. – Para satisfazer a muitas pessoas que desejam fazer parte do Clube Radical resolveu-se publicar de novo as resoluções que seguem, adotadas como normas reguladoras do mesmo Clube em sessão de 24 de fevereiro deste ano, a saber:

Que a condição única de entrada para o Clube Radical é professar as ideias do *Opinião Liberal*, órgão na imprensa do mesmo Clube;

Que o tesoureiro é o cargo único de caráter permanente, devendo, porém, presidir e dirigir as discussões qualquer membro que, iniciando qualquer questão importante, abrir sobre ela o debate, sem que, todavia, lhe continue a presidência depois de encerrada a sessão;

Que o fim do Clube é desenvolver, propagar e realizar as ideias da *Opinião Liberal*;

Que, finalmente, as sessões do Clube Radical têm lugar nas terças e sextas-feiras, à rua da Quitanda nº 41, sobrado."

---

[1] De agora em diante, OL nas referências.

Na mesma reunião de 24 de fevereiro, o Clube adotou o *Opinião Liberal* como seu órgão de imprensa segundo noticiado no jornal (OL, 17, 01/03/1869, p. 4):

"Clube Radical. – na conferência de 24 do mês próximo passado, entre outras deliberações, resolveu o Clube Radical adoptar por seu órgão de imprensa desta Corte, a *Opinião Liberal*, cujas doutrinas políticas são professadas pelo mesmo Clube".

A partir de julho de 1869, houve conflito entre o Clube e o jornal. Em seu número 57, 31/07/1869, p. I, o jornal transcreveu de *O Jornal* de 24/7, a matéria intitulada "À Opinião Liberal", assinada por O. N., de que reproduzo um trecho:

"Se não, diga-nos a *Opinião Liberal* qual a razão por que divorciou-se completamente do Clube Radical, de cujas conferências nem dá mais notícia? Por que guerreia hoje a esse mesmo Clube? Por que de sua redação saíram as penas mais prestimosas de Rangel Pestana e Limpo de Abreu, seus únicos fundadores? A *Opinião Liberal* nada quer com os conservadores, nada quer com os liberais que apoiaram a situação passada e com aqueles que a guerrearam, nada quer com o Clube Radical... O que pretende a *Opinião Liberal?* A *Opinião Liberal* só tem hoje dois amigos, em que confia plenamente, os que a redigem".

O jornal respondeu negando conflito dentro do grupo radical e atribuindo a intrigas as informações em contrário. No entanto, Rangel Pestana e Limpo de Abreu tinham, de fato, saído da *Opinião* para fundar o *Correio Nacional*, e lançaram o primeiro número do novo jornal em três de novembro de 1869. De qualquer modo, no ano seguinte, tanto o *Opinião Liberal* como o *Correio* deixaram de circular e foram substituídos pelo *A República*, órgão do novo Clube Republicano. Nota no *Opinião Liberal*, 41, de 17/11/1870, p. I dizia:

"*Opinião Liberal.* – Rio, 17 de novembro de 1870.

Anuindo aos desejos de uma comissão do Clube Republicano, composta dos dignos Drs. F. Farnese, P. Ferreira Viana e Lafaiete, cedo-lhe desta data em diante a *Opinião Liberal,* sem condição de uma e outra parte. Como compensação única dos serviços que, por espaço não interrompido de quatro anos, procurei nas colunas desta folha prestar à causa democrática, basta-me a convicção de que melhores e mais felizes apóstolos vão elevá-la à altura e desenvolvimento a que tem direito.

A *Opinião Liberal,* pois, não morre; renasce. Os dignos assinantes e sustentadores da *Opinião Liberal* não retirarão, por certo, seu apoio ao novo órgão democrático que lhe terá que substituir. Os senhores assinantes que se acham em débito com esta folha podem saldar suas contas com o ..." [defeito na cópia digitalizada].

As conferências do Rio de Janeiro tiveram duração de pouco menos de quatro meses. A primeira, de José Leandro Godói e Vasconcelos, sobre o ensino livre, foi pronunciada em 21 de março de 1869, a última, de Graciliano Aristides do Prado Pimentel, sobre centralização, em 11 julho.

De acordo com as regras estabelecidas, o orador tinha que apresentar proposta por escrito para aprovação. Respondendo a uma galhofa de Teófilo Otoni no Senado, dizendo que o liberal Zacarias de Góis e Vasconcelos seria recebido com especial agrado na tribuna radical, o jornal contestou dizendo: – "Para que o Sr. Zacarias ou qualquer outro possa falar na tribuna radical é necessário ser proposto, aceito, e declarar no Clube que adota o seu programa sem restrições." (OL, 55, 16/07/1869, p. 4). Os oradores convidados eram dispensados da burocracia.

As conferências realizavam-se no Teatro Fênix Dramática, situado à rua da Ajuda, 57. A generosidade dos proprietários do teatro foi reconhecida pelo Clube na seguinte nota (OL, 27 de 09/04/1869, p. 4):

"Clube Radical. – Em sua reunião de 6 do corrente resolveu o Clube Radical consignar um voto de sua mais distinta gratidão aos dignos empresários da Fênix Dramática pela generosidade e desinteresse com que têm cedido sua casa para nela efetuarem-se as conferências." Era, de fato, uma generosidade, porque a presença de centenas de pessoas no auditório, muitas vezes empolgadas com as palavras dos oradores, resultava frequentemente em danos materiais. O *Opinião Liberal* 53, de 09/07/1869, p. 4 publicou o seguinte apelo: "Fênix Dramática. – Alguns frequentadores das conferências radicais costumam a sair galgando as bancadas, o que tem ocasionado estragos nas cadeiras, cujos assentos são de palhinha. Em nome dos cavalheiros que fazem parte da empresa da Fênix, pedimos encarecidamente a todos os cidadãos que frequentam as conferências o obséquio de sair pelos espaços para isso destinados."

Publicação.

A primeira conferência foi publicada no *Opinião Liberal* de 18 de maio, quase dois meses depois de pronunciada. A última saiu em 14, 21 e 28 de agosto. Duas delas, pronunciadas por Rangel Pestana, saíram no *Correio Nacional*, de que o orador era diretor, evidência, sem dúvida, do desentendimento entre os redatores do *Opinião Liberal*, registrado acima. A hipótese é reforçada pela não publicação pelo *Opinião Liberal* da sétima conferência, sobre polícia eletiva, de Henrique Limpo de Abreu, que também saíra do jornal junto com Pestana, ao passo que publicou as conferências radicais do Recife até janeiro de 1870. O Clube pode ter suspendido as conferências em julho por não ter onde publicá-las, uma vez que o *Correio Nacional* só foi criado em novembro e só publicou em 1870, com grande atraso, duas conferências de abril e junho de 1869. A publicação em folhetos avulsos foi usada em alguns casos, mas limitou-se a reproduzir conferências já publicadas em jornal. Foi o caso das 1ª, 8ª, e 16ª.

LISTA DAS CONFERÊNCIAS DO RIO DE JANEIRO:

1ª José Leandro Godói e Vasconcelos.
"Ensino livre".
Pronunciada em 21 de março de 1869.

2ª José Liberato Barroso.
"Liberdade de culto".
Pronunciada em 4 de abril de 1869.
3ª Pedro Antônio Ferreira Viana.
Abolição da Guarda Nacional.
Pronunciada em 11 de abril de 1869.
4ª Francisco Rangel Pestana.
Eleições diretas.
Pronunciada em 18 de abril de 1869.
5ª Senador Silveira da Mota.
Degenerações do sistema representativo.
Pronunciada em 25 de abril de 1869.
6ª Carlos Bernardino de Moura.
O Poder Moderador.
Pronunciada em 02 de maio de 1869.
7ª Henrique Limpo de Abreu.
Polícia eletiva.
Pronunciada em 09 de maio de 1869.
8ª Gaspar da Silveira Martins.
Radicalismo.
Pronunciada em 16 de maio de 1869.
9ª José Leandro Godói de Vasconcelos.
Liberdade de ensino.
Pronunciada em 23 de maio de 1869.
10ª Pedro Antônio Ferreira Viana.
Abolição da Guarda Nacional.
Pronunciada em 30 de maio de 1869.
11ª Graciliano Aristides do Prado Pimentel.
Descentralização.
Pronunciada em 06 de junho de 1869.
12ª Orador: Dr. Pinto Junior.
Liberdade do comércio.
Pronunciada em 13 de junho de 1869.

13ª Francisco Rangel Pestana.
    Proibição aos representantes da nação de aceitarem nomeação para empregos públicos e igualmente títulos e condecorações.
    Pronunciada em 20 de junho de 1869.
14ª Carlos Bernardino de Moura.
    Senado temporário.
    Pronunciada em 27 de junho de 1869.
15ª Pedro Antônio Ferreira Viana.
    Liberdade dos cultos.
    Pronunciada em 04 de julho de 1869.
16ª Graciliano Aristides do Prado Pimentel.
    Descentralização.
    Pronunciada em 11 de julho de 1869

TEXTOS[2]

1ª CONFERÊNCIA
José Leandro Godói Vasconcelos[3]
Liberdade de Ensino.
Pronunciada em 21/03/1869.

Anúncio: OL, 22, 18/03/1869, p. 3:
"Clube Radical. – Domingo 21, às 10 ½ da manhã, haverá no recinto da Fênix Dramática uma conferência sobre a liberdade de ensino. Orador o Dr. J. L. de Godói Vasconcelos. Os cartões de entrada acham-se em mão dos sócios do Clube".

Registro: OL, 23, 22/03/1869, p. 4:

"Conferência radical. – Realizou-se ontem, no lugar anunciado, a primeira conferência radical, de que foi orador o Dr. J. Q. [sic] de Godoi Vasconcelos.
Assim a ideia dessas reuniões como o assunto da conferência foram aplaudidos pelo numeroso e notável auditório ali reunido. Confiamos que a constante prática dessas conferências produzirá grandes benefícios à causa pública e disto se mostram convencidos muitos e respeitáveis talentos que se comprometeram a abrilhantar aquela tribuna concorrendo com suas luzes para a elevação do espírito público e para a realização do verdadeiro sistema representativo".

---

[2] N. A.: Foram atualizadas a ortografia e a pontuação. Nas notas de pé de página, N. O. significa Nota do Orador, N. A. Nota do Autor. As conferências foram provavelmente estenografadas para serem impressas de acordo com a prática da época. Eventuais obscuridades nos textos podem ter tido origem nesse processo.
[3] N. A.: José Leandro Godói Vasconcelos nasceu em Pernambuco em 1834. Formado em direito, tinha banca de advogado na Corte à rua do Sabão, 38. Foi deputado geral por Pernambuco, 1864-66. Foi presidente das províncias do Rio Grande do Sul, do Maranhão e do Rio de Janeiro. Foi redator do *Opinião Liberal*.

Na OL, 24, 25/03/1869, p. 4 lê-se:

"Conferência radical. – Eis como o nosso prestimoso colega do *Diário Fluminense* dá notícia da primeira conferência radical que acaba de ter lugar nesta Corte:

Conforme anunciáramos no sábado, realizou-se no domingo a primeira conferência do Clube Radical, na qual foi orador o distinto pernambucano Dr. J. L. Godói Vasconcelos, sendo a tese escolhida para sua dissertação a do – ensino livre –.

Foi um acontecimento feliz na capital do Império, no estado de ceticismo e indiferença por tudo quanto entende com os trabalhos da razão e do estudo positivo e sério, aquele. Um auditório maior de 200 ouvintes, sem dúvida alguma apto para as lides da inteligência, e no qual, a par de uma mocidade cheia de vida e talento, viam-se ilustrações da nossa vida pública, experimentadas, como os Urbanos, Liberatos Barrosos, Fábios e outros, ouviu com honrosa atenção e interesse o orador, que falou concisamente da importante tese, dirigindo-se à razão e socorrendo-se aos dados estatísticos da Diretoria de Instrução Pública da Corte, no intuito de demonstrar, como demonstrou, que o ensino livre é uma necessidade de grande momento na nossa ordem social.

Concluiu o orador, com aplauso geral, convidando as grandes inteligências do país a regenerarem o nosso estado político pela intervenção do estudo e discussão das grandes teses de reforma que interessam diretamente ao futuro do país, estragado pela política dos expedientes, das circunstâncias e centralização em todos os ramos da atividade humana."

Publicada na *Opinião Liberal*, 38, 18/05/1869, p. 2-3:[4]

"No dia 21 de março, às 11 horas, no Teatro Fênix Dramática, o Dr. José Leandro Godói e Vasconcelos, membro do Clube Radical, inau-

---

[4] N. A.: O discurso foi publicado em folheto e posto a venda por $200. OL, 32, 27/4/1869, p. 4.

gurou as Conferências Radicais pronunciando perante um escolhido e numeroso auditório o seguinte discurso sobre o ENSINO LIVRE.

Meus senhores,

O menos habilitado para iniciar estas boas práticas dos povos livres, fui, todavia, a isso obrigado, a fim de que belos talentos oratórios, as inteligências robustas e ilustradas, vencido o acanhamento da novidade, venham colher flores onde só me é dado encontrar espinhos. E, pois, que os chefes e oradores recuam, ver-se-á neste momento suprir o arrojo o lugar da competência. Dada esta pequena explicação, entremos na tese desta conferência.

A liberdade de pensar, meus senhores, foi proclamada um dogma no mundo filosófico e no decurso de mais de três séculos nenhuma controvérsia mais ousou levantar-se a tal respeito. Doando-nos o pensamento, não lhe traçou Deus por limites as paredes mais ou menos espaçosas do crânio: concedeu-lhe, ao contrário, a propriedade de expandir-se ilimitadamente pelo mundo exterior, como ao sol igualmente dera a de irradiar-se pelo mundo astronômico.

E na verdade, senhores, dotar o homem da faculdade de cogitar apenas, de conceber, mas abafar as ideias no foro interno, negar ação à concepção, criar o pensamento sem faculdade de manifestar-se, seria criar um mundo de idiotas, condenar o homem ao suplício da estupidez. Mas, no invés disso, foi o homem destinado para a perfeição. E o aperfeiçoamento supõe progresso, assim como o progresso supõe atividade e a atividade supõe liberdade, atributo complementar do pensamento, a cuja luz marcha a humanidade a seu inevitável e grandioso destino.

Mas para que o pensamento possa gozar da liberdade que Deus lhe deu, para que ele possa transportar-se do mundo dos fatos, é indispensável que se achem livres os passos por onde tem de operar a sua transição, ou antes, a sua manifestação. Os canais que transportam o pensamento para o mundo real reduzem-se à palavra, aos sons, aos sinais etc. Tirai a palavra, o mais perfeito modo de manifestação do homem, encerrai-lhe as ideias dentro de seu próprio crânio, e tereis em pouco tempo um mentecapto, isto é, um ente privado da capacidade de pensar: tal é a estreita ligação entre o pensamento e a palavra! E é tal a intimidade dessas relações que podemos afirmar que o pensamento livre determina a palavra livre e a liberdade da palavra completa a liberdade do pensamento. *(Muito bem)*.

Desde que possuímos essa tradução do pensamento a que chamamos – palavra – baixou sobre ela a análise para conhecer-lhe o mecanismo, determinar-lhe as inflexões e fixar os valores que lhe correspondem no mundo das ideias. Transmitir aos ignorantes o resultado desse estudo, transmitir o mecanismo da palavra, os sinais e valores correspondentes, é o esforço da atividade individual a que chamamos ensino.

Tudo isso, como vemos, senhores, é obra e produto da atividade individual: o Estado não concorre em coisa alguma para a formação e existência de nenhum destes fenômenos: conseguintemente não pode ter jurisdição sobre eles. Vejamos, porém, se lhe pode pertencer, ao Estado, a atribuição de legislar, de regulamentar o ensino.

Para que o Estado tivesse o direito de legislar sobre quem deve transmitir a palavra e sobre o modo de sua transmissão, seria preciso reconhecer-lhe o direito de regular a palavra mesma. Mas a regulamentação da palavra importaria, como vimos, a limitação do pensamento, a cujo foro não pode chegar a ação de terceiros sem grave atentado contra os preceitos divinos. Realmente, senhores, como haveria de alguém prescrever-me o modo de exprimir um pensamento, uma ideia que é minha, que lha não revelei ainda?!

Se não pode o Estado decretar o como se hão de formar as ideias, estabelecer os regulamentos para as cogitações, assinalar períodos e espaços ao pensamento, é também certo que não poderá estabelecê-los para regular as suas manifestações, que é a palavra, nem conseguir ementa para regular a transmissão ou ensino da mesma palavra.

Mas concedamos por momentos ao Estado esse direito. Onde deveria principiar a intervenção oficial sobre a transmissão ou ensino da palavra? Na escola? E por que não no regaço materno, onde primeiro aprendemos a manejá-la? *(Muito bem)*. O que é mais, na hipótese, a palavra falada do que a palavra escrita? *(Muito bem)*. Se, pois, a intervenção do Estado no ensino da palavra constituísse para ele um direito, essa intervenção se deveria estender onde quer que fosse a palavra ensinada; e então a mãe de família deveria pautar os carinhos maternais pelos regulamentos do governo, o que seria, além de absurdo, insuportável tirania. O Estado não tem, e não pode ter tal direito, Senhores, porque sua esfera alcança os direitos de cidadão somente e não os direitos meramente individuais, a cuja ordem pertence o de transmitir a outrem, que o deseja, aquilo que sabemos e forma o nosso cabedal cultural.

É verdade que o espírito de tirania arrogou-se a essa atribuição com o fim de apoderar-se do pensamento; mas, na impossibilidade de sujeitar uma força que lhe é superior, irritava-se e ora arremessava os pensadores nas fogueiras, ora condenava-os à imbecilidade pelo isolamento nos cárceres. Hoje, porém, que o século não comporta cruezas consegue a tirania reduzir pela ignorância os povos à mesma imbecilidade.

Foi a título de proteção que entre nós o Estado insinuou-se na questão do ensino. Assim é que a Constituição prometeu garantir-nos a instrução primária gratuita e em virtude dessa promessa criou o governo suas escolas, que se denominavam escolas públicas, para se diferenciarem das que eram regidas por particulares. Baixando depois o Ato Adicional, e passando essa atribuição para as assembleias provinciais, o legislador liberal discriminou claramente o ensino particular do ensino público, dizendo que a essas assembleias cabia o direito de legislar sobre a instrução pública, mas não poderiam legislar sobre objetos não compreendidos nos artigos 10 e 11 do mesmo Ato Adicional, nos quais certamente não se encontra, nem se poderia encontrar, atribuição de legislar sobre ensino particular. *(Apoiados)*.

Não obstante, de 1850 em diante, não satisfeito da parcimônia e desídia com que dirigia suas escolas, estendeu sua intervenção sobre o ensino particular, afogando-o debaixo dos seus regulamentos, intimando aos mestres exigências estultas, como folha corrida, certidão de idade, atestações de conduta, exames e outras iguais impertinências. Naturalmente, senhores, nos recusamos a sancionar, com a nossa aquiescência, práticas contrárias à consciência do nosso direito. E, pois, muitos mestres-escola por esta razão e outros pelo incômodo da distância e despesas abandonaram o ensino e houve, então, uma redução espantosa, assim no número dos mestres como no dos discípulos. *(Apoiados)*.

Ainda em relação aos professores o atentado é manifesto. Todo o homem [sic] tem direito de fazer da sua atividade o uso que quiser. Esse direito, que é o que chamamos liberdade em geral, só encontra limites na liberdade de outrem. Se, pois, empregando minha atividade de ensinar o que sei, bem ou mal, a quem quiser aprender, não ofendo a liberdade de terceiro, é claro que a ação oficial não tem que restringir a minha atividade sem me tiranizar. *(Muito bem)*.

Mas o pensamento oficial não era respeitar nem a razão, nem o direito, nem o Ato Adicional, mas erigir a ignorância em sistema de governo, pensamento que se tornou geral, uniforme por todo o Império. Não culpemos as províncias pelo respectivo estabelecimento desse monopólio porque, senhores, no Brasil tudo parte do centro, nada se acha descentralizado, nem mesmo o ensino primário, apesar do Ato Adicional. *(Apoiado)*.

O monopólio do ensino, inaugurado neste Município Neutro em 1851, tem produzido progressivamente seus frutos, de modo que, 13 anos depois, a capital do Império apresentava, segundo a estatística de 1864, uma população escolástica de 42.857 meninos livres, dos quais apenas frequentavam escolas 7.557, ficando, pois, entregues ao analfabetismo o extraordinário número de 35.300 crianças! *(Sensação)*.

Este triste resultado, colhido em tão pouco tempo, senhores, dá-nos esperanças de ver em alguns anos mais este município habitado por uma população de bárbaros e imbecis. Então alguém, talvez com mais razão do que Fernando II de Nápoles, poderá dizer: "Meu povo não precisa de pensar" *(Riso)*. E, na verdade, senhores, é coisa fácil governar um povo que não pensa. Quereis um exemplo? O povo que habita o hospício de Pedro II, em tempos normais basta a irmã de caridade, nas crises lunares um vergalho estabelece a ordem. *(Risadas)*.

Socorrer-me-ei agora, meus senhores, de um documento oficial e de uma opinião irrecusável em apoio do que tenho tido a honra de dizer-vos: é o Relatório apresentado ao governo em 1865 pelo ilustrado inspetor da instrução pública do município da Corte. Nesse Relatório, Sua Excelência, descrevendo a situação do ensino oficial, também emite sua ilustrada opinião a respeito da liberdade do ensino. Ouçâmo-lo: "Aparato grande, diz o ilustre inspetor. Despesa grande. Resultado pequenino. Eis aí o que apresenta no município da Corte o magistério público. E, ao lado dele, o ensino particular, dando à capital do Império, sem ônus algum do tesouro, proveito muito maior. Por que será?". Notai bem, senhores, esse ensino particular, mesmo embaraçado pelos regulamentos, mesmo sem liberdade alguma, produz esses resultados superiores ao ensino oficial! "Por que será?", pergunta o honrado inspetor.

"Sustentam muitos, continua ele, que é por falta de execução do artigo 4 do decreto nº 1.331 A, de fevereiro de 1854, o qual comina penas aos pais, tutores, curadores e procuradores que tiverem em sua companhia meninos maiores de sete anos sem impedimento físico ou moral, e não lhes proporcionarem instrução. Assim opinou no Senado em 27 de julho de 1864 uma autoridade gravíssima."

Aqui, senhores, como vedes, surge-nos a questão do ensino obrigatório: o ilustrado inspetor, porém, incumbe-se de refutá-la do seguinte modo:

"Mas é inegável que em todas as partes do mundo, quanto mais no Brasil, tem a questão do ensino obrigatório árduas escabrosidades etc.". "Pretendem outros que a perpetuidade do professor público redunda em ruína do magistério etc. etc." "Não há que esquadrinhar razões quando existe uma que a todos fere os olhos. O magistério particular estende-se por onde quer. (Assim devia ser: este *quer* é, pois, muito limitado). O magistério público mal se desenvolve em espaço estreito, em poucas casas e essas acanhadas. Visitem-se os estabelecimentos públicos de instrução e na máxima parte achar-se-ão entupidos com um punhado de crianças. Concedamos que, compelidos pela obrigação legal, acudissem a eles todos os que o não fazem (e como há pouco vimos da estatística é um número avultadíssimo) onde caberiam?".

Notai bem isto: onde caberiam?!... Para aumentar-lhes o número (pondera ainda o ilustrado inspetor), para lhes dar amplidão é indispensável dinheiro. E falta dinheiro.

"Ainda em 13 de maio do ano passado baixou a esta inspetoria geral um aviso em que se declara não ser possível criar mais escolas." *(Sensação)*.

Atendei bem, senhores, o governo em maio de 1864, isto é, antes de sonhar com esta interminável Guerra do Paraguai que nos devora o último real, já declarava formalmente que não era possível criar mais escolas. Seria muito curioso sabermos o que dirá ele agora, depois de quatros anos de guerra. Mas ouçamos o ilustrado inspetor-geral da instrução pública:

"A consequência é palpável, diz Sua Excelência. Já que o governo não pode, não ate as mãos aos que podem, ou aos que poderiam. *(Apoiados)*. O magistério particular anda entre nós escravizado por lei e mesmo assim prospera mais que o magistério público. Tal é a sua força! Dê-se-lhe carta de alforria e muito mais se desenvolverá. Este vai sendo o voto do Brasil. No extremo setentrional do Império fez a Assembleia provincial do Amazonas, em 9 de outubro último, uma lei, infelizmente não sancionada, mandando que em toda a província fosse livre o ensino, tanto primário como secundário."

Essa lei, senhores, não foi sancionada! A província queria libertar-se da ignorância, queria derramar luz por todo o seu solo, mas o agente do poder central impôs-lhe que permanecesse na estupidez! Aqui declara o governo que não aumenta as suas escolas, mas não levanta os obstáculos ao aparecimento de centenas de particulares. Por toda a parte, pois, impõe o governo o sistema de embrutecimento popular!

"Na Assembleia provincial do Rio de Janeiro (fala ainda o digno inspetor) apresentou-se, no mesmo sentido, um notável projeto". Este projeto, senhores, foi em 1867 refundido e sua matéria discutida com a proficiência peculiar aos dignos membros da Assembleia provincial do Rio de Janeiro; este projeto que, de mais a mais, reunia assinaturas muito respeitáveis de ambos os lados políticos, o que demonstrava conquista da verdade, passou em todas as discussões por grande maioria, mas, submetido à sanção presidencial, foi rejeitado e a província do Rio de Janeiro continua privada dos inapreciáveis benefícios com que seus dignos representantes pretenderam dotá-la. Entretanto, o indivíduo que assim procedeu, que, na qualidade de agente central, impôs trevas àquela província intitula-se de liberal! Não! Senhores, não pode ser liberal quem assim procede. *(Apoiados).*

Concluamos, porém, a leitura do relatório da instrução pública: "E anteriormente, em 24 de maio, ecoara a mesma aspiração no grêmio da Assembleia Geral Legislativa. Seria bem próprio da sua elevada categoria ostentar o município da Corte o primeiro exemplo dessa fecunda liberdade."

Realmente, meus senhores, em vista do que nos diz autoridade tão competente, é força reagir, é preciso alcançarmos a liberdade do ensino porque ela faz cidadãos, ao passo que o monopólio faz imbecis. Resgatemos o ensino para emanciparmos a inteligência, dissipemos a ignorância para acabarmos com a tirania. *(Apoiados, muito bem!).*

Mas como havemos de consegui-lo? Senhores, quando o homem quer, a coisa faz-se... E demais, resta-nos ainda o direito de petição: peçamos, pois.

Disse-vos ao princípio, meus senhores, que por expiar os riscos da novidade e vencer alheios escrúpulos, me arrojara a iniciar estas práticas tão salutares e indispensáveis nos países que são ou querem ser livres, posto que *mal (não apoiados)*, cumpri minha missão. Agora a outros mais habilitados cedo a tribuna eles que incessantemente a ilustrem, pois que agora, mais que nunca, é preciso vigiar à luz da inteligência para que não aconteça vir a nós o anjo da liberdade e não o reconheçamos. *(Muito bem, muito bem!).*

2ª CONFERÊNCIA
José Liberato Barroso[5]
Liberdade de cultos.
Pronunciada em 25 de maio de 1869.

Anúncios: OL, 24, 25/03/1869, p. 4.
"No próximo primeiro domingo de abril terá lugar uma segunda conferência, na qual será orador um dos nossos melhores e experimentados talentos parlamentares. Sentimos prazer em dar esta notícia ao público, vendo que a nossa aspiração de todos os dias, única capaz de fazer uma verdadeira revolução moral nas nossas práticas sociais e interessar a todo o cidadão, rico e pobre, nobre e plebeu, literato e artista, industrial, militar e sacerdote no estudo e práticas da vida pública, fundando o grande princípio de associação para engrandecer o esforço da inteligência e do trabalho individual e, portanto, garantindo a verdadeira independência e liberdade do cidadão, vai, enfim, talvez satisfazer-se".

"Conferência radical. – No próximo domingo, 4 de abril, haverá segunda conferência radical, sendo a tese – Liberdade de Cultos – e orador o Sr. Dr. José Liberato Barroso." (OL, 25, 01/04/69, p. 3).

Publicada no *Opinião liberal*, 40, 25 de maio de 1869, p. 2- 3:

Liberdade de Cultos[6]
José Liberato Barroso.

---

[5] N. A.: José Liberato Barroso (1830-1883). Cearense, filho de militar. Bacharelou-se em leis pela Faculdade de Direito do Recife. Advogado e político. Foi deputado geral pelo Ceará (1864-66) e ministro do Império no gabinete liberal de Francisco José Furtado, em 1864. Após 1870, foi novamente deputado geral pelo Ceará (1878-81), presidente de Pernambuco (1882). Foi professor da Faculdade de Direito do Recife. Deixou vários escritos.

[6] Nota da Redação: Não concordamos com todas as apreciações religiosas do presente discurso. A Redação.

Às 10 horas da manhã de quatro de abril, reunidas na casa da rua da Ajuda n. 57 cerca de 100 pessoas, sobe à tribuna o Sr. conselheiro Dr. José Liberato Barroso e profere o seguinte discurso:

Meus senhores, antes de ocupar a vossa benévola atenção com o objeto da conferência de hoje, permiti que me congratule convosco pela inauguração destas práticas que muito eficazmente concorrem para ilustrar a opinião nos países livres. É possível que seja mais uma esperança desiludida, que seja mais uma tentativa sem resultado, que seja mais um passo falso dado no caminho do progresso por aqueles que desejam sinceramente o progresso. Mas é minha convicção que destas reuniões nascerá alguma coisa de bom e de séria, que deste movimento virá algum resultado profícuo ao progresso das liberdades públicas.

Uma voz mais simpática e mais poderosa do que a minha se devia fazer ouvir em defesa da tese que aqui vos reúne, mas há deveres sagrados tanto na vida privada como na vida pública e diz-me a consciência que eu nunca me fiz esperar onde a bondade me julgou necessário para defesa das ideias que em minha opinião fazem a grandeza e prosperidade das nações, e devem fazer a grandeza e prosperidade desta terra em que nasci e que é duas vezes minha pátria, porque nela tenho vivido e lutado, nela tenho chorado as lágrimas e sorrido aos curtos prazeres de minha existência.

A questão que nos ocupa, senhores, tem um alto interesse de atualidade.

O país soube com dor e com espanto que a um brasileiro ilustre, verdadeiramente ilustre, havia sido negada a sepultura católica,[7] porque esse brasileiro ilustre, pensando livremente, tinha escrito algumas palavras que pareceram um erro e que, se porventura fossem um erro, deviam esperar o perdão daqueles a quem o Deus do perdão, o Deus de misericórdia confiou neste mundo a continuação da sua missão evangélica. Não se pode dizer simplesmente como disse um ilustrado minis-

---

[7] N. A.: refere-se à negação pelo bispo de Olinda, Francisco Cardoso Aires, de sepultura em cemitério brasileiro do general José Inácio de Abreu e Lima, morto em 8 de março de 1869. O "general de Bolívar" teve que ser sepultado no cemitério dos ingleses.

tro da Bélgica por ocasião da importantíssima discussão no parlamento daquela nação a respeito do ensino, não se pode dizer simplesmente que um sopro de intolerância passou sobre a terra do Brasil; não, senhores, a intolerância e o fanatismo ostentam pretensões audaciosas. As brisas do norte nos chegam impregnadas do bafo peçonhento da superstição e do jesuitismo e fatos recentes, fatos de hoje, revelam claramente que uma causa condenada e que parecia esquecida nas ruínas do passado, a que a história chamou clericalismo, pretende consolidar-se nesta terra que foi predestinada para as glórias da liberdade.

Devo dizer, senhores, que ninguém mais do que eu presta homenagem e respeito aos dogmas e às verdades da religião em que fui educado, em que tenho permanecido até hoje e espero morrer; ninguém mais do que eu tem sabido guardar essas crenças que me foram transmitidas no regaço materno, nas primeiras lições paternas, e que felizmente tenho fortalecido na leitura dos livros que têm sido o alimento de minha inteligência.

Curvo-me com toda a humildade da fé e com toda a dignidade das convicções humanas diante desta sublime criação do espírito humano, dessa religião que deve ser a última expressão do progresso e da civilização da humanidade, do cristianismo onde minha fraca inteligência encontra a solução de todos os problemas que se prendem aos destinos do homem e da sociedade.

Mas por isto mesmo que sou cristão e católico, por isso mesmo que entendo que à sorte do cristianismo se prende [sic] o progresso e a civilização das sociedades humanas, que a palavra de Cristo foi o verbo da humanidade no complexo dos seus grandes destinos... (*Muito bem!*) lamento que nesta terra onde a providência quis que fosse o teatro das grandezas futuras da civilização, se pretenda corromper o espírito público, falando às crenças inocentes da população e à sombra da ignorância popular estabelecer um trono que parecia ter desabado há muito ao sopro divino das revoluções e do progresso. (*Muito bem! Muito bem! Muito bem!*) É preciso, portanto, que fale a imparcialidade em presença dos ódios religiosos e compreenda o povo a verdade que se não opõe, antes fortalece as suas crenças puras.

Tudo, senhores, quanto o pensamento humano pôde conceber de mais sublime e de mais simples, tudo quanto o espírito humano pôde compreender de mais profundo nas lucubrações dos filósofos e mais eloquente na simplicidade das crenças e dos sentimentos do coração, o cristianismo encerra. As doutrinas dos sábios antigos, a filosofia das sociedades pagãs sem dúvida alguma encerravam uma metafísica profunda; e nos progressos do espírito humano soleniza a história os nomes de Pitágoras, Platão e Aristóteles: a filosofia grega, origem da civilização moderna, parecia exprimir o que o espírito humano contém de mais excelente e mais elevado. Mas veio o cristianismo e mudou a face do mundo.

De um lado, com a *Summa* de Santo Tomás de Aquino, opôs à filosofia pagã o que há de mais sublime e elevado nos domínios da metafísica; de outro lado, opôs às cerimônias grosseiras e ao culto ridículo e grotesco do paganismo a eloquente simplicidade do catecismo, esse símbolo simples e eloquente na grandeza de sua concepção, grande e sublime na simplicidade de sua expressão, que a infância pode recitar como a sabedoria o medita, esse código vulgar da mais sublime filosofia, na frase de um espírito eminente que a França acaba de perder, o imortal Lamartine.

Senhores, o homem, colocado no meio da criação, lançando os olhos em torno de si e contemplando essa maravilha imensa que se chama o universo, levanta o seu pensamento e indaga, pergunta a si mesmo de onde veio, por que existe, e qual é o seu papel no meio das grandezas que o cercam e elevando-se até a altura da grande causa da qual procede tudo aquilo que ele contempla no êxtase de sua admiração, banha a fronte nos raios da glória do Onipotente; e a ideia de Deus é a primeira que o faz curvar-se na presença do seu Criador, da causa de tudo quanto existe. Portanto, formar uma ideia a respeito de Deus, desse Ente Supremo que criou o universo, formar uma ideia das relações em que se acha colocado para com o seu Criador, dos seus deveres para com Deus, formar enfim uma religião é a primeira necessidade do espírito humano, é a primeira função da inteligência do homem, ele adora a

Deus antes de conhecer a criação. Começa por pensar na causa que lhe deu o ser, a exercer assim a sua inteligência e depois lança os olhos para tudo que o cerca e em tudo contempla a onipotência do Criador. É assim que o espírito humano faz o seu caminho, partindo de Deus, tendendo para Deus por esse círculo do progresso que traçou a mão da Providência, por esse caminho que Deus abria à razão e à liberdade do homem, verdadeiro caminho que leva o povo de Deus à terra da promissão.

Disse um grande filósofo que exigir a liberdade de pensar é o mesmo que exigir a liberdade da circulação do sangue e disse com razão, senhores, porque a liberdade do pensamento se não prova, a liberdade do pensamento é o mesmo pensamento, é a razão humana. O pensamento em presença de si mesmo é absolutamente livre e só reconhece uma superioridade; essa superioridade é a de sua causa, é a de Deus.

Mas a fé é de sua natureza expansiva, não se concentra somente na consciência e no coração. Dos seios d'alma ela se quer expandir, comunicar-se para o mundo exterior e seria mesmo ofender a Deus, seria não compreender os deveres que o ente criado tem para com o seu Criador, guardar no silêncio egoístico do espírito e do coração a manifestação que se deve de homenagem, de amor, de adoração a Deus.

Daí a necessidade que sente naturalmente o homem de comunicar a ideia que formou a respeito de Deus e da sua natureza; daí a necessidade de dizer o que o espírito e o coração humano devem a Deus; daí a necessidade da oração. E se a oração é um ato necessário, é uma função inerente à natureza humana, a liberdade de orar, de elevar a Deus o espírito e o coração é uma consequência lógica, uma verdade incontestável, um direito absoluto e imprescritível. Nota harmoniosa do hino imenso da criação que se ergue da terra para as alturas do infinito, a oração do homem é a sua primeira manifestação no mundo, é o verbo de sua iniciação nos mistérios da existência. É a primeira revelação dos seus destinos. (*Muito bem!*).

Mas, senhores, se nós concebêssemos o homem somente em presença de Deus, adorando-o no pensamento e no coração, curvando os joelhos em terra e dirigindo ao céu os votos de sua adoração, não o conceberíamos completo. O homem não nasceu para viver isolado, ele é por sua natureza social, a sociedade é o meio em que ele vive, no qual desenvolve as suas faculdades, é a condição indispensável para que ele exista e preencha os altos destinos para que foi criado. E se a fé é de natureza expansiva, todo o [sic] homem que formou uma ideia sobre a existência de Deus, que formou uma religião em seu espírito, necessariamente quer atrair para a mesma crença todos os que existem em torno de si, comunicar-lhes a mesma ideia, relacionar-se pelos laços religiosos com todos os que o cercam, primeiramente com a sua família, depois com as outras famílias, ou a sociedade. Daí a necessidade do culto, as magníficas solenidades do culto externo, o exercício, enfim, dessas cerimônias majestosas na sua simplicidade e simples na sua majestade que devem constituir o culto.

Mas se o homem é livre em presença de Deus, se o homem é livre em presença do mundo adorando a Deus, se é livre em presença da família ensinando os seus filhos, também é livre na escolha do seu culto em presença da sociedade (*Muito bem! Muito bem! Muito bem!*). Portanto, impor ao homem esta ou aquela maneira de adorar a Divindade, prescrever o modo por que ele deve curvar-se na presença de Deus, impor-lhe a linguagem de que ele deve usar quando se dirige ao seu criador é querer uma convenção, mas não é querer uma religião, é querer uma instituição que os homens podem respeitar como respeitam as leis caducas que fazem a infelicidade da uma nação, mas não é querer uma base sólida e duradora sobre a qual se devem firmar o sossego das consciências, a paz religiosa.

Se o homem no exercício dessa liberdade, se prestando o seu culto à Divindade do modo por que a sua inteligência concebeu e a sua consciência escolheu e aprova, encontra obstáculos, ou nos costumes, ou na legislação do seu país, se o uso desse direito de adorar ao seu criador conforme o seu pensamento e a sua consciência importa para ele a perda de outros direitos, a perda de vantagens a que ele tem direito como cidadão... (*muito bem!*) poder-se-á dizer que este homem é livre, que está no gozo perfeito de sua liberdade religiosa? Sem dúvida que não, senhores. Dizer ao homem: – podeis adorar a Deus como quiserdes, podeis livremente exercer a vossa religião, podeis ensinar aos vossos filhos, a todos que vos ouvem, a doutrina que vos parece mais santa, podeis reunir em torno de vossa causa todos aqueles que a quiserem esposar e que a julgarem mais consentânea como progresso da sociedade, mas ficareis privados de um direito e desses que mais interessam à dignidade do cidadão, de um desses direitos que nunca o homem pode renunciar sem quebra de sua dignidade de homem e de cidadão, sem mutilação de sua natureza moral, porque o homem deve-se primeiro que tudo à sua pátria, à causa do progresso e da civilização, é, senhores, prescrever a degradação da espécie humana.

Não é somente fazer uma violência ao espírito humano, é fazer uma violência à vontade de Deus, é a desobediência às prescrições divinas. Nos livros santos, nas lições que nos foram legadas pelos primeiros apóstolos do cristianismo, o que vemos nós? Jesus Cristo falava à inteligência e ao coração; a inteligência ele prendia pela persuasão, o coração ele prendia pela graça. Levar a religião ao espírito pela razão e ao coração pela graça foi a santa e divina missão de Cristo.

Com efeito, o primeiro apostolado do cristianismo, a doutrina do filho de Deus, em suas máximas puras e sublimes, em sua moral tão cheia de caridade, encerra tudo quanto há de mais precioso, de mais sublime no pensamento e no coração humano. Se, porém, Jesus Cristo é o verbo da verdade, por que não deixar que o espírito do homem funcione livremente? Por que descrer dos destinos do homem, descrendo da religião que deve fazer a grandeza e o futuro de todas as nações?

Não é, senhores, semeando os ódios religiosos, joio do cristianismo, que se há de fazer uma sociedade religiosa. A primeira condição de uma sociedade religiosa é que seja uma sociedade livre, que as inteligências se desenvolvam na discussão de todas as ideias, que todos os espíritos se fortaleçam nas grandes lutas da liberdade.

E não receeis, senhores, no dia em que a sociedade for livre e todos os homens exercerem plenamente os direitos inerentes a sua natureza, no dia em que o erro for combatido somente pela verdade e não pelas leis, pela polícia, pelos juízes e pelas prisões, nem pelas baionetas, nem pelo carrasco (*muito bem!*) ficai certos de que a religião do Filho de Deus será a religião do gênero humano. *(Muito bem! Muito bem! Muito bem!)*. Senhores, há verdades que se não demonstram, há verdades que se dizem: a liberdade religiosa é uma destas verdades. Infelizmente, porém, o erro tem sido por muitos séculos e será ainda por muito tempo a partilha da humanidade.

Volvamos um pouco os olhos para o passado, procuremos uma lição para a causa que nos reúne, na experiência e nas lições da história. As relações entre o Estado e a Igreja baseiam-se em três sistemas diferentes. Primeiro sistema, união absoluta do Estado e da Igreja, – regime de autoridade; segundo, um sistema de convenções, de concessões e favores recíprocos, de dependências e conflitos constantes – regime de concordatas; terceiro sistema, separação do Estado da Igreja – regime da liberdade.

O regime da autoridade foi inaugurado pelo primeiro imperador romano que se converteu ao cristianismo. O espírito grego, dessa Grécia que foi a pátria da liberdade, até o aparecimento do cristianismo, havia decaído, o poder romano se havia aviltado nas mãos dos imperadores. Era esse o estado do mundo quando do país dos bárbaros, dos confins do mundo civilizado, levantou-se a voz do crucificado e o cristianismo começou a sua missão regeneradora. Ao chegar ao Império romano, o cristianismo encontrou a influência dos imperadores, a intolerância do governo dos Césares: ele se pôs em luta com a ordem estabelecida. Daí esse grande número de vítimas que ensanguentaram as primeiras páginas da história desta religião. Um dia, porém, o imperador romano pensou dever à intervenção divina a vitória sobre o seu rival e o *In hoc signo vinces* de Constantino mudou a face do mundo. Constantino fez-se cristão, mas fez do cristianismo a religião oficial. E, desgraçadamente, senhores, o que até então se havia feito contra o cristianismo, começou-se a pôr em prática para sustentar o cristianismo. Os bispos foram os ministros do imperador, estabeleceu-se esse consórcio entre a Igreja e o Estado, consórcio monstruoso, consórcio que fez derramar em nome da religião muito mais sangue do que se havia derramado em nome da política.

Desde Ario[8] até as vítimas do reinado de Luiz XIV, o martirológio do pensamento é longo e seria necessário falar muito e com a eloquência que não possuo... (*não apoiados*) para narrar a história desse longo martírio que o espírito humano sustentou. Os imperadores que quiseram dominar o mundo mantendo os povos na ignorância e na escravidão, apoiados na doutrina da unidade da obediência, disseram aos apóstolos da religião de Cristo, de Jesus Cristo, senhores, que veio ao mundo para criar a unidade da fé pela palavra e pelo exemplo: — Sustentai a unidade da obediência, que nós sustentaremos a unidade da fé, dizei aos povos que eles devem obedecer e nós diremos aos nossos verdugos que matem todos os que não quiserem crer. Convenção horrorosa, união horrível da qual nasceram todos esses flagelos da humanidade: as Cruzadas, as guerras religiosas, a Inquisição, São Bartolomeu, o edito de Nantes, todas essas lutas fratricidas, enfim, nas quais se derramou o muito sangue que tinge as páginas mais tristes da história das nações.

Mas, senhores, desviemos os olhos desse quadro de crimes e de horrores. Embora se levante na imaginação o espectro hediondo da Inquisição, ainda que a memória possa recordar toda essa série de calamidades que se chamaram guerras religiosas, ainda que possamos ver nessa evocação medonha do passado um rei a espingardear os seus súditos em nome da religião de Cristo! Deixemos que a história cumpra a sua missão. O pensamento humano aspira hoje a cousas mais puras, mais dignas da humanidade.

Entretanto, senhores, a humanidade tem uma missão a cumprir e, no meio de todos os obstáculos, o espírito contempla com satisfação os fatos que atestam o trabalho permanente e incessante da civilização, a liberdade sempre vencendo, sempre combatida e perseguida, mas sem-

---

[8] N. A.: Arius de Alexandria (256-336), presbítero cristão, foi excluído da Igreja como herege após o Concílio de Niceia (325), convocado por Constantino. Sua doutrina, conhecida como arianismo, tinha a ver com a natureza da Santíssima Trindade.

pre vencedora, apesar de todas essas calamidades e de todos os crimes que negrejam as páginas da história. Dois grandes movimentos do espírito humano vieram aniquilar de um lado a supremacia eclesiástica, isto é, o poder do papa, de outro lado, a supremacia civil, isto é, o poder do rei: foram a Reforma e a Revolução.

Da cela obscura de um monge da Alemanha[9] partiu o brado de indignação e de resistência e o papado estremeceu em sua base cimentada nas trevas da ignorância com o sangue de muitas gerações. A voz de Mirabeau repercutiu como o trovão no meio da humanidade atônita e caíram os reis, esboroaram-se os tronos e essa inspiração satânica que se chamou monarquia do direito divino foi lançada nas gemônias da história como o opróbio da humanidade (*Muito bem, muito bem, muito bem*).

Mas, senhores, não penseis que depois dessas vitórias do pensamento e da liberdade, depois dessa epopeia sublime que o espírito humano escreveu nas páginas da história da França em 1789, veio ao mundo a paz religiosa. Não, mudaram-se os papéis. Carlos Magno era poderoso, ditava leis à Europa, tinha os reis debaixo do seu poder, mas ia a Roma depor a sua espada vitoriosa aos pés do pontífice. Era o rei subordinado ao papa, era a supremacia da Igreja sobre o Estado. Depois da revolução, vemos o contrário: Napoleão I tinha vencido a Europa, tinha poder como Carlos Magno, mas obrigou o pontífice a ir à França humilhar-se em sua presença e depor aos pés do trono de Carlos Magno a tiara abatida.

Napoleão foi o vingador do Estado e o sucessor de Gregório VII desceu do sólio pontifício para ir à França coroar aquele que devia ser depois o seu carcereiro. Era a supremacia da sociedade civil. Mas essa supremacia absoluta do Império se não podia manter, então começou o segundo sistema, o sistema das concessões, dos cultos protegidos e assalariados, o sistema das concordatas.

---

[9] N. A.: Refere-se a Martinho Lutero (1483-1546), que promoveu a Reforma Protestante.

Porventura o mundo tem gozado da paz religiosa e as consciências têm tido sossego neste novo período da história das relações entre a Igreja e o Estado? Sem dúvida que não. Como vos disse, conflitos permanentes entre o governo civil e a Igreja perturbam a paz das consciências.

Se na supremacia da Igreja havia um erro e uma humilhação, se na supremacia do Estado havia o mesmo erro e a mesma humilhação, no sistema das concordatas há uma série de erros e uma série de humilhações. Ora é a autoridade eclesiástica que pretende invadir a esfera do poder civil, como na questão dos cemitérios. Ora é o clero, a Igreja, a sociedade de Cristo, humilhada, aviltada em presença da autoridade civil, mendigando o auxílio do braço secular em troca do abandono dos seus deveres santos, e prestando aos governos despóticos, com a mais repugnante degradação da majestade divina, um apoio sacrílego para conculcar as liberdades públicas. Eis aí, senhores, o que é o sistema das concordatas. Quereis exemplos? Pedi-os à Áustria que se debate em um labirinto de dificuldades na prossecução de suas novas e generosas aspirações liberais. Vede a Espanha, onde o braço popular acaba de esmagar o despotismo sacrílego encarnado nesse anacronismo da Europa moderna que se chamou Isabel II.

Pondo de parte outras questões, senhores, que pedem uma solução na marcha do progresso e no desenvolvimento do espírito humano e que encontram embaraços invencíveis nesse sistema bastardo que tudo põe em dúvida, até mesmo a salvação das nossas almas, falar-vos-ei somente do ensino religioso.

O ensino religioso é inquestionavelmente a mais importante questão social. Se a religião é a condição essencial da existência, da grandeza e prosperidade das nações, o ensino religioso é a primeira, a mais importante das questões sociais. Mas como poderemos nós resolver este problema no meio das pretensões encontradas e opostas, dessas lutas incessantes contra o Estado e a Igreja?

O ensino religioso deve ser feito pela Igreja que tem a missão da salvação das almas; mas, diz o Estado, vós podeis ameaçar a ordem pública, eu quero inspecionar o vosso ensino, que além do mais é pago por mim. O ensino religioso deve ser dado pelo Estado porque é o Estado que deve promover o progresso e o desenvolvimento dos seus súditos; mas, diz a Igreja, vós ides pregar doutrinas contrárias à verdade evangélica e perturbar a paz das consciências, eu devo inspecionar o vosso ensino. Qual a solução racional desse conflito que se tem procurado resolver até hoje? Todos os países católicos têm lutado com esses embaraços. Nós mesmos os encontramos e se não têm sido maiores é porque temos um grande infortúnio a lamentar: no país pode-se dizer que não há ensino religioso. (*Sensação*).

Dispensai os argumentos, mas há um só meio de resolver a questão, há uma só e única solução para o ensino religioso, é a liberdade (*Muito bem!*). Pela liberdade tudo se compreende, com a liberdade tudo se explica, pela liberdade tudo se resolve. Com a liberdade, o ensino religioso terá a sua solução, na sociedade reinará a paz das consciências. Quando a Igreja for livre no Estado livre, quando à sombra da liberdade de todas as consciências se fizerem ouvir e se ensinarem as doutrinas do Deus Crucificado pela persuasão e pelo exemplo, o cristianismo será a luz da razão dos povos e se poderá dizer então que a filosofia é a nuvem sublime em que pisou Jesus Cristo para subir ao céu.

Se a Igreja vai pedir ao Estado o auxílio de seus cofres e de seus ministros, a intervenção de sua autoridade para fazer o ensino religioso, ficai certos de que não o fará. Enquanto a Igreja, a sociedade das consciências, a família daquele que disse que o seu reino não era deste mundo, estiver ligada às vicissitudes da sociedade civil, envolvida nessas lutas que são o embate das paixões mundanas, enquanto a Igreja, no exercício de sua missão divina, lutar com as mesmas dificuldades que a sociedade civil encontra em seu caminho semeado de revoluções e reações, ficai certos de que a palavra de Deus não terá tido execução neste mundo. (*Muito bem!*)

Tenho ouvido dizer: dai a liberdade à Igreja, consenti que os ministros da religião ensinem as doutrinas que quiserem e eles levarão a desordem ao seio da sociedade. A intolerância, o fanatismo, a superstição, a teocracia se levantará [sic] no meio de nós. É possível. Mas qual a razão por que nós receamos a influência dos fanáticos e dos impostores? Será porque seja isso efeito da liberdade? Não. É a negação da liberdade. Deixai que o padre pregue a doutrina que quiser, deixai que a Igreja ensine o que entender, mas levantai o obstáculo único que se deve opor ao fanatismo e ao clericalismo, levantai o edifício da instrução e da educação popular e convencei-vos de que a impostura não reinará sobre a terra. Uma nação ignorante é uma nação que pode ser presa do fanatismo e do jesuitismo e se eu nutro por ventura algum receio de que essas pretensões nos venham perturbar é porque deploro o estado de atraso da instrução popular, é porque os nossos governos todos não têm compreendido essa primeira necessidade social e levantando aqui um brado contra todos não sou suspeito porque também já fui governo. É doloroso, mas é uma verdade, que o povo brasileiro não tem a necessária instrução que exige o governo do povo pelo povo.

Se, porém, dizem, de outro lado, abandonais a Igreja se entregais a religião católica aos seus próprios destinos, se não pagais a propaganda religiosa feita pela Igreja, a impiedade minará a sociedade pelos seus alicerces e breve teremos um povo sem virtudes, porque um povo sem religião é um povo sem virtudes. Qual é também a razão? A ignorância popular. Se quereis impedir que o ceticismo, a indiferença e a impiedade invadam o espírito público, instruí o povo. O povo instruído dirá ao padre católico: — não sabeis compreender a vossa missão porque não sabeis ensinar a palavra de Deus e o padre pedirá ao povo que ouça a voz da religião, em harmonia com as grandes necessidades do progresso e da civilização.

O que seria a religião católica, o que seria essa religião do cristianismo que deu ao mundo os dois primeiros agentes da felicidade da família e das nações, a mãe de família e o sacerdote, se porventura ainda hoje estivesse ameaçada pela propaganda do ceticismo e da indiferença, se depois de tantos esforços do espírito humano no século XIX, a impiedade ainda pudesse fazer prosélitos! O cristianismo, senhores, é uma religião de propaganda e de proselitismo, ligado ao ensino, à discussão, a todos os grandes processos da liberdade, ele é o elemento principal do progresso moderno, não deve recear a competência de outro meio de adorar a Divindade, nem temer os ataques da indiferença e da impiedade. Pedra angular do edifício social, contra ele não prevalecerão as portas do inferno. Essa sublime aspiração do progresso social já tem a sua sanção na história: o regime da liberdade ostenta os seus magníficos resultados na América do Norte e na Holanda, triunfa, na Itália, na Suíça, na Bélgica e na Inglaterra, que acaba de oferecer ao mundo o espetáculo de um movimento esplêndido.

Senhores, devo dizer-vos ainda algumas palavras debaixo de um ponto de vista prático e que muito interessa à prosperidade, à grandeza, e ao futuro desta nossa pátria.

A questão religiosa no Brasil interessa à questão de população, à questão da colonização, infelizmente não resolvida até hoje, mas sem cuja solução debalde esperaremos que ele caminhe no caminho do progresso para os altos destinos que a Providência lhe distribuiu. Enquanto a sociedade brasileira estiver organizada de tal modo, enquanto os seus hábitos e costumes forem tais que a liberdade dos cultos se não possa manter, que os cidadãos de todos os países não possam exercer no seio da sua família e da sociedade o seu culto, a sua religião, descreio da eficácia de todas as medidas que os nossos legisladores adotarem para resolver essa grande questão que hoje mais que nunca nos pede uma solução e que nos ameaça com uma solução infeliz porque os elementos se não preparam; as grandes questões sociais se resolvem no meio das comoções e dos cataclismos.

Senhores, por demais tenho abusado... (*não apoiados gerais*) da vossa atenção. Sei que em uma reunião como esta é sempre bem-vinda, é sempre escutada a voz que se levanta em nome da liberdade, mas esta voz se deve elevar até a sublimidade e à santidade do assunto. De novo congratulo-me convosco pela inauguração destas práticas das quais espero os melhores resultados.

Espero, senhores, porque creio firmemente nos destinos deste país: quanto mais reflito sobre todas as condições físicas, intelectuais e morais do Brasil, mais me compenetro da convicção de que aqui se resolverão os grandes problemas da civilização e que nós seremos no futuro um povo verdadeiramente civilizado, de que o Brasil será o teatro das grandezas futuras do progresso. E vós que nutris uma aspiração tão elevada, vós que tivestes a bondade de ouvir-me por tanto tempo porque falei em nome da liberdade, avante! Pregai aos ombros a vossa divisa de cruzados – cruzados do progresso, da civilização e da humanidade, e caminhai seguros na senda da liberdade. Não vos abata o suor que vos banhar a fronte pelas agonias do espírito porque nesse Getsêmani da humanidade fecunda-se o solo em que Deus lançou a semente de sua palavra infinita.

Seja a vossa divisa: Deus e liberdade. (*Muitos aplausos.*)

3ª CONFERÊNCIA
Pedro Antônio Ferreira Viana[10]
A abolição da Guarda Nacional.[11]
Pronunciada em 11 de abril de 1869.

Anúncio: OL, 27, 09/04/1869, p. 4:
"Esta conferência terá por objeto – a abolição da Guarda Nacional – sendo orador o Sr. Dr. Pedro F. Viana".

Registro: OL, 28, 13/04/1869, p. 4:

"Conferência radical. – Teve lugar a terceira conferência radical, domingo, 11, conforme se anunciara, e na qual o digno orador, Sr. Dr. Pedro Antônio Ferreira Viana, demonstrou com proficiência as extraordinárias desvantagens que acarreta ao país a instituição militar da nossa Guarda

---

[10] N. A.: Pedro Antônio Ferreira Viana (1838- ?). Nasceu no Rio de Janeiro, filho do político Antônio Ferreira Viana. Formado em direito pela Faculdade de São Paulo em 1862, exerceu advocacia no Rio de Janeiro e foi membro do Instituto dos Advogados do Brasil. Assinou o Manifesto Republicano.
[11] N. A.: Esta conferência é comentada na primeira parte deste livro.

Nacional. Um auditório mais numeroso do que os das precedentes conferências ouviu com religiosa atenção o ilustrado orador, a quem tributou bem merecidos aplausos. O discurso do Sr. Dr. Pedro A. F. Viana tem de brevemente correr impresso e o país o apreciará como merece."[12]

Publicada no *Opinião Liberal*, 43, de 4 de junho de 1869, p. 2-3:

"Clube Radical – Terceira Conferência – Abolição da Guarda Nacional.

No dia 11 de abril, às 10 e meia horas da manhã, diante de um numeroso e ilustrado auditório, reunido no salão da Fênix Dramática, pronunciou o Sr. Dr. Pedro Antônio Ferreira Viana, em conferência do Clube Radical, o seguinte:

Discurso

Meus senhores, trata-se da Guarda Nacional, é necessário aboli-la.

No estado presente do país uma das questões mais graves é a questão das finanças: tratemos, portanto, da Guarda Nacional pelo lado das finanças. Estudemos esta questão em sua parte econômica, já considerando os graves prejuízos que tem causado a Guarda Nacional em relação ao interesse geral, já em relação aos interesses particulares.

Quando temos chegado ao momento em que as próprias folhas do governo declaram que o estado das finanças é muito grave, convém, antes de tudo, que o cidadão trate de observar as suas instituições por esse lado.

Para fazer um cálculo exato dos males ou, melhor diremos, dos prejuízos gerais que tem trazido a Guarda Nacional, eu tive necessidade de recorrer aos Relatórios do Ministério da Justiça desde 1850 até 1868. Fui a esse período procurando a época de 1850 exatamente porque é a época da reforma da lei da Guarda Nacional.

---

[12] N. A.: OL, 29 de 16/04/1869, p. 4, informa se que saiu impresso o discurso e se vende por $400.

Pelo estudo que fiz desses relatórios, cheguei às seguintes conclusões: que a Guarda Nacional desde 1850 até hoje tem tido constantemente 400.000 praças em serviço ativo; e, como tenho necessidade de justificar este cálculo, passarei a ler um extrato desses relatórios e serei breve para que os senhores comigo cheguem ao mesmo resultado. Como a lei fosse promulgada em setembro de 1850, não pude apanhar nenhum extrato desse ano, nem do ano de 1851; somente em 1852 é que ela principiou a ter melhor execução. Comecemos, pois, por esse ano.

1852 – 106.329 praças compreendendo unicamente 13 províncias. A Biblioteca Pública não me deu os relatórios de 1853 e 1854, mas admita-se que durante esses dois anos fosse o número de guardas nacionais igual ao número de 1852.

(Lê):

"1855 – Em serviço ativo: cavalaria 26.216 praças; artilharia 6.104; infantaria 351.627; serviço da reserva 77.000. Excluindo a reserva temos 383.977 praças em serviço ativo.

"1856 – Total 478.115 praças, tirando 70.000 da reserva e 11.246 de guardas adidos, teremos 396.869 praças em serviço ativo. Número ainda inferior ao cálculo que faço.

"1857 – Total 524.040 praças, tirando 82.814 praças da reserva e 12.246 de guardas adidos, teremos 428.990 praças em serviço ativo. Excesso sobre o cálculo 28.990.

"1858 – Total 328.944, tirando 83.697 da reserva e 12.290 de guardas adidos, teremos 432.957 praças em serviço ativo. Excesso sobre o cálculo 32.957.

"1859 – Em serviço ativo: cavalaria 38.197 guardas; artilharia 5.901 guardas; infantaria 393.065; reserva 95.859. Excluindo a reserva, temos 436.163 praças em serviço ativo. Excesso sobre o cálculo 36.163.

"1860 – Total 626.035, tirando 117.985 da reserva e 10.903 adidos, temos 497.147 praças em serviço ativo. Nesse Relatório vem um mapa da Guarda Nacional das províncias fronteiras com 67.416 praças que somadas à primeira dão 561.563 praças em serviço ativo. Excesso sobre o cálculo 164.563.

"1861 – Em serviço ativo: cavalaria 59.177; artilharia 7.967; infantaria 408.010; reserva 102.175. Excluindo a reserva, temos 474.154 praças em serviço ativo. Não sei se este Relatório inclui as 67.416 praças das províncias fronteiras, mas não é provável, desde que se compara [sic] as forças deste Relatório com o Relatório anterior; contudo tem assim mesmo 74.154 praças acima do cálculo que faço. Esta observação tem aplicação aos relatórios que seguem.

"1862 – Em serviço ativo: cavalaria 60.126 praças; artilharia 8.100; infantaria 413.429; reserva 103.439. Excluindo a reserva, temos 481.655 praças em serviço ativo. Durante os anos de 1861 e nos dois primeiros meses de 1862 foram criados outros corpos nas províncias do Rio de Janeiro, Espírito Santo, Piauí, Minas Gerais, São Pedro e São Paulo. Excesso sobre o cálculo 81.655 praças.

"1863 – Em serviço ativo: cavalaria 63.161 praças; artilharia 7.947: infantaria 422.019; reserva 102.327. Excluindo a reserva, temos 503.127. Houve aumento de corpos em várias províncias.

"1864 – Em serviço ativo: cavalaria 64.273; artilharia 7.738; infantaria 422.053; reserva 102.220. Excluindo a reserva, temos 494.034. Houve aumento de corpos em várias províncias.

"1865 – Em serviço ativo: cavalaria 48.953; artilharia 6.630; infantaria 280.355; reserva 71.773."

Como se vê, a diferença aqui é para menos, mas o Relatório dá a razão que consiste em não terem sido remetidos os mapas das províncias de Goiás e Maranhão, deixando ainda de ser completadas forças de Alagoas, Bahia, Ceará, Minas, Pernambuco, Pará, Paraíba, Rio de Janeiro, São Paulo e Santa Catarina. Esta falta deu-se também nos anos de 1866, 1867 e 1868, como se vê dos respectivos Relatórios.

Nesse ano de 1865, bem como nos anos de 1866 e 1868 foram criados outros corpos. Portanto, aqui ainda é o número superior ao cálculo que faço. Temos, portanto, desde 1850 até 1868, 400 mil praças em serviço ativo. Estou falando diante de muitas pessoas que têm conhecimentos práticos do que seja a Guarda Nacional, e estimo tanto mais isso quando preciso ainda estabelecer o número de guardas que faz uma guarda durante o mês. Calculo que o serviço feito pelo guarda nacional seja de duas guardas por mês: não quero fazer entrar aqui o serviço de destacamento que dura muitas vezes mais de 60 dias.

Calculando que o salário do guarda nacional seja 2$500 diários, temos que todos os meses faz ele o sacrifício pecuniário de 5$000. Muitos podem achar que o salário de 2$500 diários é excessivo, mas se é verdade que o salário de 2$500 diários é muito para um grande número de guardas, não é menos verdade que é muito inferior para outros, principalmente entre milhares de oficiais que tiram de seu trabalho um lucro três ou quatro vezes superior a este salário. O alto preço dos salários em todas as profissões justifica este cálculo.

Se é verdade que o salário de 2$500 ainda pode ser considerado muito, não é menos verdade que, calculando dois dias por duas guardas, faço um cálculo pouco exato porque realmente o guarda nacional que faz duas guardas perde não dois dias, mas três: ele vai às 9 horas e só volta no dia seguinte às 10, perdendo não só o dia da guarda como metade do dia seguinte, o que faz dia e meio para a primeira guarda e outro dia e meio que perde com a segunda, dão a soma de três dias.

Eis aqui a base do nosso cálculo: 400.000 praças multiplicadas por 60$000, que tanto é o prejuízo que sofre o guarda nacional anualmente, dão em resultado a quantia de vinte e quatro mil contos de réis! São 24 mil contos que a fatal instituição da Guarda Nacional arranca todos os anos à riqueza pública e às rendas do Estado! *(Aplausos)*.

Eu me devo tornar claro, ainda mais claro se é possível: o guarda nacional que é carpinteiro (vou com exemplos para frisar a questão), no dia em que deixa de ir ao trabalho perde 2$500 porque deixa a obra. O mesmo acontece ao pedreiro, ao alfaiate e a todas as indústrias.

São estes salários perdidos não só para o particular, como ainda para o Estado porque, senhores, as diferentes indústrias definham com a suspensão do trabalho, o que se deixou de fazer está perdido para a produção, para o país e para o particular.

Creio, meus senhores, que não haverá a menor dúvida sobre as bases que tenho apresentado; mas se houver alguém que pretenda contestar-me, aceitarei qualquer outra base porque o meu maior desejo é ser esclarecido, desejando argumentar tendo dados certos, tanto mais quando de qualquer maneira que fizermos o cálculo havemos de chegar a um resultado funestíssimo para a economia do país, para a produção, porque essa enorme quantia envolve somente o trabalho que se deixou de fazer, a diminuição que sofreu a nossa produção.

Consideremos agora a questão econômica, não pelo lado do Estado, mas pelo lado particular, vejamos os prejuízos que sofre o cidadão brasileiro que é guarda nacional. Por este lado, eu tratarei primeiramente dos oficiais da Guarda Nacional e em segundo lugar dos soldados.

O oficial da Guarda Nacional muita vez aceita a patente como um sacrifício: ele não pode realmente fazer as despesas de fardamento e outras, mas faz esse sacrifício porque, como o soldado entre nós tem chegado ao último grau de aviltamento, o cidadão que se julga em melhores condições, o cidadão que se supõe de melhor família, tem medo de ombrear com o infeliz soldado! Eis aqui o oficial fazendo um sacrifício que ele não pode, um sacrifício que a instituição lhe vem pedir, que o Estado lhe vem reclamar.

Mas não é só isto; acontece também que o oficial tendo fortuna, provocado pelo estímulo, vendo o soldado quase nu porque o Estado não lhe quer dar qualquer roupa, faz o sacrifício de sua fortuna, arruína-se para evitar que seu batalhão se apresente mal fardado às paradas e ao serviço. *(Sinais de assentimento)*. Todos vós, senhores, sabeis se é ou não exato o que acabo de dizer: quantos nomes de oficiais assim arruinados não vêm neste momento à vossa lembrança? Quantas vítimas não tem feito a Guarda Nacional neste sentido? Se por acaso aparece alguma guerra externa também o oficial faz sacrifícios de outra ordem, como sejam o recrutamento, esses soldados fardados à custa do oficial, e no fim de tudo – a ingratidão! *(Aplausos)*.

Consideremos agora o prejuízo do soldado. Esse prejuízo é mais modesto, é mais humilde, trata-se de pequenas quantias, mas as pequenas quantias do pobre são equivalentes às grandezas do homem rico. Esse prejuízo do soldado será muito humilde, mas é tamanho como o do Estado em 24.000:000$ porque tudo está em relação aos indivíduos ou pessoas morais que fazem as grandes ou pequenas despesas.

Tratando da questão há pouco pelo lado geral, eu vos mostrei que o soldado fazia todos os anos o sacrifício de 60$; além desse sacrifício ainda temos que o soldado paga por uma calça azul 10$, duas calças brancas 14$, uma sobrecasaca de pano o mais grosso 25$. Somadas estas quantias, temos 49$ que, divididos por três anos, que tanto é o tempo que podem durar estes objetos, temos 16$ anuais;[13] somando estes 16$ com 60$ que já calculamos, temos 76$[14] que se exige [sic] todos os anos do guarda nacional. Se dividirmos estes 76$ por 365 dias temos que o guarda nacional paga constantemente um imposto de 308 rs. diários![15] Ele de quem a lei exige somente 200$ de renda, emprego e profissão, ele a quem a lei pede tão pequena quantia, paga de impostos 208 rs. diários! isto é, 76$ [ao ano] para um homem que apenas tem 200$. É muito, senhores!

Mas deixemos essa consideração, tratemos dos 76$: o que são 76$? Para o pobre, para o cidadão que tem necessidade, esses 76$ parece que se multiplicam para preencher imensas necessidades. O homem rico consome 76$ com a maior facilidade em um objeto de luxo, mas o pobre com 76$ liberta-se de milhares de privações. É o pão de seus

---

[13] N. O.: Não fiz entrar essa quantia no cálculo geral dos 24.000:000 porque o cálculo geral é de natureza muito diversa. Esta quantia de 16$ bem como muitas outras é que se chamam despesas improdutivas.

[14] N. O.: O soldado da Guarda Nacional tem dois fardamentos, mas com um só tem conseguido substituir a dois fardamentos. Não incluí outras despesas como sejam a gravata, as dragonas e cordões etc. porque durante esses objetos muitos anos não se prestam ao cálculo.

[15] N. A.: Erro do orador ou do tipógrafo: o correto seria 208 rs.

filhos, a roupa de sua família, o dinheiro do médico e dos remédios, é muitas vezes a salvação da própria vida. *(Muito bem!)*.

Será, porém, só essa despesa que a economia política deva considerar? O guarda nacional ainda faz sacrifícios maiores: o soldado que mora longe, em lugar de perder dois ou três dias, perde quatro. Eis aqui mais um sacrifício que escapa a todo o cálculo. O soldado é forçado a ir a paradas, a guardas de honra, a enterros, mesmo debaixo de um sol ardente, apanha febres, chega mesmo a perder os sentidos, estraga a sua saúde, e a ciência econômica nos diz que tudo isso influi na diminuição e perfeição do trabalho, o homem arruinado em sua saúde é um trabalhador de menos. Exige-se do pobre guarda nacional mais do que ele pode dar ao Estado: o infeliz sofre mil privações, basta dizer-se que a lei exige 200$ de renda e pede-lhe 76$!

Falando desses acompanhamentos de enterros, dessas paradas, dessas guardas debaixo de chuva ou sol que trazem febres, que estragam a saúde e que produzem a morte, eu sinto necessidade de fazer uma parada: não quero calcular com a morte, mas o que não deixa de ser exato é que milhares de indivíduos todos os anos são enterrados por causa desta exageração de serviço feito ao calor e à chuva.

Parece, portanto, que tenho deixado perfeitamente estabelecido que o Estado tem graves prejuízos econômicos, tem um prejuízo de 24.000:000$ anuais; eu quis somente basear-me no meu cálculo de 24.000:000$ porque podia multiplicar essa quantia por 18 anos, podia acrescentar os juros, para depois mostrar na linguagem muda mas terrível dos algarismos a soma enorme que esta fatal instituição tem custado à produção do país.

Senhores, é preciso que o governo compreenda que deve aproveitar o mais possível o trabalho do cidadão e em virtude do aproveitamento deste trabalho é de mister extinguir a Guarda Nacional.

Mas, poder-se-á dizer, como se há de substituir o serviço da Guarda Nacional? Eu vou entrar nesta questão porque a que acabo de estabelecer não ficaria completa sem que tratássemos dela. Ninguém pode desconhecer que a Guarda Nacional tem prestado serviços, mas de que natureza? Serão serviços policiais, ou outra espécie de serviços? Essa é que é a questão.

Todos compreendem que o serviço policial prestado pela Guarda Nacional é o mais importante porque todos os outros são serviços de guarnição, de guardas das fronteiras, que não são necessários porque nós temos nas fronteiras guarda própria e pelas fronteiras é que deve ser distribuído o nosso Exército permanente. Excluindo, portanto, os serviços de polícia, restaram apenas esses enterros, essas paradas, essas guardas de honra etc. Eis ao que se reduz o serviço da Guarda Nacional, e digo – ao que se reduz – porque vou mostrar com Relatórios do Ministro da Justiça que a Guarda Nacional está condenada quando se trata dos serviços em relação à polícia. Aqui, é o próprio governo que vai emitir sua opinião se é que no governo deste país ainda há solidariedade nos Ministérios. *(Muito bem! Muito bem!)*.

Peço a vossa atenção, senhores, para o que diz o governo. Poderia trazer o extrato de todos os Relatórios, mas tomei apenas alguns porque em geral todos os governos têm combinado com o que vou ler e vós vereis que são os próprios ministros da fatal administração deste país que condenam a Guarda Nacional.

Relatório de 1860, era ministro o Sr. Paranaguá. Diz Sua Excelência:

"Não há uma só província em que o Chefe de Polícia não lamente a falta de força que auxilie a autoridade nas diligências que deve fazer *para o descobrimento e prisão dos criminosos ou prevenção dos delitos*. A força de linha que poderia coadjuvá-las é quase nenhuma, a Guarda Nacional *pouca vantagem* é em tais serviços."

Eis o Sr. Paranaguá mostrando que a Guarda Nacional de poucas vantagens é para a prevenção de delitos, para fazer o serviço policial.

No Relatório de 1861, dizia o Sr. Saião Lobato, queixando-se da falta de força policial das províncias:

"Daí resulta a necessidade de *empregar* nesse serviço não só a força de linha, reconhecida imprópria para ele, *como a Guarda Nacional com prejuízo da lavoura*."

No ano seguinte, dizia ainda o mesmo Sr. Ministro:

"A necessidade ou, pelo menos, *a alta conveniência da substituição da Guarda Nacional ativa por uma força assalariada* não sofre contestação; a grande dificuldade a resolver-se é o modo de ocorrer a tamanha despesa, atenta a deficiência da renda pública."

Vê-se, pois, que o Sr. Saião Lobato quer a substituição do serviço da Guarda Nacional por uma força assalariada. É verdade que ele diz que há grande dificuldade, mas daqui a pouco vos mostrarei que Sua Excelência estava em erro e não o mostrarei só com a minha opinião, mas com a do próprio governo.

No Relatório de 1863, diz o Sr. Ministro da Justiça (chamo a vossa atenção para isto que é importante) que o destino da Guarda Nacional é muito diverso daquele que se lhe tem dado, mandando a Guarda Nacional fazer serviços de polícia. E o Sr. Ministro tem razão. A Guarda Nacional não foi criada com esse destino: foi criada para salvar a nossa independência e integridade em tempos que desconfiávamos do elemento estrangeiro. Mas desde o dia em que cessou esse motivo, devia ter cessado a Guarda Nacional.

Diz ainda esse mesmo Relatório de 1863:

"Ainda quando a força policial das províncias fosse efetiva, que não é, não chegaria para o serviço que lhe é destinado. O recurso é o destacamento de contingentes de guardas nacionais com prejuízo da lavoura e da indústria e vexame dos cidadãos."

Vemos, portanto, que o próprio governo condena o emprego da força da Guarda Nacional em serviço policial. Se é o governo quem reconhece que ela pouco faz, se é o próprio governo quem diz que é necessário substituí-la, quereis que eu leve a questão ainda a maior evidência? Creio não ser necessário.

Agora, pergunto eu, à vista dos Relatórios que acabo de ler, em que o governo confessa que o destino da Guarda Nacional é muito diverso daquele que tem, à vista desses Relatórios em que se declara que a Guarda Nacional não é própria para o serviço policial, para a prevenção dos crimes, para a prisão dos delinquentes, para diligências, para destacamentos, agora que podemos, em nome do próprio governo, riscar esses serviços, o que resta, senhores, senão ligeiros serviços que demonstram que é melhor abolir a Guarda Nacional? *(Sinais de assentimento).*

Tratando do que dizia o Sr. Saião Lobato, que confessa haver dificuldade em substituir a Guarda Nacional, eu vos declarei que não havia nenhuma e vou demonstrá-lo em poucas palavras com a opinião do governo. Vou ler novamente o trecho do Sr. Saião Lobato para que o ilustre auditório possa combinar o que diz ele com o que diz o Relatório de 1865.

Diz o Sr. Saião Lobato que a grande dificuldade para resolver-se para a substituição da Guarda Nacional ativa por uma força assalariada é o modo de acorrer a *tamanha despesa*; diz o Relatório de 1865 que será conveniente o aumento da força policial das províncias ainda que seja necessário *reduzir nos orçamentos provinciais alguma verba de menor importância.* Temos, pois, que a dificuldade não é tão grande como se apresentava ao Sr. Saião Lobato. Ainda não é grande se quisermos recorrer aos Relatórios e ver qual é realmente a despesa que o governo tem de fazer com a força policial das províncias.

Recorrendo ao Relatório de 1855, vejo que a força policial das províncias é fixada em 4.113 praças, sendo a força existente 3.522. A grande despesa do Sr. Saião Lobato resume-se na diferença que há entre a força existente e a força fixada, que é de 591 praças nesse Relatório de 1851[16] [sic], 591 praças que podem ser facilmente sustentadas com 400 a 500 contos de réis, que foi a despesa que se fez com o corpo policial da Corte quando se compunha mais ou menos de um pessoal de 500 praças.

Não toquei nesta questão sem um interesse muito real. Como se acaba de ver, se com 400 ou 500 contos se pode abolir a Guarda Na-

---

[16] N. O.: Essa diferença pouco poderá variar nos outros relatórios porque, à proporção que aumenta a força fixada, também aumenta a força existente. Por isso, tirei o exemplo de um só Relatório.

cional, já devia estar, portanto, abolida. Para poupar a quantia de 400 a 500 contos de réis, o governo tem exigido da Guarda Nacional o sacrifício de vinte e quatro mil contos todos os anos; para poupar a pequena quantia de 400 a 500 contos o governo tem exigido da Guarda Nacional todos os sacrifícios que acabamos de examinar há pouco; para poupar essa miserável quantia o governo tem consentido que a Guarda Nacional sofra muitos vexames já em destacamentos, já em serviços e guarnição, já na prisão de delinquentes, e em todo o serviço policial constantemente condenado nos Relatórios.

Creio ter levado ao último grau de evidência a demonstração econômica que pretendia estabelecer nesta conferência. Sinto ter de proferir uma censura, lastimando que os nossos grandes financeiros e preclaros economistas não tenham estudado a questão por este lado. Vê-se que quando se trata de fazer alguma economia, as vistas do governo parece que se dirigem somente para o nosso funcionalismo, arrancar o pão ao empregado público, tais são as vistas econômicas desta administração.

Não, senhores, não é de mister arrancar o pão a ninguém para fazer miseráveis economias; o governo do país o que deve é abrir antes de tudo as fontes da produção, aproveitando o trabalho do cidadão. Não precisamos estar a estudar pequenas economias, pequenas misérias, porque o empregado público tem direito aos seus serviços e eu não compreendo como o governo, depois de ter aproveitado a vida de um cidadão por 10 ou 20 anos, lhe vem dizer em nome do Estado: saí de vosso emprego, não tendes pão para amanhã porque o Estado não vos quer mais, porque o Estado está sem meios de pagar os vossos serviços que só hoje viu desnecessário [sic].

Era agora esta a ocasião de examinar a questão pelo lado político, mas eu me sinto fatigado e não desejo abusar de vossa paciência; não entrarei, portanto, nessa questão, demonstrando que a Guarda Nacional se acha condenada pelo nosso direito público, porque não desejo mudar a direção do vosso pensamento passando para uma nova ordem de ideias, para uma nova ordem de argumentos. Eu estimarei muito que as pessoas que fazem a honra de me ouvir parem aqui, reflitam sobre a matéria considerando-a hoje por esse lado unicamente.

Sobre a questão pelo lado político,[17] farei simplesmente uma observação. Senhores, tenhamos medo que a Guarda Nacional não chegue ao ponto a que tem chegado em outros países, tenhamos sinceramente medo disso e do modo por que caminha a Guarda Nacional entre nós, em muito pouco tempo chegaremos a um estado insuportável. Li por aí algures, nem me lembro em que obra e nem mesmo quem foi o autor, a descrição do que é a Guarda Nacional e o ponto de abjeção a que ela pode chegar.

Relatando esse escritor as violências a que pode chegar a Guarda Nacional, dizia mais ou menos o seguinte, que darei em extrato: – que nesse país, tendo o rei resolvido mudar de política, chamou a si homens que não tinham a menor base ou raiz na opinião pública, homens que, para conseguir maioria, fizeram uma grande reação, uma grande derrubada. Eles não se limitaram só aos empregos de confiança, foram ainda aos guardas nacionais, demitiram os comandantes de corpos e chamaram novos comandantes, todos, já se sabe, do seu credo político. Era necessário ao governo vencer as eleições: espalhou-se essa Guarda Nacional por todo o país, não sei *(com ironia)* se isso se passou na costa da África ou na Ásia *(hilaridade geral e prolongada)*...[18] mandou-se toda essa gente conquistar as urnas e um dilúvio de crimes e atentados caiu sobre o infeliz povo.

Descreve o escritor!... o cidadão desse país é arrastado com ferros aos pés, metido dentro de prisões, perseguido em seu asilo, processado; e os abusos dessa Guarda que se fez política, convertendo-se em uma guarda de cossacos, chegaram até o assassinato.

---

[17] N. O.: Em outra conferência, quando me seja dada a palavra, tratarei da questão por este lado. A importância da matéria não me permitia desenvolvê-la em uma única conferência.
[18] N. A.: A hilaridade advém do fato de o orador deixar claro que se referia à situação do país após a subida do gabinete conservador do visconde de Itaboraí em 16 de julho de 1868.

Mas não é tudo, a obra que li ainda refere dois fatos que são horrorosos. Nesse país, um alferes da Guarda Nacional entrou no lar doméstico, no quarto de uma mãe de família, acompanhado de soldados, levanta a roupa da cama dessa mulher. Ela estava no ato da maternidade, tinha dado à luz e a pequena criança se achava ao seu lado *(sensação)*; não foi o punhal homicida que se levantou sobre o peito dessa infeliz, não, foi o pudor e a vergonha que se reconcentraram em seu coração para depois refluírem em ondas de sangue sobre seu rosto *(aplausos)*; a infeliz mãe de família caiu em delírio e morreu dizendo: — tirem-me os guardas, tirem-me os guardas *(sensação)*...

Custa a descrever esses atentados! Não é só esse fato, tenho de trazer-vos um outro que não é nem menos triste, nem menos horroroso. Essa Guarda Nacional nessa Costa da África ou nessa Ásia *(riso)* levou o crime a ponto de crucificar o cidadão, fazendo uma cruz aonde [sic] ele foi amarrado e exposto por muitos dias! É que o guarda nacional nesse país se vê forçado a escolher entre o papel de algoz e o papel de vítima.

Senhores, lendo essa descrição de crucificamento parecia-me ver o crucificado e eu dizia a mim mesmo: — a cruz que vejo há de se refletir nos paços imperiais desse rei ou imperador *(sensação)* que governa um povo tão desgraçado! *(Bravos! Muito bem, muito bem!)*

O que só desejo, senhores, e peço a Deus, é que não se lembre de fazer que se deem os mesmos fatos que tenho descrito neste infeliz país; o que desejo, e peço a Deus nosso Senhor, é que tenha piedade das 400 mil vítimas da Guarda Nacional que todos os anos são sacrificadas nos seus mais legítimos interesses.

E concluindo direi que sou sumamente sensível à indulgência com que me tendes ouvido e se não pedi essa indulgência no princípio foi para melhor agradecê-la no fim. Tenho concluído. *(Muito bem! Muito bem!)*.

(O orador é muito felicitado pelo auditório e cumprimentado.)

4ª CONFERÊNCIA
Francisco Rangel Pestana.[19]
Eleições diretas.
Pronunciada em 18 de abril de 1869.

Anúncio: OL, 29, 16/04/1869, p. 4.:
"Conferência radical. – Domingo 18, terá lugar na rua da Ajuda 57, às 10 ½ do dia, a quarta conferência radical. Ora o Sr. Dr. Francisco Rangel Pestana sobre a – eleição direta. Entrada franca."

Registro: OL, 30, 20/04/1869, p. 4:

"Conferência radical. – Teve lugar domingo, conforme anunciamos, a quarta conferência radical. Orou sobre a importante questão – eleição direta – o Sr. Dr. F. Rangel Pestana em presença de um auditório de mais de 800 pessoas."

O texto desta conferência não foi localizado.

---

[19] N. A.: Francisco Rangel Pestana (1839-1903). Filho de imigrante português, nasceu em Nova Iguaçu, Rio de Janeiro. Formou-se em direito em São Paulo em 1863. Jornalista e advogado, foi um dos fundadores do *Opinião Liberal* em 1866. Em novembro de 1869, saiu do *Opinião Liberal* para fundar o *Correio Nacional* com Henrique Limpo de Abreu. Assinou o Manifesto Republicano. Tinha banca de advogado na Corte, à rua do Rosário, 100, em sociedade com Henrique Limpo de Abreu. Após1870, foi deputado provincial por São Paulo, para onde se transferira e onde tinha estabelecido relações familiares com fazendeiros de Campinas. Em 1875, foi um dos fundadores e redator de *A Província de São Paulo*, depois *O Estado de São Paulo*. Feita a República, fez parte da junta que governou o Estado e foi eleito senador em 1890. Foi ainda senador pelo Rio de Janeiro (1902) e vice-presidente do estado nesse mesmo ano. Foi casado com filha do capitão Joaquim Quirino dos Santos, um dos conferencistas de São Paulo e proprietário em Campinas.

5ª CONFERÊNCIA
Senador Silveira da Mota.[20]
A degeneração do sistema representativo.[21]
Proferida em 25 de abril de 1869.

Anúncio: *Opinião Liberal*, OL, 30, 20/04/1869, p. 4:
"No domingo próximo fala sobre o tema – degenerações do sistema representativo – o Sr. senador Silveira da Mota. Às 11 horas em ponto será aberta a conferência."

Registro: Opinião Liberal, 32, 27 de abril de 1869, p. 3:

"Conferência radical. – No domingo 25 do corrente, o Sr. senador Silveira da Mota discorreu sobre a tese – degenerações do sistema representativo no Brasil. A reunião esteve imponente. Seguramente duas mil pessoas ouviram com atenção e prazer a palavra do ilustre parlamentar e manifestaram o seu contentamento aplaudindo-o calorosamente."

Publicada no *Opinião Liberal* 54, de 13 de julho de 1869, p. 1-3:

"Clube radical – 5ª Conferência – No dia 25 de abril de 1869, às 11 horas da manhã, reunidas no salão Fênix Dramática, à rua da Ajuda, nº 57, mais de duas mil pessoas, proferiu o Sr. Senador Silveira da Mota o seguinte discurso sobre a degeneração do sistema representativo.
Meus amigos, o Clube Radical, de que tenho a honra de fazer parte, incumbiu-me de vir hoje conversar convosco e eu, apadrinhado com a

---

[20] N. A.: José Inácio Silveira da Mota (1811-1893). Goiano e filho de ouvidor, bacharelou-se em direito em 1833, na Faculdade de São Paulo. Foi professor dessa faculdade, advogado e político. Deputado provincial por São Paulo, não aderiu à revolta de 1842. Foi ainda deputado geral por São Paulo entre 1850-52 e 1853-55. Nesse último ano foi escolhido senador por Goiás, cargo que ocupou por 34 anos. No Senado, apresentou projetos em defesa dos escravos.
[21] N. A.: Esta conferência é comentada na primeira parte deste livro.

tese que escolhi, quero corresponder à confiança deste núcleo de homens, embora pequeno, mas fervorosamente dedicado à restauração do sistema representativo no Brasil.

Venho, pois, conversar, não venho fazer discurso. Farei meus esforços para sufocar todas as pretensões oratórias e acadêmicas. Quero conversar à inglesa, singelamente, mas, por mais singelo e calmo que eu queira estar para esta conversa, não posso deixar de sentir uma grande emoção achando-me perante uma reunião popular tão escolhida, onde vejo as classes mais distintas da sociedade brasileira tomando parte no ensaio modesto das conferências radicais que tentamos para esclarecer o povo sobre os pontos do nosso sistema representativo que se acha degenerado. Esta emoção, senhores, que me desvia um pouco da simplicidade de conversa, nasce de que, quando eu venho dizer ao povo que o sistema representativo no Brasil está degenerado, vejo ao mesmo tempo um contraste desta minha tese neste brilhante e plácido exercício do direito de reunião para tratar de assuntos políticos! Os degeneradores do sistema representativo pretenderam prevalecer-se deste acontecimento para desmentir-me. Mas este acontecimento é uma surpresa amarga para eles e para nós uma esperança que brota no meio da descrença e do desfalecimento geral, é uma contrariedade para eles e para nós uma descoberta sugerida pelo instinto popular. *(Aplausos)*. Como quer que seja, onde o direito de reunião política começa a exercer-se nas proporções em que o vemos, pode-se afirmar que a regeneração do sistema representativo, que é a aspiração legítima dos brasileiros, não é uma esperança perdida. *(Muito bem!)*.

Eu aceitei esta tarefa podendo desempenhá-la algures. Tenho neste país um lugar de honra numa das mais altas tribunas do nosso Parlamento, onde as minhas opiniões poderiam continuar a ser sustentadas sem responsabilidade minha, mas eu aceito a tarefa com responsabilidade pelas opiniões que aqui emitir e me honro muito de, sem perder aquela ocasião, aproveitar esta de falar ao povo, no meio dele. *(Muito bem!)*.

Dizem que já houve, senhores, entre nós um homem de Estado (esta qualificação de estadista está muito vulgarizada entre nós), já houve entre nós um homem de Estado e senador do Império que, sendo nomeado para um cargo da Casa Imperial, e por acaso falando-se-lhe na preferência que em certo dia ele tinha dado a uma farda de guarda-roupa, (dizem) que num arroubo de cortesão, moléstia que ataca muito aos que são ou querem ser ministros... *(muito bem!)* dizem que ele dissera, num arroubo cortesão, que preferia aquela farda à de senador. Ora, senhores, não é ocasião de disputar preferências, mas é certo que nas épocas críticas das sociedades, quando se pretende arrancar-lhes o direito de intervir no seu governo, o primeiro lugar de honra é a tribuna popular. *(Muito bem)*.

Concedei-me uma digressão e esta é natural nas conversas. Há 19 anos tenho um lugar nas Câmaras legislativas e, nesse período, que não é curto nas vidas políticas, tenho sustentado sem transigir, nem com governos, nem com amigos, três princípios políticos cardeais que me têm tornado um auxiliar incômodo, e mesmo impossível, para governos e para partidos porque todos estes têm tido sua vez de ser governos e todos são cúmplices da degeneração das nossas formas representativas. Creio que me honro, e honro a eles, tendo-me impossibilitado pelas minhas convicções inabaláveis. *(Apoiado)*. Essas três ideias cardeais são as seguintes:

1ª Prerrogativas do Parlamento.
2ª Descentralização administrativa e política.
3ª Preparações para a emancipação, liberdade geral, do branco e do preto.

Desde 1850 divisava eu no horizonte a tendência que desabrochara desde 1840 para o cerceamento das prerrogativas do Parlamento para colocar acima deste a influência do Poder Executivo. Propenso a preferir, em colisão, a onipotência parlamentar à onipotência que temos no Executivo, a minha fraca voz se fez sempre ouvir em prol das prerrogativas parlamentares. Em 1840, a lei de 12 de maio, interpretando o Ato Adicional, fizera despontar a reação contra as assembleias provinciais.

Governos e Câmaras continuaram as restrições à atividade das províncias. A essa tendência me opus sempre e mais de uma vez quando erguia a minha voz em favor das franquias provinciais fui tachado, até por um ministro, como provocador da desunião do Império.

A terceira ideia — a da emancipação — desde 1850 que sou membro do corpo legislativo que a tenho sustentado; se não tivesse receio de usar da palavra — programa —, da qual tanto se tem abusado, eu diria que essa ideia foi sempre uma inscrição do meu. Entre as aspirações legítimas do Partido Radical não pode deixar de ser uma das mais devotas e ardentes a da liberdade para todos — para o branco e para o preto. Vi ao longe a aspiração desta ideia radical e procurei preparar-lhe o terreno para os seus sucessos infalíveis, embora tardios.

Logo que cessou o tráfico, dado esse primeiro passo para essa grande reforma social, propus em 1850 a criação de uma taxa progressiva sobre os escravos das cidades do litoral para os fazer procurar a lavoura no interior e afastar a concorrência do serviço escravo com o livre nos grandes centros de população. Sucessivamente, na Câmara eletiva e na vitalícia, propus a proibição das vendas de escravos em leilão, a proibição da separação dos filhos nas vendas das mães, a proibição ao governo, às ordens religiosas e aos estrangeiros de possuírem escravos, e algumas disposições que facilitavam a liberdade nas arrematações judiciais e nos inventários cujos interessados não fossem descendentes. Todas essas ideias preparadoras eu as iniciei e sustentei, mas por imprevidência governos e partidos as consideraram intempestivas e me negaram apoio. Entretanto, se há 19 anos se tivesse começado a preparação para o movimento abolicionista, que hoje sôfrego pede soluções, nós estaríamos em condições melhores para resolver esse problema.

Perdoai-me, senhores, se na nossa conversa vos tomei tempo falando de mim. Mas os homens públicos devem dar ao povo, quando defendem a sua causa, penhores de si e eu que não tenho outros títulos senão as minhas ideias e que só por elas é que me quero fazer merecedor da vossa confiança devo manifestar as minhas convicções de ontem, de hoje, e de amanhã. E quero ser julgado só por elas.

Meus amigos, o tema que eu escolhi para esta conversa e está anunciado é – A degeneração do sistema representativo. O objeto é muito vasto e eu não sei se poderei acabar numa conferência a elucidação desta tese. As causas dessa degeneração são muitas, o assunto é muito grande, mas eu farei esforços para restringir os meus argumentos de maneira que possa cumprir a minha tarefa tão completamente como permitirem minhas forças.

Senhores, esta tese, degeneração do sistema representativo, quem sabe se parece a alguém uma banalidade! Quero fazer justiça a todos os homens que meditam um pouco sobre as cousas públicas e creio que não há nenhum partido, mesmo no conservador, que desconheça que o sistema representativo no Brasil está degenerado; creio que todos os partidos estão concordes nisso e que até estão penitentes; mesmo agora, que eles estão interessados em defender a legitimidade da situação, se vos dirigirdes a cada um dos mais extremados conservadores, ele vos dirá – na verdade o sistema representativo não é isto que se pratica na nossa terra. *(Aplausos)*. Eu só faria uma exceção a respeito dos crentes confessos na degeneração do sistema representativo, mas esta mesma, esta exceção, é como que forçada: são obrigados por honra da firma social, e mesmo por honra da gerência, a dizer que isto é verdade, que o sistema representativo entre nós é...

O SR. PINTO JUNIOR: – Muito genuíno!

O SENHOR SILVEIRA DA MOTA... uma realidade. Eu tenho razões para crer que isto que digo é verdade. O ano passado, recordar-se-ão os senhores que se ocupam alguma cousa do que se passa no Parlamento, que eu fiz no Senado oposição um pouco desapiedada ao ministério do Sr. Zacarias, e uma das queixas que eu tinha desse homem, aliás tão eminente, foi de que ele, por diferentes atos do seu ministério e por opiniões que emitiu na tribuna, deixasse germinar no país a suspeita do *governo pessoal*. Foi uma das acusações que fiz a esse ministério, que deixasse transparecer isso que se chama governo pessoal.

Ora, senhores, nessa época no Senado eu estava nesta posição excepcional: o Partido Liberal, chamado histórico, apoiava-me muito nestes meus escrúpulos políticos e estávamos muito de acordo, mas o mais não é isso, é que o outro lado que estava em meia oposição ao ministério do Sr. Zacarias, e que só lhe fez oposição inteira quando o viu já ameaçado de ser apeado, este lado mesmo, que era o lado conservador, que depois subiu ao ministério, não sei se com repugnância e até com surpresa sua porque tinha apoiado o ministério em questões importantes no Senado, parecia apoiar as minhas ousadas sugestões contra o ministério por esse motivo, e pelo menos é inegável que se não animavam todos os conservadores do Senado a mostrar as mesmas suspeitas, ao menos gostavam bem de ouvir!! *(Aplausos)*.

Portanto, senhores, eu creio que tenho alguma razão para afirmar a minha proposição que o sistema representativo no Brasil está degenerado e todos o reconhecem! *(Aplausos)*. A responsabilidade desse fato é de todos os partidos e o que mais devemos lamentar é que eles, persuadidos como devem estar dessa verdade, não representem o papel de partidos de um povo livre. Os partidos devem lutar energicamente, devem fiscalizar-se e estimular-se, a luta regular é a vida dos povos livres, mas não devem nunca fazer-se reciprocamente injustiças. Esta é a marcha dos partidos no povo que nos dá lições do sistema representativo, que é a Inglaterra. Os partidos, os homens públicos descem e sobem, mas são apeados ou elevados pela opinião do país que lhes aponta a sua vez, não são ajudados, porém, na despedida, nem pela implacabilidade dos ódios, nem por manejos cortesãos.

A marcha errada dos partidos no Brasil é o que nos tem lançado nesta situação. Isto não é a luta, é uma injustiça recíproca que tem ajudado a nulificação dos partidos. Tem-se procurado para essa nulificação dos partidos e para desacreditar e esterilizar os homens públicos, apoio nos próprios partidos. Mata-se o partido que desce com o peso do que sobe e esteriliza-se o partido que sobe ameaçando-o com a ascensão do decaído. Política detestável! É mister que os partidos tenham consciência e se premunam contra este manejo que se pode provar com muitos fatos e alguns bem recentes.

Mas, senhores, está na consciência de todos que o sistema representativo está degenerado. Mas quais são os traços dessa degeneração? Está na consciência de todos essa degeneração: os sinais dela são tantos que os alcança e reconhece mesmo o espírito menos perspicaz, mas cumpre-me nesta conversa com o povo apontá-los, cumpre-me mostrar em que o sistema representativo está degenerado, porque eu não estou falando para os homens eminentes que estão nesta casa, a quem eu peço toda benevolência. Nesta conversa com o povo, para que estas reuniões tenham o préstimo de esclarecer o seu espírito e lhe dê ideias que hão de salvar as suas instituições, é preciso que os homens que dirigem a opinião façam este serviço que outros amigos do Clube Radical, que me antecederam, já fizeram e eu vou imitar, é preciso apontar em que consiste a degeneração.

Senhores, a Constituição reconhece quatro poderes: o Poder Legislativo, o Poder Judiciário, o Poder Executivo e o Poder Moderador. A nossa Constituição é uma obra prima e uma grande concepção em relação à época em que foi feita. É para admirar que esta Constituição tão perfeita, como ela é, fosse um fruto tão precoce das ideias políticas que havia em 1824. Colijo que os homens que trabalharam nesta grande obra eram muito ilustrados e foram inspirados em suas vistas no futuro desta terra. Porém, senhores, para que um sistema possa produzir o seu resultado é preciso que todos os motores que fazem parte do sistema obrem harmonicamente.

Mas o que se observa entre nós é que todos estes poderes públicos da Constituição têm sofrido degenerações profundas e eu vou, para desempenhar minha tarefa, indicar estas degenerações. Principiarei pelo Poder Legislativo.

A primeira degeneração, o primeiro traço profundo de degeneração do sistema representativo em relação ao corpo legislativo eu encontro no sistema de autorizações dadas ao governo para legislar. Há muito tempo, poucos dos senhores folheiam a nossa coleção de leis, porém os que se dão a essa tarefa sabem que, de certa época para cá, em cada página o que se vê é – fica o governo autorizado para dar tal organização a repartições, para criar e suprimir empregos, às vezes com ofensa de direitos, para marcar ordenados, para fazer obras sem plano nem orçamento, para lançar impostos, para encampar contratos, para tudo, e até autorizado para gastar os dinheiros públicos. A fiscalização dos dinheiros públicos deve ser o primeiro dever do corpo legislativo, entretanto, com o sistema de autorizações ao governo, este gasta quanto e como lhe apraz. E, com essas autorizações, os ministros fazem, ora violências e injustiças, ora favores a influências eleitorais para depois exigirem voto para eleições. *(Muitas demonstrações de aprovação)*.

Senhores, o corpo legislativo nesta parte tem cometido um grande escândalo porque o corpo legislativo não pode delegar a sua faculdade legislativa. A faculdade de legislar não se pode delegar no governo, cada poder tem a sua órbita. A preguiça dos legisladores, o hábito de dependência dos governos, a fatuidade dos ministros que se inculquem [sic] os únicos que conhecem as necessidades públicas porque a sabedoria entre nós só reside provisoriamente na firma social *(riso, sinais de assentimento)* são as causas do abandono das Câmaras ao governo e da abolição de sua faculdade de legislar. Lembro-me de que em 1851, achando-me na Câmara dos Deputados, fiz várias tentativas para oferecer alguns projetos de lei. Era uma época em que havia uma Câmara quase unânime e tive a trelência de oferecer alguns projetos de lei: morreram todos nas pastas e um teve apenas as honras de passar em primeira discussão porque a sombra do Sr. Eusébio de Queirós tinha-o amparado até esse período porque ele julgava uma coisa viável, era o projeto da taxa progressiva sobre os escravos das cidades, mas não andou para adiante, só por ser iniciativa de deputado. Quando se discutiu a lei das entrâncias, ofereci uma emenda com algumas vinte assinaturas propondo certas incompatibilidades da magistratura com o cargo de deputado: nada passou.

A outra degeneração do Poder Legislativo é a limitação do direito que têm as câmaras de pedir informações ao governo. É reconhecido como um direito do Parlamento o de perguntar ao governo como se passou isto ou aquilo e mesmo a razão por quê. Não quero abundar em demonstrações deste direito. É inquestionável que o Parlamento tem o direito de verificar a responsabilidade do ministério, ou mesmo para avaliar e censurar seus atos e pedir ao governo todos os atos de segredo, guardada a necessária reserva, porque para preveni-la há as sessões secretas. Qual é, porém, a prática na Câmara? Já até vão caindo em desuso os pedidos de informações e o governo ou os combate, ou os ilude e não [dão] resultado algum.

O ano passado, eu cometi o atentado de pedir ao Senado cópia das atas do Conselho de Estado sobre a célebre questão do general em chefe do Exército do Paraguai, em luta com o governo. [22]Importantíssimo foi esse fato que se passou no meio de nós e ainda estamos às escuras. Já apareceram alguns resultados desse meu requerimento, o fato está devassado pela curiosidade particular, mas oficialmente ainda estamos às escuras. Mas, senhores, o general em chefe escreve uma carta em termos pouco disciplinados ao ministério, este ministério chegou a dar-se por agastado, achava que a cousa era tão difícil de tragar que não havia remédio senão pedir a demissão, pediu-a e com toda a solenidade. O presidente do Conselho foi a São Cristóvão, apresentou a carta do general em sessão do Conselho de Estado e retirou-se declarando que não era mais ministro; o Conselho de Estado foi ouvido, o que ele disse ainda não se sabe, o que se sabe é que no parecer do Sr. Sales Torres Homem ele escreveu depois e disse que o ministério era execrado pela nação. Pois, senhores, passam-se todos esses fatos, todo o ministério *fica para bem de todos*, o país não pôde saber por que o ministério pediu demissão e por que ficou? E o país não há de saber o que o Conselho de Estado aconselhou ao Poder Moderador?[23]

---

[22] N. A.: Trata-se do conflito entre Caxias e o presidente do Conselho, Zacarias de Góis e Vasconcelos.

[23] N. A.: Caxias e Zacarias pediram demissão. Consultado, o Conselho de Estado, em primeira rodada de discussão, aconselhou conciliação dos dois. Colocados diante da opção Caxias ou Zacarias, os conselheiros dividiram-se por cinco a quatro em favor de Zacarias. Torres Homem votou pela manutenção de Caxias. Afinal, ficaram os dois.

Esta cena, que escandaliza o sistema representativo, passou-se em tais termos. Entretanto, vede a degeneração em que tem caído o sistema em relação ao corpo legislativo que este requerimento teve só 11 votos, que foram o meu, os de alguns liberais históricos e de um ou dois conservadores mais isentos. Resignados ficamos, portanto, sem as informações e ficou plantado o falso princípio de que os pareceres do Conselho de Estado, dados ao Poder Moderador, são segredos do governo que podem ser negados às Câmaras!! E por esta doutrina votaram alguns dos atuais ministros! Eis outra causa da degeneração do sistema representativo em relação ao Poder Legislativo: limitação no direito de pedir informações ao governo.

Outra degeneração é o abandono absoluto da prerrogativa da iniciativa das leis no Parlamento. O governo só tem o direito de iniciativa em certos casos que a Constituição marca, nos outros casos, só pode exercer o direito da iniciativa por seus amigos, ou apresentando os projetos como membros das Câmaras, quando os ministros nelas têm assento. Ora, senhores, há quantos anos não se exerce no nosso Parlamento a iniciativa das leis? Se alguma vez um membro do Parlamento inicia um projeto, não tem andamento, ou morre. Não precisa de demonstração esta proposição; entre nós predomina a escola liberal de certa parte do continente europeu, que entende que o governo é só quem deve conceber, deliberar e executar, de modo que está encarnada toda a ciência no governo. Como é possível ter sistema representativo em um país onde se tem plantado o princípio de que os corpos coletivos são incapazes de fazer as leis! Entretanto, é desse erro que têm resultado o abandono e a absorção da iniciativa das leis pelo Parlamento.

A composição das Câmaras Legislativas, como tem sido feita há muitos anos é outra degeneração profunda do sistema representativo. As nossas Câmaras Legislativas compõem-se em máxima parte de empregados públicos. Os interesses variados do país por certo que não estão representados todos nas nossas Câmaras: a nossa lavoura, o nosso comércio, a indústria e certas classes não estão representadas e aqueles destes interesses que conseguem levar às Câmaras algum representante são obrigados a transigir com o governo e daí vem o principal elemento de corrupção eleitoral. Por isso, os ministros não acham nas Câmaras nem auxiliares do bem, nem corretivos do mal. Lidam com elas como com suas criaturas.

Em 1859, quando se discutiu no Senado a lei dos círculos eleitorais, fiz uma estatística das Câmaras Legislativas. A Câmara dos Deputados estava cheia de pergaminhos, ou de médicos, ou de formados em direito: juízes de direito, promotores, desembargadores, empregados de fazenda, do corpo diplomático e outros empregados públicos. Mais de metade já era de empregados públicos; esse defeito de composição das câmaras tem continuado sempre. Hoje não conheço a Câmara nova e eu creio que o país mesmo não a conhece. *(Sinais de aprovação).*

UMA VOZ: – Nem aqueles que a elegeram.

O SR. SILVEIRA DA MOTA... mas por curiosidade, ainda hoje, há poucos momentos, pedi uma relação dos nomes dessas designações e vejo com uma informação ligeira que me deu um amigo precioso que, na atual Câmara, há 56 empregados públicos, afora outros que não são empregados públicos, mas são aderentes, primos, sobrinhos etc. *(Sinais de assentimento e risadas).* Pode-se dizer isto sem desonrar o seu caráter porque eu conheço muitos que são pessoas respeitáveis, o número destes, segundo me informam, será de vinte e oito e assim ficam somados em oitenta e tantos os representantes da *firma social*. Ora, senhores, isto é indubitavelmente uma degeneração profunda do sistema representativo. Câmaras que não oferecem garantia alguma de representação do povo e cujos membros só devem ao governo o seu diploma e seus empregos não podem ter a pretensão de ser reflexos dos interesses, das ideias e das aspirações da nação. *(Aplausos).*

Mas isto é quanto à Câmara dos Deputados. É preciso que chegue também a justiça por nossa casa. É preciso mostrar imparcialidade. A composição do Senado encerra o mesmo vício desses elementos que só as incompatibilidades diretas poderão corrigir. Mas, apesar de tudo isso, o Senado é a esperança deste país, é o refúgio onde se tem mostrado há tempos resistências aos desmandos do governo. Entretanto, os esforços que ali se fazem, por causa deste defeito na composição das Câmaras, são esforços perdidos. O Senado, ao menos hoje diante do país, tem um título para merecer a sua consideração. Câmara vitalícia, atravessando as alternativas das *firmas sociais* que se tem registrado no governo do país, tem sido composto em quadras e situações políticas diversas e por isso aí vemos ao menos representantes de todas as cores políticas. Cada estação política aí lança suas sementes que ficam depositadas e em estação diversa brotam contrastes de opiniões.

No Senado, onde se acha este corretivo, porque o governo não pode despedir os senadores, senão já o teria feito, no próprio Senado dão-se os mesmos inconvenientes e a mesma degeneração. Vede, senhores, que só conselheiros de Estado há ali onze que, com quatro ou cinco ministros, que quase sempre fazem parte da *firma social*, são dezesseis; ora, uma câmara que funciona com 30 membros, aquele número é maioria, por consequência o governo é o Senado. Isto é ou não é degeneração do Senado? Uma Câmara assim constituída pode-se considerar nas condições do sistema representativo? Por certo que não. Entretanto, é forçoso reconhecer que, apesar de todas as degenerações, nestes últimos tempos tem partido dali alguma defesa mais enérgica dos princípios da liberdade.

Outra degeneração é em relação ao poder das assembleias provinciais e é uma das mais importantes e profundas do sistema representativo. Para esta restrição do direito das assembleias provinciais tem também concorrido o Poder Legislativo geral consentindo nas invasões que tem feito o governo central, interpretando mal o Ato Adicional e interpretação da lei de 12 de maio de 1840. No momento que as assembleias provinciais pretendem dar um passo mais avançado para o melhoramento de suas províncias são contrariadas pelos delegados do governo central. Instruções têm sido dadas aos presidentes para que não sancionem leis sobre divisão judiciária e eclesiástica sem que o governo possa saber se tais ou tais divisões são convenientes ou necessárias nas províncias. O governo-geral, pretextando economia, cerceia deste modo o direito que têm as assembleias provinciais de legislar sobre essas matérias. E os governos fazem atentados e escândalos desta ordem e o corpo legislativo geral impassível os vê porque as Câmaras não têm força para acusar os ministérios de quem são dependentes.

Os governos já nem tomam o cuidado de pedir às Câmaras *bill* de indenidade quando cometem estes e outros atentados: contam com o apoio de maiorias artificiais que têm sabido arranjar e marcham impávidos na carreira das arbitrariedades, certos de não correrem risco de acusação, resignando-se a alguma censura impotente e contentando-se com a impassibilidade do Parlamento.

Senhores, estas invasões do direito das assembleias provinciais constituem uma profunda degeneração do nosso sistema porque a vida representativa não consiste só na representação nacional. Deve começar na esfera municipal, desenvolver-se na provincial e nesta as condições da atividade já devem ser muito desenvolvidas. Entretanto, as províncias estão reduzidas ao último estado de abandono porque o governo central escasseia-lhes a proteção e mata-lhes a atividade. Até mesmo os lugares de deputados provinciais já não são disputados com o ardor antigo pelos homens importantes das localidades que outrora sacrificavam seus interesses e comodidades para virem de longe tomar parte ativa nos trabalhos das assembleias provinciais, porque esses homens não querem vir às capitais das províncias assistir à intriga política que promovem os delegados do governo geral para terem maioria artificial nas assembleias provinciais.

Eis por que eu insisto em que esta degeneração do sistema representativo é uma das mais profundas porque ataca os direitos das províncias e é preciso que nós olhemos para o futuro delas e não as deixemos convencer-se de que são uma espécie de colônias. Este Rio de Janeiro não pode ser Paris, se tiver essas pretensões, as províncias serão as prejudicadas. É preciso dar a estas mais liberdade na sua esfera representativa, mais vida, mais interesse na união do que têm hoje, que o governo-geral o bem que lhes faz é mandar-lhes carcereiros, presidentes e alguns outros empregados públicos. E que se contentem as assembleias provinciais em aprovar os orçamentos das Câmaras Municipais!

Outra degeneração profunda do sistema representativo deparamos no abuso das leis do orçamento. Esta degeneração parte imediatamente do Poder Legislativo porque a iniciativa do imposto e da despesa pública pertence exclusivamente à Câmara dos Deputados. O orçamento não deve rigorosamente conter senão a lista dos impostos e a distribuição das somas para as despesas decretadas em leis anteriores. Nas leis de orçamento não se podem mesmo organizar repartições ou serviços novos cuja compreensão deve ser discutida separadamente, porque as leis de orçamento, sendo ânuas, e sem elas não podendo o governo cobrar impostos para fazer face à despesa já decretada, a sua sanção não deve ser embaraçada com a matéria de outras leis, a respeito das quais o Poder Moderador deve exercer o seu direito de veto independentemente.

Entretanto, se uma lei de orçamento contém uma matéria estranha que nela se enxerta – os chamados aditivos – v. g. o governo é obrigado a sancionar uma lei com disposições repugnantes à sua consciência e a segunda Câmara, que tem também parte na confecção da lei, vê-se na necessidade de ou deixar o país sem leis de orçamento, ou sancionar coisa repugnante para evitar esta falta, ou emendar a lei, truncando-a, separando ou adiando parte, o que tem dado lugar a outros inconvenientes que não me proponho agora a examinar.

Essas colisões têm produzido o abuso escandaloso das leis de orçamento porque os governos, na dependência delas para cobrar impostos, fazem todo o esforço para a sua aprovação, mesmo com todas as enxertas; e porque os governos são os que as promovem para fazer passar sem maior debate e exame as mais amplas autorizações. Confrontando-se as leis do orçamento do tempo da Regência com as posteriores, reconhece-se que a tendência para este abuso data de 1840 para cá e tem tido tal crescimento que as leis de orçamento atualmente são verdadeiros monstros no sistema representativo. Na lei de orçamento de 1840, sancionada pelo Ministro da Fazenda Martim Francisco, ainda se divisavam os escrúpulos da inocência dos tempos da Regência. Confrontai essa lei com a do orçamento de 1860. Nesta lei se contém, sob o título de disposições gerais, em três artigos, *sessenta autorizações (sensação prolongada)*, e que autorizações? Até para lançar impostos, aumentar uns quando o governo julgar conveniente, diminuir outros a seu arbítrio, para elevar taxas do selo, para encapar contratos, para desapropriar terrenos, para contratar obras sem plano nem orçamento, para conceder terrenos nas fronteiras, para subvencionar companhias, e até o Teatro Lírico, para a demolição do morro do Castelo, enfim, nessa lei de orçamento até introduziu o governo regras para a promoção nas armas de cavalaria e infantaria!! *(Sensação prolongada, apoiados)*.

Não quero prolongar esta comparação, mas, como tenho em vista mostrar-vos a enormidade deste abuso e convencer-vos de quanto ele degenerou o sistema representativo, devo dizer-vos ainda que todas essas sessenta autorizações foram ardilosamente redigidas em três artigos e, como só por artigos podiam ser discutidas, não era possível tocar todas em um discurso e por isso em alguns nem foi possível o exame ou o reparo mais superficial. Este abuso dos orçamentos cresce todos os dias e já chegamos ao das prorrogações de orçamento dos anos findos.

Assim, senhores, não é possível o governo representativo e, portanto, é preciso moralizar o Parlamento fazendo-o tornar à sua verdadeira posição. Por isso o movimento e aspiração para reforma deve dirigir-se principalmente para a constituição do Parlamento.

Tenho indicado as degenerações principais de que acho traços do Poder Legislativo. Devia passar a tratar das que tem apresentado o Poder Judiciário, o Executivo e o Moderador, mas é impossível ocupar-me hoje destas porque já excedi a hora de que me têm dado exemplo os ilustres colegas que me precederam e eu não quero abusar da generosa atenção que tenho merecido dos meus ouvintes. *(Não tem abusado)*. Por mais que tenha querido restringir as minhas considerações a respeito das degenerações do Poder Legislativo, não o pude conseguir. Se eu penetrasse o campo do Poder Executivo, que campo imenso em que perderia o horizonte! Não, não quero infringir os precedentes e não continuarei no domingo próximo porque não desejo mesmo privar este auditório de ouvir outros oradores. Consenti, por isso, que eu faça um remate para esta primeira parte da minha tese e oportunamente me ocuparei das degenerações dos outros poderes.

Senhores, sempre que se trata de reformas políticas os partidistas das reformas são olhados como teoristas e, mesmo na Inglaterra, onde o movimento reformista é tão lento, aqueles que se põem à testa das especulações mais radicais são tratados como ideólogos e os homens superficiais e os privilegiados afetam certo desdém pelos reformadores.

No nosso país esse erro é muito velho e não admira porque a nossa ignorância é muito grande. Entendem alguns entre nós que só se deve curar de certas reformas que chamarei materiais e, quando os chamamos para o terreno especulativo das ideias, lançam logo sobre nós o labéu de ideólogos. E quando vem na vanguarda do movimento algum pequeno grupo de homens afirmando que o governo representativo não existe e que é preciso reformar as leis orgânicas, e mesmo constitucionais, para se obter a realidade do nosso sistema, gritam logo: – é uma criançada! – São ideólogos políticos!

Senhores, as grandes ideias reformadoras da humanidade têm sempre partido de pequenos núcleos de homens que avistam ao longe a luz da liberdade e dedicados a pregam, expondo-se ao ludíbrio e, às vezes, ao martírio. A religião cristã é a prova desta verdade: o seu divino Autor cercou-se de homens obscuros e poucos, o seu apostolado teve até pescadores e, portanto, não deve maravilhar, nem ser objeto de zombaria, que eu, que tenho minhas inclinações para a piscicultura e, portanto, sou pescador, seja também um dos apóstolos da religião radical, posto que sem jurisdição no apostolado, e apenas com a honra *(aplausos)* de ser nesta tribuna popular um dos pregadores das verdades do sistema representativo *(aplausos)* que são o meu Evangelho. *(Demonstrações de aprovação).*

E, senhores, os grandes melhoramentos, mesmo materiais, todas essas mudanças que melhoram a condição particular do povo, que lhe proporcionam comodidades e garantias, não se conseguem sem os melhoramentos políticos. O progresso social não se pode realizar sem o progresso político: na vida das nações tudo se liga, como na dos indivíduos. A Inglaterra é exemplo vivo desta verdade. O seu progresso material, o mais frutífero deste século – a abolição dos direitos de entrada sobre os cereais – não se teria realizado sem a reforma preliminar do sistema eleitoral. Sem a agitação e o triunfo da reforma liberal em 1831, Sir Robert Peel[24] não teria conseguido a abolição dos direitos sobre os cereais e teria ficado apenas um *tory* cheio de ilusões inglórias e sem os sucessos que hoje tanto influem no poder e grandeza do Império britânico.

Apliquemos esta observação. Nós estamos pobres e arruinados de capital e de crédito. Os governos têm sugado toda a substância pública, o sangue e a fortuna dos brasileiros têm sido sacrificados em uma guerra desastrosa que só tem servido para mostrar que o brasileiro, chamado aos campos de batalha para defender como soldado a honra da nação, é capaz dos maiores heroísmos de bravura e abnegação. *(Muito bem, muito bem)*.

Pois bem, agora que estamos nesta decadência e prostração das forças da nação, que enervados pela marcha corruptora dos governos e desanimados pela perspectiva de um futuro negro, contemplamos o nosso estado social, devemos querer ardentemente reformas políticas que são precisas para facilitar a restauração das forças do país. Não há Câmaras que digam o que o país precisa e quer, só há governo para dizer o que quer. *(Aprovações)*. E o governo só se dirige à nação quando quer sangue, quando quer dinheiro *(apoiados)* e quando quer eleitores para o corpo legislativo. *(Aplausos)*.

É da reforma eleitoral que devemos esperar tudo: sem ela a nação não pode escolher bons procuradores. Mas para que ela se realize, é preciso que nos livrem desta aristocracia da Guarda Nacional *(apoiados)*, desta frioleira das dragonas a que se tem habituado a nossa mocidade,

---

[24] N. A.: Sir Robert Peel (1788-1850). Político conservador inglês, duas vezes primeiro-ministro: 1835-35 e 1841-1846. Em 1846, com o apoio dos Whigs na House of Commons, conseguiu abolir a *Corn Law*, criada em 1815, que impunha pesados impostos sobre a importação de grãos.

verdadeiro veneno com que os governos corrompem o povo quando a violência não basta para os seus sucessos. A Guarda Nacional foi criação liberal e os publicistas desta escola dizem que é uma condição de liberdade armar o povo, mas a nossa Guarda Nacional, militarizada como está, sujeita às designações para serviço de guerra e fardada e agaloada não podia deixar de converter-se em instrumento governamental. *(Muito bem! Aplausos prolongados).*

Enquanto tivermos esta Guarda Nacional, enquanto a justiça estiver confundida com a polícia, enquanto tivermos insuportável tutela do governo em todas as indústrias, aprovam [*apoiados?*] principalmente nas que dependem do direito de associação, não é possível ter eleições e sem eleições livres não pode haver governo representativo. E sem governo representativo não poderemos restaurar as forças da nação que estão todas fundidas no governo. É tal a nossa dependência que não podemos fazer atos de beneficência sem que o governo aprove estatutos das sociedades caritativas, apenas temos licença para dar em público esmola a algum mendigo! A esmola escondida, feita segundo o espírito do Evangelho ao órfão desvalido ou à viúva pobre, para que possa ser feita por sociedade, depende da licença do governo! *(Aprovações).*

A lei de 22 de agosto de 1860 matou a iniciativa individual e o espírito de associação para subjugar todas as resistências. Como tudo depende do governo, acostumou-se o povo a nada empreender sem ir solicitar a licença, o privilégio, a subvenção, a autorização. Estamos reduzidos a povo de pretendentes! Nem as províncias podem conceder um privilégio de navegação para os seus rios interiores! É preciso que os empresários venham solicitar o privilégio no governo geral. *(É verdade!).*

Os pobres são subjugados e deles se fazem às vezes dedicados campeões por meio da Guarda Nacional e dos subdelegados e inspetores de quarteirão, e os ricos são subjugados pela dependência das aprovações e favores às sociedades anônimas, aos bancos, às empresas de viação. E o povo tem-se acostumado a esta dependência de modo tal que já nada se empreende contando só com a atividade individual, com os recursos particulares; não, olha-se logo para o governo e pede-se um auxílio!

E é isto que o governo quer: está gerada a dependência. *(Muito bem)*. Ainda há dias se publicou um regulamento do Ministério da Fazenda reformando, para pior, o selo. É uma nova edição do Sr. Ferraz. Neste novo regulamento sujeitam-se a selo até os títulos dos empregados das companhias anônimas. A sociedade anônima é uma espécie de sociedade de comércio e como qualquer outra tem caixeiros, pois bem, até os caixeiros precisam de selar as suas nomeações!

Portanto, senhores, é preciso que envidemos todos os nossos esforços para se conseguirem as reformas das leis que estão deturpando o nosso sistema eleitoral e sem eleições livres não pode haver governo representativo *(aplausos)*, e o governo representativo, o governo do Parlamento, o da nação por si mesma, é a aspiração de todas as nuanças liberais.

Quando apresentei as degenerações do sistema representativo, de que achei traços no Poder Legislativo, ficaram correlativamente apontadas quais são as reformas de leis e práticas parlamentares que se devem fazer para se conseguir a restauração da nossa forma de governo. Não chamei a isso meu programa porque esta palavra tem contra si fundados preconceitos. Mas bastará dizer que as minhas aspirações são as do restabelecimento do sistema representativo. Nisto creio que estão concordes liberais e radicais.

E vejo agora no ministério inglês Bright[25] e Gladstone; Gladstone educado por Canning e elevado por Peel, poderá ter ressaibos de conservador, porém eu o considero tão radical como Bright; Bright, a mais sublime expressão do radicalismo, não se julgou incompatível com aquele. Pois bem, para conseguirmos as conquistas da liberdade não devemos desprezar um só esforço, uma só vontade que queira a verdade do sistema representativo. *(Muito bem! Muito bem! Numerosos aplausos: o orador é levado para fora da sala no meio de uma ovação geral).*

---

[25] N. A.: John Bright (1811-1889), William Ewart Gladstone (1809-1898), Robert Peel (1788-1850), George Canning (1772-1827), políticos britânicos, os dois primeiros liberais, os dois últimos conservadores.

6ª CONFERÊNCIA
Carlos Bernardino de Moura[26]
O Poder Moderador.
Pronunciada em 2 de maio de 1869.

Anúncio: OL, 33, 30/4/1869, p. 3:

"Conferência radical. – No domingo 2 de maio às 11 horas da manhã, fala o Sr. Carlos Moura, redator do *Diario Fluminense*, sobre o tema – Poder Moderador. Naquela tribuna popular e livre, franca a todos os homens de talentos que professem sinceramente a doutrina radical, traduzida no programa do *Opinião Liberal*; naquela tribuna onde os oradores não vão apresentar-se ao público como candidatos a chefes de um partido, nem às pastas ministeriais, onde nenhum pode ter a pretensão de fazer-se oráculo de uma política oficial, o incansável jornalista que, há tantos anos, trabalha com tenacidade e coerência, servindo à democracia, não podia deixar de ter cabida. Essa posição ele a tem sabido manter em luta com a sorte adversa e porventura contra a injustiça dos homens. Inteligente, hábil e experimentado no foro e na Assembleia Provincial do Rio de Janeiro, ocupando a tribuna popular em nome de suas convicções já firmadas na imprensa, o Sr. Moura há de ainda uma vez provar que os verdadeiros talentos não vivem dos privilégios e que abrem caminho por si".

Registro: OL, 34, 4 de maio de 1869, p. 3-4:

"Conferência radical. – Teve lugar no dia 2 do corrente a 6ª conferência radical, anteriormente anunciada. O orador, Sr. Carlos Bernardino de Moura, digno redator do *Diario Fluminense*, desenvolveu com o seu reconhecido talento a importante tese de que se encarre-

---

[26] N. A.: Carlos Bernardino de Moura (1826-?). Estudou na Academia Militar, deixando o Exército por razões de saúde. Passou a se dedicar ao jornalismo. Foi redator do *Diario Fluminense*.

gara – o Poder Moderador –, mostrando a toda evidência os perigos e inconveniências dessa fatal invenção. Ouvido com a mais distinta atenção por um auditório de perto de duas mil pessoas, no qual sobressaíam senadores, desembargadores e muitos cidadãos graduados nas diferentes escolas científicas do país, foi o Sr. Moura dignamente aplaudido por esse numeroso concurso que, fazendo justiça ao mérito e à inteligência laureada por cultivo do gabinete, provou que a época dos prejuízos e dos preconceitos vai em completa decadência e que o monopólio dos pergaminhos não confere ilustração nem talento aos indolentes e incapazes. Patriota, dedicado sinceramente à causa popular, ilustrado e inteligente, o Sr. Carlos Bernardino, sustentado unicamente pelos títulos que tem sabido conquistar, soube manter aquela tribuna popular na altura brilhante a que elevaram-na os precedentes oradores e a satisfação que expandia-se do ilustrado auditório foi não só o maior galardão aos seus talentos como a mais completa confusão aos seus gratuitos detratores."

O texto foi publicado no *Opinião Liberal*, 49, de 25 de junho de 1869, p. 1-3.

"Clube Radical – 6ª Conferência – No dia dois de maio, achando-se reunido no recinto da Fênix Dramática um auditório superior a duas mil pessoas, o Sr. Carlos Bernardino de Moura, digno redator do *Diario Fluminense*, subiu à tribuna e pronunciou o seguinte discurso sobre a tese: O PODER MODERADOR.

Senhores. Sob profunda e dolorosa impressão dirijo a tão numeroso e ilustrado auditório a minha humilde palavra. Não que esta impressão seja atinente, consultando a minha consciência, à humilde personalidade que ocupa a vossa atenção, mas à perspectiva deplorável desta sociedade brasileira em que vivo, tão estragada pelo espírito dos homens nos imensos dons com que dotou a Providência este solo fertilíssimo.

Como quer que seja, tendes o direito (e o tereis usado no foro interno), de formulardes ao obscuro orador estas duas questões:

"De onde vindes ou procedeis? Que caminhos seguis, qual a vossa aspiração?" Devem ser satisfeitas as interrogativas e porei simplicidade e franqueza nas respostas.

Procedo e venho da religião da consciência que se identifica e harmoniza com a razão, inspirando-a na sua manifestação! Venho e procedo também da *religião da coerência*, consubstanciando-se naquela outra e à sombra de ambas tendo guiado até o presente a minha atividade moral e material e nunca desmentindo-as desde os primeiros passos na vida pública e privada ou no trabalho da imprensa! Procedo e falo em nome, finalmente, da partícula de soberania que me cabe como cidadão deste país apregoado livre, partícula essa de soberania igual à que pertence a cada um de vós! *(Aplausos)*.

Que caminho levo e qual a minha aspiração?! O caminho do progresso, a aspiração do homem cioso de sua autonomia social, o trabalho da regeneração política, a felicidade moral e material desta terra que é minha pátria, a pátria de minha família, de meus filhos, aos quais nenhuma outra herança posso deixar senão um nome brasileiro sem mancha do cálculo do cinismo, para que não tenham eles de envergonhar-se, e antes se orgulhem de trazê-lo, na crença profunda de haver cumprido o espírito que o sustentara o bom viver de cidadão e chefe de família! *(Aplausos)*.

Pretendo e quero ainda deixar esta tribuna popular levando a consciência tranquila de haver colado a ela os fundamentos legítimos para os juízos imparciais da história contemporânea, quando ela houver de fazer o estudo e o julgamento dos homens dos tristes tempos que passamos! Se é uma verdade glorificante, senhores, o dogma da Redenção, verdade tal que o catolicismo através dos séculos comemora e venera, se nesse fato magnífico e eloquente, o *verbo* da mais pura e sublime Filosofia Universal conjugou e consubstanciou as funções da humanidade com estas máximas sublimes:

"A humanidade viverá para o aperfeiçoamento moral, sendo o limite da perfeição o *homem Deus*, limite infinito para atingi-lo cada uma das nossas individualidades; os últimos serão um dia os primeiros."

Se nestas proposições de uma infinita sabedoria servida pela consciência com os seus atributos – inteligência, juízo e vontade (tal é propriamente a *razão* em completo exercício), tem cada individualidade a norma de sua conduta, é preciso confessar francamente que as aspirações da democracia racional são as legítimas regras da vida social!

Assim, eu sou radical e falo por mim e por um grupo de moços de coração e ideias, constituindo essa nova geração que aparece formando, honrando e simbolizando o princípio de associação, associação que é a força e a vida das sociedades modernas, e de nobres aspirações e à qual está ligado pela completa solidariedade este humilde orador que vos fala.

E, senhores, seja dito oportunamente, falo em nome de um grupo de homens de ideias, aspirando a propaganda e o trinfo só das ideias, procurando exercer, tanto quanto puder, a eloquência da comoção e persuasão, a verdadeira eloquência na frase de Cormenin,[27] e não calculando a posse dos altos cargos da nação ou lugar à mesa do orçamento! *(Muito bem, muito bem)*. Queremos, desejamos, nós outros democratas, fazendo a confissão franca por excelência do radicalismo, promover e propagar as ideias redentoras da humanidade, sendo nosso fim único o triunfo pacífico e racional das nossas teses políticas, únicas que presumimos capazes de fazer a felicidade moral e material desta terra da América! Pouco nos importam os instrumentos nominais do trabalho material e moral desde que forem capazes e aptos para responder ao seu fim legítimo! *(Aplauso)*. Se, porventura, esta linguagem ou esta franqueza desagradar, nem por isso deixarei de honrá-las na minha atividade de cidadão.

Sei que daí me podem vir desgostos profundos no presente, como me hão de vir no futuro, iguais aos sentidos já no passado! Sei que a calúnia, a injúria, a difamação e o martírio político e privado devem continuar a atingir-me, mas permitam ou tolerem esta invocação: se há dezenove séculos o *verbo* da filosofia foi caluniado, difamado e martiri-

---

[27] N. A.: Louis Marie de la Haye, visconde de Cormenin (1788-1868). Jurista e político francês.

zado, não será de notar fazer-se este pobre cidadão brasileiro que vos dirige sua humilde palavra, torturado no que sente de mais sagrado para ele!

Não quero, não desejo em meu bem senão o juízo imparcial da história e se, porventura, tenho de sofrer sempre a injustiça, a injúria e a calúnia por haver constantemente deixado as veredas tortuosas, preferindo os caminhos diretos e ousado ter liberdade inteira nas manifestações do pensamento, sucumbindo embora à força das circunstâncias, mas com a consciência tranquila, direi apenas resignado aos meus inimigos e detratores: "Perdoe-lhes... a justiça da história porque não tiveram eles consciência do mal e das injustiças que fizeram!". *(Muito bem, muito bem)*.

Terei razão de expressar-me por este modo e sentir dolorosa comoção à perspectiva da nossa sociedade, política e moralmente considerando-a?

Sede vós mesmos juízes. Atentai para a nossa situação de povo ou nacionalidade! Um povo não é o mesmo que uma multidão! Um povo é alguma coisa de mais sério! Representando uma nacionalidade soberana, é um conjunto de atividades racionais, com suas aspirações definidas de progresso, engrandecimento e independência, atividades essas que se auxiliam para honrarem as letras, as ciências, a indústria, o comércio, as armas e as artes. Todas essas atividades carecem ter a sua soberania, os seus representantes autorizados e aptos; é das suas aspirações legítimas, consubstanciando-se, que nascem as instituições políticas de um povo, para fazer-lhe a verdadeira independência e soberania da nação, quer internacional e quer domesticamente falando. Existe isso na vida ativa da nação brasileira? Mentira à razão e à consciência quem o asseverasse.

Considerai aí as relações exteriores deste vasto Império, seu viver político com as demais nações! Num período de século, 50 anos quase completos, quanto tem adiantado esta nação tão enriquecida dos bens da Providência? Como estão as suas relações externas mantidas, como vivem os cidadãos no que respeita à sua economia e segurança política, civil e doméstica? Há, porventura, uma só nação do mundo perante quem a soberania brasileira possa dizer-se consolidada e da qual não tenha suportado um desar e muitas vezes uma humilhação? Não o atesta de sobra essa guerra infeliz e desastrosa que há quatro anos consome a vida dos nossos concidadãos, o suor do trabalho social, vexando-nos a subsistência em larga escala, tudo para benefício dos povos que nos dão em troca somente o seu ódio, a sua aversão! *(Muito bem! Muito bem; aplausos gerais)*.

O que é a indústria agrícola do nosso país, essa fonte única, por assim dizer, do provimento da receita do Estado? Tristíssimo, aflitivo é o seu fadário: ela está em vésperas de ruína total, ela estrebucha à aproximação da extinção de um mal tolerado e ora pior combatido! *(Assentimento caloroso)*.

Onde reside a vida do nosso comércio, onde estão os capitais nacionais que verifiquem nele força e virilidade próprias e solidamente positivas? *(Aplausos, muito bem)*. Os estremeções econômicos, a constante oscilação de um câmbio nominal, como são em grande parte nominais e de ocasião, os capitais negam a autonomia comercial brasileira que neste país devera ser uma grande atividade nacional.

As letras? Quem honra seriamente as letras entre nós, senhores? Quem lê ou aprecia aqui os trabalhos reais da inteligência, quem se preocupa com o mérito que não é badalado pelos seres privilegiados e dos juízos oficiais?

Julgai-o também pela imprensa do nosso país! O que é ela, a grande imprensa da capital do Império do Brasil que deveria edificar este povo, incentivá-lo? Honra porventura a doutrina, fala ela à razão desenvolvendo teses sociais? Não, de certo. Pelo contrário, a difamação política principalmente se reveza aí entre os adversários que, sem discutir e convencer, caluniam-se atroz e constantemente. *(Assentimento, aplausos)*. As colunas da grande imprensa, que se limita a um órgão consolidado, estão pejadas mesmo quase todos os dias de publicações ofensivas à boa moral pública, impróprias de uma leitura doméstica. *(Muito bem)*. Quanto à pequena imprensa que busca doutrinar, naufraga sempre à míngua de recursos e leitores e de sacrifícios às posses da melhor dedicação que a cria! *(Aplausos)*. É isto um espetáculo triste para a nossa existência de sociedade! *(Assentimento)*.

As artes, o que são as artes entre nós, essa instituição do trabalho e da imaginação? Os seus obreiros, pobres mecânicos, confundidos todos, na frase do alto mundo, são niilidades [sic] que não aparecem na ordem da hierarquia política. *(Muitos aplausos)*. Não é o mérito das virtudes privadas e públicas, nem do trabalho honrado, coisa que se destaque na nossa vida política!

Assim são também os homens de armas e o atestam seu sofrimento e martírio na guerra que mantemos! *(Sensação)*.

A judicatura? Triste judicatura ou judiciário prejudicado pela ação direta do Poder Executivo. *(Aplausos)*.

Se tudo isto é verdade, e aí se agravam todos esses males com o do desequilíbrio da receita e despesa, reclamando eternamente o jogo de impostos excessivos e vexatórios, pergunto: a que causas reais atribuir tais moléstias? Às instituições? Aos homens que as executam?

Montesquieu,[28] um dos mais eminentes pensadores do seu tempo, nos seus escritos denunciadores dos vícios das sociedades e dos povos, diz-nos que os vícios dos povos são os vícios dos seus governos! *(Aplausos)*. Esta verdade, com a qual não deixa de achar-se de acordo o notável publicista teórico Benjamin Constant,[29] proclama-a igualmente o sábio Cormenin quando afirma que "não conhece dois princípios de governo, e que para ele o verdadeiro reside ou é o da *soberania do povo!*"

Se as instituições de uma nacionalidade são feitas para responderem às suas aspirações e vontade, os defeitos ou os vícios das instituições são os vícios e os defeitos dos povos, e vice-versa. Se o mal-estar da nossa sociedade provém das instituições que ela mantém, substituir ou

---

[28] N. A.: Charles-Louis de Secondat, Baron de La Brède e de Montesquieu (1689-1755). Homem de letras e filósofo francês. Muito citado no Brasil, no século XIX, por sua teoria da separação dos poderes.
[29] N. A.: Henri-Benjamin Constant de Rebecque (1767-1830). Pensador político franco-suíço, conhecido no Brasil por ter inspirado a ideia do Poder Moderador incorporada à Constituição de 1824.

alterar essas instituições fora o remédio eficaz; se está no pessoal, e note-se que o pessoal ativo da política tem sido experimentado em todas as suas parcialidades, a incapacidade ou a insuficiência do pessoal ainda então exigiria a mudança ou alteração dessas instituições! *(Assentimento)*.

O mal-estar, porém, segundo a minha razão, da nossa vida pública vem das instituições essencialmente e em parte do pessoal, cuja educação de insuficiência as instituições completaram!

Essa é a verdade: digamo-lo francamente. Digo-o em nome de ideias e razões, salvo as intenções, o foro interno, onde não entro e de que não cogitarei; sinto que todos têm errado muito na prática e todos carecem de fazer contrição e penitência. Têm errado, sim, todos os nossos homens públicos, os nossos homens autorizados no trabalho ímprobo de fazer uma nomeada de excelência e sabedoria às nossas instituições, e nesse erro arrastam o bom senso do pobre povo subsidiário! *(Vivos aplausos)*.

Não receio dizê-lo eu bem alto e desta tribuna popular: a nossa Constituição nem é um monumento de sabedoria, nem tampouco um complexo de outorgas libérrimas ou de garantias aos direitos e aspirações dos cidadãos brasileiros! Ela tem o vício de origem concepcionária. Digo-o e espero provar à evidência da razão matemática.

Não é sábio o livro, o evangelho político de um povo contendo os dogmas fundamentais referentes aos poderes públicos e direitos do mesmo povo inteiramente antinômicos no espírito e letra de suas disposições! Não é garantidor de liberdades públicas, as quais têm seu assento no princípio da soberania do povo, o verdadeiro princípio de governo – na opinião do sábio Cormenin – o código político que decreta a onipotência de um poder neutro, isto é, de um poder cuja força e autoridade vêm de sua mesma personalidade, aliás inviolável e sagrada, buscando identificar-se com o poder Divino! A Constituição política do Brasil está neste caso.

O dogma do artigo 9º consagrando a divisão e harmonia dos poderes políticos que "é o princípio conservador dos direitos dos cidadãos e o mais seguro meio de fazer efetivas as garantias que a Constituição oferece", fortalecido pelos dogmas dos artigos 10, 11 e 12, declarando o primeiro destes serem os poderes reconhecidos pela Constituição quatro: o primeiro o Legislativo, o segundo o Moderador, o terceiro o Executivo, e o quarto o Judiciário; e dos quais o segundo define como representantes da nação brasileira o Imperador e a Assembleia Geral, e o terceiro consagra que todos esses poderes são delegação da nação, aquele dogma 9, digo eu, com os subsequentes indicados, são incompatíveis de harmonia e divisão, e essencialmente antinômicos ou opostos com a disposição fundamental do artigo 98, o qual dá ao Poder Moderador as funções de chave de toda a organização política, delegado privativamente o poder ao Imperador, como, notai bem!, CHEFE SUPREMO DA NAÇÃO, INCESSANTEMENTE VELANDO SOBRE A MANUTENÇÃO DA INDEPENDÊNCIA, EQUILÍBRIO E HARMONIA DOS MAIS PODERES; ele é ainda incompatível com o que consagra o julgamento e determinação da forma, ordem e casos de processo e julgados para os membros das duas Câmaras, a juízo das mesmas Câmaras onde são partes, e no período de legislatura, quando nesse período podem ser os membros das Câmaras agentes ao mesmo tempo dos poderes Executivo e Judiciário!

Tratando desse poder-chave, ficção reputada de grande sabedoria, Benjamin Constant, sustentando-a, declara a fonte dessa criação onde foi admirá-la e encontrou o germe, os escritos de Clermont Tonerre.[30] Benjamin Constant pretende que esse poder-chave seja um poder neutro, vindo ao rei de si mesmo, em virtude de depositário que ele é das tradições religiosas e das recordações da soberania do povo ou da nação. Esse poder neutro, todavia, não obrará jamais por virtude da soberania do povo, princípio verdadeiro e único de governo, que se exemplifica mais imediatamente e encaderna nas Câmaras ou assembleias representativas de escolha do mesmo povo, e cujas aspirações de progresso moral e material ou aperfeiçoamento devem determinar e guiar as delegações! O rei

---

[30] N. A.: Aimé Marie Gaspard, duque de Clermont Tonerre (1770–1865). Militar e político francês. Foi ministro da Marinha e da Guerra no reinado de Carlos X.

é, assim, pela teoria exposta, um delegado à parte, superior à fonte da delegação da qual pode e deve ser juiz corretivo!

Eu não duvido, eu não quero contestar a magnificência dessa criação divina como um rasgo de grande espiritismo ou imaginação, nem tampouco lhe negarei as condições de uma estupenda invenção, ou de sutil engenho, mas o que eu asseguro quanto a mim é não ser ela nada harmônica com a razão no mérito de suas lógicas concepções, e muito menos com as doutrinas proclamadas há dezenove séculos, sempre prestigiosas e de infinita sabedoria, expandidas pelo verbo sagrado da Redenção humana, base da lei suprema das nossas tradições religiosas!

Semelhante criação de poder, admitida absolutamente no seu mérito teórico e prático e em todo o rigor de suas deduções racionais e consequentes, absorveria a ação de todos os outros poderes, todos, como aquele, delegações da nação, e essa absorção seria determinada pela lei de força de um poder neutro, da própria essência do rei e não da essência de soberania nacional! *(Muito bem, muito bem!)*. Ela excluiria inteiramente a ideia fundamental da divisão e harmonia de poderes, aliás, declarada na nossa Constituição, geralmente tida por modelo de sabedoria, o princípio conservador dos direitos dos cidadãos, o mais seguro (e por isso verdadeiro) meio de fazer efetivas as garantias que a mesma Constituição oferece!

A divisão pressupõe ou consagra atribuições distintas e um exercício privado, especial de poder ao agente a quem são atribuídas. A harmonia vem da confiança, do respeito mútuo que os agentes do exercício de poderes na sua legitimidade guardam entre si. Desde que um poder ou *agente privado* de poder, primitivamente entrando na ordem das prescrições da – divisão e harmonia – se *destaca* dessa ordem para ser corretivo, regulador ou julgador dos mais poderes, com quem deveria manter aquelas prescrições, ele não é mais um poder igual, ou de origem idêntica na autoridade, mas sim de origem superior, porque terá a faculdade de sujeitar os outros à sua deliberação e ação! Ele é então a *resultante* de um sistema de forças iguais na fonte, obrando num sentido moral, o progresso da nação no caso vertente, a qual é o ponto guiado ou atraído; mas este ponto passará a ser nesse caso atraído e guiado pelo *poder neutro, a* força *resultante,* tirando toda a vantagem da ineficácia daquelas outras forças iguais: falhará nesse caso o equilíbrio e, este destruído, será levado o corpo social pela força *resultante.*

Isto é matemático, não pode ser controvertido. Não careço descer a maiores detalhes em presença de auditório tão ilustrado.

A consequência destes fenômenos políticos é que o poder neutro seria nesse caso o único poder de força real e ativa e, como este poder é *irresponsável e impecável,* dar-se-ia porventura o arrastamento da nação, nas consequências do esforço de um tal poder, e qualquer que fosse o mal-estar social, não permitiria em favor do povo corretivo ordinário, o meio de salvação regular! *(Muito bem, aplausos).* E quantos perigos se seguiriam daí? Não serei eu quem o diga, mas sim uma voz autorizada de grande pensador e publicista, Duvergier d'Hauranne.[31] Ele diz:

– "[...] dar a um povo instituições que lhe prometam o uso de direitos e certas faculdades, dizer-lhe que poderá e deverá fazer o exercício desses direitos e faculdades, mas, chegado o tempo, impedi-lo do exercício a pretexto de que não está habituado ao exercício é dar o sinal para a revolução!". *(Aplausos calorosos)*

Eu não faço aplicação, estou longe disso. Expendo apenas a síntese do ilustre publicista na matéria. Esta criação do Poder Moderador da nossa Constituição, o poder real de Benjamin Constant, foi inventada para impedir os perigos dos poderes até então conhecidos, o Legislativo, o Executivo e o Judiciário, três molas que devem cooperar, cada uma de per si, no movimento geral, porque quando essas molas *desarrancadas cruzam-se, chocam-se e embaraçam-se* é preciso que UMA FORÇA ESTRANHA AS REPONHA EM SEU LUGAR! Essa força, pensara Benjamin Constant, não podia estar em uma delas (das molas), porque SERVIRIA À DESTRUIÇÃO DAS OUTRAS; é preciso que esteja fora, que seja neutra

---

[31] N. A.: Provavelmente Louis Prosper Ernest Duvergier d'Hauranne (1843- 1877), jornalista e político francês que escrevia com frequência na *Révue des Deux Mondes,* muito lida no Brasil.

um tanto para que sua ação se aplique em toda a parte onde é necessário que seja aplicada!

Vede bem o alcance da famosa criação de Benjamin Constant que o Primeiro Reinado aproveitou excelentemente para a supremacia do seu poder, contrariando o projeto de constituição da Constituinte, projeto que não cogitou da existência do Poder Moderador, e era um verdadeiro monumento de sabedoria racional e de concessões consagradoras das aspirações democráticas desta parte da América. *(Viva, aprovação).*

Era ela uma força que atuava em tudo! A Constituição da Constituinte criara, ao contrário, com o Primeiro Reinado a mesma luta da constituinte francesa, a luta da prerrogativa do Parlamento com a da realeza, luta que determinara ali os tristes acontecimentos de 1789 e os subsequentes. O projeto da Constituinte brasileira, previdente e racional, não concebera *poder irresponsável!* Reconhecera os três poderes das instituições inglesas e belga, as instituições clássicas do sistema representativo: o Legislativo, o Executivo e o Judiciário.

Nós pensamos, entretanto, que só devem [sic] haver duas ordens de poderes distintos em uma sociedade política: o poder da deliberação e o poder da execução. O da deliberação, ou Legislativo, atendendo às necessidades públicas pelas leis e regras a satisfazê-las e dirigi-las no acordo e atenção, está visto, à ortodoxia de opiniões capazes de acautelarem as aspirações das diversas atividades públicas. O da execução, composto de dois ramos, um na esfera administrativa e geral, outro no julgamento das questões civis e criminais, aplicando as leis para o efeito das sentenças definitivas. Um ramo destes, o primeiro, é o Executivo, o segundo, o Judiciário; como também o de deliberação pode e deve ter dois ramos, o de *consubstanciação* das opiniões e aspirações sociais devidamente atendidas, e o da sanção.

O projeto de Constituição da Constituinte era a mais harmônica concepção das instituições inglesas: o Poder Legislativo era composto, como se sabe, de dois ramos, o da legislação propriamente, a Assembleia Geral, e o da sanção, delegado este ao Imperador, com seus corretivos equivalentes aos corretivos postos aos excessos ou omissões de legislatura. Mas o ato de sanção, notai bem, guardado sempre pela referenda de um ministro, ou instrumento responsável do poder, porque os instrumentos do poder de deliberação não têm responsabilidade porquanto a *opinião* não deve ser agente passível de pena! Quando a deliberação passa à execução, então, sim, é o caso único da responsabilidade legal e esta começa pela decretação da publicidade e por isso o corretivo da pena principia aí. Isto sim é sábio e racional.

No projeto da Constituinte, as atribuições do *Poder Moderador*, com exclusão da faculdade de dissolver a Câmara, faculdade com efeito desnecessária, e em outra ocasião expenderei a respeito minhas convicções com desenvolvimento largo, eram atribuídas ao Imperador como Poder Executivo, exercendo-a por seus ministros responsáveis. Nada de mais ortodoxo e radical.

A criação do Poder Moderador, tal como a concebeu a nossa Constituição, não se querendo bem compreender, talvez, a concepção mesmo heterodoxa de Benjamin Constant, e afastando-se do projeto de constituição da Constituinte, teve em vista estabelecer o governo pessoal de fato com as fórmulas do governo constitucional representativo. Daí o mal-estar para a sociedade brasileira e seu enfraquecimento de verdadeira soberania nacional! Daí a existência de um *poder irresponsável*, essa verdadeira monstruosidade política que a razão repele. Daí um perigo funesto para a própria realeza constitucional se ela é, o que não quero agora averiguar, uma necessidade vital para o progresso e integridade do único Império da América nas condições morais e materiais de sua autonomia.

Nem aproveita a opinião de um ilustre homem de Estado do nosso país, cuja superior aptidão intelectual sou o primeiro a confessar e render homenagem,[32] opinião apresentada como corretivo ou prevenção aos perigos sociais decorridos, da instituição agora apreciada. Ofereceu em uma discussão de doutrina no Parlamento o homem

---

[32] N. A.: Referência a Zacarias de Góis e Vasconcelos.

público eminente a quem me refiro, como corretivo à doutrina de irresponsabilidade dos atos do Poder Moderador nas condições de poder privativo, a referenda dos ministros a todos os atos desse poder. Não sendo reconhecida na letra da Constituição positivamente a referenda dos ministros para semelhantes atos, antes excluída ela pela especialização dos atos do Executivo, e na responsabilidade decretada aos ministros em tais casos, como é expresso e positivo nos artigos 102 e 135, essa responsabilidade admitida pelos ministros como opinião, vendo-a pressuposta no espírito da lei fundamental, quando não o está, ou ainda estabelecida como resultado de interpretação autêntica da assembleia geral em funções ordinárias, não seria legal, ortodoxa e proveitosa.

Ela consagraria o reconhecimento da existência de um poder declarado privativo, mas fútil, porquanto daria, pelo fato da referenda ministerial, interferência aos ministros mui direta nas atribuições do *Poder Moderador*, declarado este, aliás, de privativa delegação ao Imperador, e o anularia de fato, quando subsistiria poder privativo de direito. Então teríamos o Imperador chefe do Poder Executivo obrigatoriamente *exercitando* esse poder pelos ministros e o *Poder Moderador*, declarado exclusivo e só delegado ao mesmo Imperador também exercitando-se obrigatoriamente pelos mesmos ministros que seriam juízes e partes ao mesmo tempo na mantença incessante do equilíbrio, harmonia e independência dos mais poderes, e o Executivo absorveria por um despotismo odioso toda a soberania nacional, reclamando como único corretivo em bem do povo movimentos e esforços violentos ou revolucionários.

Então se travaria a luta entre o poder da realeza de um lado, querendo a sua onipotência, e os ministros por outro defendendo a sua. A retirada de um ministério seria explicada pelo modo franco e positivo, fatal para a instituição da realeza constitucional, cujo alimento majestático é a honra, esta presumindo a pureza e virtude de ação moral e pessoal, tudo dando em resultado verificar-se que do rei, na monarquia constitucional, *não vem só bem, mas pode também vir o mal!* Nem se poderia fazer responsável a um homem público pundonoroso e consciente de sua alta capacidade intelectual, como é o homem de Estado do Brasil a quem aludo, o ato de dignidade e zelo de sua autonomia política explicando o abandono do poder para não assumir a responsabilidade legal, ou mesmo de simples censura, da referenda para execução de uma deliberação reputada prejudicial aos interesses da nação e à sua liberdade e inteligência política de ministro responsável perante a soberania nacional.

Não sou suspeito pronunciando-me por este modo a respeito do ilustre e notável político a quem me refiro: na questão aludida, entendo que se houve ele com todo o pundonor e consciência de sua autonomia, embora tenha tido eu a convicção de que parte dos males que nos assoberbam deve lhe ser atribuída, salvando, como salvo, aliás, as intenções de foro interno.

A opinião, por outro lado, do homem público inteligente e firme, oposta quanto ao modo de haverem-se os ministros no exercício dos atos do Poder Moderador, lembrando a referenda de favor, fora incompatível com a dignidade do chefe de Estado e humilharia moralmente a prerrogativa imperial, como a púrpura e o prestígio da realeza. Ela exporia em todo o caso a pessoa inviolável e sagrada à responsabilidade moral ou de simples censura, sempre fatal à existência da Monarquia, determinadora de exceções tumultuárias na reparação do malefício causado à soberania do povo.

Ambos os alvitres são inaceitáveis. As instituições de um povo em matéria, sobretudo, de direitos e deveres e exercício de poderes, devem ser claras, precisas, positivas no seu espírito e letra, de modo que não possam admitir contradições e equívocos, ou sentidos duvidosos na prática. Pensando assim, repito, a existência do Poder Moderador é um mal e a sua supressão constitucional um bem para o prestígio da própria Monarquia. *(Aplausos, muito bem)*. Nem essa supressão anularia, se a Monarquia constitucional é uma necessidade, repito, no Brasil, para manter a sua integridade e fazer o seu progresso moral e material, a pessoa política do Imperador. Pelo contrário. Suprimi esse poder e deixai os poderes do projeto da Constituinte brasileira, de imponente sabedoria, idêntico aos das instituições inglesas e belgas, e a pessoa do chefe do Estado, sem ser um chefe supremo, não será inferior em prestígio, em magnificência e estima nacional à recordação da pessoa venerável e sempre honrada na história do finado rei Leopoldo da Bélgica, e da rainha Vitória da Inglaterra. *(Aplausos calorosos)*.

Nos conselhos de seus ministros, porventura, a pessoa política do Brasil, inviolável e sagrada, não seria um autômato, seria um cidadão inteligente e benéfico, embora privilegiado. A ele nunca poderia, então, ser atribuído o mal porque entre os ministros teria sempre uma opinião para cobrir a sua e o seu alto critério lhe deveria aconselhar de jamais revelar, senão naquele caso, uma opinião política sua, de modo a não sair ela dos conselhos de ministros, quando preponderante, passando da deliberação à *execução*, senão como a opinião e vontade de um poder responsável, pois tal é o mérito de todo o poder político! *(Aplausos)*. Só assim todo o mal virá dos ministros, todo o bem do Imperador, que é no regime constitucional representativo a fonte de todo o bem. Então poderia a pessoa política do Imperador, com toda a imponência, no presente e no futuro da história, como teria podido fazê-lo na recordação do passado, a perfeita irresponsabilidade e inviolabilidade de sua individualidade política e privada, embora todo o mal-estar social sentido: ela fora sempre o reflexo da *Divindade* pela pureza da vida.

Nem outra é a razão da glorificação Providencial! Se nas nossas aflições, sofrimentos e pesares mundanos, não nos queixamos jamais da ação Providencial, é porque essa ação não aparece nunca, materialmente manifestada aos nossos sentidos. A ideia que temos de Deus, a segregação celeste, toda espiritual, em que concebemos o supremo Senhor é incompatível com a atribuição do mal! *(Muito bem, muito bem)*. Se fosse possível a profanação da divindade, presumindo-a na convivência do mundo real, este mundo das paixões que habitamos, e pudéssemos atribuir o mal que suportamos àquela fonte de todos os bens e de todas as perfeições, ai do cristianismo, ai da religião do catolicismo! *(Muito bem, muito bem)*. O mal só o atribuímos ao espírito mau, contrário ao do bem.

É por essa razão que convém segregar, se a Monarquia é uma necessidade no século atual e na América, a pessoa sagrada do domínio absoluto ou relativo da ação governamental, só então a ela atribuído todo o bem; aos ministros, o espírito demônio da vida pública, todo o mal sentido!

Senhores, um notável escritor francês, cuja escola eu não sigo, nem seguirei jamais, porém que é bem inspirado quando nos fala da grandeza e futuro político da Inglaterra, o país tão citado e nunca imitado por nós nas práticas do regime parlamentar representativo, ensina-nos bem onde reside o mal dos povos que seguem as práticas usadas aqui. Falando do mérito prático das instituições inglesas, também muito preconizadas por Benjamin Constant, aquele escritor, Montalembert,[33] que é ultramontano, nos diz – falo apenas em síntese –: "o que tem feito a grandeza do futuro político da Inglaterra é a importância e o vulto imponente de seus homens de Estado. Aí a apostasia não é jamais perdoada pela opinião inglesa e o homem público que uma vez apostatou sabe que tem completado a sua vida pública e deve recolher-se à vida privada porque não pode contar mais com a opinião a seu favor". E acrescenta em outra parte: "O desejo imoderado das funções públicas espalha na sociedade humor venal e servil que não deixa aos cidadãos a consciência do que devem ser e podem valer; esse humor torna-os aptos para todas as baixezas e indignidades." *(Sensação)*.

É isto o que faz a humilhação da França e de todos os Estados onde o funcionalismo é o grande meio da existência e da autonomia do cidadão. Esta nossa terra ressente-se dos vícios que estragam as sociedades segundo a opinião insuspeita de Montalembert, na espécie. Se os homens públicos eminentes põem os seus atos em desacordo perfeito com as ideias que dizem construir suas normas de proceder, eles alienam a fé pública e, como deles parte o exemplo, revela-se assim

---

[33] N. A.: Charles Forbes René de Tryon, conde de Montalembert (1810-1870). Escritor e político francês pertencente à corrente neocatólica. Serviu na Câmara dos Pares, sendo um preeminente defensor da liberalização e modernização da Igreja Católica.

negação de opiniões sinceras e acontece que no país cessa também de haver opinião pública.

Não quero ofender personalidades, nem tampouco as discutir. Neste país o vício do funcionalismo público assoberba tudo. Fala-se em sistema representativo e as Câmaras apenas se organizam de bacharéis em direito, poucos médicos e pouquíssimos padres! As indústrias proveitosas, o trabalho que tem a sua religião e deve ter os seus representantes competentes e aptos constituem aí profissão mecânica reputada humilhante a quem a professa e incapaz de ter entrada no Parlamento. *(Aplausos calorosos)*. O mesmo se dá com os homens de armas, que se presume não terem direitos de representação *(Muito bem)*.

Daí a falta de estudo, de aperfeiçoamento da razão nessas classes excluídas do depósito da soberania, por isso tornando-se elas indiferentes aos cálculos das outras privilegiadas que as avassalam! Isto é um grande mal, é o mal que eu combato e hei de combater com todas as minhas forças, com a razão e atividade que Deus me deu e enquanto elas me alentarem.

Em nome do futuro desta terra da América, eu dirijo um apelo sincero e patriótico aos homens de coração e de ideias, aos que podem ter ação, para que fortaleçam e consolidem estas práticas úteis do radicalismo. Todos os homens públicos do nosso país têm cometido grandes erros, todos eles têm parte nos desastres que nos acabrunham e ameaçam destruir a integridade e autonomia deste grande todo! Façam um esforço sobre si, tomem o passado como proveitosa lição de experiência e aproveitem-no!

Eu não crimino ou condeno como apóstata o moço ou o homem público que, entrando na vida pública, servindo-se de sua razão, seguiu por um caminho curvo, errando a direção melhor e segura a tomar, mas que, reconhecendo o erro, convencido por outra razão mais segura, voltou atrás e tomou o caminho reto ou direito ao termo de sua viagem de consciência! Eu não condeno, tampouco, aquele que, deixando-se ficar atrás por haver encontrado tropeços ou dificuldades no caminho, e desalentando na marcha ascendente, não se adiantasse, mas que, enfim, quando sentisse desobstruída a estrada, tomou ânimo e seguiu adiante! A uns o erro da razão desviou, os outros o temor do perigo acanhou: o mal não foi de intenção, talvez, e sim de força maior, podem ambos ter desculpa!

O que eu condeno como apostasia e maldigo, para mim sendo um triste exemplo de reflexão, é ver e sentir o homem mudar de caminho conforme as vantagens de ocasião e por amor de um assento à mesa do orçamento.

Tenho abusado talvez demais da benevolência deste ilustrado auditório *(não apoiados)*, eu, porém, havia prometido deixar nesta tribuna os legítimos fundamentos para ser julgado na minha conduta de homem público. Cumpri, guiado pela minha razão, o dever que me impusera e recebera na solidariedade de opiniões e crenças; se por esse fato ainda devo ser vítima da calúnia e da difamação sistemática e de cálculo, paciência: há acima de nós alguma coisa de providencial e eu estou bem com a consciência, o verdadeiro reflexo da divindade, e bem com a consciência desço desta tribuna! *(Aplausos gerais e estrondosos. Muito bem. Muito bem!)*.

7ª CONFERÊNCIA
Henrique Limpo de Abreu[34]
Polícia eletiva.
Pronunciada em 09 de maio de 1869.

Noticiada no *Opinião Liberal*, 35, de 11/05/1869, p. 3:

"Conferência radical. – Domingo, 9, terá lugar na rua da Ajuda n. 57, às 11 horas, a sétima conferência radical. Ora o Sr. Dr. Henrique Limpo de Abreu, sendo a tese – polícia eletiva. Entrada franca."

---

[34] N. A.: Henrique Limpo de Abreu (1798-1883). Nasceu no Rio de Janeiro, filho de Antônio Paulino Limpo de Abreu, visconde de Abaeté. Formado em direito em 1861 pela Faculdade de São Paulo, foi deputado geral por Minas Gerais de 1864-66. Tinha banca de advogado na Corte com Francisco Rangel Pestana, à rua do Rosário, 100. Ele e o irmão, Antônio Paulino Limpo de Abreu, engenheiro, assinaram o Manifesto Republicano.

Registro: OL, 36, 11/5/1869, p. 3:

"Efetuou-se a sétima conferência radical, perante o distinto e numerosíssimo auditório já acostumado a concorrer a essas práticas salutares da liberdade. Orou, como estava anunciado, o Dr. Henrique Limpo de Abreu, sobre a polícia eletiva."

O texto desta conferência não foi localizado.

8ª CONFERÊNCIA
Gaspar da Silveira Martins.[35]
Radicalismo.[36]
Pronunciada em 16 de maio de 1869.

Anúncio: OL, 36, 11/5/1869, p. 3:
"Na seguinte conferência do domingo próximo se fará ouvir o ilustrado rio-grandense Sr. Dr. Gaspar da Silveira Martins, membro do Clube Radical desta cidade."

Registro: OL, 38, 14/05/1869, p. 4:

"Conferência radical. – Teve lugar no domingo 16, a oitava conferência radical, orando brilhantemente o Sr. Dr. Gaspar da Silveira Martins sobre a doutrina e princípios radicais. Foi sem dúvida alguma o mais esplêndido triunfo que jamais conseguiu o poder da palavra. O inspirado

---

[35] N. A.: Gaspar da Silveira Martins (1834-1901). Nasceu na estância do avô materno em Cerro Largo, Uruguai. Formou-se em direito em Recife e São Paulo. Foi juiz e advogado no Rio de Janeiro, deputado geral (1872-80) e senador (1880-89) pelo Rio Grande do Sul, ministro da Fazenda em 1878 e conselheiro de Estado em 1889. Considerado um dos maiores oradores do Segundo Reinado. Chefe supremo dos liberais rio-grandenses e parlamentarista convicto, não aderiu à República. Morreu em Montevidéu.
[36] N. A.: Esta conferência é comentada na primeira parte deste livro.

orador, aplaudido freneticamente desde o começo de seu eloquentíssimo discurso por um extraordinário auditório, foi acompanhado até sua casa por uma imensa onda de povo que o vitoriava incessantemente. Jamais espetáculo tão imponente se observou nesta Corte em nossos dias! Honra ao nosso distintíssimo amigo e correligionário". Notícia reproduzida no *Radical Paulistano*, ano I, nº 6, 24/5/1869, p. 3.

Publicada em duas partes: OL, 55, 16/7/1869, p.2-3 e OL, 56, 21/07/1869, p. 1-3.
Primeira parte: OL, 55,16/07/1869, p. 2-3:

"Clube Radical – 8ª Conferência – No dia 16 de maio, pelas 11 horas da manhã, no teatro Fênix Dramática, o Sr. Dr. Gaspar da Silveira Martins pronunciou perante o numeroso e ilustrado auditório que ali se achava reunido, o seguinte discurso sobre o RADICALISMO.

Meus distintos concidadãos! Eu ainda não desesperei da regeneração da nossa pátria (*muito bem!*) e quando tivesse tocado meu espírito o contágio que matou tantas crenças, minhas esperanças renasceriam hoje, no dia em que a cidade do Rio de Janeiro se abala para ir assistir às corridas de cavalos presididas pelo monarca[37] (*bravos, muito bem!*) vendo o povo brasileiro, em uma mocidade inteligente e vigorosa, correr espontâneo a reunir-se em torno de rapazes que não tem nada que dar senão o entusiasmo pela ideia e uma fé viva nas instituições livres (*muito bem, bravos!*) que os arremessa ao futuro entoando hinos à grandeza da liberdade! (*Ligeira manifestação de desagrado [abafada?] por prolongados aplausos; bravos, muito bem!*)

Agradeço a energia com que a vossa manifestação acaba de sufocar os sentimentos mesquinhos que a adulação e a falta de patriotismo ensaiaram despertar neste recinto (*muito bem; muito bem*), talvez com o fim de perturbar-me; não tenhais receio (*muito bem*) estou acostumado a

---

[37] N. A.: Houve no dia da conferência o que se chamava de "festa campestre", que incluía corrida de cavalos. O jornal *A Reforma* tinha sugerido adiar a conferência por esse motivo (edição de 12/05/1869, p. 3).

afrontar as expansões por interesses ilegítimos; convencido da verdade que vos exponho, consciente dos sentimentos que me impelem, confio absolutamente na nobreza de coração deste generoso povo, que pode ser oprimido pela violência, mas que jamais será o povo de vilões em que o têm querido converter! (*Bravos! Muito bem, muito bem!*)

Filhos da capital do Império, eu me congratulo convosco, sem ofensa dos adoradores do governo pessoal, porque antes do que ir às imperiais corridas (*riso*) quisestes ver discutir os vossos interesses, ouvir a história de vossas desgraças e apreciar a qualidade dos medicamentos que se vos oferecem para remediar os vossos males (*Muito bem!*)

Houve, senhores, no passado uma República que foi a pátria das mais enérgicas e másculas virtudes; não preciso dizer-vos que falo de Roma, não de Roma dos Césares e dos Augustos (*muito apoiados; muito bem!*) mas da dos Fabrícios[38] e dos Cipiões,[39] (*muito bem! Aplausos*) aquela agonizou séculos na corrupção, esta finou-se na desastrosa batalha de Filipos, onde o estoico Brutus,[40] descrendo dos homens e dos deuses, precipitou-se sobre a própria espada, com esta sombria exclamação:

—Virtude, não passas de puro nome!

Triste prova de que as mais vigorosas inteligências não são isentas dos preconceitos populares que confundem as ideias com os homens e as condenam quando só deviam condenar os intérpretes que as desvirtuam: o nosso partido tem sido a vítima dessa confusão e a má-fé, ignorância, ou incapacidade dos indivíduos que têm representado no poder a ideia liberal tem redundado em descrédito dessa ideia, mais de uma vez condenada sem haver sido posta em prática.

---

[38] N. A.: Gaius Fabricius Luscinus (século II a.C). Cônsul romano (282 e 278 a.C). Entrou para a história como símbolo de austeridade e incorruptibilidade.
[39] N. A.: Cipiões: Referência a vários generais romanos da família dos Cornélios que se destacaram nas Guerras Púnicas contra Cartago (séc. II a.C.), especialmente Públio Cipião e seu filho Cornélio Cipião, o Africano. Ficaram também conhecidos por suas virtudes cívicas.
[40] N. A.: Lucius Junius Brutus (85 a.C – 42 a.C). Militar e político romano. Considerado o fundador da República.

A história imparcial denominou a Marcus Brutus o último dos romanos, porque foi o último lampejo que irradiou no seu *poente* o sol da liberdade antiga *(muito bem)*. Ficaram sós em campo os triúnviros Lipidus Antonius[41] e Augustus; o último, deles o mais astuto, depressa anulou a um, fez o outro suicidar-se e avassalou a pátria, mas em vez de rei, nome odioso ao povo, chamou-se imperador *(muito bem!)*. Longe do [sic] novo título exprimir a liberdade que afetava, não fez mais do que requintar a tirania real *(apoiados; muito bem; muito bem)*! Tanto é certo que as cousas, e não as vozes, devem ser amadas, ou aborrecidas; o Senado conservou seu nome, mas foi politicamente nulificado e deixou de ser o grande Senado de Dentatus,[42] em que Cineas[43] via uma assembleia de reis, para transformar-se em sala de cortesãos; os cônsules perderam as grandes atribuições e foram convertidos em autoridades meramente civis; apesar disso, tornou-se o consulado monopólio da família e dos validos do imperador. Assim com a máscara das instituições da República, entronizou-se em Roma um despotismo oriental, murcharam-se as glórias latinas e a liberdade desapareceu do Capitólio até hoje, senão para sempre! *(Prolongados aplausos; muito bem! Muito bem!)*

As províncias ligadas por uma centralização absoluta eram despojadas pelos pretores e periodicamente saqueadas pelos agentes do fisco; os povos oprimidos [por] impostos *(muito bem)*, levados à última desesperação, recebiam os invasores bárbaros como salvadores contra os sátrapas que administravam um país que tinha atingido ao grau de abjecção. *(Numerosos apoiados; muito bem; muito bem)*. Os partidos denominados os verdes e os azuis haviam perdido toda a ideia de interesse

---

[41] N. A.: Lipidus; Marco Antônio (82 a.C – 30 a.C). Militar e senador romano, aliado de Júlio César; Caio Júlio Cesar Otaviano Augusto (63 a.C-14 d.C). Primeiro imperador romano.

[42] N. A.: Curius Dentatus (Manius). Político romano do século II a.C. Três vezes cônsul, ficou célebre por sua frugalidade e desinteresse.

[43] N. A.: Cineas, importante conselheiro do rei Pirro, discípulo de Demóstenes, tinha fama de grande sabedoria e habilidade. Aconselhou em vão Pirro a não levar adiante sua guerra contra Roma.

público e porfiavam qual mais adulava o soberano e mais lucros auferia da própria infâmia.

UMA VOZ: – É um magnífico daguerreótipo.

O ORADOR: – Os postos, as graças, as honras e funções públicas eram conferidos a capricho dos imperadores sem o mínimo respeito ao mérito dos indivíduos, nem atenção ao serviço do Estado.

Não é sem fundamento que faço estas evocações históricas. Os radicais somos acusados de edificar cidades nas nuvens, de professar doutrinas anárquicas; ou não conhecem, ou nos caluniam, os radicais acreditamos na ciência política, dirigimo-nos pelo celeste facho com que a infinita bondade do Criador dotou o homem para o distinguir dos brutos animais (*muito bem; muito bem*), mas sabemos que o homem não é uma razão pura, que também é um coração e que este coração, assim como é capaz de patriotismo, de devotamento e das mais sublimes virtudes, está infelizmente, sujeito ao egoísmo, à avareza, à vingança, à ambição, à corrupção e às mais feias paixões. (*Numerosos aplausos*).

Os radicais, senhores, não são anarquistas, nem podem sê-lo porque são liberais e liberais não acreditam em liberdade sem lei, nem admitem lei sem governo, os radicais reconhecemos o princípio de governo, o que os radicais não compreendemos é governo sem princípios, é o regime do arbítrio. (*Aplausos.*)

Os radicais caminhamos alumiados pela razão, mas sem largar o bordão da experiência. Vã ciência seria a história se não nos fornecesse lições para o futuro; o navegante prudente desvia o barco do cachopo onde se partiu a caravela do seu antecessor; no mundo moral, como no mundo físico, os mesmos princípios produzem as mesmas consequências e é isso que me faz estremecer pelo nosso futuro. Cotejai a Roma Bizantina com este pedaço da Europa preso à América (*muito bem*) e vereis que em menos de meio século temos corrido a escala integral e descido até às ultimas épocas da apodrecida Bizâncio. (*Muito bem, muito bem!*).

Não vos admireis: nas nações, como nos indivíduos, há preciosidades! Bem desejara eu que não fosse o que vos digo a triste realidade, mas apreciai por vós mesmos o quadro que vos apresento e notai as semelhanças. Nunca a liberdade foi grande no nosso país, mas é certo que já tivemos mais do que temos hoje.

O Primeiro Reinado, senhores, foi uma luta permanente, luta que honrou ao brioso povo da geração passada e que honra ao país (*apoiados, muito bem*). O primeiro Imperador, na América e na Europa, aliou-se aos liberais por interesse, mas nunca conheceu nem amou a liberdade! A nossa independência só foi consumada pela revolução de 7 de Abril (*apoiados*), que o nosso país celebrava como festa nacional mas que as folhinhas em obediência aos decretos do governo já reduziram a pequena gala! (*Bravos; muito bem.*)

No meio das convulsões, a Regência passou ovante e próspera, apesar de todos os tropeços; nela se consumaram as grandes leis da liberdade deste país: os Códigos Criminal e do Processo, que estabeleceram a instituição do júri, a polícia eletiva e os juízes municipais, o Ato Adicional que criou as assembleias provinciais, conquista da descentralização destinada a facultar a cada província a sua própria administração.

Em 1840, ascendeu ao trono o Sr. d. Pedro II por meio de uma revolução liberal (*muitos apoiados; muito bem*); nunca príncipe algum subiu ao trono debaixo de melhores auspícios (*muito bem!*). Nunca, senhores, confessemo-lo francamente, povo algum teve direito de esperar melhores serviços, mais amor e maior dedicação de seu príncipe (*muitos apoiados*), do que o povo brasileiro do Sr. Pedro de Alcântara. Acalentado nos braços dos liberais, que lhe embalaram o berço e defenderam a vida, foi seu tutor José Bonifácio de Andrada (*muito bem!*), o vulto venerado deste país, o fundador da nossa liberdade (*muito bem! Muito bem!*), o varão maltratado a cujas virtudes o próprio Imperador no dia da humilhação (*sensação*) rendia pública homenagem entregando-lhe seus filhos órfãos de mãe e, nesse momento, também de pai, tranquilo porque conhecia a imensidade daquela alma que representava a um tempo o espírito e a incomparável magnanimidade deste povo brasileiro (*bravos, muito bem, muito bem*). A liberdade trajou-se de gala, senhores, no dia da coroação do pupilo de José Bonifácio!

Ah! Nunca maior e mais instantânea desilusão padeceu um povo. *(Apoiados!)*. Apenas havia o Sr. d. Pedro II governado um ano, eram as leis liberais substituídas por outras que ainda até hoje nos prendem e tiranizam e cuja pronta reforma constitui o primeiro artigo das crenças liberais. A lei de 3 de dezembro de 1841, que executou uma reação monárquica, arrancou do povo a polícia cujo representante era o juiz de paz, eleito por sufrágio, e transferiu-a para o governo, que a exerce por meio de delegados, cujos satélites são as mais das vezes provocadores de desordens, como ensaiaram há pouco neste mesmo recinto *(muito bem, muitos apoiados)* porque não querem que se diga a verdade, porque não desejam que as más leis sejam emendadas para não serem desapossados do direito de que usufruem de governar este povo com o azorrague do feitor. *(Uma estrepitosa salva de palmas cobre a voz do orador)*.

Senhores, as municipalidades perderam a sua autonomia com os decretos e com os avisos do poder. A grande instituição liberal da Guarda Nacional, inventada para contrabalançar a influência do governo armado com a tropa de linha, foi convertida em uma instituição de despotismo, tornando-se essa guarda um acessório do Exército permanente a quem devia manter em respeito. A garantia de todas as liberdades dos cidadãos, o julgamento por jurados, foi abolido nas fronteiras, sujeitando-se certos e determinados crimes ao juízo especial de um juiz de direito. A liberdade de imprensa neste país desmoralizado foi salva pela desmoralização *(muito bem)*, pela invenção dos testas de ferro. *(Bravos, risadas)*. A Lei de Interpretação arrancou às províncias atribuições que o Ato Adicional lhes conferiu e de que só por uma reforma constitucional podiam ser despojadas. Armado o poder com a Guarda Nacional e com a polícia, o governo designa, nomeia e demite deputados *(muito bem! Muito bem!)* que em vez de representantes da nação tornaram-se representantes da polícia. *(Estrondosos aplausos)*.

A Constituição declara irresponsável tão somente a pessoa do Imperador *(muito bem!)* e não o Poder Moderador; poder, na acepção constitucional quer dizer faculdade e direito de praticar atos de governo; ora, nem a lei, nem a razão reconhecem atos livres sem responsabilidade;

infelizmente aos príncipes nunca faltaram aduladores (*muitos apoiados, muito bem*) que na sua dedicação são sempre mais monarquistas que o monarca; entre nós também há dessa gente perigosa a seus amos, esses palacianos levam a irresponsabilidade do monarca para o Poder Moderador (*muito bem!*) que irresponsavelmente exercido pelo príncipe nomeia os ministros e dissolve a Câmara; os ministros demitem todos os presidentes de província e chefes de polícia, comandantes superiores da Guarda Nacional e comandantes de corpos, e substitui-os à feição; estas autoridades por sua vez cumprem as ordens, demitem todos os delegados e suplentes e substituem convenientemente; demitem ou suspendem todos os oficiais da Guarda Nacional, nomeiam-se interinos que serão confirmados no posto conforme o zelo e habilidade que mostrarem; todos os empregados públicos ficam debaixo dos olhos do governo, que quer *só por curiosidade* [saber] com quem votam; procede-se à eleição e a disciplina militar na Guarda Nacional, que põe o cidadão à mercê do mercenário que aceitou o comando, e a prisão arbitrária que a polícia inventou para fazer indagações, faz [sic] com que ao Parlamento venha uma Câmara, não de representantes do país, mas de representantes da polícia (*numerosos apoiados, bravos, muito bem!*), não as inteligências capazes de promover o bem na nação, de fazer a grandeza da pátria (*muitos apoiados*), mas os vis instrumentos (*bravos! Muito bem!*) que hão de sancionar os atos de arbítrio de seus patronos (*muito bem! Muito bem!*). Miseráveis caixeiros (*hilaridade geral e prolongada, bravos, muito bem*) podem porventura tomar conta, analisar as verbas da receita, glosar as verbas de despesas dos seus patrões? (*Palmas e hilaridade*).

Senhores, desculpai a rudeza da forma (*numerosos não apoiados*); filho de uma província onde existe uma mocidade pujante, que sabe fazer prodígios no campo da batalha (*muito bem, muitos apoiados*)...

UMA VOZ: – Como tem feito.

O ORADOR: – E não desconhece o nobre civismo que há mister o cidadão para lutar contra um governo despótico em favor de um povo oprimido, estou habituado a falar a linguagem da verdade sem curar de adoçá-la com eufemismos que a desmaiam quando de todo não a desnaturam *(muito bem)*; não sou inspirado por outro sentimento que não seja o ver este país erguer-se da letargia em que jaz, rejuvenescer, tomar alento e entrar grande e próspero no século futuro. *(Muito bem! Muito bem!)*. Atentai bem, senhores, e vereis quão semelhante é o estado atual do Brasil àquela pintura que a largos traços vos debuxei do decadente Império Romano *(numerosos apoiados)*; ali o imperante se presume não o representante, mas o próprio povo; daí o direito que se arrogava de dispor das cousas e dos homens como proprietário: é a linguagem de todos os déspotas, era a linguagem de um autocrata da França, de Luís XIV: – *o Estado sou eu!*

Augusto, que não era um guerreiro, conquistou o favor das tropas com o nome de seu tio, fazendo-lhes grandes generosidades; não era popular, ganhou por meios idênticos a vontade da plebe e iludiu com ideias liberais aos estadistas como Cícero, que pretendiam salvar a República e estabelecer a ordem e a liberdade. Às armas substituiu o raposo a astúcia, à violência, o jeito, ao patriotismo que inflama, a corrupção que avilta, e o fez com tal arte e habilidade que chegou a persuadir-se que enganaria até a sagacidade dos Tácitos[44] futuros; e para não perder no olvido tão grande glória, ao exalar o último suspiro, deposta a máscara, perguntava aos amigos que o rodeavam: – não representei bem o meu papel? E acrescentava com a comédia antiga: – *Plaudite*[45] *(Risadas)*.

Nesta nossa terra as cousas também não se fazem à força de espada; a não ser Henrique IV, a raça de Bourbon nunca deu bom general (hilaridade); nunca mais deu homem que com justiça mereça o nome de grande; *(hilaridade prolongada)* aquele gigante parece que absorveu em si toda a seiva da família. Nada entre nós autoriza o poder a falar ao coração do soldado e a seduzi-lo pela glória, sedução que é uma desculpa,

---

[44] N. A.: Públio Caio Cornélio Tácito (55 d.C. – 120 d.C.). Historiador, orador e político romano.
[45] N. A.: Aplaudi.

senhores, porque deslumbra e alucina com a grandeza da pátria. *(Muito bem.)*. O sistema a aplicar não era o do grande capitão do século, senão o do hipócrita de Roma, a força substitui-se pela astúcia, conservam-se todas as aparências da liberdade, mas desacredita-se e desonra-se o sistema liberal; o nosso governo tornou-se despótico não pela força das armas, senão pelo veneno da corrupção![46] *(Muito bem, muito bem!)*.

UMA VOZ: – Faz cadáveres vivos.

O ORADOR: – O nosso governo é atualmente a concentração de todos os poderes nas mãos de Augustus, é a absorção de todos os poderes pelo Poder Moderador e este poder, senhores, dizem os áulicos, é privativo do monarca que o exerce sem responsabilidade. Daí vem que todas as ambições se voltam para o príncipe (que não deve ser outra coisa mais do que o representante supremo deste país, mas que em realidade é o seu proprietário) e dele esperam a realização de seus sonhos: quem quer ser bem-sucedido toma vestes e formas asiáticas e fala: – Senhor, prega os olhos no teu servo e levanta-o como o pó da terra, tu és o sol que aquece *(riso)*, o orvalho que umedece *(riso)*, o alimento que mantém, o ar que se respira, a vida que se vive! *(Hilaridade)*.

Que diferença, senhores, vai desta prostração moral que abate a dignidade do indivíduo para aquela nobre emulação que nos países livres prende os homens políticos ao povo; os que aspiram as honras, em vez de recorrerem a meios ignóbeis e ocultos, são obrigados a vir perante o povo comprometerem-se a servir a causa pública e não ao egoísmo dos príncipes; os que têm serviços anteriores podem dizer:

---

[46] N. A.: O orador parece inspirar-se no panfleto de Antônio Ferreira Viana, *A conferência dos divinos*, publicado anonimamente em 1867. Nele, o autor imaginou uma conferência de três imperadores, um deles Nero, outro claramente identificável com Pedro II. Este leciona os outros dois dizendo ter governado não pela violência, mas pela cooptação, pela corrupção, pela desmoralização de pessoas e instituições. A expressão cadáveres vivos usada no aparte consta do texto do panfleto: "Vós encontrastes em vossos reinados a invencível resistência dos cadáveres vivos e eu governei pacificamente vivos cadáveres" (p. 275.) Anfrísio Fialho, que anotou edição posterior do libelo, citou em nota discurso de Silveira Martins no Senado.

— eis-me aqui, não o pimpolho bem-aventurado de uma árvore que não dá fruto, medrada nas estufas do paço, perto do trono *(hilaridade)*, mas o filho do povo que, se não tem como Metelo[47] nobres avoengos *(riso)*, tem como Caio Mário[48] cicatrizes no peito. *(Risadas, muito bem! Muito bem!)*.

Desapareceram esses tempos e hoje se estabelece concorrência não a quem melhor serve seu país, senão a quem mais se curva, não a quem mais se levanta, senão a quem mais se humilha, a quem primeiro oferece o pescoço para receber a tão suave coleira. *(Continuam as risadas, muito bem! Muito bem)*. Ah! senhores, se esta vil bajulação merece o vosso riso e o vosso desprezo, a nossa triste situação é mais para chorar do que para rir! Vede o pungente espetáculo que apresenta nossa pátria como resultado imediato da nossa corrupção política:

Poder Judiciário: com as exceções honrosas que se dão em todas as cousas, a nossa magistratura na primeira instância tem por apanágio a miséria, é inteiramente dependente do arbítrio do governo; os homens capazes, os homens de talento, ainda que para a magistratura nascessem com vocação, a abandonam, fogem dela e vão na advocacia, ou noutra qualquer profissão, procurar vida mais honrada, mais digna e independente *(muitos apoiados, muito bem)*. Os tribunais superiores, senhores, que se alimentam do viveiro da inferior instância... (é vergonha, mas é força dizê-lo), são o asilo da ignorância *(apoiados e ligeiro sussurro)*; quem vos fala foi juiz alguns anos nesta mesma capital, não é um homem suspeito, pelo contrário, voto respeito e simpatia a uma profissão que também foi a minha, mas por isso mesmo a desejo ver honrada e engrandecida no nosso país.

A nossa magistratura é profundamente ignorante e as leis nada têm feito para tirá-la desse estado, antes os governos têm-lhe à ignorância

---

[47] N. A.: Quintus Caecílius Metelus Pius (m. 63 a.C.). Político romano da gente Cecília Metela, eleito cônsul em 80 a.C.
[48] N. A.: Caio Mário (157 a.C. – 86 a.C.). Político da República Romana. É conhecido como o "terceiro fundador de Roma" por suas vitórias militares. Foi eleito cônsul sete vezes, feito sem precedentes na história de Roma.

acrescentado a corrupção! *(muito bem)*; não declamo, a Constituição decretou entre nós a inamovibilidade dos juízes e, ainda não há muitos anos, o Poder Executivo julgou tão notória essa corrupção que não hesitou em desferir contra nosso Poder Judiciário um golpe que não só foi sancionado pelo Parlamento, mas com um escandaloso aplauso recebido por todo o país. *(Muitos apoiados)*. E que prova, senhores, mais esplêndida se pode dar da corrupção do poder que tem o direito de julgar se ao arbítrio do governo, se à sanção da Câmara e ao aplauso popular se acrescentam a resignação e obediência desse poder ao ato que o desautora? *(Muito bem)*. Eis a que está reduzido o Poder Judiciário no governo pessoal.

Passemos ao Poder Executivo. Este, pela natureza administrativa das funções tem mais prestígio, mas é quiçá muito mais corrompido; os grandes empregos estão reservados ou para seduzir homens importantes nas duas casas do Parlamento *(apoiados)*, ou para dotar as filhas *(risadas)* e regalar aos filhos dos magnatas, ou para recompensar a dedicação dos validos, *(muito bem! Bravos!)* e daí vem que só por um feliz acaso pode uma província ter um administrador capaz; estudo, inteligência, trabalho, mérito nada valem; é preciso nascer com sorte como Sancho Pança *(riso)*. É assim que o grande d. Quixote *(riso)* falava ao *gobernador* d. Sancho *(risadas)* na véspera de sua partida para a ilha de Barataria: "— Antes de tiempo, Sancho, contra *la ley del rasonable* discurso, te ves premiado de tus deseos *(risadas)*. Otros cohechan, importunan, solicitan, madrugan, ruegan, porfían y no alcanzan lo que pretenden, y llega otro y, sin saber ni cómo [sí] ni cómo no, se halla con el cargo que otros muchos pretendieron *(risadas)*, y aquí entra y encaja bien el decir que hay buena y mala fortuna en las pretensiones *(risadas)*. Tu que para mí sin duda alguna eres un porro, sin madrugar ni trasnochar, y sin hacer diligencia alguna, con solo el aliento que te ha tocado de la andante caballería *(risadas)* sin más ni más te vas gobernador de una Ínsula como que no dice nada *(risadas)*. No atribuyas, Sancho, a tus merecimientos la merced recibida, sino que des gracias al cielo *que dispone suavemente las cosas* y después las darás [a] la grandeza que en si encierra la profesión de caballería andante". (*Hilaridade geral e prolongada*).⁴⁹

Eis o que é o Poder Executivo nos altos cargos, imaginai o que será nos medíocres, nos pequenos, nos inferiores, pois a concorrência cresce à proporção que os cargos decrescem em importância.

O Poder Legislativo, o que vale no atual regime? Os deputados, que devem manifestar a vida, as ideias, e a força da nação, não são eleitos pelo povo dentre os homens do país que possuem a confiança das províncias e dos quais têm elas direito de esperar dedicação, honra, serviço e glória (*numerosos apoiados, muito bem, muito bem*). A representação nacional não goza entre nós de prestígio algum porque as Câmaras representam repartições do Executivo, o povo não conhece os seus mandatários e nem sabe a língua que eles falam; hoje, mais do que nunca, a Câmara figura um feixe de parasitas abraçados ao tronco da nação, alimentando-se da seiva do Estado que há de, afinal, cair mirrado e exangue. (*Bravos, muito bem!*).

Não falo, senhores, do Mato Grosso, que tem a rara ventura de ser felicitado por um representante que não sabia que era nado⁵⁰ (*risadas*), não falo do Espírito Santo (*muito bem!*) a quem não valeu o nome para lhe deixarem a escolha de seus deputados à própria inspiração (*repetidos bravos, muito bem, hilaridade*), e que teve de aceitar da infalibilidade do poder os homens que hão de realizar a sua grandeza futura! (*continuam as risadas*). Falo, senhores, da Bahia que, apesar de seu patriótico devotamento no dia do perigo, viu quando devia coroar o herói que tinha atirado o nome baiano à posteridade, a polícia arrancar-lhe das mãos a coroa! (*Muito bem!*). Falo, senhores, da minha heroica, da minha infeliz província (*muitos apoiados*), se alguma dúvida vos resta, aí está o general conservador, o Sr. duque de Caxias (*riso*), que não pode com o peso das honras recebidas nessa desastrosa campanha... (*Muito bem! Muitos apoiados e sinais de desaprovação*).

---

⁴⁹ N. A.: A ortografia do texto em espanhol foi corrigida.
⁵⁰ N. A.: Refere-se a José Maria da Silva Paranhos Jr., futuro barão do Rio Branco, nascido no Rio de Janeiro e recém-eleito deputado geral pelo Mato Grosso.

UMA VOZ: – É um grande general.

O ORADOR: – Longe de mim negar ou contestar os serviços relevantes que em tão avançada idade acaba de prestar ao nosso país o nobre general e é por isso mesmo que invoco o seu testemunho. Ele que responda: quem foi que escreveu com a ponta da lança essa epopeia de glórias na campanha do Paraguai? *(uma estrepitosa e prolongada salva de palmas interrompe por algum tempo o orador)*, quem à frente de heroicos voluntários passou o Passo da Pátria e quebrou o orgulho inimigo na mais esplêndida batalha que jamais se feriu nesta América do Sul! *(Repetidos bravos, muito bem!)*. Quem, senhores, era o gigante que ao clarão da metralha que iluminava a atmosfera, foi visto em pé sobre as muralhas do Humaitá, de escopeta na mão, apontando a seus soldados o caminho da glória? *(Bravos)*. Quem foi o Aquiles dessa portentosa Ilíada? Não foi o general Osório? *(Bravos, muito bem, muito bem, repetidos vivas a Osório)*.

Os vossos aplausos, senhores e as vozes da polícia sufocadas (hilaridade) me dizem que não há poder que no dia das explosões possa sufocar e abater o grande coração brasileiro *(Vozes de viva o orador)*.

Pois bem, senhores, os serviços públicos não merecem nada nos governos que passam de nacionais a pessoais. Ali vai o amigo de porta em porta guiado pelo vaqueano, como um pobre cego e como tal e só quem recebe a esmola *(muito bem!)*, acolá jaz [sic] o irmão e o pai do soldado, o servidor do Estado, o herói e a glória da pátria, inválido, no leito da dor, abandonado, sem meios para curar as gloriosas cicatrizes que recebeu nos combates onde lavou em sangue a afronta nacional! *(Muito bem! Muito bem!)*. Mas, por que admirar coisa tão comum nos sistemas de governo como é atualmente o nosso? Já não vimos quão semelhante é a nossa história à da última fase do Império Romano? Quem degolou Ácio [Aécio],[51] o herói

---

[51] N. A.: Flávio Aécio, (396-454). General romano, foi cognominado "o último dos romanos" pela bravura em campo de batalha. Contribuiu para a derrota de Átila, rei dos hunos, na batalha dos Campos Cataláunicos (França), travada a 20 de junho de 451. Essa batalha pôs um fim aos avanços de Átila na Europa. Em 454, Aécio foi assassinado por ordem do imperador Valentiniano III (425-455). No ano seguinte, dois de seus soldados vingaram-no assassinando o imperador.

dos campos Cataláunicos senão o imperador Valentiniano com suas próprias mãos, em recompensa de haver salvado a pátria derrotando as hostes até então invencíveis do rei Átila![52] Não consta da tradição que Belisário,[53] que fez reverdecer na África os louros dos Cipiões, que subjugou novamente a Itália, que venceu a Pérsia, foi reduzido pelo seu imperador a esmolar o pão diário?

Senhores, a minha pobre província não é cúmplice do atentado pelo governo cometido em seu nome: há anos que impera no Rio Grande o governo da ditadura! *(Apoiados, muito bem!)*

Este, senhores, é o negro, mas verdadeiro, quadro do nosso estado interno, seremos no exterior mais felizes? Quem ignora o desgraçado papel que representa nossa triste diplomacia? *(Muitos apoiados, muito bem!).* Nos outros países, senhores, para a diplomacia escolhem gente que, se se é possível, dê de sua pátria melhor ideia do que realmente merece. Isto se consegue procurando homens capazes, pois, quando educados e ilustrados, os homens são proximamente os mesmos em todas as partes.

Nos séculos XV e XVI, quando florescia a República Veneziana, os seus diplomáticos não eram sagazes e inteligentes, mas eram obrigados a estudar os costumes, as leis, o povo e os homens influentes de cada país para onde eram enviados, apresentando memórias e relatórios de tudo ao seu governo. Estão se publicando agora esses monumentos da diplomacia da República Veneziana e, coisa maravilhosa, são tão bem-feitos e minuciosos esses trabalhos que os países a que se referem não têm sobre as épocas que tratam nada de comparável, e nesses relatórios irão os historiadores nacionais encontrar informações que na pátria não acham.

O nosso Império é no exterior o que é no interior, o governo se reflete na diplomacia. Até hoje tem sido a carreira diplomática o apanágio dos

---

[52] N. A.: Átila, rei do Hunos (406-453). Dominou boa parte da Europa Ocidental. Foi derrotado por Aécio nos campos Cataláunicos (Châlons-en-Champague) em 452.
[53] N. A.: Flávio Belisário (505-565). Um dos grandes generais do Império Bizantino. Em 562, acusado de participar de uma conspiração contra Justiniano, foi preso, mas libertado no ano seguinte. Morreu em estado de pobreza. Aparece em quadros do pintor Jacques-Louis David.

mancebos ociosos de bigode ensebado, que pretendem passar por bonitos nos salões *(hilaridade geral, muito bem!)*, querem passear à custa do Estado, não querem trabalhar e nas legações brasileiras vive-se ocioso, passa-se ao filhote uma patente diplomática, como um bilhete de entrada nos salões aristocráticos da Europa *(muito bem! muito bem!)*. Quando se trata do nosso país – silêncio absoluto – *(riso)*, nascidos aqui por acaso, querem ausentar-se porque são estrangeiros de coração, da pátria nada sabem, como hão de dizer coisa alguma? *(Apoiados, muito bem, risadas)*.

Em 1850, senhores, quando se complicavam nossas questões com o general Rosas, a diplomacia argentina, que tinha habilidade, por toda a parte excitava, como a diplomacia de Lopes excita hoje, os ânimos contra essa monarquia americana, apresentando-a como inimiga natural das repúblicas que a rodeiam, cujo progresso a incomoda e por isso embaraça que brotem e medrem as instituições liberais. *(Muito bem! muito bem!)*. Foi o Brasil agredido em Paris, o nosso representante ali, como os de outros lugares o fariam, porque quase todos eram da mesma força, deixou-se ficar mudo e foi um nome americano, um nome caro à liberdade, foi o bravo general Pacheco y Obes,[54] o herói da defesa de Montevidéu contra Rosas, quem tomou a pena para defender a monarquia da América e provar que a razão e o direito estavam do nosso lado. Essa questão levou-o aos tribunais, onde defendeu-se brilhantemente e foi absolvido com aplauso dos filhos da França que assistiram ao julgamento, porque ali o mérito não tem pátria *(muito bem)*; dos tribunais passou a questão para o campo da honra e Pacheco y Obes honrou sua pátria e esta América onde nasceu. *(Aplausos)*. E foi um estrangeiro, um homem de princípios contrários aos do governo do Brasil, quem tomou a sua defesa! Que vergonha para a nossa diplomacia! *(Muito bem!)*.

---

[54] N. A.: Melchor Pacheco y Obes (1809-1855). Argentino de nascimento, atuou na política da Banda Oriental (Uruguai) como militar e político. Membro do Partido Colorado, destacou-se na defesa de Montevidéu durante a Guerra Grande (1839-1851). Morou no Rio de Janeiro por ocasião da Independência, acompanhando o tio, Lucas José Obes, que foi eleito para a I ª legislatura (1826), e em 1844, como exilado. Em 1849, foi enviado a Paris como ministro plenipotenciário do Uruguai.

Senhores, resta-nos a nós brasileiros ao menos uma consolação: não é por míngua de talentos! não é por falta de capacidades (*muitos apoiados, muito bem*), toda esta vergonha é o resultado monstruoso da sinistra administração que concentra em si todas as forças vivas do país e move cada funcionário com a mesma regularidade com que o jogador de xadrez joga um peão no tabuleiro. *(Muito bem! Muito bem!).* Quando mesmo seja um grande homem, que possua tão extraordinário poder, ainda assim é fisicamente impossível prover a todas as necessidades sociais com o acerto e satisfação da liberdade que discute, analisa e ilustra.

Mas, considerai, por outro lado, que a humanidade é frágil, que o talento não é comum a todos os homens, que o gênio é raro e, entre monarquias, raríssimo, pois que eles saem de um pequeno número de famílias, e alcançareis que semelhantes princípios não devem ser admitidos nas boas leis: por um Henrique IV que nos nascesse quantos Joões Sextos teríamos que suportar? *(Hilaridade geral e prolongada. Muito bem! Muito bem!)*

Deste modo, senhores, temos conseguido fazer da nossa pátria, que a natureza fez a rainha das terras, a mais humilde das nações! *(Muitos apoiados).* Não há muitos dias, num negócio que interessava à minha província, a incorporação da companhia de iluminação a gás das cidades de Porto Alegre, Rio Grande e Pelotas, informava-me um amigo que, dos Estados Unidos, a que primeiro tinham os empresários recorrido, responderam: — *Nous haisons tout ce qui est du Brésil*, aborrecemos tudo o que vem do Brasil! *(Sinais de adesão).*

A ignorância, a desmoralização, a bancarrota, o ódio dos estrangeiros e o descrédito de tudo e de todos são os funestos resultados dos 25 anos de governo do Sr. d. Pedro II! *(Muito bem! muito bem!).* Longe de mim supor que da sua parte não há o maior interesse, a maior solicitude pelo bem do país. *(Muitos apoiados, muito bem!).* Ele, como nós, aqui viu a luz *(apoiados),* ele, como nós, sente bater-lhe no peito um coração brasileiro, ele, mais do que qualquer um de nós, tem interesse no bom governo e progresso deste país porque disso depende a glória de seu nome na história e no trono a perpetuidade de sua dinastia. *(Numerosos apoiados. Muito bem! Muito bem!)*.

(Continua).

Opinião Liberal, 56, 21/07/1869, p. 1-3:

"Clube Radical – 8ª Conferência – (Conclusão do discurso do Sr. Silveira Martins)

Não sei, senhores, que mau fado persegue a todas as nossas cousas, que destino fatal nos desvaria nas alturas do poder, fazendo-nos supor que o governo, só por ser governo, adquire mais saber, experiência e inteligência que todos os mais homens do país! *(Muito bem! Muito bem!)*. É preciso acabar com essa esmagadora concentração (*apoiados*), antes de produzir-se a reação violenta que os males provocam e que pode espedaçar a nação, que afasta de si a responsabilidade de suas desgraças porque tem a consciência que não governa. *(Muito bem!)*. Para salvar o futuro da nossa pátria é preciso quanto antes entregar-lhe a direção de seus interesses dilapidados por oficiosos tutores. *(Muito bem!)*.

Falei-vos acidental e involuntariamente, levado pela torrente da palavra, naquele grandioso nome que personifica na pátria e fora dela a glória militar do nosso triste Brasil, no general Osório *(Bravos! Muito bem! Muito bem!)*. Contei-vos o estado de abandono em que o deixaram em retribuição de seus heroicos serviços *(muitos apoiados)*, e, no entanto, senhores, apesar de inválido, especulam com o seu nome e nomeiam-no para comandar o primeiro corpo de Exército; como se explica semelhante procedimento da parte dos que governam, pois desmoraliza-se primeiro o homem a quem se quer dar um comando? O segredo, senhores, está em que nossos soldados hoje não fazem mais caso de recompensas que não são conferidas ao mérito, senão aos amigos; combatem só por amor da pátria e da glória e por isso não avançam senão tendo à frente aqueles que lhes não deem vergonha. *(Muito bem!)*. O general Osório, senhores, apesar da grande patente que atualmente tem, conquistada nestes últimos anos jogando as lançadas com o inimigo, porque sempre se lhe regatearam os postos anteriores a que subiu quase exclusivamente por antiguidade *(muitos apoiados, muito bem)*, ainda hoje, depois destes feitos homéricos que o fizeram a primeira reputação militar do Império, tem patente inferior e inferiores ordenados aos eunucos do palácio. *(Risadas. Muito bem!)*.

O governo, senhores, que por leis especiais faz extraordinariamente marechal de Exército e almirante a jovens príncipes, que podem ser grandes cousas, mas que por ora ainda não são nada *(muito bem!)*, por que motivo regateia a maior patente militar àquele que é a primeira glória do Exército e da nação? *(Repetidos bravos! Muito bem! Muito bem!)*. Quem pode comparar os feitos de Inhaúma[55] aos de Herval? E se há um quadro extraordinário para fazer aquele almirante, por que não há de ser este marechal de Exército? *(Apoiados)*. Esta é a justiça do governo!

Nem ao menos, senhores, o despotismo que nos oprime procura, como na França e em outros países, avantajar-se à liberdade pelos melhoramentos materiais. O que há de notável entre nós em matéria de obras públicas? Pontes, quem as edificou? Disso apenas há princípios que não prometem fim; obras públicas, uma ou outra que aparece envergonha as artes e custou dez vezes o seu valor, as da alfândega custaram milhões e em um belo dia mergulharão nas águas como um pato. *(Risadas)*. Não nos fica do governo pessoal nem essa muralha de pedra, não nos fica mais do que a estátua de bronze que se ergue no largo do Rocio.[56] *(Risadas prolongadas, muito bem, muito bem)*.

Apreciai, à vista disto, a boa-fé com que os sectários da polícia dizem: todos falam em liberdade, mas só os conservadores sabem ser liberais. *(Muito bem! Muito bem! Hilaridade!)*. Senhores, o Partido Conservador neste país não merece semelhante nome *(muitos apoiados)* porque, em vez de Conservador, é um partido reator. *(Muito bem! Muito bem!)*. Na Inglaterra, e em todos os países onde existe o sistema representativo, os conservadores se

---

[55] N. A.: Joaquim José Inácio, visconde de Inhaúma. Em 1866, substituiu o almirante Tamandaré no comando da esquadra brasileira no Paraguai.
[56] N. A.: Refere-se à estátua erguida em 1862 em homenagem a d. Pedro I que causou muita polêmica.

opõem às reformas, mas, uma vez vitoriosa a opinião e decretadas as reformas em lei, a tarefa dos conservadores é conservar a reforma conquistada. *(Muitos apoiados)*. Entre nós, a política conservadora consiste em desfazer, no seu domínio, as conquistas obtidas pela liberdade no domínio liberal. *(Muito bem!)*. Isto não é conservar, é reagir, é uma política extremada e perigosa que, pela natureza fatal das cousas vai dar sempre no excesso oposto ao fim que se propõe. *(Muito bem!)*. Senhores, é preciso abrir os olhos *(muito bem!)*, neste andar, onde iremos ter? Para onde nos conduzem?

A Constituição do Estado, em sua pureza, representa uma pirâmide imensa tendo por base a soberania do povo e por vértice o supremo representante da nação; no entanto, já chegamos pelo caminho da má-fé, da hipocrisia, ao ponto de fazer uma reviravolta tão completa que o vértice se acha cravado no chão e a base no ar é que repousa sobre o vértice; as posições estão invertidas, são falsas e, portanto, fracas. É da essência das cousas procurar sua posição natural e havemos de dar-lha! *(Muito bem! Muito bem!)*.

Os áulicos nos chamam, aos radicais, de revolucionários; se com essa palavra querem exprimir aqueles que desejam o movimento e o progresso, aqueles que não se contentam com o bem adquirido porque procuram o bem total, aceitamos e, se nos negarem, reivindicaremos para nós o glorioso nome de revolucionários *(numerosos apoiados, muito bem)*; mas se revolucionários são aqueles que sem lei subvertem todos os princípios de ordem para satisfazer as suas paixões, se são aqueles que exploram em proveito de poucos o patrimônio de todos, se são os egoístas que querem a conservação das leis injustas, porque lhes aproveita, então revolucionários são eles! *(Repetidos bravos, muito bem! Muitos apoiados)*. Revolucionários no nosso país são e só têm sido os homens cegos que, segundo diz Lord Palmerston,[57] animados de velhos prejuízos, retidos por falsas apreensões, se opõem à corrente do progresso, até que o descontentamento se completa e, por sua pressão irresistível, destrói as barreiras e arrebata as instituições, que por meio de inovações opor-

---

[57] N. A.: Henry John Temple, 3º visconde de Palmerston (1784-1865). Político inglês. Secretário de Estado das Relações Exteriores várias vezes e duas vezes primeiro-ministro.

tunas ter-se-iam tornado fortes e duradouras. *(Muito bem! Muito bem!)*. Os que queremos rasgar um leito à corrente para que não transborde somos os apóstolos da ordem. *(Muito bem!)*.

Refletindo sobre este infeliz estado de cousas (desculpai-me se a verdade me obriga a articular o meu humilde nome) *(numerosos não apoiados)*, no ano de 1863, conjuntamente com o meu chorado amigo, o Dr. Felix da Cunha,[58] *(muito bem!)*, tão cedo roubado às delícias da família, tão prematuramente arrancado às glórias da pátria e ao serviço da liberdade *(muitos apoiados)*, quando se organizava um partido que prometia reformas liberais, não vendo em parte alguma escritas as reformas que deviam ser feitas e que deviam tornar-se a nossa bandeira, determinamos entre nós fazer o que o Centro[59] não havia feito, pois logo vimos que havia de governar como conservador.

O Rio Grande, desde a gloriosa revolução em que os rio-grandenses mostramos que podíamos ser convencidos, mas não vencidos[60] *(muitos apoiados)*, causa receio ao governo central e para dissipá-lo não lhe valeu o patriotismo e devotamento com que os dissidentes depuseram as armas e os ressentimentos no altar da pátria quando o Império era insultado por um inimigo externo e precisava dos braços de todos os seus filhos para vingar a injúria que foi lavada na gloriosa batalha de Caseros,[61] onde nossas tropas tinham à sua frente um herói rio-grandense, o bravo de 3 de novembro, o ilustre conde de Porto Alegre *(Muito bem! Muito bem!)*.

---

[58] N. A.: Felix Xavier da Cunha, (1861-1865). Jornalista, poeta e político gaúcho. Chefe liberal ao lado de Osório e Silveira Martins. Foi deputado geral na legislatura de 1861-63.
[59] N. A.: Centro Liberal.
[60] N. A.: Refere-se à Revolta Farroupilha (1835-1845).
[61] N. A.: A Batalha de Monte Caseros foi uma das que se travaram na guerra contra Oribe e Rosas (1851-1852), no contexto da guerra civil uruguaia, denominada Guerra Grande. Foi travada em 3 de fevereiro de 1852 e nela se defrontaram os exércitos da Confederação Argentina de Juan Manuel de Rosas e o da aliança encabeçada pelo General Justo José de Urquiza, governador da Província de Entre Ríos, de que o Brasil participou.

Todos os governos, qualquer que seja seu partido, Conservador ou Liberal, nos têm tratado, aos liberais do Rio Grande, com esquivez; os ministros precisam mostrar sua dedicação ao trono e, ainda que na Corte influísse o Partido Liberal, no Rio Grande fazia-se política conservadora; não foi isso sem vantagem para nós, pois nos habituamos a viver sós, a contar com os nossos próprios esforços, fizemos o nosso programa e, já que aqueles que dirigiam o Partido não nos auxiliaram, dirigimo-nos diretamente ao povo, contando que as nossas ideias podiam não ser as dos ministros, mas decerto eram as de todos os brasileiros independentes. (*Bravos, muito bem! Muitos apoiados*). Em nosso manifesto nos propusemos por fim realizar os princípios que a *Opinião Liberal* posteriormente formulou no seu programa.

As nossas leis políticas se dividem nestes dois grupos: 1º Constituição e Ato Adicional; 2º Leis orgânicas. Estes se fundam sobre aquelas; estas formam o tronco da legislação do Estado, aquelas, as raízes e como havia um Partido intitulado Liberal que se satisfazia com as reformas das leis orgânicas, nós, que vemos nossos males na Constituição, na raiz, queremos a sua reforma conforme os princípios do século e tomamos o nome de radicais. O nosso país, semelhante ao enfermo em ânsias, ensaia todas as posturas a ver se acha em alguma repouso; no entanto, seu mal é conhecido e se ele sofre é porque não o querem curar. Donde vem o mal? Da concentração do poder, da falta de liberdade que não permite que o povo se governe pelo povo. (*Apoiados*). Seja, portanto, nosso primeiro princípio tirar ao governo as atribuições excessivas que usurpam a liberdade; só a pessoa do monarca é irresponsável, dissemos nós, e não o Poder Moderador, cujos atos nenhum valor têm sem a referenda do ministro que, como responsável, pode ser condenado pelos crimes que cometer.

Senhores, alguns querem abolição do Poder Moderador, mas a verdade é que é isso uma verdadeira questão de nome. Se o Poder Moderador for abolido e continuar este fatal regime, o Imperador, como chefe do Executivo, continuará a ter nas mãos todos os fios que prendem este país à sua vontade, pois não lhe faltam ministros subservientes. (*Muitos apoiados! Muito bem!*). Se, porém, se reformarem as más leis e os atos do

Poder Moderador forem lançados à responsabilidade dos seus ministros, o Poder Moderador não exprimirá mais do que as atribuições do soberano como chefe do Executivo. *(Numerosos apoiados! Muito bem! Muito bem!)*. É mais fácil destruir do que corrigir, basta um archote para se poderem conquistar as glórias de Erostrato;[62] corrigir, melhorar, é mais difícil, precisa observar, combinar, comparar, prever: os radicais não pretendemos arrasar, mas reformar e melhorar.

Este princípio que acabo de expor para mim não depende de reforma constitucional, senão das boas práticas do sistema representativo. Não é da mesma natureza a temporariedade do Senado. Nunca, senhores, em país nenhum se estabeleceu uma instituição mais terrível e mais fatal à liberdade. *(Muito bem! Muito bem!)*. É preciso confessar que entre nós ela ainda não produziu todos os frutos que é capaz de dar e que dará no futuro. Nós não devemos ser egoístas, não devemos dizer: já que o Senado ainda não traz grandes males, conserve-se, nossos filhos que o reformem. Não: é um dever do cidadão deixar a seus descendentes uma pátria digna de ser amada e instituições dignas de serem conservadas, respeitadas e defendidas. *(Muitos apoiados. Muito bem! Muito bem!)*.

Senhores, o Senado vitalício, diz Guizot, que não é suspeito aos conservadores, é o mais terrível dos tiranos: todos têm o poder e nenhum a responsabilidade; de mais, a vitaliciedade é contra a natureza das cousas: se um homem pela decrepitude volta à segunda infância, se não pode administrar a sua casa, se é preciso que lhe deem um curador para reger os seus bens, como havemos de deixar entregues os altos interesses de Estado à decisão de mentecaptos? *(Hilaridade. Muito bem!)*.

Não é só a natureza do homem, senhores, é também a essência do sistema representativo que repele a vitaliciedade. O sistema representativo repousa sobre a eleição e uma delegação de poderes perpétua é a soberania que abdica; os eleitos do povo, no Senado, perdem intei-

---

[62] N. A.: Erostrato foi um pastor de Éfeso que, no ano de 356 a.C., pretendendo imortalizar-se por um feito memorável, pôs fogo no templo da deusa Artemisa, ou Diana, considerado uma das sete maravilhas do mundo. Indignados, os efésios proibiram que seu nome fosse pronunciado, sob pena de morte.

ramente todas as relações com os seus comitentes. Qual é o ligame do Senado com este povo que o elevou? É por isto que tendes tantas vezes visto por uma porta entrarem senadores liberais e sentarem-se na cadeira já conservadores. *(Muito bem!)*. O povo, senhores, não pode querer que o seu mandatário se liberte de si porque seria um absurdo nomear procurador e não ter direito de tomar-lhe contas; pela imprevidência, as nações se perdem, como se perdem os indivíduos.

Mas, dizem eles, há uma razão de permanência para o Senado: é que não deve estar exposto aos vaivéns das convulsões populares porque então a liberdade não tem mais guarda e a tirania de todos é mil vezes pior do que a tirania de um só. Senhores, ninguém mais do que eu é partidário do princípio de governo; mas eu só quero dar ao governo aquilo que o governo deve ter. A América do Norte inventou o grande meio de aliar a renovação das ideias com a permanência da corporação que é lá o primeiro sustentáculo da ordem e a mais firme barreira que se possa opor ao desejo imoderado de mudanças nem sempre felizes. Não é, portanto, o que vou apresentar uma teoria nova, mas uma realidade prática que tem produzido os mais felizes resultados; assim é, senhores, que podemos ter um Senado temporário, mas permanente. Se o Senado, como a Câmara de representantes, perdessem ao mesmo tempo suas atribuições, dar-se-iam intermitências em que o Poder Executivo ficaria só em campo, o que não é sem perigo para a liberdade; os americanos resolveram este problema por uma maneira digna de Washington e dos grandes cidadãos que o cercavam: criaram um Senado permanente como corporação e temporário para seus membros, que recebem um mandato por seis anos, renovando-se por terças partes de dois em dois anos. Deste modo, de dois em dois anos o espírito das novas gerações penetra no Senado que permanece sempre com os dois terços que ficam para manter as tradições de ordem, de doutrina e procedimentos da corporação, que é o sólido fundamento daquela grande nacionalidade.

Há outra vantagem que lá a previsão dos estados pequenos adivinhou, mas que a nossa Constituição não cuidou, e talvez não previsse quando mesmo fosse obra de uma constituinte: lá o estado de New York chama-se o estado do império, tem hoje mais de quatro milhões de habitantes, outros estados têm menos e outros ainda muito menos. A Câmara de representantes é relativa ao número de cidadãos, baseia-se sobre o recenseamento da população, varia, portanto, o número de representantes conforme o estado, uns dão muitos, outros poucos deputados; no Senado não existe desigualdade alguma, o estado grande e o pequeno dá [sic] o mesmo número. Quiseram destarte os americanos evitar que os estados grandes acabassem por dominar exclusivamente aos pequenos.

Da falta de providência igual a esta têm-nos resultado muitos e grandes males. Conheceis a diferença que existe entre uma e outra província em relação ao número de representantes: Minas dá 20 deputados, a Bahia 14, Pernambuco 13, e outras só dous; os senadores estão na razão da metade, de onde se conclui que a mesma diferença que se dá na Câmara existe no Senado. Estas grandes províncias, embora não mandem ao parlamento homens de influência e talento, qualidades únicas que no sistema parlamentar devem levar ao poder, exigem por orgulho e interesse que em cada ministério haja ministro que as represente: entre nós, como já fiz ver, a democracia está desvirtuada, não se trata do interesse de todos senão do interesse individual, as grandes deputações querem sempre um ministro da sua terra sem se importarem se ele tem ou não capacidade e pode honrar o governo de seu país; cada um quer saber e cuidar dos interesses da sua localidade e deseja ter não um ministro senão um procurador e em regra os que menos merecimento têm são os melhores porque condescendendo com os amigos sempre se adquire algum nome. Mas, assim como nós queremos a garantia dos cidadãos contra as violências do governo, também queremos garantia das províncias contra as grandes e das grandes contra o Império todo. (*Muito bem!*) Ninguém, por mais forte que seja, deve ter o direito de ofender a justiça e abafar a liberdade, (*muitos apoiados!*) os atos violentos criam precedentes terríveis e provocam no governo o desejo de imitação. Ultimamente, ainda a minha província do Rio Grande, de tantos sacrifícios, foi excluída da representação nacional (*muitos apoiados!*), 19 províncias se reuniram e nós fomos despojados do nosso direito:[63] decretaram-se novos impostos, tudo sem sermos ouvidos. Por menos do que isso a América do Norte fez a sua revolução e independência e nós, os rio-grandenses, que tantos serviços temos prestado à pátria no campo de batalha (*numerosos apoiados!*) ainda nos sujeitamos, não digo ao sacrifício do imposto, senão ao de nossos direitos. (*Muito bem!*)

Senhores, o princípio estabelecido pela América do Norte garante os pequenos estados contra a absorção dos grandes, porque se a maioria do parlamento onde dominam os grandes estados faz passar uma lei, o Senado que legisla, para assim dizer, em segunda instância com número igual de senadores para todos os estados, corrige aquele mal. É esta uma medida não só adotável entre nós, mas do maior proveito, porque repara um vício real da nossa organização.

Há outra questão radical, é a da representação nacional. O que é a representação? Na antiguidade grega, as nações se formavam de pequenas cidades e o povo decidia na praça pública os negócios que interessavam à comunidade; cada cidadão tinha em si o poder que nós confiamos ao deputado, tinha mais, porque eles não representavam, mas eram a própria soberania popular.

A grande extensão das nações modernas não permite o governo imediato da nação pelo povo; procurou-se obter o mesmo resultado inventando este sistema pelo qual o povo, ou por províncias, ou por cidades, ou distritos, delega a alguns indivíduos seus poderes a fim de legislarem sobre as necessidades públicas e tomarem conta aos funcionários. Esta delegação para se regular deve ser livre, o delegante tem direito de escolher o delegado em quem confia, e para aproximar-se o mais possível da verdade deve a representação refletir o povo representado; ora, no povo sempre existem os dois interesses opostos de conservação e progresso, daí resulta que onde não há delegação a minoria tem sempre a palavra,

---

[63] N. A.: Em 1866, durante o governo dos progressistas, foram adiadas as eleições na província de São Pedro do Rio Grande do Sul por causa da guerra contra o Paraguai.

pois qualquer cidadão tem o alvitre de falar, discutir e convencer; mas no regime das maiorias, ainda que a eleição seja mais livre, dá-se o vicio de ser o delegado o representante da maioria, e não do povo que se compõe de maioria e minoria; a mais livre das eleições pode produzir uma Câmara unânime que, sendo o órgão de uma parcialidade, não representa o país. (*Bravos! Muito bem!*)

As mais das vezes sucede mesmo que a maioria é de muito poucos votos, basta ser de um para que seja possível unanimidade; eu formulo um exemplo: entre mil eleitores que têm de eleger seis deputados, dá-se o fato de ser 501 de um partido e 499 de outro; se cerrarem fileiras como acontece quando os partidos se extremam, 501 farão seis deputados, ao passo que 499 não fazem nenhum! (*Muito bem! Muito bem!*). E há justiça, há verdade em semelhante sistema? Ninguém dirá! (*Muito bem!*)

Para reparar esta grave injustiça, no nosso programa estabelecemos o princípio do radicalismo inglês, da representação das minorias, princípio que desde o ano passado é lei de Inglaterra! Com a eleição indireta, como existe, o governo fica armado de meios para iludir este grande princípio: começa por fazer eleitorado unânime e por esse meio deputados unânimes, pois embora não possam votar senão em dous nomes, sendo governista, votará a minoria fictícia em quem ordenar o poder; demais um pequeno número de eleitores é mais fácil e accessível à corrupção do que o povo muito mais numeroso: a eleição deve portanto ser direta, desse modo ficará garantida a liberdade do povo na escolha de seus mandatários.

O que quer a minoria? Quer vencer, para isso é preciso desmoronar o poder; a oposição para esse fim vai procurar o cidadão distinto, o homem ilustrado, considerado pela capacidade e pela influência popular. Com tais candidatos o triunfo nas urnas é mais fácil, com tais deputados mais depressa se aniquilará o governo; os governos sabem que não é com sandeus que se derrota o talento, serão obrigados a promover eleição de homens de mérito que os sustentem e deixarão de ir procurar instrumentos de polícia como hoje fazem. (*Aplausos*). O resultado do sistema que apresento é que a Câmara dos deputados será composta de cidadãos que reúnam em si a supremacia intelectual do estado e não vis instrumentos que metem vergonha ao país! (*Muito bem! muito bem!*)

Não é este único princípio radical, ainda há outros: sabeis a grande questão que agita este país, que agita a sociedade inteira e em que nós estamos sós, expostos aos olhos do mundo! Senhores, o Brasil é o único país onde hoje existe o flagelo da escravidão (*muitos apoiados*); eu não vou discutir esta questão que não pertence ao radicalismo propriamente, porque pertence a toda a sociedade (*muito bem!*) e a todos os homens de bem e de coração (*muito bem!*), se formulei este princípio não foi para discuti-lo, pois não vem ao caso, mas tão somente para tratar de um princípio que se prende imediatamente a este: todos os brasileiros devemos ter este *desideratum* – substituir facilmente o trabalho escravo pelo trabalho livre. (*Muitos apoiados. Muito bem.*)

Quem diz, senhores, substituição do trabalho escravo pelo livre diz imigração (*muito bem!*), quem diz imigração, diz liberdade de cultos, (*muito bem!*) emancipação de consciência (*muito bem! Muito bem!*); na nossa Constituição ainda que esteja escrita liberdade de consciência, ela não existe de fato porque não há liberdade de consciência na lei onde por motivos religiosos se cerceiam direitos: aquele que não for católico não pode sentar-se nos conselhos da Coroa! (*muito bem!*). Liberal e filho do Rio Grande do Sul, província onde existe uma colonização germânica avultada, eu não quero para mim privilégio sobre os meus concidadãos! (*Bravos! Muito bem!*).

Nem a falta de homens, nem a sã razão têm coagido o governo a tratar da reforma deste princípio constitucional, verdadeiro sacrifício feito às ideias de intolerância religiosa que armaram as fogueiras em Portugal. (*Muito bem!*). Senhores, Igreja livre no Estado livre. (*Aplausos*). Vá cada um ao céu pelo caminho que escolher e para alcançar as honras e ocupar os cargos públicos do Estado sejam os merecimentos e sãs virtudes de cada cidadão as únicas condições (*Numerosos apoiados; muito bem.*).

Este nosso país, enquanto for governado por eunucos (*hilaridade*) não pode ter pressa em progredir, não pode afagar a glória que sempre assombrou as almas pequeninas; os dois grandes homens de Estado da atualidade são Bismark[64] e Gladstone;[65] Bismark humilha a Áustria numa batalha; Gladstone mostra como se colhem aplausos e se adquire popularidade num país livre, aliviando seus concidadãos de pesados impostos e aumentando ao mesmo tempo a renda do Estado. (*Muito bem! Muito bem!*).

Se entre nós houvessem nascido, senhores, nem Bismark, nem Gladstone, que são protestantes, não podiam ser cousa nenhuma, porque uma lei odiosa nega ao brasileiro que não for católico romano o direito de merecer os sufrágios dos seus concidadãos e de assentar-se nos conselhos da Coroa. Apenas, neste Brasil de apregoadas liberdades, os dous grandes estadistas teriam direito de merecer a confiança do Chefe de Polícia, se porventura fossem [cá espiões?]. (*Risadas gerais. Muito bem! Muito bem!*).

Senhores! o fim do Estado é a justiça, é o bem geral que se adquire tornando a liberdade de todos compatível com a liberdade de cada um; não há felicidade onde não há liberdade e justiça (*Apoiados.*) O nosso fim está falseado, nosso sistema de governo está corrompido, pois em vez do [sic] poder ter sido criado para assegurar a liberdade e manter a justiça, parece que o país foi criado para o governo; as nossas leis em vez de garantirem a liberdade contra o governo, sempre disposto a exagerar o princípio de força que representa, não fazem mais do que fortificá-lo contra as tentativas da liberdade; não é muito que por tal modo tenham dado cabo dela! (*Muito bem!*)

A violência desperta a ideia de resistência e quando o poder, em vez do bem para que foi criado, torna-se o autor dos males públicos, não é um princípio que se deva manter, mas um inimigo que se deve derrubar. (*Apoiados*) Antes, porém, senhores, de recorrer aos meios extremos, devem os povos sensatos esgotar todos os meios ordinários. A Cons-

---

[64] N. A.: Otto Edward Leopold von Bismark (1815-1898). Como primeiro-ministro da Prússia, unificou a Alemanha. Chanceler de 1871 a 1890. Um dos mais influentes estadistas europeus da época.
[65] N. A.: William Ewart Gladstone (1809-1898). Um dos maiores estadistas britânicos do século XIX. Foi quatro vezes primeiro-ministro.

tituição do Império declara a pessoa do monarca inviolável e sagrada porque supõe que no sistema de governo em que o rei só reina, o rei não pode fazer mal; mas, senhores, estas ficções só têm valor nos tempos normais, quando joga livremente o sistema representativo; nos dias aziagos o povo não se ilude com teorias mentirosas porque conhece com toda a evidência dos males sofridos a força da verdade. (*Muito bem!*)

Irresponsável era Carlos I da Inglaterra e a sua cabeça caiu decepada no cadafalso, irresponsável era Luiz XVI, e cercou-lhe o pescoço a guilhotina; irresponsáveis eram Carlos X e Luiz Felipe de França, eram Francisco II de Nápoles, e Isabel II de Espanha (*riso*) e o povo enxotou-os do seu território para reivindicar os direitos da soberania usurpados a ponto de se julgarem proprietários do país, de que não eram senão os mais elevados súditos. (*Muitos apoiados, muito bem*).

Senhores! Se priva com Sua Majestade, como eu creio, algum homem de bem que ame verdadeiramente a sua pátria, para evitar os imensos males que nos estão eminentes [sic], esse deve revestir-se de coragem cívica e, parodiando o grande escritor desconhecido de Inglaterra, dizer-lhe: — Senhor, vós sois o autor dos males que afligem a nossa pátria e que vos afligem a vós mesmo (*muito bem!*), em vez de fundardes o vosso poder no devotamento e no coração de todos os brasileiros, vós sustentais um sistema de governo que tem feito a nossa desgraça e que fará o descrédito do vosso nome. (*Numerosos apoiados. Bravos! Muito bem!*) Senhor, vós fostes acalentado nos braços dos liberais (*aplausos*) que vos ampararam o berço, vosso trono foi mantido por eles, por eles salva a vossa vida, na sua lealdade repousam neste país as esperanças de permanência da vossa dinastia (*muito bem! Muito bem!*). Senhor, não lanceis de vós a liberdade, porque a verdadeira liberdade é compatível com a existência da vossa pessoa (*muito bem!*). Não acrediteis nos lisonjeiros que vos dizem que podeis dispor deste país como vosso patrimônio. (*Bravos*). Não acrediteis nos aduladores que vos repetem que a majestade quebra o vínculo indissolúvel que existe entre o crime e a punição. (*Bravos! Muito bem! Muitos apoiados*). Senhores, eu duvido que haja coração tão obcecado, tão empedernido que fosse capaz de não render-se às explosões da verdade. (*Uma prolongada salva de palmas cobrem por algum tempo a voz do orador*).

Senhores, aqueles que não acreditam na razão convençam-se pela história que é mestre da vida, os monarcas neste século XIX devem já estar familiarizados com o exílio; mas, senhores, em honra da liberdade deve dizer-se que dentre os exilados não houve ainda um que não merecesse pena muito maior. (*Apoiados*)

Era isto, senhores, que arrancava do estro sublime do meu chorado amigo Dr. Felix da Cunha estas magníficas estrofes:

> "Aprende nas lições que a história escreve
> Em pergaminhos reais com cetros rotos,
> Que o povo e Deus somente alfim serão
> Dos mares do porvir os dois pilotos". (*Bravos*)

Senhores, nossas ideias aceitas por alguns moços, contra os quais têm arremetido a calúnia e a difamação porque não comungam nos altares levantados à barriga (*hilaridade! muito bem, muito bem!*) têm sido amplamente discutidas; há quatro anos que pregoam a verdade com a mais nobre perseverança, com a maior abnegação e distinção de caráter que já tem visto a imprensa brasileira, senhores, eles estão satisfeitos porque têm hoje consciência de não haver semeado em terreno estéril![66]

A prova é que aqui vos vejo reunidos a todos, povo desinteressado, em cujo coração fez eco o grito de liberdade; a prova é que provocaram (tal é o triunfo da dignidade perseverante e das vossas manifestações) cidadãos distintíssimos pelo talento a deixarem as cadeiras vitalícias do Senado em que se assentam e a virem perante o povo dizer: — para se restabelecer o sistema representativo é preciso quebrar as nossas cadeiras [cadeias?], porque o povo não deve nem pode delegar a soberania absoluta. (*Bravos! Muito bem! Muito bem!*)

---

[66] N. A.: Refere-se ao lançamento do *Opinião Liberal* em 1866.

UMA VOZ: – Qual foi este senador?[67]

O ORADOR: – Não é um, são muitos, senhores, que o dizem; aí está o programa do Centro Liberal, assinado por não menos de nove senadores; senhores, justiça a todos e nesta batalha da liberdade cabe a palma do triunfo aos moços nobres e desinteressados que têm sabido afrontar com dignidade os sarcasmos da polícia e dos policiais. (*Numerosos apoiados; muito bem! Muito bem!*).

Sem dúvida, senhores, nesta geral demolição de caracteres, o país tantas vezes enganado está descrente e já não confia muito em profissões de fé! (*Muito bem!*). Tal tem sido a nossa desgraça, senhores, que os ministros liberais têm faltado à sua missão e, como já disse, os homens desacreditam os princípios e o povo condena os princípios em vez de enforcar os homens. (*Apoiados; muito bem! Hilaridade*).

Senhores, quando li as palavras melosas dos senadores que convocam todos os matizes liberais a se agruparem à roda de um centro comum, lembrei-me de uma comédia espanhola intitulada *El Baron*, do distinto poeta D. Leandro de Moratin: referindo-se ao casamento de um figurão com uma moça órfã, plebeia e pobre, d. Pedro, figura da comédia, punha suas dúvidas e recomendava olho vivo (*risadas*) e a razão dava, dizendo: –

> [...] los matrimonios
> De esa gente no se entablan
> Por trato y cariño. Cogen
> La pluma, y en una liana
> De papel suman partidas
> Cuatro y dos seis, debo nada (*risadas*);
> Ocho y siete quince, llevo
> Una y cuatro cinco; sacan
> El total al pié, y según
> Lo que en tal ajuste ganan
> Hay boda, ó no hay boda...
>
> (*Hilaridade geral e prolongada.*)

---

[67] N. A.: O senador Silveira da Mota fez a quinta conferência.

Senhores, hoje trata-se de cousa nova e não há motivo para quem quer que seja de duvidar da sinceridade dos homens que, achando-se independentes da vontade do povo, têm a abnegação patriótica de travar um compromisso com o país inteiro, declarando solenemente que não devem, nem eles, nem nenhum outro ocupar no governo do Estado um posto acima da alçada popular. (*Muito bem!*)

Quem, senhores, deixará de acreditar na sinceridade do conselheiro Nabuco (*muitos apoiados; muito bem*), que, simbolizando o espírito liberal, foi o primeiro que no dia do grande atentado de 16 de julho,[68] se levantou contra a torrente dos desvios que vão perder a monarquia constitucional na América. (*Muito bem!*)

Senhores, está o manifesto assinado por Teófilo Otoni, sejam quais forem os juízos sobre o seu procedimento político, ninguém será tão ousado que lhe impute falta de lealdade aos princípios! (*Muito bem!*) Tem errado? E que homem no mundo já foi isento de erros? (*Muitos apoiados.*) Mas o que ninguém pode contestar é que Teófilo Otoni é o homem eternamente liberal (*muito bem*), e que é um dos mais puros caracteres deste país e que Otoni honra a liberdade nesta terra! (*Bravos! Muito bem; muito bem!*).

Está firmado no manifesto, senhores, o nome de Otaviano;[69] e se da boca do grande Osório ouvi que a Guarda Nacional da Corte tinha-se elevado nos combates a par dos mais heroicos soldados do mundo, não é só no campo de batalha que os fluminenses se distinguem: Otaviano é a glória da imprensa na América (*muitos apoiados; muito bem!*) e a imprensa é o paládio das públicas liberdades! Otaviano é digno de governar um país livre porque tem a realeza do talento! (*Muito bem.*) A liberdade está no Brasil amortecida, mas não morta! A liberdade não morre, tem a virtude da ressurreição! (*Muito bem! Muito bem!*).

É a fé daqueles que creem no progresso indefinido e na regeneração dos homens e dos povos; hoje tudo viceja, a liberdade por toda a par-

---

[68] N. A.: Subida do gabinete conservador de Itaboraí.
[69] N. A.: Francisco Otaviano de Almeida Rosa (1825-1889). Político liberal. Como senador, assinou o Manifesto do Centro Liberal em 1869.

te rebenta em hinos, só entre nós está triste! (*Apoiados.*) Mas tende fé, ela se aproxima, a festa da sua chegada não está longe! Quando Felix da Cunha, o apóstolo da sublime doutrina, via a Polônia esmagada, a Hungria perseguida e desterrada, a Itália moribunda, a França sangrada, a Alemanha dispersa, a Irlanda sufocada em lágrimas sobre o túmulo de Onnell [sic]:[70] no meio de todos estes desastres, ele não exclamava descrente como o moço Bruto: – "Liberdade, és puro nome!" Não! Ele exalava hinos desconhecidos à lira da Grécia e que parecem inspirados pela harpa do profeta:

> "Stá de rastos, não extinta;
> Porque o martírio requinta
> As crenças do coração;
> Suba embora ao seu calvário
> Um dia, roto o sudário
> Bradará ressurreição!"

(*Repetidos bravos! Muito bem! Muito bem!*)

Senhores! O Amazonas, o São Francisco, nossos imensos rios, essas colossais serranias, nossas majestosas florestas, nossos portos que são a maravilha do mundo, toda esta América é grandiosa, todo esse Brasil é sublime! A natureza é harmônica em tudo! Não! O homem não pode aqui ser acanhado e mesquinho! (*Muitos e repetidos bravos, muito bem! Muito bem!*)

(*O orador é entusiástica e calorosamente felicitado e acompanhado pelo povo em triunfo até em casa.*)

---

[70] N. A.: Peter O'Neill Crowley (1832-1867) foi um feniano, isto é, combatente pela Independência da Irlanda. Participou da tentativa feniana de tomar uma base da guarda costeira em 1867. Fracassado o ataque, foi morto logo depois por forças policiais. Imensa multidão acompanhou seu corpo ao cemitério de Ballymacoda.

9ª CONFERÊNCIA
José Leandro Godói de Vasconcelos[71]
Liberdade de ensino.
Pronunciada em 23 de maio de 1869.

Anúncio: OL, 39, 21/05/1869, p. 4:

"Conferência radical. – Domingo 23 terá lugar, às 11 horas, na Fênix Dramática, a nona conferência radical, orando o Sr. Dr. Godói sobre a *liberdade de ensino*."

Registro: OL, 40, 25/05/1869, p. 4:

"Conferência radical. – Efetuou-se no domingo 23 a nona conferência radical, como foi previamente anunciado. A sempre crescente concorrência que vão tendo essas práticas liberais, a tranquilidade, ordem e profunda atenção com que são ouvidos os oradores são a prova mais eloquente do acolhimento com que foi recebida pelo ilustrado povo do Rio de Janeiro essa feliz ideia. Até aquele dia [nem] a menor ocorrência se tem observado que desarmonize aquelas edificantes reuniões populares."

Registro: OL, 42, 01/06/1869, p. I:

"Ao final da conferência de 23, Godói propôs representação ao Poder Legislativo solicitando "a restituição da liberdade do ensino". Apresentou o texto e pediu assinaturas. O texto pede "a liberdade do ensino particular em todos os graus".

O texto desta conferência não foi localizado.

---

[71] N. A.: Ver nota biográfica na primeira conferência.

10ª CONFERENCIA
Pedro Antônio Ferreira Viana[72]
Abolição da Guarda Nacional.
Pronunciada em 30 de maio de 1869.

Anúncio: OL, 41, 28/05/1869, p. 6:
"Conferência radical. – Domingo 30 terá lugar na Fênix Dramática a décima conferência radical. Ora o Sr. Dr. Pedro A. Ferreira Viana sobre a – abolição da Guarda Nacional."

Notícia: OL, 42, 01/06/1869, p. 4:

"Conferência radical. – Efetuou-se a 10ª conferência radical, de que foi orador o Sr. Dr. Pedro Antônio Ferreira Viana. O ilustrado orador demonstrou brilhantemente, depois de analisar os novos projetos do Sr. Ministro da Justiça, a necessidade da abolição da Guarda Nacional. Os aplausos do extraordinário concurso de povo que ouvia o distinto orador provam ainda que a abolição da Guarda Nacional é o supremo *desideratum* do país."

O texto desta conferência não foi encontrado.

11ª CONFERÊNCIA
Graciliano Aristides do Prado Pimentel
Descentralização.
Pronunciada em 06 de junho de 1869.

Anúncio: OL, 43, 06/6/1869, p. 4:
"Conferência radical. Domingo, 6, terá lugar na Fênix Dramática a 11ª conferência radical, orando o Sr. Dr. Graciliano Aristides do Prado Pimentel sobre a tese – descentralização."

---
[72] N. A.: Ver nota biográfica na terceira conferência.

Registro: OL, 44, 8/6/1869, p. 4:

"Conferência radical. – A 12ª [sic] conferência radical, efetuada no dia 6 do corrente, foi uma das mais notáveis pela eloquência, erudição e vigor lógico do orador, o Dr. Graciliano Aristides do Prado Pimentel. A importância da tese – descentralização – correspondeu ao distinto talento do ilustrado orador. Ao finalizar, o Sr. Graciliano propôs que se dirigisse uma felicitação ao general Osório, o que foi muito aplaudido e imediatamente realizado."

O texto desta conferência não foi localizado. O *Opinião Liberal* 46, de 15/06/1869, p. 3, traz poema de 12 estrofes em louvor à conferência, de que faz um resumo. Reproduzem-se abaixo algumas das estrofes:

Descentralização.

Oferecido ao Dr. G. A. do Prado Pimentel.
[...]
Pr'a provar que perigos consistem,
Sobretudo o governo mandar,
Com linguagem florida, eloquente,
Eu ouvi-o na Fênix orar.
Foi mais perto. Aos Estados Unidos
Mil exemplos correu a buscar,
Nos mostrou o que é Liberdade!
Que ele nos veio provar!

E depois?!... Ah! A vista me foge,
A razão me vacila! Ai de mim!...
Nos mostrou os efeitos terríveis,
De um poder que entre nós não tem fim.
Nos mostrou essas cartas políticas,
Traduzidas assim: – Vil baixeza!
Encerrar num só homem (blasfêmia!)

O Brasil com a sua grandeza.
[...]
Eia, avante mancebo eloquente
Que saudado sereis em geral,
Como prova, aceitai o trabalho,
De quem é, como vós, radical!"
C. A. de Oliveira Bastos.

12ª CONFERÊNCIA
Dr. Pinto Júnior[73]
Liberdade de comércio.
Pronunciada em 13 de junho de 1869.

Anúncio: OL, 45, 11/06/1869, p. 4:
"Conferência radical. – Lê-se no *Diário Fluminense:* – 'No domingo deverá ter lugar, como de costume, a décima segunda conferência radical, orando o Sr. Dr. Pinto Júnior, um dos nossos mais fecundos talentos da tribuna, sobre a tese – liberdade do comércio. O lugar e a hora da conferência é a do costume.'
O texto desta conferência não foi encontrado.

13ª CONFERÊNCIA
Francisco Rangel Pestana[74]
Proibição de homens com cargos eletivos aceitarem nomeações para empregos públicos e igualmente títulos e condecorações.[75]
Pronunciada em 20 de junho de 1869.

---

[73] N. A.: Joaquim Caetano Pinto Júnior foi empresário no Rio de Janeiro. Em 1874, o governo imperial firmou com ele um dos maiores contratos na história do Brasil para introduzir no país 100 mil imigrantes, em um prazo de 10 anos.
[74] N. A.: Ver nota biográfica na 4ª conferência.
[75] N. A.: Esta conferência é comentada na primeira parte deste livro.

Anúncio: OL, 47, 18/06/1869, p. 4:
"Conferência Radical. – Domingo 20 do corrente às 11 horas da manhã no salão da Fênix Dramática, ora o Sr. Dr. Francisco Rangel Pestana sobre a seguinte tese: – Proibição aos representantes da nação de aceitarem nomeação para empregos públicos e igualmente títulos e condecorações."
Publicada em três partes no *Correio Nacional* 58, 20/05/70, p. 1-2; 59, 24/05/70, p. 1; e 60, 27/05/70, p. 2-3.

Correio Nacional, 58, 20 de maio de 1870, p. 1-2:

"Discurso pronunciado pelo Dr. Francisco Rangel Pestana por ocasião das conferências radicais.
Senhores. – O meu espírito em luta com as dores físicas que o molestam, entibia-se, retrai-se nesta tribuna onde apareço, não para satisfazer o meu amor próprio, mas por obediência à indicação dos meus amigos políticos, para respeitar as regras disciplinares do meu partido. Vindo ainda uma vez tomar parte nestas práticas tão bem aceitas já, eu careço de toda a vossa benevolência.
Sinto-me acanhado lembrando-me de que, em estilo frouxo, sem verdadeiros dotes de orador, apenas coordenando aqui e de pronto as minhas ideias, sucedo a outros que souberam levar aos vossos ânimos o entusiasmo e despertar cada vez mais o gosto pela eloquência tribunícia. Compreendo o perigo de minha posição e procuro fortalecer-me com a vossa indulgência que invoco. Vou desempenhar a minha tarefa falando despretensiosamente, mas com aquela fé e convicção que sempre me guiaram os passos na vida pública.
Senhores, o homem político tem na sua carreira árduos deveres a cumprir e aquele que hoje se me impôs é um dos mais sérios, porque dificilmente se pode desempenhar uma missão quando faltam os recursos como acontece comigo. (*Não apoiados*).

Meus amigos, o meu reaparecimento nesta tribuna[76] é a prova mais evidente que vos dá um de vossos concidadãos mais obscuros de quanto está convencido de que cada um de vós deve se esforçar pela salvação deste país, para o arrancar da tutela que o amesquinha, o aniquila e o mata.

Se há uma causa fatal para as instituições livres no Brasil, eu creio que ela está nessa repugnância que tem cada um de vós de intervir nos negócios públicos. Se não fosse assim, o governo não teria concentrado em suas mãos todos os meios de dominar a tudo e a todos. É preciso, porém, que tal estado de cousas cesse, é preciso que a opinião pública se manifeste e ela não pode hoje manifestar-se sem que um longo tirocínio desta tribuna tenha levado ao espírito de cada um de vós a convicção das verdades que aqui se dizem e de que essas verdades devem fazer a felicidade da pátria.

Disse um grande escritor que um dos males da tutela governamental é adquirir-se, nas condições ordinárias da vida, hábitos de isolamento, uma reserva, uma timidez, uma desconfiança contra todos e contra tudo, uma inaptidão para qualquer deliberação em comum que muito mal se concilia com as necessidades e práticas da liberdade. E eu pergunto se não é este o nosso estado?

Nós, homens que pelas circunstâncias especiais do país nos achamos envolvidos na política militante, nós que temos a responsabilidade da ignorância da nação, quando estamos em certa posição costumamos sempre condenar o povo imputando-lhe a culpa da má direção dos negócios públicos. Todo o povo aceita o mau governo quando ele tem sido mal-educado. Abstraindo as nossas vistas das outras nações do mundo – apliquemo-las ao Brasil – quem tem culpa da má direção dos negócios públicos? Certamente aqueles que ultimamente hão figurado nas altas regiões do governo. Não é o pobre povo, sem uma educação necessária, a quem se nega a manifestação mais franca da palavra, vivendo na maior dependência do governo e costumado a ouvir na tribuna

---

[76] N. A.: Rangel Pestana fizera também a 4ª conferência, sobre eleições diretas, que não foi localizada.

parlamentar brilhantes discursos, talhados sempre com o fim de recomendar o deputado à estima dos distribuidores de pastas e presidências de províncias.

Não me é possível nesta ocasião desenvolver largamente todas as considerações que se possam tirar do falseamento das instituições brasileiras, mas apanhando de relance aquelas que me parecem as mais importantes, eu falarei não aos vossos corações, mas à razão e perguntarei se um país que se acha nas condições do Brasil se pode considerar livre e se as suas instituições são merecedoras da veneração de homens que amam a liberdade e prezam a dignidade.

Vós sabeis que o Poder Executivo forte pela centralização e independência tem falseado todos os outros poderes que vão se nulificando pelo quebrantamento moral ou pelo cerceamento de suas prerrogativas; assim, perdendo eles as suas mais belas atribuições e o Poder Executivo por sua vez também nulificado, todas as forças sociais se acham concentradas e resumidas num só poder, que é o Moderador. Este abusa de suas atribuições legais, ora usando de sofismas grosseiros, ora agarrando-se à letra da Constituição, há trazido à nação graves males provenientes do desequilíbrio dos elementos de um governo democrático.

Para reconquistarmos a nossa autonomia de povo livre precisamos reformar a Constituição, que nos fora doada já com o cálculo de prestar-se mais tarde aos fins do despotismo que capitulava, conservando, entretanto, as honras de vencedor; e por isso, a par de um princípio verdadeiro, ela estabelece logo outro falso, o que oferece em resultado esse sofisma permanente e a única permanência de um só poder, daquele que fazendo situações a capricho tornou-se árbitro supremo dos nossos destinos, mas árbitro infeliz que apenas nos tem dado a desonra e desconsideração no exterior, a miséria e o aviltamento no interior. (*Aplausos*)

Quando sentimos esse peso ferrenho do despotismo que nos esmaga, eu pergunto se cada um de vós não tem obrigação restrita, olhando para o futuro, de tomar uma resolução séria e definida, eu pergunto se nas diversas classes da nossa população há um só homem que não

[?] se julgue obrigado a intervir na administração do Estado. Eu ouço, senhores, o comerciante dizer: que tenho eu com os negócios públicos, que me importa a política... Trato do meu negócio... Erro fatal, erro grosseiro que atesta o atraso duma grande classe social! Oh! Senhores, em que parte do mundo deixou de intervir no governo da nação uma classe tão importante como a do comércio?! Porventura os princípios políticos que devem regular a vida dos partidos não afetam diretamente as transações comerciais? A experiência não vos ensina que uma política má perturba, paralisa mesmo o movimento comercial?

Senhores, se a política é este jogo mesquinho de interesses individuais, se é a luta brutal em que os membros de uma nação se despedaçam em nome de um interesse mesquinho, presos ao presente, sem aspirações de futuro, se a política é sacrifício dos haveres, da honra, da tranquilidade, da família e da vida, não em bem das ideias, mas por amor de individualidades que se elevam pelas condescendências e se perdem nas regiões oficiais pelo esquecimento dos princípios; se a política congrega os homens, não em nome de uma grande religião, de uma doutrina, mas só tem por fim criar falsas situações, incompreensíveis, absurdas e comprometedoras da moralidade daqueles que nelas figuram, deslocando uns para erguer outros, sempre ao serviço do imperialismo; se a política é negação da honestidade na administração; se é essa coisa ridícula que nós com dor, há certo tempo, apreciamos; se é essa cena grotesca e oprobriosa em que filhos da mesma pátria morrem ingloriamente nos templos lutando como as feras nos círculos romanos para divertimento de César; se é essa política, eu compreendo que nenhum homem de bem deveria intervir nela.

Mas se é coisa mais nobre, mais santa, se é o jogo das necessidades públicas e a harmonia dos interesses sociais, filha da variedade dos interesses individuais que se criam, se tem por fim a vitória dos princípios, a prática das ideias, nenhum de nós tem direito de deixar de intervir no governo da pátria. (*Aplausos prolongados*).

Eu noto que os representantes das diversas classes ou profissões, esquivando-se de intervir na política ativamente, são injustos, acusam severamente a outros que em virtude deste fato são chamados quase exclusivamente para ocupar os cargos de representação nacional e provincial; eu me refiro aos bacharéis em direito que pelo estudo das ciências jurídicas e sociais se acham mais ou menos habilitados para o desempenho de certas funções públicas.

Eu reconheço em parte a razão desta acusação. Mas de quem é a culpa? Certamente que é do comerciante, do artista, dos representantes de todas as classes que por um egoísmo condenável não querem se comprometer assumindo posição definida. Infelizmente, a verdade é esta: os homens que mais necessitam do governo são aqueles que mais aparecem no Parlamento brasileiro. Em ocasião de exercer-se o direito de soberania, bem poucos se lembram da importância do exercício livre deste direito majestático. O egoísmo, a preguiça, a covardia e a ambição favorecem os cálculos do cesarismo e o governo vence sempre porque as suas máquinas estão preparadas para a vitória. E aqueles mesmos que não quiseram tomar o incômodo de pensar por si e dar um voto conscienioso, aceitando ao acaso uma chapa ou recebendo-a dos agentes do governo, são os primeiros a se queixarem quando alguma lei fere os seus interesses!

Quem elege essas Câmaras de bacharéis dependentes do governo? São aqueles que votam, sem mais exame, no bacharel porque o amigo pediu, ou porque o governo mandou. E no regime centralizador, do modo por que estão as cousas entre nós, em regra os bacharéis são maus representantes porque não possuem a independência própria de juízes do governo.

Sejamos francos: o que é o juiz municipal, juiz de comissão? Sempre por quase toda a parte um dos melhores espoletas que tem o poder nos municípios. O juiz de direito que está sujeito a ser nomeado chefe de polícia e a perder a sua boa comarca e a ir para os confins do Império vive na dependência do governo e também precisa afagar as suas pretensões... Nos tribunais superiores, onde o cidadão devia entrar de cabeça erguida, nem aí as vítimas dos agentes prepotentes da administração encontram guarida e justiça. É certo que varões conspícuos que têm assento nesses tribunais honram a toga de juiz, mas nem por isso a influência do governo para diante dos seus pórticos. Os fatos atestam o que vale a independência da maioria de tais magistrados presos ao governo pelos interesses políticos.

Senhores, eu não desejo ofender a magistratura, não a acuso sistematicamente. Consagro o mais profundo respeito aos magistrados que enobrecem a sua classe, mas não posso deixar de apontar os defeitos da sua organização como causas das nossas desgraças. Há no número desses juízes de comissão, às mais das vezes os verdadeiros instrumentos de vinganças eleitorais, verdadeiros tipos de heroísmo, caracteres nobres, moços de têmpera rígida, que provam que a virtude ainda não vive foragida do seio deste povo, mas esses são raros e pouco depois têm como recompensa serem atirados para o canto com o desprezo. (*Muitos aplausos*).

Não pode ser livre a nação onde a magistratura não tem independência.

Pergunto mais, é livre o país onde o cidadão não tem garantias e vê a sua liberdade, a sua propriedade e família expostas aos caprichos da autoridade? Em um país onde ele continuamente encontra em seu caminho a ordem do tenente-coronel, o arbítrio do capitão e até a impertinência do cabo avisador; onde o cidadão não pode dizer eu vou ganhar amanhã o pão para sustento de minha família porque sempre o assusta a ameaça permanente do destacamento e outros serviços, há, por ventura, a verdadeira liberdade?

Ah! É neste país onde a polícia penetra sem as formalidades legais no asilo do cidadão, nesse retiro sagrado onde se reúne o que há de mais santo para a família e arranca o filho, viola a matrona e, senhores, ofende até o pudor da donzela! Que cidadãos há, e em grande número, que dizem: que me importa a política, eu sou negociante, eu sou médico e etc.

Neste país é possível que haja um coração que pulse pelos verdadeiros sentimentos de honra, de dignidade e independência e deixe de intervir nos negócios públicos? Em uma nação em que o negociante está constantemente à mercê do governo e na qual os princípios da escola protecionista, condenada pelos modernos escritores da economia política, contrariam tão fortemente todo o progresso comercial e industrial; em uma nação onde os agentes fiscais são mais zelosos do que o próprio governo e de tal modo que sofremos continuamente que se exija o que já pagamos; em uma nação onde existe um tesouro que é um caos e de natureza que nem a comissão parlamentar encarregada do seu exame pode mostrar o que vai por lá, não será crime de mau cidadão, de mau chefe de família, abandonar a política, esquecer os seus deveres?

Estremeceis diante do déficit horroroso, dos encargos pesados que a todos nós têm trazido esta guerra infeliz, mas deixais o governo sempre dirigi-la a seu bel-prazer, cruzais sempre os braços diante de suas exigências! E quando temos um futuro tão medonho, é conveniente cerrar os ouvidos aos reclamos daqueles que prezam a verdade por amor tão somente da liberdade e deixar a fortuna, a honra e a vida de um grande povo entregues a uma classe que não tem a independência precisa para tomar contas ao poder que exorbita?

Senhores, por que razão o negociante, o fabricante, o lavrador, o proprietário, o artista, o operário não hão de intervir na vida dos partidos, na direção dos negócios da comunidade da pátria, por que razão não se hão de apresentar os membros mais dignos dessas classes para serem levados à representação nacional? Pois porventura uma nação só deve ser representada por empregados públicos? Quantos médicos e engenheiros que pertencem a classes ilustradas do país entram nas Câmaras brasileiras? Notai: o bacharel em direito é chamado para professor, presidente de província, chefe de polícia, é tudo, até tenente-coronel da guarda nacional...

UMA VOZ: – Até porteiro de secretaria.

O Sr. Dr. PESTANA.: – Senhores, ainda há pouco eu conversava com um homem importante de uma de nossas províncias e ele me dizia: "nós temos decaído tanto que um bacharel em direito depois de atormentar-me para lhe obter um lugar na secretaria da província, empenhou-se com ardor para ser nomeado alferes da reserva."

Ora, o meu amigo tinha razão de entristecer-se, mas é preciso confessar que a organização deste país sufoca tanto a iniciativa individual que o moço, muitas vezes perseguido pela adversidade, não tem outro recurso de ocasião senão um emprego público, de ordem secundária que ele seja. E não deixa de ser boa a razão do pretendente quanto ao oficialato da Guarda Nacional, porque ele como oficial sempre estava superior ao cabo avisador, mesmo sendo da reserva da qual não está isento ainda mesmo como advogado...

Em um país tão defeituosamente organizado porque a tutela governamental tem tornado o homem uma máquina, que só se move pela iniciativa da autoridade, proclamar a emancipação do indivíduo, estimulá-lo a ser cidadão, é o primeiro dever da política.

Senhores, aqueles que se acomodam às condições de uma sociedade constituída como a nossa são dignos de compaixão, eles precisam mais dos mestres gratuitos, do que de tutores estipendiados. Diz um escritor distinto que as sociedades organizadas ao molde de centralizações se compõem de crianças eternas, mas com os vícios da decrepitude. É uma verdade que quando o indivíduo abandona os seus direitos de interferência, quando ele se torna simples instrumento da vontade do governo, a desmoralização lavra desde a superfície dos negócios da república até ao lar da família. Vós sabeis de mais de um fato imoral praticado no meio dos servidores do Império.

Quando, senhores, tudo isto é tão palpável, quando nenhum de vós pode deixar de sentir os efeitos desse mal-estar da sociedade brasileira, é possível que nós os radicais, com aspirações de futuro, nos mantenhamos silenciosos, acobardados e humildes?

Senhores, é exato que o povo brasileiro atura este mau governo porque a sua educação é má. Mas não devemos partir deste princípio para dizer que não é possível conseguir-se nada melhor. Não. É possível e o passado prova que é possível: lançai as vossas vistas para o passado histórico de 1856 para trás: vede que movimento importante nos apresenta esse período glorioso que nos deu o Código do Processo, o Ato Adicional, que ergueram esta nação digna de marchar a par das mais livres do mundo. Entretanto, era um povo da raça latina, sem educação livre e bem pouco instruído que assim procedia.

Mas chegou um período em que o partido que tinha feito tão belas conquistas ao despotismo, conseguido essas grandes reformas pôs-se em transação com aquele que devia depois por uma feia ingratidão proscrevê-lo e daí partem o declínio, o amortecimento das liberdades públicas. Foi um erro, mas erro perdoável porque a experiência, que é a primeira mestra da humanidade, ainda nos não tinha ensinado que devemos combater no terreno da legalidade com toda a coragem, com toda a independência...

No dia em que os poderes que têm exorbitado se convencerem que um partido se forma pelo concurso de todos os bons cidadãos, que tem um fim certo e que não aspira chegar ao governo senão pelos meios nobres, confessáveis e apoiado na opinião real da nação, nesse dia virão as reformas... porque esse partido terá forçado os seus adversários, quaisquer que eles sejam, a arriarem a bandeira do despotismo para aceitar a indicação da soberania nacional.

(Continua.)

Correio Nacional: 59, 24/05/1870, p. I-2:

"Discurso pronunciado pelo Dr. Francisco Rangel Pestana por ocasião das conferências radicais.

(Continuação do nº 58).

Eu reconheço a dificuldade que há em reformar as instituições que já criaram certa ordem de interesses aceitos e defendidos por muitos que sob sua influência fizeram a sua educação política. Sou o primeiro a confessar que as posições oficiais são para alguns sérios embaraços que detêm os passos dos membros prestimosos de um partido. Os hábitos que se adquirem em avançada idade depois do exercício de certos cargos de administração tornam alguns homens incompetentes para atos arrojados, para propagandas ousadas. Mas se é difícil reunir todos os espíritos para um fim dado, nem por isso devemos fraquejar, consultando as necessidades da nação, não contemporizando com os males que a afligem, é preciso que alguma coisa se faça em bem da liberdade aqui nesta terra açoutada por todos os lados pelos ventos benéficos da democracia moderna.

Eis, senhores, a razão por que neste país se forma pouco a pouco, pelo esforço franco e leal da imprensa e da tribuna popular, um partido a que chamam "o radical", qualificação que não envergonha nem intimida aqueles que em paz com a sua consciência servem como podem à pátria, pedindo para ela a felicidade que só lhe pode vir da vitória da democracia. Não há nisto injúria alguma. Os radicais são necessários em todos os países e eu vou ler a opinião de um publicista distinto para que a minha palavra tenha mais força em vosso espírito. (*Lê*)

"Em toda associação política em via de progresso, diz Cherbuliez,[77] se formam três interesses, ou três grupos de interesses distintos, entre os quais a nação se divide seguindo proporções variáveis. Estes grupos de interesses correspondem às três regiões segundo as quais se pode distinguir um período qualquer do progresso: o passado, o presente e o futuro. As categorias que tiraram proveito do passado, as que tiram no presente e as que têm necessidade do futuro formam três partidos cuja existência e, por conseguinte, a hostilidade recíproca, é uma consequência inevitável do fato mesmo desse progresso, o que não quer dizer que deixe de haver em cada um deles alguns animados de uma convicção puramente desinteressada. Em uma sociedade estacionária, pode não haver senão dois partidos e até mesmo apenas um, em um estado progressista, porém, há necessariamente três. Quaisquer que sejam os nomes que eles mutuamente se deem, representam em toda a parte o mesmo caráter, são dominados pelas

---

[77] N. A.: Charles Victor Cherbuliez (1829-1899). Escritor francês. Eleito membro da Academia Francesa em 1881.

mesmas tendências, obram no mesmo espírito. O *torismo, o wiguismo*,[78] *o radicalismo* são elementos, eu repito, inevitáveis em toda nação que caminha, isto é, cujas instituições e leis têm sido recentemente desenvolvidas e aperfeiçoadas."

Na França, estabeleceu-se um dia uma polêmica entre esse grande vulto literário que acaba de baixar ao túmulo, Lamartine,[79] e o herói do jornalismo, o rei da polêmica, Émile de Girardin.[80] Em 1839, escrevia Lamartine a Émile de Girardin:

"Premuni-vos das ideias radicais que seduzem à primeira vista os espíritos enérgicos. As ideias radicais nada resolvem, elas cortam tudo com a espada de Alexandre, mas cortando a dificuldade elas cortam os princípios, os direitos, os interesses e algumas vezes as cabeças. São as impaciências do pensamento. O verdadeiro gênio não fere e não mata, organiza e reforma. Deixai as ideias radicais!"

Girardin contestou-o logo por essas palavras:

"As ideias radicais nada têm que me aterrorizem. Eu não me amedronto senão das ideias falsas e, sobretudo, das concessões que são as capitulações de princípios, porque não há exemplo de que as concessões tenham jamais salvo uma causa perdida."

Senhores, nós somos radicais porque entendemos que as meias medidas, que a política dos expedientes, sem um norte certo, que têm estragado o espírito público fazendo-o passar por contínuas decepções, já não nos podem convir. Neste estado de cousas, procurar viver de concessões que apenas servem para iludir o triunfo pacífico das opiniões que se formam é seguramente tentar vencer a onda que sobe. As liberdades públicas estão perdidas, esforcemo-nos por conquistá-las de fronte erguida, com a consciência de nossos direitos.

---

[78] N. A.: Torismo e wiguismo: assim eram chamadas ideias dos conservadores e liberais na Grã-Bretanha.

[79] N. A.: Alphonse Marie Louis de Prat de Lamartine (1790-1869). Escritor, poeta e político francês.

[80] N. A.: Émile de Girardin (1802-1881). Jornalista, editor e político francês, polemista brilhante.

Eu respeito as convicções daqueles que julgam que as meias medidas podem ainda chamar os poderes deslocados a um acordo, a uma harmonia; são homens que por educação política, por hábitos próprios da idade e mesmo pelos defeitos próprios das posições oficiais, não podem se colocar sem constrangimento à frente das opiniões que hoje prevalecem. Eu respeito aqueles que marcham tibiamente por motivos que aceito honrosos, mas quero também que respeitem as convicções dos outros que têm a coragem de dizer: ou as reformas radicais, ou senão... o que o futuro nos der de melhor,

Senhores, homens distintos, cavalheiros que merecem estima e consideração lembram e pregam algumas reformas e pedem o concurso de todos os liberais para que elas sejam realizadas. Por minha parte, e creio que represento fielmente aqui os meus amigos políticos, declaro que o nosso concurso não pode ser tal que nos tornemos inconsequentes, concorrendo para aquilo que julgamos um mal. Os radicais não retrocedem, mas não criam embaraços àqueles que julgam servir à liberdade lá a seu modo. Eles, enquanto tiverem livre o campo da discussão, irão seu caminho sem invejarem a sorte dos outros, entendem ter em seu apoio a verdade e a prática. Senhores, quando um partido se organiza, tem por si as tendências do futuro e diz: nós queremos ir ao poder sustentados pela força única da opinião real da nação e, para realizar tais reformas que julgamos necessárias para a regeneração do país, este partido não pode voltar atrás porque no dia em que se retraísse ele suicidar-se-ia.

Houve uma época em que homens importantes que pertenciam ao Partido Liberal, esquecendo o passado, abandonando as suas glórias, que eram as de todo o partido, encontraram-se em um ponto dado com muitos dos seus adversários. Mas a união desses cavalheiros nunca pode ser perfeita... O partido que estava adiante não devia transigir, não cumpria a ele retrogradar, pôr de parte muitas de suas ideias e condenar o seu passado. Aos conservadores moderados, desde que confessavam que queriam reformas e estavam de acordo com os liberais, corria a obrigação de irem à procura destes que já não os amedrontavam como revolucionários anarquistas. Assim não aconteceu. As consequências tendes presentes. A experiência que, no dizer de Goethe,[81] corrige o homem cada dia, porque, como acrescenta Claude Bernard,[82] ele raciocina justa e experimentalmente sobre o que observa, nos aconselha que não caiamos no mesmo erro. Concurso de esforços, apoio mútuo, para vitória das liberdades? Sim, mas contanto que nós não voltemos atrás; se porventura os radicais não têm por si a lógica dos princípios e dos fatos, aqueles que os não quiserem acompanhar fiquem, mas deixem que eles caminhem livres.

Não percamos tempo em questões fúteis de preferência e sirvamos à liberdade pelo muito que ela vale e para isso façam todos como nós: reclamem já como reforma essencial e urgente as incompatibilidades absolutas aplicadas aos membros da representação nacional e provincial. Entre as causas da nossa desgraça está sem dúvida a corrupção parlamentar e é por isso que os radicais pedem o sufrágio direto e generalizado, precedendo a abolição da Guarda Nacional e dos outros entraves à liberdade do voto. Queremos completa abolição, não nos contentamos com nenhuma outra coisa que, substituindo-a, venhamos a ficar no mesmo estado. (*Muitos aplausos*). É mal confessado por todos nós uma substituição qualquer. Queremos a completa reforma da polícia e não aceitamos combinação alguma que modifique o princípio de escolha da autoridade policial pelos cidadãos, os únicos interessados na ordem e tranquilidade públicas, na garantia de sua propriedade.

Eis por que nós queremos que as autoridades policiais sejam eletivas, porque, senhores, não podemos compreender como denuncia-se e sustenta-se que a vontade do governo se torna efetiva comprimindo a soberania nacional por intermédio de sua máquina policial e se está convencido de que a polícia concorre para o amesquinhamento da

---

[81] N. A.: Johann Wolfgang von Goethe (1749-1832). Foi uma das mais importantes figuras da literatura alemã e do romantismo europeu, no final do século XVIII e início do século XIX.
[82] N. A.: Claude Bernard (1813 -1878). Médico e fisiologista francês. Ficou conhecido principalmente pela criação da medicina experimental baseada em evidências.

nossa individualidade e, ao mesmo tempo, se reconhece o princípio de que o governo pode escolher o chefe de polícia dentre os cidadãos, sem nem sequer haver a limitação, fora de dúvida mais garantidora da liberdade, de ser tirado o pessoal de uma classe que tem o hábito de julgar. Ou o princípio é verdadeiro ou é falso; cumpre escolher e ser consequente.

E, senhores, caminhando desta maneira, nós somos lógicos, querendo logo a incompatibilidade dos membros das Câmaras representativas com os empregos assalariados, quaisquer que sejam as comissões e funções. Um estadista nosso chamou um dia em momento de desgosto à Câmara dos Deputados confraria de pedintes. Eu creio que este distinto cidadão de espírito crítico tinha perfeita razão. A constituição do nosso Parlamento é a de uma perfeita confraria de pedintes. O votante pede ao eleitor, o eleitor pede ao deputado, o deputado pede impertinentemente ao ministro.

Está completamente deslocado o regime parlamentar, os deputados empenham-se, acotovelam-se por toda a parte para alcançar um lugar na administração, para conseguir uma comissão rendosa, a fim de conquistar uma posição que, mais tarde, quando o capricho de César atirar nas sombras da indiferença pública a situação a que eles serviam, possam ao menos estar seguros.

(Continua.)

Correio Nacional: 60, 27/05/1870, nº 60, p. 2-3:

"Discurso Pronunciado pelo Dr. Francisco Rangel Pestana por ocasião das conferências radicais.

(Conclusão.)

Senhores, felizmente o parlamento do Brasil não tem descido tanto como alguns da Inglaterra, onde o mercado das consciências era espantoso. As acusações que têm pesado sobre a cabeça de um ou outro deputado brasileiro, às mais das vezes, são caluniosas, eles não vendem a dinheiro contado o voto, mas a disposição para transigir, com intuito de conseguir empregos para si e pessoas da família e até mais títulos e honras é inegável. Essas transações abundam. Se neste recinto assentam-se homens que têm ocupado os altos cargos de ministro de Estado, eu apelo para suas próprias consciências e pergunto se muitas vezes não têm sido apoquentados com o fim de fazer concessões, se não tanto para o próprio deputado, ao menos para seus parentes... Eu apelo para suas próprias consciências e elas que respondam. Que significa o deputado oposicionista da véspera, sem justificações políticas sérias, se apresentar no dia seguinte ao lado do governo numa votação importante? E, o que é mais, ser logo depois nomeado para qualquer cargo público, ou agraciado?

Senhores, May,[83] na sua história do regime parlamentar da Inglaterra, disse que a corrupção do Parlamento foi uma das mais fortes colunas em que sempre se firmou a Coroa para dirigir diretamente a política e o governo da nação e que o enfraquecimento do poder real começou no dia em que principiaram a ser votadas as incompatibilidades. Diz ele que existem ainda até hoje em vigor mais de cem estatutos sobre este assunto.

Nessa grande luta travada entre os reis da Inglaterra e a soberania nacional, o grito de incompatibilidade partia sempre do seio dos bons amigos da liberdade. A tenacidade e coragem dos ingleses venceram o despotismo: lá a usurpação perdeu o terreno e a Monarquia consolidou-se. Antes disso, porém, foi grande e renhido o combate. A corrupção chegou a um estado medonho, mercadejava-se sem pudor, mas felizmente as incompatibilidades salvaram... a honra dos parlamentos e hoje vós sabeis o que é a Inglaterra pelo sistema parlamentar.

---

[83] N. A.: Thomas Erskine May, primeiro barão de Farnborough (1815-1886). Funcionário da House of Commons e constitucionalista britânico. Escreveu *The Constitutional History of England since the Accession of George III, 1760-1860*, publicado em 1863.

Conquanto seja convicção minha que a Monarquia constitucional representativa lá tem medrado nestes últimos tempos somente por saber a rainha Vitória compreender a sua missão de soberana de um povo livre, também é convicção minha que quando ela deixar de reinar e um homem voltar a ocupar aquele trono, o combate se renovará e será prolongado. Meu espirito recusa aceitar como dogma, como verdade indiscutível, o sistema constitucional representativo contendo um homem com inteligência, vontade e energia sujeito ao papel que se lhe quer dar nessa forma de governo, por isso que a história mostra que raramente aparece um Leopoldo da Bélgica, ou uma Vitória da Inglaterra.

Se está provado que a corrupção do Parlamento favorece a onipotência da Coroa, eu creio que nós, que ambicionamos o regime que nos é tão necessário, temos o direito de exigir reformas que tornem o Parlamento fiel representante da soberania nacional e de modo a conter a Coroa dentro do círculo traçado pela democracia, segundo as necessidades do tempo. Se conservarmos intacta a Constituição, que é essencialmente defeituosa para garantir as liberdades públicas, sem as reformas radicais e, portanto, sem a reforma parlamentar estabelecendo incompatibilidades, o governo pessoal se fortalecerá. Além disto, é este o meio de obstar a calúnia contra os homens que se assentam nas Câmaras e condenáveis às vezes simplesmente pela volubilidade, pela facilidade de mudar de opinião.

O sistema parlamentar, senhores, a mais livre manifestação do voto, tira a sua força da eleição dos representantes – o mais livre exercício da vontade popular, que constitui a sua base. Que valor têm as votações das Câmaras desde que esteja viciada a sua fonte? Este ponto não precisa de demonstração, está na consciência de todos. Neste último período, período desgraçado que estragou tantas reputações, confundiu e baralhou os velhos partidos com detrimento dos princípios e vantagem do governo pessoal, o sistema constitucional representativo humilhou-se como nunca.

Desde que um notável estadista,[84] apadrinhando a política sibilina que fora por vezes tentada, desapareceu, o imperialismo, perfeitamente

---

[84] N. A.: Marquês de Paraná.

acocorado por detrás das leis centralizadoras, ergueu-se e patenteou-
-se: os pigmeus que foram incumbidos de distrair os espíritos para a
discussão dos melhoramentos materiais do país deram-nos isso que
se chamou Conciliação e que foi o abastardamento do sistema parlamentar no Brasil... Daí em diante os políticos não se confraterniza-
ram como cavalheiros, como representantes de uma mesma civilização,
guardando, porém, as suas crenças. Não. Amalgamaram tudo, ódios,
princípios, ideias e interesses! As apostasias... deixaram de ser atos ver-
gonhosos; ser materialista, declarar-se homem positivo, não ter fé nos
partidos, condená-los como um mal era título de recomendação, dava
merecimento às mediocridades. O que fora apostasia em outros tempos
tornou-se qualidade altamente apreciável e digna de galardão para os
homens públicos. Daí para cá, o que têm sido os nossos Parlamentos?
Chancelaria do governo e a desgraça chegou a um ponto tal que o deputado não tem iniciativa. As comissões rubricam apenas as propostas
do ministério.

Meus amigos, é necessário, portanto, fazer alguma coisa em bem
desta nação que, colocada no continente da América e dotada pela
providência com tantos elementos de grandeza, não pode continuar
abatida como até agora...

Senhores, examinando o estado do sistema parlamentar no Brasil, eu
não quero tocar nesta Câmara que funciona, não quero excitar as paixões do momento. Eu falo à razão de meus concidadãos que meditam
e convido-os a se entregarem ao exame calmo dos meios empregados
para, corrompendo-se as Câmaras, abafar os ecos de sua tribuna. Eu
não ataco esta Câmara, tão viciada como outras que a precederam.
Esqueço-a, portanto, deixo-a em paz; mas não posso deixar de falar
dessa votação que há pouco teve lugar no Senado, a qual exclui daquele
recinto dois ilustres cidadãos eleitos tão bem ou tão mal como outros
que lá se acham.

Então o que vimos? A opinião pública levantar-se e acusar alguns
de corrupção. Dentre eles destacou-se um que fora, há bem pouco,
adversário implacável do gabinete e da sua política, condenando-a na

imprensa energicamente e sob sua responsabilidade. Pois bem, no dia da votação ele estava arregimentado ao lado dos mais dedicados amigos do ministério que ostensivamente se empenhara pela exclusão dos dois liberais. Uma volubilidade espantosa podia ditar este procedimento, mas a opinião pública, autorizada pelos precedentes, condenou este ato como imoral. Se houve justiça ou não, indago nesta ocasião: o fato é recente, e quem quer que o comente a seu gosto. Entretanto quem afirmará que houvesse nisso corrupção? Bem pode ser outro o móvel do agente do ato estigmatizado. É por isso mesmo que eu entendo que as incompatibilidades são necessárias. A crença de que a representação nacional se acha nulificada pela corrupção dá em resultado serem muitas vezes caluniados aqueles que não têm praticado nenhum ato imoral.

A lei eleitoral da Bélgica preveniu diversos casos de incompatibilidades e são os seguintes:

"Os funcionários e empregados assalariados pelo Estado, nomeados membros de uma ou da outra Câmara, são obrigados, antes de dar juramento, a escolher entre o mandato parlamentar e as suas funções, ou seus empregos;

O mesmo farão os sacerdotes retribuídos pelo Estado, os advogados das administrações públicas, os agentes da caixa do Estado e os comissários do governo nas sociedades anônimas. Esta disposição não é aplicável aos chefes das administrações ministeriais;

Os membros das Câmaras, não poderão ser nomeados para funções assalariadas pelo Estado, senão pelo menos um ano depois de cessar o seu mandato;

São excetuadas as funções de ministro, agente diplomático e governador."

Isto é na Bélgica onde o sistema constitucional representativo está em bases muito mais seguras que o nosso. Aí foi esta reforma considerada necessária para salvação das liberdades públicas. Encontramos as incompatibilidades admitidas nos Estados Unidos e na Suíça. Na Suíça, onde este princípio só deixa de ser praticado nos cantões em que a população é pequena, ainda assim há o corretivo de serem muitos empregos públicos gratuitos. Vamos a um exemplo mais de casa: encaremos essa nação a que estivemos ligados e cujos costumes públicos e privados assemelham-se perfeitamente aos nossos. Vamos a Portugal. Aí as incompatibilidades estão reguladas do seguinte modo: (*Lê*):

A lei eleitoral, que acaba de sofrer algumas alterações, conservando, porém, o princípio das incompatibilidades e opções, dispõe:

"Art. 13. É incompatível o lugar de deputado:

1º Com qualquer emprego da Casa Real, estando o empregado em efetivo serviço;

2º Com o lugar de arrematante, diretor, caixa geral e principal gestor de qualquer contrato de rendimentos do Estado e com o de arrematante e administrador de obras públicas;

3º Com o de diretor de quaisquer companhias ou sociedades que recebam subsídio do Estado, ou administrem algum de seus rendimentos;

4º Com os lugares de governador civil, ou secretário geral;

5º Com o lugar de administrador do conselho;

6º Com os lugares de procurador régio perante as relações, seus respectivos ajudantes, delegados, e subdelegados;

7º Com os lugares de delegados do tesouro, tesoureiros, pagadores, e escrivães da fazenda;

8º Com os lugares de governadores das províncias ultramarinas, respectivos secretários e escrivães das juntas da fazenda;

9º Com os lugares de diretores, subdiretores de alfândegas;

10º Com o lugar de comandante da estação naval;

11º Com o lugar de chefe de qualquer missão diplomática permanente.

Art. 15. Os empregados compreendidos nas disposições do art. 13 (o que acabei de ler) podem optar, depois de eleitos, pelo lugar de deputado, ou pelo emprego ou comissão."

O art. 12 considera inelegíveis nos seus distritos os funcionários acima especificados e o art. 14, referindo-se ao 33º da Carta Constitucional, preveniu o caso em que a Câmara, por exceção, concedesse licença ao deputado.

O art. 17 menciona os casos em que os deputados perdem o seu lugar e de como o perdem:

"Perdem o seu lugar os deputados, diz o artigo:

§1°. Os que forem nomeados Ministros de Estado ou Conselheiros de Estado;

§2°. Os que aceitarem do governo título, graça ou condecoração, que lhes não pertença por alguma lei;

§3°. Os que aceitarem do governo emprego, posto retribuído ou comissão subsidiada, a que não tenham direito por lei, regulamento ou costume, escala, antiguidade ou concurso;

§4°. Todos aqueles que perderem os seus lugares em virtude da disposição dos §§ antecedentes poderão ser reeleitos e acumular o lugar de deputado com o de Ministro ou Conselheiro de Estado e com qualquer título, graça, condecoração, emprego, ou comissão, em conformidade deste decreto."

Pelo art. 19 também perdem o lugar de deputado e são inelegíveis:

§4°. Os que passarem a servir efetivamente algum emprego da Casa Real;

§5°. Os que vierem a ser arrematantes, diretores, caixas gerais, ou principais gestores de qualquer contrato de rendimento do Estado, ou arrematantes e administradores de obras públicas;

§6°. Os que vierem a ser diretores de quaisquer companhias ou sociedades que recebam o subsídio do Estado, ou administrarem algum dos seus rendimentos."

Em Portugal, as incompatibilidades são as mais gerais possíveis. Entretanto, o legislador deixou que a confiança pública se manifestasse a respeito do deputado que aceitasse certos empregos, títulos e condecorações, sujeitando-o a nova eleição. Em alguns casos, porém, estabeleceu a incompatibilidade absoluta. Julgo a lei belga superior à portuguesa. Esta, conquanto seja mais explícita, deixa, contudo, [as portas?] mais abertas aos abusos das acumulações. A lei belga neste ponto compreendeu melhor o princípio de independência dos poderes.

Entre nós é preciso tomar estas medidas porque, como já vos disse e demonstrei, o nosso sistema parlamentar está completamente viciado.

O representante da nação não é só acusado de corrupção por ter aceitado empregos públicos ou comissões. Entre nós, também a opinião acusa o deputado ou senador que aceita condecoração, títulos e honras em certas circunstâncias dadas. Entre nós, também acusa-se-o depois de uma votação por obter um emprego para parente seu, também se o acusa por alcançar para si, ou para os seus, contratos rendosos, privilégios ou administrações de obras públicas.

Portanto, são variáveis também as circunstâncias que colocam o representante do povo na dependência do governo e é necessário remediar a este mal estabelecendo as incompatibilidades absolutas. Não é possível que aqueles que desejam a restituição das liberdades públicas que nos têm sido arrancadas e desejam sinceramente o regime livre possam contentar-se com os favores da realeza. Aqui, como em toda parte, se procura reconstituir a sociedade segundo o molde da natureza humana. A discussão está circunscrita: de um lado se propugna pelo regime da autoridade e do outro pelo da liberdade. Eu penso com Odillon Barrot,[85] criticando Montesquieu e os filósofos da antiguidade grega, que eles andaram mal na classificação das formas exteriores dos governos, porque se eles os tivessem classificado não segundo sua forma, mas segundo sua essência, ter-se-ia chegado a conhecer que a célebre classificação de governos monárquico, aristocrático e republicano apenas corresponde a acidentes da vida dos povos e não às condições elementares das sociedades e que só existem duas espécies de governos, quaisquer que sejam suas formas exteriores: os governos que absorvem as forças individuais e os que lhes deixam, pelo contrário, a mais livre expansão, os governos que têm a pretensão de tudo governar e os que abandonam muitas cousas à espontaneidade individual.

---

[85] N. A.: Camille Hyacinthe Odillon Barrot (1791-1873). Político liberal francês. Foi primeiro-ministro de Napoleão III entre 20 de dezembro de 1848 e 31 de outubro de 1849. A citação pode ter sido tirada de um dos seguintes livros por ele escritos: *De la centralisation et de ses effets*, 1861; *De l'organisation judiciaire en France*, 1872; *Mémoires posthumes*, 1875-1876, 4 vol.

Os publicistas têm gasto palavras e tempo em uma discussão inútil, porque a história nos mostra que Odillon Barrot sustenta uma verdade. Eu penso como ele e para prova observarei que a Bélgica, a Holanda, a Inglaterra, como monarquias, estão na segunda classe lembrada pelo ilustre publicista francês. Vós sabeis, senhores, que a liberdade tem atuado como essência dos governos dessas nações. Nelas os defeitos da Monarquia são compensados pelo desenvolvimento do elemento essencial à sociedade – a liberdade. Aí os cidadãos têm autonomia, o Estado não os amesquinha e anula. Aceita a classificação conhecida e sem examinar agora qual delas é melhor, vejamos se há exemplos que possam confirmar a opinião de Odillon Barrot, que certamente não admite as três formas especificadas no mesmo pé de igualdade para o aperfeiçoamento da humanidade.

Do outro lado, estão, na primeira classe, a Rússia, a Turquia, a Prússia, a França (a França com a sua civilização de falsos ouropéis) e o Brasil, infelizes autocracias onde o Estado é tudo, o indivíduo, nada.

Do outro lado, estão, na segunda classe, como repúblicas, os Estados Unidos e a Suíça, as mais belas formas da democracia organizada em governo, também reconhecendo e respeitando a natureza humana, por toda a parte erguendo o indivíduo. Nestas duas nações a forma de governo corresponde perfeitamente às condições elementares da sociedade. Entretanto, aí está o Paraguai, como república, legitimamente compreendido na classe dos governos autocráticos já apontados, esse desgraçado país em cujo seio hoje se debatem, como diz-se oficialmente, a barbaria e a civilização. Engano! Lá, senhores, se entra e luta uma civilização, ela não se distingue pela liberdade. Diversas por sua origem são, entretanto, duas civilizações que se encontram, que não se diferençam, e que são iguais no presente e quiçá no futuro. *(Aplausos)*. Ambas sujeitam o cidadão à tutela oficial e ao despotismo mais ou menos disfarçado de um homem.

Senhores, não são as formas extrínsecas de governo, classificação antiga, que devem merecer discussão. O progresso relativamente às condições de um povo não se revela na mudança simples da forma de governo, mas na modificação dos costumes, dos hábitos e das instituições que influem na organização da sociedade. As repúblicas francesas, guardando as máquinas da centralização, atestam esta verdade.

Assim, senhores, nós os radicais somos democratas. Respeitando as convicções dos outros, trabalharemos para que as nossas ideias triunfem e deem à pátria aquela grandeza que tem sido o alvo de todos os povos que nos últimos tempos se deixaram levar pelas utopias democráticas. Não faremos por ora questão da forma extrínseca de governo. Obtidas as reformas radicais, o mais será questão de nome e futuro, sobre que mais tarde a soberania nacional se pronunciará legal e competentemente habilitada.

Nós queremos hoje caminhar para a democracia.

Quanto a mim, direi do alto desta tribuna com toda a calma: pouco me incomoda que os pobres de espírito, as almas tacanhas, os políticos positivistas que só se prendem aos interesses do presente me cinjam a cândida túnica de utopista ou o boné frígio de republicano. Por entre os remoques de uns, os insultos de outros e a indiferença calculada de muitos, eu irei tranquilo caminho do futuro, com fé em Deus, em minha consciência e confiança no bom senso deste povo que tem consciência de seus direitos, pedindo a esses que nos condenam se afastem e deixem irradiar-se esse esplêndido sol que aquece, fortalece e vivifica a todos nós: a liberdade! *(Aplausos calorosos. Orador é felicitado por muitas pessoas).*

14ª CONFERÊNCIA
Carlos Bernardino de Moura[86]
Temporariedade do Senado.
Pronunciada em 27 de junho de 1869.

Anúncio: OL, 49, 25 de junho de 1869, p. 4:
"Clube Radical. – Domingo, 27, ora o Sr. Carlos Bernardino de Moura sobre a tese – Senado temporário. Lugar e hora do costume."

---

[86] N. A.: Ver nota biográfica na 6ª conferência.

Publicada em OL, 62, 04/09/1869, p. 2-3; OL, 63, 11/09/1869, p. 2-3.

Primeira parte: OL, 62, 04/09/1869, p. 2-3:

"Clube radical – Conferência – No dia 27 de junho de 1869, às 11 horas da manhã, no salão da Fênix, rua da Ajuda n. 57, perante um auditório de mais de 2.000 pessoas, havendo conselheiros, senadores, magistrados, homens de letras e de trabalho, pronunciou o cidadão Carlos Bernardino de Moura, sobre a tese, *temporariedade do Senado,* o seguinte discurso:

Vem de se passar ou completar o período de 20 anos, senhores, que nesta mesma área de terreno, num salão vastíssimo, denominado o *salão da Floresta,* o humilde cidadão que ora vos dirige a palavra assistia e tomava parte em reuniões políticas, de caráter, até certo ponto idêntico a estas. Aí comparecia então tudo quanto havia de mais distinto e autorizado no mundo político liberal ou democrático desta Corte.

Era em 1849! Havia recentemente ascendido ao poder esse partido em nome do qual hoje se governa com a *suprema confiança irresponsável (muito bem! Muito bem!)* esta pobre terra da América, caminhando à sua ruína moral e material! (*Movimento! Aplausos*). Esse partido estava, então como hoje, representado na sua autoridade política por um governo do qual fazia parte proeminente [sic] o atual chefe do gabinete de São Cristóvão!

Aquelas reuniões da Floresta eram dirigidas por uma comissão composta, se me não falha a memória, de três homens políticos dos mais ativos do tempo e presidia-as o ilustre finado Nicolau Rodrigues Pereira de França e Leite, que baixou ao túmulo nos dias de infortúnio, fiel à causa liberal que abraçara! (*Muito bem!*). Ao lado dele, estavam como auxiliares o notável e venerando conselheiro José Maria do Amaral, hoje concentrado no mundo de si mesmo, talvez reduzido à vida do recolhimento, graças aos desgostos que as injustiças do tempo e dos governos do nosso país lhe têm criado, como a todos os homens eminentes, de talento sério e lucidez de espírito (*Aplausos! Muito bem! Muito bem!*).

Estava aí também aquele publicista que tanto se celebrizara no juízo recente enunciado em um panfleto da mais fogosa expansão democrática, no fundo e na forma, e onde consagrara a condenação eterna da dinastia reinante, por *senões* de sua origem,[87] (*Vivos aplausos!*) e lançara a maldição sobre os homens do governo, hoje também personificados no gabinete imperial, os quais, segundo ele, eram os homens funestos que já três vezes haviam posto em perigo as instituições liberais e em litígio o direito e a causa da liberdade! (*Muito bem! Muito bem! Aplausos calorosos!*). Não é hoje, é certo, a mesma a opinião desse publicista, como de outros tantos políticos que, nas dificuldades do tempo, vão buscar fortuna onde ela lhes sorri melhor e facilmente aos gozos pessoais, embora a sacrifício da consciência e da razão! (*Bravos e aplausos!*)

Naturalmente, muitos dos concidadãos que me ouvem assistiram àquelas reuniões políticas e conservam tradição ou lembrança do que então se passou. Recordo-me que o ilustre brasileiro e político fiel às crenças democráticas, e por isso inspirou profunda estima e fé no seu país, embora algum erro de ocasião tenha tido na vida pública, o sr. Teófilo Otoni, (*movimento de aprovação*) fora constante nas poucas reuniões que houveram [sic]. Recordo-me que aí também se acharam constantemente o venerando ancião a quem a luz dos olhos abandonou e fez retirar da vida ativa da política sem modificar ou abalar as suas crenças, o velho e grave Joaquim Francisco Alves Branco Muniz Barreto, (*muito bem!*) e seu digno e sempre chorado parente, tão cedo roubado às glórias das letras pátrias, o jovem José de Assis! (*Sensação! Vozes – muito bem! Muito bem!*).

Essas reuniões tinham então um fim declarado e positivo. Era dirigir e animar a população laboriosa do Rio de Janeiro a concorrer às urnas e disputar aí o triunfo da representação nacional, na consulta que, por meio violento e impolítico, o poder irresponsável resolvera fazer ao país, no pressuposto de aparentemente justificar o ato da dissolução

---

[87] N. A.: Refere-se a Francisco de Sales Torres Homem, autor de *O libelo do povo*, publicado em 1849, e que a aderira aos conservadores.

da Câmara de então, consequência necessária, aquela dissolução, da ascensão da política retrógrada e *litigiosa das liberdades públicas*, segundo a opinião do *libelista do povo*, quando ainda não tinha reconhecido e sentido a necessidade de proclamar, para seu bem, a máxima de – *gratidão e dedicação sem limites ao poder irresponsável! (Hilaridade, aplausos calorosos)*.

Pois bem, senhores, ainda muito jovem, entrando apenas na vida pública, sem nome autorizado, mas já nesse tempo acionando por conta de convicções ou crenças feitas, eu me pronunciei contra o trabalho da conquista das urnas, que seria infrutífero e funesto à economia doméstica das classes laboriosas ou de trabalho, porventura querendo tomar a sério o ato do seu soberano exercício popular! *(Muito bem!)*. Objetei que convinha antes organizar o grande Partido Liberal, constituir uma imprensa ortodoxa e de propaganda uniforme consubstanciando as aspirações de escola e os meios práticos a traduzir aquelas aspirações em leis! *(Muito bem! Muito bem!)*. Sem isso, dizia eu, não podia haver partido democrata regularmente constituído no Brasil e capaz de responder aos problemas sociais de que se sentia falha a sociedade brasileira.

Iniciava, como o repetira em 1864 nas reuniões políticas do largo do Rocio e Campo de Santana, o trabalho das leituras públicas, a fundação de associações que servissem de garantia e proteção às vítimas de sua coerência e dedicação política, incorrendo no desagrado e perseguição do poder! *(Aplausos)*. Era só assim que eu pensava, já então, deverem constituir-se os partidos, honrando os interesses legítimos de escola e criando a dedicação e fé nas diversas classes da sociedade, que as habilitasse a fazerem-se representar nos comícios populares e no Parlamento! *(Muito bem! Muito bem! Vivos aplausos!)*.

Acrescentei que a luta eleitoral com as leis de ocasião vexatórias só traria em resultado facilitar a ação compressiva do poder, habilitando-o a se consolidar mais e a enfraquecer as forças do grande partido democrata! *(Aplausos!)*. Não venceu a minha opinião, embora me recorde de ter tido por ela as adesões de Teófilo Otoni, José de Assis e outros. Respondeu-se que a constituição do partido, aspiração do tempo, viria imediatamente após o trabalho eleitoral e venceu-se que se entrasse na luta. Os resultados dessa luta foram os que eu e outros cidadãos havíamos previsto e quiséramos poupar. Perdeu-se a eleição e muitas vítimas se fizeram, muitos operários sofreram graças às leis compressivas, muitos empregados públicos ficaram sem pão. (*Muito bem! É a verdade!*). E cessaram logo as reuniões políticas e não se consolidou o partido!

É este o defeito dos nossos chefes e das direções de partidos, defeito que enfraquece e nulifica a sua instituição e permanência. Nada se organiza regular e metodicamente: as aspirações individuais matam as da comunhão. As susceptibilidades do eu, as ambições ilegítimas e prematuras estragam tudo, tudo dificultam e nulificam.

Não é assim na velha Inglaterra, cuja história, instituições e fatos tanto se citam, mas tão pouco se compreendem e aplicam na vida do governo e dos partidos da nossa pátria! (*Movimento de aprovação!*). Aí a opinião pública existe formada, porque todo o cidadão [sic] interfere conscientemente na vida pública. Aí os partidos têm seu centro de direção, sua imprensa instituída! As reuniões públicas, a propaganda, as conferências e leituras se legitimam e o princípio de associação é assim nobremente honrado, em uma palavra.

Quanto mais se estuda e reflete nas instituições inglesas e nos seus poderes, aquelas não sendo os resultados dos caprichos ou vontades do momento, mas do estudo aturado e convencido das cousas, dos homens, dos costumes e das necessidades, acrescido tudo da observação e experiência dos fatos; quanto mais se estuda a história do regime constitucional da Inglaterra, senhores, dizemos, mais se sente o espírito pensador tocado do admirável bom senso e da grandeza de vistas dos homens públicos desse grande país, feitos esses homens pelo corretivo da opinião pública, que é ali a maior força do governo. (*Aplausos calorosos*). Não há ali dogmas infalíveis e inalteráveis de governo, não obedecendo ao império da opinião pública, ou não sofrendo as alterações que esta exige.

Os fundamentos ou a essência das instituições inglesas respeitam-se e guardam-se, mas os poderes que delas decorrem ou dimanam sofrem a correção indispensável, amoldam-se à experiência e às necessidades públicas, modificando-se nas suas prerrogativas e privilégios. É assim que um notável escritor insuspeito, May,[88] julgando o mérito da vida pública inglesa no que ela tem de constitucional, diz o seguinte:

"Nada mais imponente na constituição inglesa que o caráter de permanência que conservam todas as instituições fazendo parte do governo do país, a despeito das mudanças contínuas e muitas vezes enormes que sofrem seus poderes, seus privilégios e sua influência!! A Coroa fica com as suas prerrogativas completas, com suas fontes de influência acrescidas (fala do pariato, do conselho privado, do domínio do solo, das prerrogativas de nomeação e demissão dos ministros, comando das forças etc.. etc...) e entretanto, graças "ao exercício de seus grandes poderes, por ministros responsáveis" (em todos os seus poderes, note-se bem!) "ela cai pouco a pouco debaixo da influência do Parlamento e da opinião publica (*Aplausos!*)"

E a Coroa nem por isso se julga exautorada ou humilhada! (*Repetidos e ricos aplausos!*).

Um outro insuspeito escritor, lorde Russell,[89] assim se exprime:

"Que homem de Estado pode ouvir, sem comover-se, a voz da opinião pública que, debutando pelos murmúrios da metrópole, se ergue logo no interior do Parlamento, onde se faz ouvir alto e com firmeza, para passar depois através dos órgãos da imprensa até que se repercute em ecos inumeráveis das margens de Cornouailles até as montanhas do Inverners? Que ministro é assaz audacioso ou devasso, para não procurar, até certo ponto, se conciliar, por sua linguagem no Parlamento, ao incorruptível espírito da multidão!". "A maior vantagem de um governo livre, não é que "a opinião pública" EXISTA COM EFFEITO, mas que "ela se levante em favor dos direitos úteis, e das liberdades existentes do povo!"

---

[88] N. A.: Ver nota na 13ª conferência.
[89] N. A.: John Russell, 1º conde de Russell (1792 –1878), conhecido como Lord John Russell antes de 1861. Foi um líder liberal (Whig), e primeiro-ministro duas vezes. Lutou sempre pela expansão da liberdade.

Aqui, porém, senhores, se faz o contrário: qualquer ministrinho (*Hilaridade! Aplausos!*) afronta as queixas e os murmúrios do povo! (*Viva! Aprovação!*).

Senhores, desculpai se tenho abusado da vossa atenção (*muitas vozes: não! Não! Continuai! Continuai!*) com estas considerações gerais: tinha necessidade delas para entrar no estudo e confrontação da deplorável instituição do nosso Senado vitalício com a instituição do pariato europeu e organização das Câmaras superiores de alguns estados, seguindo o princípio da eletividade temporária, que passo a examinar.

O Senado brasileiro é, além de uma instituição anacrônica e absurda no século atual, por incompatível com as aspirações democráticas, podendo constituir-se uma oligarquia, uma instituição também imprestável para guardar a tradição do *poder de deliberação*, como fonte de harmonia ascendente na legislação capaz de acudir às exigências do progresso social.

Poder saído da soberania da nação, e completado na sua *legalidade constitucional* pelo *veto* imperial, o Imperador sendo símbolo de tradição do poder de execução, o Senado brasileiro passa a ter uma vida toda de si mesmo, graças à vitaliciedade, e segrega-se da comunhão nacional, não tendo mais a recear o corretivo da soberania e antes podendo tornar-se o aliado natural e interessado na negação prática desse princípio (*Muito bem! Muito bem!*). Tem o mesmo vício do *Poder Moderador*, privativo da pessoa irresponsável, e constitui-se igualmente ramo de poder irresponsável à eternidade de existência, tendo interesse em ligar a sua sorte à sorte daquele outro poder. (*Muito bem!*).

Nem sequer o corretivo oportuno e circunstancial, reconhecido indispensável ao *pariato* constituindo as Câmaras superiores do velho continente, isto é, as Câmaras aristocráticas de que é um arremedo equívoco e ruim, o *doador* constitucional brasileiro concebeu, para evitar os fatais corolários de uma instituição tão anacrônica; e sabe-se que o abuso, a inclinação para o arbítrio são a tendência natural de todo o poder humano. Bastará esta só consideração para deixar evidente o perigo das instituições de poder sem corretivo declarado e conhecido nos seus agentes falíveis! (*Muito bem!*)

A razão de ser destas Câmaras de caráter permanente e aristocrático tira-se, pretendem os publicistas, da necessidade de dar ao princípio da autoridade legislativa e executiva certas condições de gravidade e permanência ou estabilidade, de harmonia no trabalho de confecção de leis. Um certo princípio de coesão, dando o começo e o fim do trabalho da razão, consubstanciando sempre a marcha ascendente do progresso, exige que se suceda no poder tal ou qual ordem de tradições, sem as quais a incerteza e a vacilação subsistiriam sempre nas sociedades políticas, e seria difícil ou impossível tornar-se o que se chama história ortodoxa, ou posteridade honrosa da vida das nações e dos povos! (*Muito bem! Movimento de adesão*).

Pode, deve haver certo quê de razão neste modo de explicar a utilidade destas instituições aristocráticas, mas não é menos verdade que a organização de Câmaras hereditárias ou vitalícias tais, sem um corretivo cauteloso, produz maiores males do que benefícios, mesmo em referência ao progresso uniforme e metódico da legislação, podendo, pela constituição de uma oligarquia em que se desnature, vir a ser a consagração negativa de toda a legislação racional. (*Vivos aplausos.*)

Não foi outra seguramente a causa das variações de origem no pariato inglês, francês e português. A condenação aí do princípio de fixidez do número de pares é um grande corretivo aos males consequentes com o abuso do poder e uma homenagem confessada pelos grandes homens políticos desses países à força e legitimidade do verdadeiro e universal princípio de governo – o da soberania dos povos! (*Bravos! Aplausos repetidos e calorosos!*).

A teoria de Benjamin Constant, como todas as suas teorias especulativas e de ficções, com referência às Câmaras aristocráticas é tão perigosa quanto a que se refere ao Poder Moderador, essa criação de poder monstruosamente absurda em face da razão (*numerosos apoiados*) e altamente ofensiva das grandes prerrogativas do princípio da soberania nacional. (*Bravos! Aplausos calorosos!*). Defendendo a hereditariedade do pariato, esse publicista pretende que "uma assembleia única, pondo em frente uma maioria e uma minoria, todos os freios que ela se impusesse a si mesma, as precauções contra a urgência das medidas, a necessidade dos dous terços dos votos, de unanimidade, todos eles seriam ilusórios porque o regulamento destes freios seria a obra própria, que ficaria sempre com o sentimento de poder desfazer o que ela mesmo fizera!"

É por estes motivos, pelo receio de uma luta entre maioria e minoria de uma só Câmara, tendo, aliás, a condição de eletividade, o corretivo consequente no pronunciamento oportuno da soberania da nação, que Benjamin Constant, o publicista heterodoxo, permita-se-me a classificação, e se erro, erro com intenção racional, condena a existência de uma só assembleia e defende a hereditariedade do pariato. A incongruência e contradição, entretanto, desta doutrina se notam nas razões e fundamentos de defesa da hereditariedade do pariato por esse mesmo publicista.

Ele combate como perigosa a luta de uma só assembleia que põe em presença uma maioria e uma minoria e lembra, entretanto, como meio de reparar o mal, a instituição de uma segunda Câmara aristocrática, de nomeação do elemento tradicional de execução, que terá sempre zelo de sua preponderância e interesses de permanência à eternidade do mesmo poder, acautelando as prerrogativas de seus descendentes, cuja tendência é o abuso para gerar a onipotência, como meio a corrigir aquela luta!

Esta segunda Câmara, nomeada pelo rei, de quem receia as – aspirações do governo de um só –, há de servir a acautelar os interesses da sociedade, que ele presume mal garantidos na luta de uma maioria ou minoria, podendo sofrer pronto e eficaz corretivo do princípio da soberania o corpo coletivo, o que não acontece com a segunda Câmara, ou a Câmara aristocrática! "A maioria do corpo mais numeroso, diz ele, (e refere-se à Câmara popular) não sendo senão uma maioria de convenção, *fictícia*, em comparação da nação inteira, não ousa pôr em dúvida ou contrariar a legalidade da maioria menos numerosa que lhe é oposta (a da Câmara aristocrática.)"

Não compreendemos a sutileza e racionalidade desta teoria! Por que há de aquela maioria da Câmara popular recear pôr em dúvida a menos numerosa da outra? E como admitir que a que tem origem somente no elemento autocrático e passa a viver de si mesma, há de garantir melhor as liberdades públicas, as aspirações democráticas, do que a que carece passar sempre pelo caminho destas aspirações! Isto é um absurdo! (*Aplausos vivíssimos e repetidos.*)

Mas esse ilustre publicista, sempre primando pela incongruência de sua vida pública, põe em relevo mais claramente o perigo das instituições hereditárias de legislação, como última palavra, nestas suas proposições:

"Para que o governo de um só subsista sem classe hereditária, é preciso que seja um puro despotismo... Os elementos do governo de um só, sem classe hereditária, são: um homem que manda, soldados que executam, um povo que obedece. Para dar outros apoios à Monarquia, é preciso um corpo intermediário.

"Em toda a parte onde colocais um só homem em um tal grau de elevação, é preciso, se vós o quereis dispensar de ter sempre o gládio empunhado, cercá-lo de outros homens que tenham um interesse a defender."

É para que o governo de um só não degenere em despotismo, que convém, na opinião de Benjamin Constant, criar entre o rei e o povo um intermediário que tenha seus interesses também de aristocracia própria a defender; esse intermediário é o — pariato hereditário, a Câmara aristocrática, que se fará, não a representante do despotismo de um, mas da oligarquia de algumas dezenas ou centenas, e em uma aliança com o rei, mais cômoda para os interesses de castas, fará do povo um instrumento do seu viver de privilégios e gozos aristocráticos! (*Bravos, muito bem! Muito bem! O orador para um momento!*). Este pariato hereditário assim, é uma ameaça viva, senhores, às liberdades e aspirações naturais e ortodoxas da democracia pacífica. (*Muito bem!*)

Graças ao espírito profundamente meditador dos homens públicos da Inglaterra, cuja educação política tão sólida tanto aproveitou à grandeza viril dos Estados Unidos ou da grande República americana, (*aplausos*) e onde (na Inglaterra), não há dogmas eternos e infalíveis da doutrina constitucional, porque a constituição inglesa é a consubstanciação de tradições gloriosas das grandes necessidades públicas atendidas: aí vê-se, dizemos, um historiador *tory* eminente dizer, como o lembra muito eloquentemente *Fischel*,[90] falando do pariato inglês, o seguinte:

"É precisamente a constante influência de elementos novos o que entretém a limpidez do rio do pariato, e o impede de degenerar em charco estagnado e fétido!" (*Bravos aplausos.*)

São os elementos novos, que condenam, recebendo a influência das ideias novas e generosas do século, inteiramente bafejadas pela influência da soberania popular ou da opinião pública, que prepondera sobre os instrumentos do executivo, a seu turno influindo na nomeação e escolha do pariato, a causa única de não ter degenerado na Inglaterra o rio pariato em charco estagnado e fétido! (*Vivo assentimento e aplausos*).

Aí está o pariato inglês com um grande corretivo nos seus abusos, e a necessidade desse corretivo avulta quando se pensa na natureza de influência que pode vir a ter essa Câmara aristocrática, chamada a exercer a grave e delicada função de grande corte de justiça para julgar ministros e toda essa outra ordem de altos e privilegiados funcionários da nação, os quais podem comprometê-la profundamente! (*Assentimento*).

O que estou dizendo não é pura declamação, e se me alongo (*não! não! estamos ouvindo com prazer*) e vos fatigo, fatigando-me, é para chegar à perfeita demonstração do absurdo e perigo da existência do Senado brasileiro, tal como o temos (*Apoiados*).

Tomando por base, como disse já, para fazer proveitosa a demonstração de que o Senado brasileiro é, no mundo político, única instituição do Poder Legislativo sem igual natureza de sua constituição: assim como o "Poder Moderador", é também única instituição do Poder Executivo assim fundada; tomando por base, digo, a organização das Câmaras aristocráticas da Inglaterra, França e Portugal, e os senados da Bélgica, Estados Unidos e Suíça, pois são essas as organizações mais generalizadas no mundo civilizado, sendo todas as outras organizações

---

[90] N. A.: Não foi possível identificar esse autor.

semelhantes às daqueles estados, notamos que a composição desses corpos legislativos é esta.

Câmara dos Lordes ingleses: pares "espirituais e temporais": aqueles são os bispos ou sacerdotes; estes os cidadãos comuns.

Os pares são ainda de três categorias:

1º Os hereditários, já muito reduzidos;
2º Os vitalícios, ou à vida;
3º Os de eleição a um parlamento.

Os pares podem perder o título por ato do Parlamento, degradando-os; e quando a Câmara dos Lordes funciona como "corte de suprema justiça", não funcionam nela os pares que não são juízes peritos no direito.

A Câmara dos Pares na França é constituída de pares hereditários e vitalícios.

Os príncipes são pares hereditários porque o são em virtude de nascimento.

Os nomeados pelo Rei, vitalícios, não têm número limitado; a condição de idade é 30 anos.

A Câmara dos Pares de Portugal é composta de número ilimitado de membros nomeados pelo Rei, vitalícios e hereditários.

Há, portanto, em todas estas instituições, o corretivo da nomeação de pares sempre que uma luta se queira travar na Câmara dos Pares para fazer-se onipotente contra a Câmara popular. Há mais dificuldade assim em degenerar essa Câmara em oligarquia aristocrática. As funções destas câmaras são as mesmas, no fundo, que cabem ao Senado brasileiro.

A organização dos Senados da Bélgica, Estados Unidos e Suíça é a seguinte:

O da Bélgica, temporário, eleito por 8 anos e renovado na metade de 4 em 4. A Câmara dos representantes aí é renovada na metade de seus membros de dous em dous anos, sendo a eleição geral de 4 em 4. No caso de dissolução, o Senado é também renovado totalmente. E a

Bélgica é um modelo de governo monárquico representativo! (*Numerosos apoiados*). A idade de 40 anos é indispensável ao senador, não há honorário para ele. Só o "herdeiro presuntivo" da Coroa aí é senador de direito aos 18 anos, tendo voto deliberativo somente aos 25.

O Senado dos Estados Unidos é composto de dous senadores por cada estado, "eleitos pela legislatura do Estado", sendo a legislatura de seis anos. Em sua primitiva organização, foi dividido em três ordens ou classes, de número igual. As cadeiras dos senadores de 1ª classe vagam no segundo ano da legislatura; as da 2ª no quarto ano; as da 3ª no sexto. Dá-se a renovação do terço no fim de cada dous anos, período da legislatura dos deputados. Se vagam lugares no intervalo das sessões em cada Estado, o poder executivo do Estado faz uma nomeação provisória até que a legislatura preencha a vaga. Não se pode ser eleito senador sem contar 30 anos de idade, e 9 pelo menos de cidadão dos Estados Unidos, e residir no Estado que o escolher à época da eleição. O Senado só julga as acusações sustentadas pela Câmara dos representantes para declarar culpado o acusado, sendo para essa declaração indispensável os dous terços de votos. Os julgamentos nos casos de acusação ou processo, têm o único efeito de privar o acusado do cargo que exerce a fim de ser julgado sem privilégio pelos tribunais ordinários. Esta organização, sim, pode dizer-se uma organização profundamente racional, moral e democrática. (*Vivos e repetidos aplausos*).

A assembleia federal da Suíça tem os seus dous ramos:

O Conselho Nacional;

O Conselho dos Estados.

Ambos são de eleição temporária, período de 3 anos. Cumpre observar que para as Câmaras aristocráticas do pariato, este é dado só guardados certos preceitos e condições, que se exigem tenham os candidatos.

Entremos agora no estudo do nosso Senado, organizado como está.

Da notícia, que venho de sintetizar, referente à constituição das câmaras aristocráticas do velho continente, organizadas à nomeação e escolha do rei ou do poder de execução dentre os cidadãos de certa categoria oficial e de uma ordem de serviços, virtudes e condições de nobreza reconhecidas; e assim das câmaras daquele mesmo continente organizadas a condições de eletividade, confrontadas elas com a constituição do Senado do nosso país, vê-se que a conformação deste é a única de tal ordem em todo o mundo civilizado, não tendo corretivo legal absolutamente algum para o caso em que, abusando de suas forças e funções, degenere em oligarquia, cousa muito natural e de facílima intuição. (*Apoiados*)

E ainda o defeito orgânico dessa instituição pode dar lugar a que, em um dado tempo, inutiliza-se como ramo do Poder Legislativo, com grave dano da sociedade. Então justificaria isso o corretivo por golpe de estado, corretivo violento e sempre perigoso para a vida governamental e as instituições livres de um povo. (*Muito bem!*)

(*Continua.*)

OL, 63, 11/09/1869, p. 2-3.

Clube radical – Conferência – (Conclusão do discurso do Sr. Bernardino de Moura).

É o Senado brasileiro de um número fixo de membros, equivalente sempre à metade dos representantes ou deputados da Câmara temporária e de condição vitalícia. Só no caso do aumento desses, pode aumentar-se o número dos senadores, na razão sempre da metade, salvo o caso do número ímpar daqueles.

As atribuições desse ramo superior do Poder Legislativo, tendo ainda outro superior que interfere e determina completamente a sua organização, tornando assim os senadores feitos um tanto constrangidos pela influência do princípio da gratidão à pessoa sagrada (*apoiados*), são as mesmas da Câmara dos Deputados, acrescidas das supremas deliberações, exclusivas suas, seguintes:

"1º Conhecer dos delitos individuais cometidos pelos membros da família imperial (o Imperador, apesar de homem, não pode cometer delitos individuais), ministros de Estado, conselheiros de Estado e senadores; e dos delitos dos deputados durante o período da legislatura.

"2º Conhecer da responsabilidade dos secretários e conselheiros de Estado.

"3º Expedir cartas de convocação da assembleia, caso o Imperador o não tenha feito dous meses depois do tempo que a Constituição determina, para o que se reunirá o Senado extraordinariamente".

Note-se bem a influência que o Senado, ramo do Poder Legislativo, e devendo sua organização principalmente ao *Poder Moderador*, fica tendo sobre a Câmara temporária pelo fato só da atribuição de julgar os *deputados* nos casos em que delinquirem! (*Muito bem! Apoiados numerosos!*) Ao mesmo passo, note-se a sua subordinação, pelo preceito da gratidão, visto como não há senador sem escolha do Imperador, a esta *pessoa sagrada! (Novos aplausos!)*

Vê-se aí quanto empenho teve o *doador* constitucional em organizar uma rede de atribuições tais para o *Poder Moderador*, o *supremo do Estado* capaz de dar em resultado a concentração de todas as forças políticas e governamentais da sociedade em uma só pessoa, essa, declarada juiz, é, aliás, pessoa sagrada, inviolável e irresponsável, isto é, impecável! (*Sensação; aplausos estrondosos*). Sem o apoio ou vontade do Senado não há lei do corpo legislativo possível, e ainda com o apoio deste não a haveria sem *sanção imperial*, pelo menos pelo período de três legislaturas, doze anos! (*Movimento de aprovação.*)

Nem previne o mal, convém observar, o preceito da fusão ou reunião das duas Câmaras. A fusão pode ser negada pela Câmara a quem for requerida, e, bem refletido, não há probabilidade na qual a fusão seja pedida e necessária para a importância e preponderância do Senado (*muito bem!*) podendo este tornar-se assim onipotente, inclinando-se, de preferência, por interesse próprio, às aspirações do *Poder Moderador!* (*Aplausos.*)

Como se estes perigos consequentes com os defeitos de semelhante instituição política não bastassem, atente-se bem para a força que o *poder imperial* e, portanto, o *império pessoal* pode dar à nossa forma de governo. (*Apoiados*). Do Senado devem fazer parte os *príncipes da casa imperial*, e em virtude disso só foi anexo o tratamento de *excelência* ao senador, sem o que não teria lugar! (*Hilaridade! Aplausos repetidos; muito bem! Muito bem! O orador para por um momento.*)

Imaginai, senhores, que a prole imperial era fértil em príncipes e vede como não poderia o Senado ter um número formidável de vozes e votos que representassem os interesses do governo pessoal, quando não criassem nessa corporação política interesses ainda mais ilegítimos e tumultuosos para a sociedade. (*Aplausos calorosos*). Ainda mais: do Senado fazem parte, senhores, porque não o vedam as leis de incompatibilidade positivamente, os criados da casa imperial e os conselheiros de Estado. Os conselheiros de Estado, como sabeis, são de nomeação exclusiva do Imperador como *chefe do Poder Executivo*, e esse chefe é o *Poder Moderador*, que *nomeia* e *demite livremente os ministros, instrumentos do Poder Executivo!* Aí começa certa coação moral, pela lei poderosa da gratidão. (*Assentimento geral*). E há conselheiros também criados do Paço! (*Hilaridade prolongada! Muito bem! Muito bem*).

E, entretanto, senhores, este Senado assim composto, de condição vitalícia, sujeito pela gratidão ao Imperador, é a *corte suprema de justiça, que julgará os ministros de estado nos delitos que como tais cometerem contra a nação e as liberdades públicas; julgará os conselheiros de Estado pelos maus conselhos que derem prejudicando a nação;* julgará dos *delitos individuais* (individuais somente), dos membros da família *imperial* (e assim de príncipes que podem ser senadores); e finalmente dos próprios delitos dos senadores! (*Sensação*). Isto, senhores, é irrisório, é absurdo, monstruosamente absurdo e ridiculamente imoral! (*Bravos; numerosos apoiados, e aplausos repetidos e calorosos, que obrigam o orador a pausa de um momento!*). Como hão de ser, meus concidadãos, os mesmos atores *juízes* e partes em circunstâncias e assuntos tão momentosos, tão vitalmente interessando à sociedade nas suas garantias reais de liberdade e ação!?

Como se tudo isto não fosse demais, senhores, a condição de idade de 40 anos para senador neste país onde à idade de 60 anos o homem pode dizer-se valetudinário e incapaz de um trabalho sério de razão, deve dar em resultado a nulificação moral desse ramo legislativo. A exigência de idade de 40 anos para ser-se senador no Brasil devia ter por causa uma razão somente: a de presumir-se que à essa idade o estudo do homem público nos fundamentos doutrinários de governo em referência às grandes necessidades está feito. A razão individual tem amadurecido nessa idade e a calma e a gravidade para as altas resoluções legislativas se terão adquirido! Consequentemente, aí está o marco estacionário na legislação e o Senado vem assim, pela condição da vitaliciedade, a constituir-se um embaraço formidável às aspirações que um Império cheio de vida, e na sua adolescência, possa ou deseje realizar!

Daí um antagonismo perigoso e permanente a recear-se entre a Câmara popular, os governos parlamentares de legítima representação nacional, identificados com a expressão da soberania, e os representantes do princípio estacionário! E, entretanto, nos *príncipes da casa imperial* não fora uma lei de ordem a idade dos 40 anos, como medida à aquisição de razão prudente e refletida! Decididamente, os descendentes dos reis são em frente de tais exceções, seres sempre inspirados pelo sopro divino! (*Hilaridade! Assentimento geral*).E não se quer depois que as legítimas funções da razão, distinguindo o pensador austero, se revoltem contra ficções absurdas, consagradoras da excelência da heterodoxia nos governos dos povos! (*Muito bem! Muito bem!*).

E, entretanto, esse corpo mal organizado, visivelmente incompetente, na sua maioria, de aptidão, e nisto não há ofensa ao presumido *saber* dos senadores, é ou deve ser a *Corte de justiça suprema do Brasil*, que tenha de julgar os abusos ou crimes mais momentosos dos funcionários de mais elevada categoria no Brasil! Um Senado destes, senhores, é uma instituição anacrônica, funestíssima às liberdades públicas, e susceptível de fundar no país uma oligarquia de autocracia repugnante, só capaz de ser reparada por meios violentos e revolucionários, que cumpriria sempre condenar pelo trabalho da razão numa sociedade que queira viver pelos efeitos pacíficos desta! (*Numerosos apoiados!*). Este Senado exige reforma e, quanto a nós, os radicais, e [folgamos] de ver assim pensando também o *Centro Liberal*, a sua temporariedade é um grande benefício! (*Muito bem! Repetidos aplausos*).

Dê-se-lhe a organização do Senado dos Estados Unidos, magnífica instituição democrática, para esse fim também reduzindo o prazo de duração da legislatura da Câmara, e excluindo o ato da dissolução, e nesta parte as aspirações de nós outros os radicais ou democratas estarão satisfeitas! (*Assentimento geral*).

Creio ter desenvolvido, embora pálida e deficientemente, talvez (*não! Não! Tem desenvolvido muito bem!*) ao menos com sinceridade e franqueza a tese que me foi incumbida, fazendo parte do programa do *Clube Radical*.

Reconheço, meus concidadãos, que tenho abusado demais de vossa atenção (*vozes numerosas: não! não!*), mas eu sinto necessidade de não descer desta tribuna sem adiantar ainda algumas considerações para as quais ouso esperar que a vossa longanimidade tão generosamente dispensada me concederá mais alguns momentos de paciência! (*Falai! Falai! Ouvimos com prazer*).

As reformas, senhores, que consubstanciam o programa da propaganda radical, são indispensáveis; pensamos na nossa legislação constitucional, política e administrativa, mas com franqueza devo dizer tudo quanto sinto: elas nada melhorarão, praticamente, as cousas, se com elas não marcharem paralelamente as reformas dos costumes e da educação religiosa, política e civil. (*Numerosos apoiados*). As ruins práticas viciam a melhor legislação e as práticas ruins são sem dúvida o maior flagelo da nossa sociedade. (*Novos aplausos*).

Comecemos, portanto, senhores, pela reforma da educação, dos nossos costumes, única que dará a interferência legítima de todas as classes da sociedade; e para esse fim, eu o tenho dito sempre, o princípio de associação é a grande lei.

Há dous grandes vícios na nossa sociedade política, vícios de educação e costumes, consequentes com a natureza de nossa emancipação política de direito somente e não de fatos, que é mister destruir, sem o que todas as reformas de legislação serão inúteis. O primeiro, senhores, é confundir-se na nossa vida social as relações privadas com as relações políticas, pretendendo-se que o antagonismo das opiniões ou inteligências devam determinar também o antagonismo pessoal, gerado e mantido no ódio e na paixão e aconselhando por isso a difamação e o extermínio recíproco das reputações individuais! (*Movimento de sensação! Assentimento!*). Isto é bárbaro, senhores, é antissocial! Os homens podem conviver na sociedade estimando-se e apreciando-se nas relações privadas embora separados na luta das ideias, quando uma vez tendo esta somente por instrumento e combate as armas do raciocínio, capazes e tendo por empenho comover e persuadir, e não *impor e dominar!* (*Muito bem! Muito bem!*).

O outro vício é o da prática imoral e funesta de se querer prestigiar a *autoridade*, pressupondo esse prestígio derivado de idolatria para o agente e não decorrendo do religioso respeito às prescrições claras e positivas da letra e espírito da lei! (*Aprovação calorosa!*). Não se engrandece a autoridade, por certo, que deve ser a representação perfeita do cumprimento da lei, sancionando quanto faz e pratica o seu agente, embora dela afastando-se e abusando da força oficial. Pelo contrário, a autoridade se engrandece corrigindo-se pela destituição e aplicação das penas consequentes o mau agente! (*Aplausos calorosos*).

Estas ideias que ora enuncio não as professo de hoje, datam dos meus primeiros passos na vida pública. Esforço-me por ser coerente no que é racional e prático, e é daí que tiro razão de direito e de fato para o *radicalismo político*, que tem sua raiz na razão. E é porque sou radical que eu entendo dever protestar contra a intriga e a perfídia aí procurando tornar impossível a *concretação*, permitam a frase, das verdadeiras forças democráticas no país.

Porque os radicais entendem indispensáveis as reformas consubstanciadas no seu programa definido e, ao mesmo tempo, sentem não estar ainda o país preparado para reduzi-las já à legislação correspondente, promovem e procuram à sombra destas *conferências* benéficas formar a opinião e reunir os fundamentos ou as bases e os meios práticos dessas mesmas reformas. Não podem eles, portanto, aspirar à posse do poder, que só o procurariam quando habilitados e senhores dos elementos indispensáveis para dotarem o país com a legislação e práticas pressupostas, únicas capazes de fazerem a felicidade desta terra da América. (*Numerosos apoiados, e aplausos*).

Isto não quer dizer que os radicais se constituam embaraços odientos ou inimigos dos que, de boa-fé, quiserem e se julgarem habilitados a melhorar a sorte deste povo, embora menos adiantadamente do que presumem os radicais ser necessário! Aqueles que, envolvidos nas dificuldades das práticas governamentais do tempo, nelas tendo gasto a sua vida de estudo, entenderem que podem receber o poder e remediar parte dos males públicos, com meias reformas embora, honrando a moral e a justiça, a esses não serão um obstáculo, senão na oportunidade, os radicais!

Assim, o *Clube dos Radicais* não é um inimigo *especulativo do Clube da Reforma*, ou do *Centro Liberal*. Não podendo, nem se devendo imputar o foro interno da consciência, é indispensável receber os fatos como eles se manifestam!

Homens de estudos e posições feitas, cavalheiros ilustres por seus talentos e necessariamente interessados no bem da pátria em que nasceram, e a quem devem amar e servir respeitando e temendo o juízo severo da história, não podem vir intencionalmente adormecer os *sentidos* dos seus concidadãos com promessas falazes. Sem dúvida, cavalheiros tais como os senhores Otaviano, Furtado, Otoni, Sousa Franco, Zacarias, Nabuco e outros tantos não podiam ter vindo com os seus nomes tão solenemente contrair compromissos de reformas radicais, comprometendo-se a realizá-las, quando não pretendessem fazê-lo, e como meio somente de fazer política especulativa, quando, brasileiros, sentiram o triste estado de sua pátria, a pátria de seus filhos. (*Sensação, assentimento*). E quando fatos deploráveis e não esperados viessem denunciar intenções tais, a opinião pública, já amadurecida e preparada, faria o seu dever! (*Aplausos, Muito bem!*).

O *Clube Radical* e o *Clube da Reforma* não se podem, portanto, nem se devem considerar inimigos e lutadores; tanto mais quando aquele já o disse no seu *manifesto*: o seu programa oferecido não é a última palavra do desenvolvimento largo das reformas urgentes e indispensáveis.

Enunciando-me por este modo, guardo a religião da coerência e da lealdade e condeno a desconfiança fria, egoística e calculada que avilta previamente os homens. (*Muito bem! Muito bem!*). Sou hoje o mesmo que há 20 anos, não tendo mudado, antes vendo cada vez mais justificadas as minhas previsões do futuro. Em 1849, como em 1864, e como hoje, eu penso que o germe de uma regeneração social e política é o princípio de associação para todas as classes da sociedade, ricas e pobres, homens de letras e de trabalho, de comércio, indústria, artes etc., e não a preponderância de uma classe privilegiada sobre outras.

Um povo, já o disse, é o conjunto de classes diversas, honrando atividades várias pelo esforço da iniciativa individual, e permutando os numerários de umas com os das outras. É isso o que pode formar a vida e a grandeza de uma nação animada, inteligente e livre; e da inteligência não se pode fazer monopólio. (*Vozes: muito bem!*). As lições do triste passado, e ainda pior presente (*aplausos veementes!*) devem servir a corrigir-nos no futuro. Diversos são os problemas sociais instantes a resolver e cumpre não desdenhar deles.

Eu não me enganava quando combatia em 1850 o modo por que se suprimia a fonte dos braços indispensáveis à indústria agrícola, tão deploravelmente rotineira, sem que se cogitasse no substitutivo, em ordem a prevenir as graves e imponentes exigências do problema consequente – *a emancipação servil!* Levantei então a questão da colonização africana, como meio, sendo o seu fim a *emigração* [sic] *espontânea*.

Não me enganei tampouco quando, acudindo ao sentimento de bom patriotismo, combatendo com todas as forças na imprensa a tal política da intervenção no Rio da Prata, condenei a aliança com o caudilho Urquiza, aliança imoral perante as leis do direito das gentes, e a qual tinha por fim determinar uma vindita honrosa por deposição do governo legal de Buenos Aires de então. (*Sensação! Aplausos!*). Um primeiro erro trouxe tantos outros consigo, dos quais ainda sofremos os fatais efeitos nessa guerra desastrosa que nos arruína, e infelizmente não há de concluir-se, a despeito de tão grandes heroísmos nacionais, pelo esforço das armas, e muito menos com glória! (*Viva! Sensação; aplausos calorosos*).

Não me enganei também quando protestei e combati a política corrosiva da conciliação, que os áulicos apregoavam tendo sua origem *nas sombras da religião da Coroa*, e foi a fortuna dos que professavam a religião da apostasia! (*Bravos! Muito bem! Muito bem!*). Predisse aí que ela acabaria por animar o comércio da compra e venda das consciências e a predição realizou-se. Finalmente, quando combati a eleição por círculos, sem a condição do sufrágio direto, previ que seu resultado seria a nulificação da influência parlamentar legítima no governo da nação, e a previsão realizou-se. (*Vivo movimento de aprovação*).

Senhores, sinto que vos tenho por demais fatigado (*não! Não! Temos ouvido com muita satisfação*), e a meu turno a fadiga me assalta. Vou, pois, concluir. Não o farei, porém, sem lançar daqui um último protesto em favor deste pacífico, ordeiro e paciente povo brasileiro, cuja índole, a mais benéfica da dos povos do mundo, poderá ser magnífica e gloriosamente utilizada! (*Numerosos apoiados*). Diz-se, e com isto se magoa a resignação deste povo, que ele tem o governo que quer e deseja, porquanto não reage corajosamente contra as más práticas, dever de um povo verdadeiramente livre!

Isso não é verdade, senhores, em honra do povo reconheçamo-lo! Este povo é, e há de sempre ser capaz de grandes feitos e de formidável energia quando encontrar chefes gloriosos correndo a falar-lhe ao coração e à razão, e bem o exemplificando! Vede o aspecto imponente que ele deu ao mundo, e que a história passará em letras de ouro à posteridade, quando em frente das muralhas do Humaitá, guiado pelo *verbo* glorioso do heroísmo militar, o glorificado Osório (*bravos estrondosos e repetidos cobrem a voz do orador, que para um momento*)... deixava-se mergulhar e afrontava a morte com impavidez nunca excedida! (*Muito bem! Muito bem! Aplausos repetidos*). Esse povo inexperiente fizera-se guerreiro à voz de um chefe que seguia à palavra animada, o exemplo sintético o mais positivo!

Pois bem, senhores, na política como na guerra, destacam-se os chefes que o exemplifiquem, e ponham as doutrinas e as promessas em harmonia com os atos, e o exemplo será um grande incentivo, as aspirações da democracia vingarão, haverá uma nacionalidade brasileira de fato tão soberana como de direito! (*Aplausos gerais*).

É esta a glória que almejo, espero e peço estremecidamente para a minha pátria, e tenho fé que ela há de vir talvez mais cedo do que o presumem os inimigos das liberdades públicas neste único Império da América!

Tenho concluído! (*Aplausos gerais e estrepitosos cobrem as últimas palavras do orador que recebe felicitação de personagens políticas e homens do povo*).

15ª CONFERÊNCIA
Pedro Antônio Ferreira Viana[91]
Liberdade de cultos.
Pronunciada em 4 de julho de 1869.

Anúncio: OL, 51, 02/07/1869, p. 4:
"Conferência radical. – Na [manhã] de domingo, 4 do corrente, falará o Sr. Dr. Pedro Antônio Ferreira Viana, servindo de tese a *liberdade dos cultos*."

O texto desta conferência não foi localizado.

16ª CONFERÊNCIA
Graciliano Aristides do Prado Pimentel[92]
Descentralização.
Pronunciada em 11 de julho de 1869.

Anúncio: OL, 53, 09/07/1869, p. 4:
"Conferência Radical. – Domingo, 11, ora o Sr. Dr. Graciliano A. do Prado Pimentel sobre a descentralização."

---

[91] N. A.: Ver nota biográfica na 3ª conferência.
[92] N. A.: Graciliano Aristides do Prado Pimentel, natural do Sergipe, formou-se pela Faculdade de Direito do Recife em 1862. Foi deputado geral pelo Partido Liberal pelo Sergipe nas 17ª e 18ª legislaturas (1878-1884). Presidiu as províncias de Alagoas, Maranhão e Minas Gerais. Não assinou o Manifesto Republicano.

Publicada[93] em três partes em
OL, 59, 14/08/1869, p. 2;
OL, 60, 21/08/1869, p.2-3;
OL, 61, 28/08/1869, p. 2- 3.

"CLUBE RADICAL
Conferência.

Às 11 horas da manhã de domingo 11 de julho de 1869, reunidas na casa da rua da Ajuda n. 57 cerca de 3.000 pessoas, subiu à tribuna o Dr. Graciliano Aristides do Prado Pimentel e proferiu o seguinte discurso sobre centralização:

Meus ilustres compatriotas.
Na conferência em que pela primeira vez tive a honra de dirigir-vos a palavra[94] por parte do Clube Radical, procurei mostrar-vos os perniciosos efeitos da centralização governativa e como exemplos citei-vos a Roma dos imperadores, a França no tempo de Luiz XIV e o Brasil desde o Primeiro Império. Como um contraste, e como exemplo dos efeitos benéficos da descentralização, apresentei-vos os Estados Unidos, nação de ontem na qual os estadistas da velha Europa não se dedignam de vir estudar e aprender as normas de um governo liberal, nação de ontem, na qual apóstolos ferventes dos direitos individuais, como Tocqueville[95] e Laboulaye,[96] fatigados pela luta de morte travada

---

[93] N. A.: Esta conferência foi publicada em folheto com o título: *These: centralização*, por Prado Pimentel. Typographia Americana, rua dos Ourives, 19, 24 p.
[94] N. A.: Trata-se da 11ª conferência.
[95] N. A.: Alexis-Charles-Henri Clére, visconde de Tocqueville, dito Alexis de Tocqueville (1805-1859). Pensador e historiador suíço-francês. Muito lido no Brasil no século XIX por liberais e mesmo conservadores, sobretudo por seu livro Democracia na América.
[96] N. A.: Eduard René Laboulaye Lefèvre (1811-1883). Jurista liberal francês, admirador dos Estados Unidos de que escreve uma história política em três volumes. Foi o autor da ideia de oferecer aos Estados Unidos a Estátua da Liberdade.

no antigo continente entre o princípio liberal e o princípio retrógrado, vêm aspirar desafogados o ar puro e vivificador da liberdade e mostrar ao mundo em seus escritos inspirados que só ela faz prodígios, que só ela teve suficiente energia para converter uma nação de poucos anos em uma nação de gigantes. (*Muito bem, muito bem*). O assunto é por demais vasto para ser compreendido em uma só conferência. Resolveu, portanto, o Clube Radical, enviar-me de novo à vossa presença para dizer-vos mais algumas palavras a respeito da mesma tese.

Senhores, as profícuas lições da experiência e os eloquentes exemplos da história nos devem ter suficientemente convencido de que, depois de Deus, é a liberdade a maior força produtora do universo. (*Aplausos*). O despotismo é por sua natureza estéril e esterilizador. Só a liberdade anima, só a liberdade é fecunda. (*Muito bem, muito bem*). "Há uma palavra", disse eloquentemente Eugenio Pelletan,[97] "a mais bela de toda a língua falada, porque só ela compreende a natureza superior do homem, toda a dignidade, toda a prosperidade neste mundo: é a palavra liberdade, porque atravessando-se um país e vendo-se a cultura florescente ou a terra abandonada pode-se dizer com segurança: eis aí um povo livre, ou eis aí um povo escravo." (*Muito bem*).

O viajante que atravessar hoje os espaços quase desertos que se descortinam nas imediações de Roma, sede do governo pontifício, verificará mais uma vez a exatidão das palavras do distinto publicista francês. Todos vós conheceis, senhores, pelo menos de reputação, essa terra inóspita e mortífera que é designada com o nome de Campanha Romana. O deserto, auxiliado pela ação destruidora de um governo despótico, vai todos os dias conquistando mais terreno, a população, privada da energia que só a iniciativa individual inspira, vai-se rarefazendo cada vez mais e recuando sensivelmente ante as forças hostis da natureza, e os campos onde há alguns séculos vivia uma população abundante e se

---

[97] N. A.: Pierre Clément Eugène Pelletan (1813-1884). Jornalista e político francês. Eleito deputado em 1863, aderiu à oposição ao Segundo Império, ganhando fama de grande orador. Em 1870, foi membro do Governo de Defesa Nacional.

observava uma vegetação luxuosa, só apresenta hoje o triste espetáculo da miséria, da desolação e da morte.

Um viajante que se dirigia a Roma, aterrado pelo aspecto lúgubre do país que percorria, perguntou a um infeliz que ainda no verdor dos anos já parecia vergado para a sepultura: "Como é possível viver neste lugar?". "Ah! senhor, respondeu-lhe o desgraçado, aqui não se vive, aqui se morre!" (*Sensação*). Eis os efeitos infalíveis da centralização governativa, seja qual for a forma da sua manifestação, quer se ache encarnada na pessoa de um rei secular, quer se ache representada por um soberano pontífice. (*Muito bem. Muito bem.*)

Devo, porém, antes de tudo, Senhores, tratar do nosso país, ao qual julgo escusado dizer-vos que voto o mais profundo, o mais entranhável amor. É o patriotismo que, violentando o meu natural acanhamento e obrigando-me neste instante a um esforço superior a minha inteligência (*muitos não apoiados*) me traz pela segunda vez a esta tribuna, não para dizer-vos cousas que ignoreis, mas, unicamente, para diante do fumo de tantas ilusões esvaecidas, diante dos destroços amontoados de tantas esperanças mortas em flor, bradar-vos: – "alerta, cidadãos do Brasil!", para pedir-vos em nome desta nossa pátria infeliz, que unais os vossos esforços aos esforços do Clube Radical a fim de que, no meio do descalabro e da prostração geral deste país, salvemos, pelo menos, uma réstia de fé que nos ampare no difícil e escabroso caminho do futuro (*Aplausos*).

Foi para isto, senhores, que se instituiu o Clube Radical e que se estabeleceram estas conferências, às quais tendes incessantemente prestado o vosso generoso e esclarecido apoio. Um punhado de moços obscuros, sem brilhantes posições sociais, sem nomes pomposos e retumbantes a oferecer como garantias, nesta terra clássica dos medalhões, (*hilaridade*) tomou a si o glorioso empenho de restituir à individualidade os seus direitos e à liberdade as suas sublimes prerrogativas, de desempecer a marcha do carro social, dispersando pelo resto da sociedade a vida que, em prejuízo da liberdade e do progresso, se acha concentrada na cabeça. (*Muito bem.*)

Vós sabeis, senhores, as injúrias e os apodos que nos têm sido assacados pelos turiferários do governo, pelos bem-aventurados usufrutuários da fortuna deste país. (*Risadas*) Chamam-nos loucos, que pretendemos subverter a ordem social, a qual eles reputam firmada sobre bases sólidas e inabaláveis, enquanto desfrutam pingues prebendas sobre o orçamento, fazendo sempre a reserva mental de atacá-las de frente quando forem privados da tão apreciada iguaria, (*risadas*) e, por cúmulo de insulto, e como o *suprassummum* [sic] do escárnio, chamam-nos pobretões que não temos um palmo de terra onde possamos cair mortos. (*Risadas.*)

Não era preciso, senhores, que os turiferários do governo nos atirassem como insulto aquilo que somos os primeiros a confessar como o nosso mais belo elogio. (*Aplausos*). Porque se a independência de caráter, se a nobreza e elevação de sentimentos são sempre qualidades apreciáveis, o seu merecimento sobe de ponto quando se acham aliadas à pobreza e às privações da vida. (*Prolongados aplausos*). E notai bem esta coincidência, senhores, foi preciso que subissem ao poder os proverbiais adoradores da barriga (*risadas*), foi preciso que a cega ambição obscurecesse inteiramente o senso moral desses insaciáveis glutões para que fossem apontados ao desprezo público aqueles que não tiverem a habilidade de ajuntar grandes fortunas, fossem quais fossem os meios, quer fossem lucrativas transações de moeda falsa, quer escandaloso contrabando de africanos (*prolongados aplausos*); foi preciso isso, senhores, para que uma pobreza honesta e laboriosa fosse apontada como um sinal de aviltamento! (*Continuam os aplausos*).

Somos chamados de loucos porque pedimos o que é nosso, porque pedimos os nossos direitos e advogamos a causa do futuro deste país. Não penseis, senhores, que estranhamos a aspereza e grosseria do epíteto que nos atribuem. No meio da profunda depravação que invade as regiões governamentais, no meio do ceticismo que devasta todas as aspirações patrióticas, esse ceticismo, fruto estéril e enfezado da política antinacional e centralizadora do Sr. d. Pedro II (*muitos apoiados*), é muito natural que os atuais posseiros da cena política reputem loucos uma plêiade de moços que não entoam hinos ao Deus do ventre (*muito bem, muito bem)*, uma plêiade de moços que se consagram corpo e alma ao culto da pátria, sem confiança no dia de hoje e quase sem esperança no dia de amanhã. (*Muito bem, muito bem*).

E demais, senhores, à vista do abatimento geral deste país que vai produzindo o sistema representativo abastardado que nos rege, o que são as grandes aspirações patrióticas, o que é o santo e leal patriotismo senão uma espécie de loucura? Hoje o egoísmo é a regra, o patriotismo é apenas a exceção que a confirma. (*Muito bem, muito bem*). Os radicais, porém, vão seu caminho sem darem atenção às insolências dos turiferários do governo. No meio das provações dolorosas por que temos passado, dizemos nós, parodiando um pensamento de Guizot:[98] – agradecemos a Deus, como um conforto, como uma obra de misericórdia, ter-nos dado a faculdade de conservar grandes desejos, por mais incertas e longínquas que sejam as esperanças. Apoiados pela briosa e esclarecida população do Rio de Janeiro, temos todo o empenho em mostrar ao resto do país que de um punhado de moços obscuros, mas independentes e livres, mesmo debaixo do despotismo, partiu a primeira palavra para a grande obra da regeneração social (*aplausos*), pretendemos mostrar ao resto do país que no coração deste grande e generoso povo fluminense há uma pulsação para todas as dores, há um eco para todos os gemidos. (*Muito bem, muito bem*).

Senhores, a vida do Império do Brasil apresenta os fenômenos mais curiosos da vida geral da humanidade. O estrangeiro que, aportando às praias brasileiras, atentar para a marcha da nossa vida interna deve ficar assombrado diante da pavorosa antítese que aqui se observa entre o que foi feito por Deus e o que tem sido feito pelos homens. (*Muito bem.*) Com efeito, senhores, como explicar-se regularmente diante desta natureza colossal, em cuja face a mão de Deus gravou por toda a parte um sublime selo de grandeza, diante da prodigiosa fecundidade deste solo abençoado, a esterilidade e a vida inglória em que temos até agora

---

[98] N. A.: François Pierre Guillaume Guizot (1787-1874). Influente político e historiador françês. Muito citado no Brasil no século XIX.

vegetado? Como explicar que, diante da imensidade da obra da Providência, a obra dos homens seja sempre pequena e mesquinha? (*Muito bem, muito bem*). Não é necessário grande esforço de inteligência para se chegar à compreensão de que deve haver aqui alguma circunstância precária e factícia que contraria o plano providencial.

Um fato, senhores, contrista profundamente a todos aqueles que se interessam pelos destinos desta porção da América. Enquanto ondas de emigração europeia se estabelecem espontaneamente para a grande e feliz República americana e para as pequenas repúblicas do Rio da Prata, enquanto o estrangeiro laborioso corre a fecundar com o seu suor as regiões extremas do mundo, passa por nós de longe sem tocar nos nossos portos, como se esta terra do Cruzeiro fosse para ele uma terra de maldição! (*Muito bem, muito bem*). Enquanto o estrangeiro empreendedor corre a pedir um canto de terra às repúblicas americanas para fazê-lo frutificar com o seu trabalho, o Brasil, este vasto Império do Brasil, invoca debalde com os seus mais ardentes votos o auxílio de braços livres que nos venham ajudar a extirpar desta porção da América o cancro hediondo da escravidão. (*Aplausos*). Enquanto o estrangeiro válido corre a enriquecer com a sua indústria as repúblicas do Norte e do Sul, manda-nos para cá os cegos e aleijados, que vêm viver à custa da nossa caridade. (*Hilaridade*).

Faz ainda mais, senhores. Aqueles que, cedendo às nossas insistências reiteradas, resolvem-se a vir estabelecer entre nós os seus penates fogem depois espavoridos, como se saíssem de um hediondo cárcere! (*Muito bem*). Não estou fantasiando, não estou aqui fazendo um romance. Todos vós sabeis que isso se acaba de dar aqui mesmo no Rio de Janeiro, à vista do governo imperial.

Imprudentes! Não toqueis neste assunto incandescente, nos diz todos os dias o governo por intermédio dos seus escrevinhadores, (*risadas*) estais desmoralizando o nosso país. Este governo de São Cristóvão, senhores, é além de tudo sobremaneira engraçado. Cada um dos ministros e seus defensores oficiosos ou oficiais, constitui um tipo digno de figurar em uma comédia de Molière. (*Hilaridade*). O governo falta escandalosamente à fé nos contratos em virtude dos quais os estrangeiros se resolveram a estabelecer entre nós o seu domicílio (*muito bem*); com o seu criminoso procedimento dá lugar a essa triste cena a que todos assistimos indignados, e quando prorrompe um grito de reprovação contra a humilhação a que somos reduzidos, dizem-nos não faleis nisto porque a vergonha que daí resulta reverte também sobre o país!

"Não, senhores, a vergonha é do governo e só do governo." (*Aplausos*). O país rejeita toda a solidariedade com os atos desconchavados e arbitrários do Sr. Ministro da Agricultura. (*Prolongados aplausos*). O governo de São Cristóvão que fez em torno de si o silêncio, que desquitou-se inteiramente da opinião pública, (*aplausos estrondosos cobrem a voz do orador; vozes: ouçam! Ouçam!*) acostume-se a devorar ele só as suas vergonhas e humilhações, porque a opinião pública o abandonou. (*Continuam os aplausos*).

E qual, será, senhores, a causa desta preferência que nos humilha dada pelo estrangeiro às repúblicas americanas em prejuízo deste Império do Brasil? Será que nessas repúblicas a terra lhe retribui mais largamente os esforços do seu trabalho? Não, senhores, digamos com assomos de legítimo orgulho. Não há parte alguma do mundo em que a terra recompense mais prodigamente os esforços do trabalho inteligente do que neste Império do Brasil. (*Muitos apoiados*). Será que nessas repúblicas é mais estritamente observado o sagrado dever da hospitalidade? Não, senhores, digamos ainda com orgulho, não há povo nenhum no mundo tão generoso e tão hospitaleiro como este povo do Brasil, tão infeliz e tão digno de melhor sorte (*muito bem, muito bem*); não há povo nenhum no mundo que tenha a habilidade de tornar o pão da hospitalidade menos duro e menos amargo. (*Apoiados*).

Uma só causa existe, senhores, e é que enquanto nessas repúblicas o governo, restringindo-se ao círculo de ação traçado por sua natureza, deixa à iniciativa individual o cuidado da felicidade particular, entre nós o governo tudo esteriliza e agorenta com a sua tutela importuna;

é que, enquanto lá são os indivíduos os incumbidos de velar em seus interesses, entre nós é o governo quem sabe de tudo, quer tudo e pode tudo. (*Muito bem, muito bem*). Homens saídos do seio do povo, no dia em que, por acaso, ou por um jogo da fortuna, envergam fardas ministeriais, já se reputam dotados do dom da onisciência, como se tivessem sido tocados pelas línguas de fogo do cenáculo (*risadas*), desde então são eles os que sabem, melhor do que nós, o que nos convém, quais os nossos interesses e até qual o caminho que nos há de conduzir mais seguramente ao reino do céu. (*Risadas*). No reino do céu nos quer pôr a todos o governo do nosso país, senhores, convertendo-nos de seres pensantes e livres em uma multidão ignóbil de pobres de espírito (*Prolongados aplausos*). Mas de todas as invasões ilegítimas do governo (e quando eu falo em governo refiro-me também às leis que nos regem) nenhuma deve pesar mais duramente sobre o coração do estrangeiro do que a invasão dos direitos sagrados da consciência. (*Muito bem*).

(*Continua.*)

OL, 60, 21/08/1869, p. 2-3:

"Clube radical – Conferência – (*Continuação do discurso do Sr. Dr. Prado Pimentel.*)

A Constituição outorgada pelo Sr. D. Pedro I diz ao seu art. 5º: "São livres todos os cultos no Brasil etc.", porém mais adiante dispõe que não podem ser deputados e, por paridade de razão, não podem ser senadores, ministros, conselheiros de estado etc., os que não professarem a religião católica, apostólica, romana. E as carunchosas Ordenações do Reino (*risadas*), completando o pensamento *benéfico* da Constituição imperial dizem: "só são válidos para produzir os efeitos legais os casamentos que forem celebrados à face da Igreja."

Refletindo sobre esta singular liberdade de cultos que nos concedem a Constituição do Sr. D. Pedro I e as Ordenações do Reino, recordo-me de um fato que li algures e cuja autenticidade não posso garantir. Um Vice-rei do Egito teve um dia veleidades de estabelecer um arremedo de regime parlamentar; para isso designou os seus deputados, do mesmo modo que o Sr. visconde de Itaboraí designou os seus (*apoiados, risadas*) e no dia marcado para a instalação desse singular parlamento compareceu o Vice-rei, o qual fez esta breve, mas significativa fala: "Senhores, a Câmara se dividirá em lado direito e lado esquerdo (*risadas*), o lado direito será o lado governista e o lado esquerdo será o oposicionista, os senhores têm a liberdade de se sentarem indiferentemente em qualquer dos lados; todavia, sempre é bom adverti-los de que aqueles que se sentarem no lado oposicionista têm de receber cada um cinquenta pauladas". (*Hilaridade geral, palmas prolongadas*). A consequência da expressiva advertência do Vice-rei foi que ninguém se sentou no lado esquerdo e que a Câmara foi unânime, como esta do Sr. Itaboraí (*risadas gerais*), e sendo isto contrário às praticas parlamentares que se pretendia macaquear, o Vice-rei dissolveu a Câmara e deu por acabada a farsa. (*Continuam as risadas.*)

UMA VOZ. – Isto vai com subscrito.

O ORADOR: – A Constituição do Império, isto é, a Constituição do Sr. D. Pedro I...

O Sr. SALDANHA MARINHO: – É bom fazer a distinção.

O ORADOR: –... concede liberdade de cultos, mas diz àqueles que não professam a religião do Estado: nunca podereis ser cousa alguma neste país, embalde sentireis abrasar-vos o cérebro a febre do talento, embalde votareis a esta terra de Santa Cruz o mais puro e ardente amor, nunca podereis intervir na gerência dos seus destinos porque não professais a religião católica apostólica romana. E as Ordenações do Reino, vindo sempre como sucursal completar o pensamento da Constituição, dizem: os vossos casamentos serão verdadeiros concubinatos e os vossos filhos serão filhos ilegítimos. (*Muito bem, muito bem*).

Ah! Senhores, eu nunca pude compreender o direito com que a sociedade pretende estabelecer esse consórcio sacrílego entre as cousas eternas do céu e as cousas efêmeras da terra (*aplausos*); nunca pude compreender esse direito, porque leio no Evangelho que o mesmo Jesus Cristo disse: "o meu reino não é deste mundo" e mais adiante: "dai a César o que é de César e a Deus o que é de Deus! (*Muito bem, muito bem*).

A adoção de uma religião de Estado importa por parte do governo a confissão de que só é verdadeira a religião adotada e que só ela pode garantir aos seus súditos a felicidade eterna. Em primeiro lugar, rejeito a competência do Estado para decidir nesta matéria (*apoiados*); não sei qual o critério de que dispõe a sociedade civil para declarar que tal religião é a verdadeira e que todas as outras religiões são falsas. (*Apoiados*). Em segundo lugar, vede a consequência infalível de todos os princípios falsos. O governo do Brasil reconheceu, depois de amarga experiência, que o estabelecimento de uma religião de Estado é um embaraço à colonização estrangeira. (*Apoiados*). E, pois, para o fim de criar e manter esses pequenos núcleos coloniais que aí temos nas províncias e que têm custado somas enormes aos cofres públicos (*apoiados*) mandou vir da Europa pastores protestantes à custa do tesouro, e comete algumas vezes a incoerência de estipendiar na mesma colônia um pastor protestante e um sacerdote católico. (*Apoiados*).

Se a adoção de uma religião de Estado importa, como é impossível contestar, da parte da sociedade a confissão de que só a religião adotada é verdadeira, o governo não tem o direito de despender os dinheiros públicos estipendiando sacerdotes de religiões declaradas falsas. (*Apoiados*). Pagar ao mesmo tempo pelos cofres públicos a sacerdotes de duas religiões diferentes é acoroçoar a descrença e o indiferentismo religioso (*apoiados*), é confessar, ou que ambas as religiões são verdadeiras, o que é uma heresia, ou que ambas são falsas, o que é uma blasfêmia. (*Muito bem, muito bem*).

E se vingar o plano de colonização chinesa (*risadas*), engendrado pelo *habilíssimo* e *atiladíssimo* senhor ministro da Agricultura[99] (*hilaridade*), teremos de ver muito breve sacerdotes chineses pagos pelos cofres públicos (*Apoiados e risadas*).

---

[99] N. A.: Trata-se de Joaquim Antão Fernandes Leão.

E o espírito de intolerância religiosa que, à sombra da proteção do governo imperial, se vai estendendo por todo este país (*apoiados*) não é de natureza a dissipar as justas apreensões que, nos ânimos dos estrangeiros que não professarem a religião católica apostólica romana, devem sugerir as nossas disposições legislativas. Não há quem não observe os progressos que o mais exagerado ultramontanismo, ou antes, que o mais deslavado jesuitismo (*apoiados*) vai fazendo neste infeliz Império. (*Apoiados*). Deixo de parte os atos de condenável intolerância religiosa praticados pelo episcopado brasileiro e especialmente pelos bispos do Pará e do Rio-Grande do Sul.

UMA VOZ: – E do Rio de Janeiro.

O ORADOR: – Deixo de parte o ato injusto e absurdo praticado há pouco pelo senhor bispo do Rio de Janeiro expelindo do Seminário de São José sacerdotes brasileiros que despenderam os melhores quartéis de sua vida no serviço da Igreja e do Estado para entregá-lo à direção de jesuítas, como se no Brasil não houvesse sacerdotes que pudessem dirigir um seminário (*apoiados*), como se para ensinar a religião aos brasileiros precisássemos de mandar encomendar na Europa uma colônia de lazaristas. (*Apoiados*). Tratarei somente do fato absurdo, inqualificável praticado há pouco pelo bispo de Pernambuco.

Um brasileiro, senhores, que tinha gasto toda a sua vida em adquirir glórias para si e para sua pátria (*apoiados*); um brasileiro que tinha mais cristianismo na alma e nas ações do que muitos desses fariseus que trazem sempre nos lábios o mel da palavra evangélica, no coração o fel do ódio e do rancor e nas faces o verniz espesso da hipocrisia (*apoiados*), por causa de uma miserável questão teológica sustentada contra um monsenhor prelado doméstico (*hilaridade*) não teve depois de morto cinco palmos de terra em chão sagrado para repousar ao lado de seus compatriotas (*aplausos*) e foi pedir guarida hospitaleira em cemitério de estrangeiros protestantes (*continuam os aplausos*). Refiro-me ao fato maldito praticado com o cadáver do sempre lembrado general Abreu e Lima. (*Muito bem, muito bem*).

O que diria o estrangeiro, senhores, quando soube [sic] que assim sumarissimamente, sem formalidades, sem processo, cuspiu-se no cadáver de uma das mais brilhantes glórias nacionais? (*aplausos*). O que diria quando soube [sic] que uma corporação de protestantes ensinou a um prelado católico, apostólico, romano o dever sublime da caridade e do perdão? (*Bravos! Prolongados aplausos*). E o delegado de S. M. o Imperador assistiu de braços cruzados a essa triste cena e consentiu que de um cemitério público, construído às expensas da Câmara Municipal (*apoiados*), fosse expelido o cadáver de um distinto brasileiro a quem a Igreja iludiu toda a vida dizendo-lhe que, sem um processo e sem uma condenação formal, não poderia ser despojado dos direitos que lhe conferiu o sacramento do batismo! (*Aplausos*). E é assim, senhores, que o governo pretende atrair para o Brasil a colonização europeia, convertendo esta porção da América em uma parte desmembrada da Espanha de Isabel II,[100] do padre Claret,[101] e da sóror Patrocínio?[102] (*Aplausos*).

Poderia entrar em considerações de outra ordem relativas ao importante assumpto da colonização, mas tenho necessidade de restringir-me à tese que me foi prescrita pelo Clube Radical. Comprometi-me a demonstrar-vos, ou, pelo menos a procurar demonstrar-vos, os dois mais perniciosos efeitos da centralização governativa, os quais formularei do seguinte modo:

---

[100] N. A.: Isabel II (1830-1904). Rainha da Espanha de 1833 até sua deposição em 1868. Depois de um reinado conturbado, complicado com escândalos domésticos, foi deposta pela revolução militar republicana de 17 de setembro de 1868, que os espanhóis chamaram *La Gloriosa*. Abdicou ao trono em 1870 e seu filho Afonso XII tornou-se rei em 1874.

[101] N. A.: Antônio Maria Claret, nascido Antoni María Claret i Clará (1807-1870). Sacerdote católico espanhol, arcebispo de Cuba, fundador da ordem dos padres Claretianos, também conhecida como Congregação dos Filhos do Imaculado Coração de Maria, em 1849. Confessor de Isabel II, teve sua congregação banida pela revolução de 1868.

[102] N. A.: María Rafaela de los Dolores y del Patrocínio, mais conhecida como Sor (Sóror) Patrocínio (1811-1891). Freira espanhola da Ordem da Imaculada Conceição. Exerceu grande influência sobre Isabel II. Foi afastada após a revolução de 1868. Alegava ter tido experiências místicas. Foi beatificada pela Igreja Católica.

1º A centralização governativa, concentrando todos os poderes nas mãos dos governantes, impede-lhes conhecer a verdadeira opinião do país, as necessidades públicas e satisfazê-las.

2º A centralização governativa, pelo mesmo fato de revestir de imenso poder as pessoas dos governantes, faz pesar sobre eles imensa responsabilidade, sob a qual muitos têm sucumbido, segundo nos diz a história.

O segundo princípio, senhores, é corolário do primeiro. O governo que absorve e concentra em si todas as forças, todos os recursos do país, deve ser responsável perante a opinião pública não só pelos males que faz, mas ainda pelos bens que deixa de fazer (*muito bem*). Luís XV de França soube um dia com pasmo que ele, a quem os franceses apelidaram outrora o muito amado, *le bien aimé*, era alvo dos motejos e do desprezo geral e disse com a maior ingenuidade: — eu não sei por que a França me abandona.

Eis aí, senhores, claramente exemplificada, a ignorância do espírito público produzida pela excessiva centralização governativa. O miserável que derramara impiamente o fruto sagrado do suor do povo nos regaços de suas infames barregãs, o rei devasso que convertera o trono de São Luís e de Henrique IV em leito de prostituição e de luxúria não sabia por que a França o abandonava! (*Risadas, muito bem, muito bem*).

E no Brasil, senhores, o que tem sido o governo desde o Primeiro Império senão a exata encarnação da mais completa ignorância do espírito público e das tendências da opinião? (*Apoiados*). As circunstâncias do nosso país, senhores, são tão anômalas e especiais que eu, orador bisonho (*muitos não apoiados*) e sem prática de tribuna, diante de um auditório tão respeitável, vejo-me tomado de um singular embaraço. Não é a carência de assunto que me peia a palavra, é [sic], pelo contrário, a extraordinária abundância de fatos e a imensa série de tristes observações que eles sugerem. (*Apoiados*). Considerando na marcha irregular deste vasto Império e diante do jogo de tantos elementos desencontrados, eu sinto que meu espírito vacila e que a minha inteligência se perde. Peço-vos, portanto, desculpa, senhores, se porventura as minhas palavras se ressentirem da desconexão das minhas ideias. (*Muitos não apoiados. Vozes: vai muito bem, vai muito bem*).

Desde o Primeiro Império, tem-se representado neste país uma comédia, na qual se diz que é o povo quem representa o primeiro papel, mas em que o papel do povo é sempre sistematicamente suprimido. Notando esta coerência desanimadora entre os empresários políticos do Primeiro e do Segundo Reinado, recordo-me de um curioso anúncio feito por um empresário dramático da roça: "Hoje, dizia ele, representar-se-á a excelente tragédia do distinto poeta inglês Shakespeare, intitulada *Otelo*, mas o empresário tem a honra de advertir ao respeitável público que, por conveniências da companhia, o papel de Otelo será suprimido." (*Aplausos e risadas gerais*).

Tudo para o povo, mas nada pelo povo, disse D. Pedro I quando os emissários do povo reunido lhe representaram a necessidade de arrepiar carreira na política tortuosa e antinacional que ia seguindo. Vê-se aí bem patente, senhores, o espírito que sempre predominou na dinastia de Bragança. D. Pedro I não foi sincero quando disse que aceitava a coroa do Brasil como delegação da nação. (*Apoiados*). O primeiro imperador, filho de D. João VI, regente e rei que abandonou cobardemente o seu povo no dia em que o viu ameaçado pelas armas estrangeiras e que só para lá foi quando tinha cessado o perigo (*apoiados*), o primeiro imperador repudiava o poder que o tinha levantado – o elemento popular – e acolhia-se às tradições anacrônicas da monarquia portuguesa. D. Pedro I reputava-se monarca deste país por direito de nascimento e conquista. (*Risadas*). E se não, senhores, como explicar que o primeiro Imperador, delegado do povo, nomeado pelo povo, se quisesse colocar superior ao poder que o tinha nomeado? (*Apoiados*). Fez, portanto, muito bem o povo brasileiro que no dia 7 de abril, elevando-se à altura de sua dignidade e reivindicando os seus direitos, cassou os poderes de que tinha abusado o seu procurador infiel. (*Aplausos*). E todo o reinado de D. Pedro I foi uma série de fatos que revelam a maior ignorância do espírito público desta nação que se formava. E foi por isso, senhores, que na ocasião em que julgava mais bem firmado o seu trono e supunha poder impunemente afrontar a opinião pública, viu vacilar e cair esse trono porque a opinião pública o tinha desamparado, arrebatando consigo todos os elementos de resistência com que contava o monarca. (*Apoiados. Muito bem, muito bem*).

Entretanto, senhores, (e esta consideração faz-me crer que as inteligências dos reis são rebeldes às lições da experiência), (*muito bem*) entretanto, o povo brasileiro já tinha anteriormente mostrado ao primeiro monarca que, se tivera bastante generosidade para fazer-lhe presente de um trono e um cetro, não estava disposto a consentir que esse trono se convertesse na cadeira de um tirano e esse cetro no látego de um senhor. (*Muito bem*).

Um dia D. Pedro I teve a veleidade de nomear seu ministro um homem impopular, chamava-se Maia,[103] creio eu, (*risadas*) e como era necessário que esse ministro tivesse um assento na Câmara temporária, resolveu o Imperador fazê-lo eleger deputado pela província de Minas Gerais. Com o seu valido pela mão, dirigiu-se D. Pedro I a essa briosa província e pediu pessoalmente a cada um dos eleitores a esmola de seu voto para o seu candidato favorito. Mas esses distintos cidadãos, cônscios dos seus direitos e da sua dignidade, responderam em face ao Imperador: "não é possível, Senhor, não podemos votar no vosso candidato porque isto é contrário aos ditames das nossas consciências e aos nossos deveres de patriotas". (*Muito bem, muito bem*). E o primeiro Imperador julgou prudente devorar calado a humilhação e conheceu que a nobreza de caráter era moeda que ainda tinha cotação neste país.

Senhores, recordando esses tempos de heroísmo cívico, eu não posso deixar de lançar um olhar triste sobre o presente e de fazer uma apreciação dolorosa, admirando quanto a máquina do despotismo se acha atualmente aperfeiçoada. Hoje, quando todas as nações do mundo realizam conquistas democráticas, quando os espíritos os mais aferrados às ideias do passado julgam dever fazer concessões ao espírito do século, o Brasil retrograda a olhos vistos, como se um mau fado nos

---

[103] N. A.: José Antônio da Silva Maia. Foi nomeado ministro em 4 de outubro de 1829, quando era deputado por Minas Gerais.

perseguisse! (*Muito bem, muito bem*). Cotejando o Império de hoje com o Império de 1830, não podemos deixar de reconhecer que toda a desvantagem é para os tempos da atualidade (*Apoiados*). Hoje, senhores, não é o Imperador, não são mesmo os ministros de estado quem leva candidatos à boca de urna eleitoral.

UMA VOZ: – Bastam os inspetores de quarteirão.

O ORADOR: –... para que se haviam de incomodar tão elevadas personagens? Basta que seja nomeado um presidente ou procônsul adaptado à obra da conquista, seja qual for o seu nome, não é preciso que seja grande coisa (*risadas*), chame-se mesmo Costa Pinto[104] ou Itaúna.[105] (*Aplausos prolongados*).

UMA VOZ: – Ou São Lourenço.[106]

O ORADOR: – E ao passo que vereis surgir das sombras cousas cuja existência vós nem mesmo suspeitáveis (*muitos apoiados*), vereis com pasmo que Osório, a personificação da glória pelas armas (*aplausos estrondosos*) que José Bonifácio,[107] a personificação da glória pelas letras (*aplausos*), não puderam figurar na lista dos representantes do seu país. (*Aplausos gerais e estrepitosos cobrem a voz do orador*).

VOZES: – Viva o orador, viva o orador. Viva o orador!

O ORADOR: – Peço-vos perdão, senhores, se infringi os preceitos da arte oratória falando-vos ainda no grande nome de Osório na segunda vez em que tenho a honra de dirigir-vos a palavra. Conheço que segundo as regras da retórica os grandes exemplos não devem ser muitas vezes repetidos para não perderem o seu efeito. Mas a culpa não é minha, senhores. Eu tinha necessidade de citar exemplos e os exemplos não se criam, aceitam-se. (*Muito bem*). E o nome de Osório há de ser sempre pronun-

---

[104] N. A.: Antônio da Costa Pinto e Silva, presidente do Rio Grande do Sul, nomeado em 16 de setembro de 1868.
[105] N. A.: Barão de Itaúna (conselheiro Borges Monteiro), presidente de São Paulo, tomou posse em 27 de agosto de 1868.
[106] N. A.: Visconde de São Lourenço, Francisco Gonçalves Martins, nomeado presidente da Bahia em 6 de agosto de 1868.
[107] N. A.: José Bonifácio de Andrada e Silva, professor de direito na Faculdade de São Paulo, deputado geral por São Paulo, 1867-68, não foi reeleito em 1868.

ciado quando se quiser conhecer até que ponto podem chegar a coragem impertérrita e o heroísmo militar de um brasileiro... (*aplausos prolongados*).

UMA VOZ: – E a dedicação patriótica.

O ORADOR... assim como o nome de José Bonifácio há de ser sempre pronunciado quando se quiser conhecer até onde podem se elevar neste país a pureza de caráter e o esplendor da inteligência. (*Prolongados aplausos*).

Mas notai, senhores, a diferença entre estes dois distintos brasileiros. Enquanto todos nós que amamos de coração as glórias de nossa pátria sentimos do fundo da alma a exclusão de Osório do Senado brasileiro,[108] porque infelizmente, com prazer o confesso, ainda se sentam nesse Senado ilustrações e caracteres ao lado dos quais poderia achar-se colocado sem desmerecer o vulto homérico do general rio-grandense (*muitos apoiados*), todos aplaudimos sinceramente a exclusão de José Bonifácio da Câmara temporária, porque nessa Câmara, organizada como se acha pelo gabinete de 16 de julho, não havia lugar para o talento esplêndido do distinto liberal paulistano. (*Muitos aplausos*).

(*Continua.*)

OL, 61, 28/08/1869, p. 2-3:

Clube radical – Conferência – (Conclusão do discurso do Sr. Dr. Prado Pimentel.)

Senhores, falei-vos há pouco do heroísmo e da coragem cívica com que os eleitores da província de Minas Gerais repeliram as pretensões do primeiro Imperador a respeito do seu impopular ministro. Permiti-me que a propósito deste fato externe considerações minhas, para as

---

[108] N. A.: O General Manoel Luís Osório, marquês de Herval, foi eleito senador pelo Rio Grande do Sul em 1877. Não consta ter entrado em lista tríplice antes.

quais peço-vos indulgência, se por ventura entenderdes que são neste momento deslocadas.

Quando pela primeira vez tive de visitar a província de Minas, aquela terra irregular e acidentada que parece imitar as ondulações do oceano, aquela natureza majestosa em sua rudeza selvagem, aquelas montanhas que roçam as nuvens e, mais que tudo, a simplicidade e a sobriedade dos seus habitantes, produziram no meu espírito uma profunda impressão, e recordando os grandiosos fatos históricos de que aquela terra original tinha sido teatro, pareceu-me que aquelas montanhas se animavam, minha imaginação representava-me os lugares ermos que eu atravessava povoados das sombras gloriosas dos inconfidentes e dos mártires de 1842 (*muito bem, muito bem*) e disse comigo mesmo que aquela terra sem igual neste Império parecia fadada por Deus para o ser o último asilo da liberdade brasileira, como já tinha sido o seu berço. (*Aplausos.*)

Hoje, senhores, com pesar o confesso, produziu-se em minhas ideias uma profunda revolução porque reconheci que mesmo aquele asilo da liberdade se acha profanado (*muito bem*) e vendo a docilidade com que a briosa província de Minas, a gloriosa pátria de Gonzaga e Tiradentes (*muito bem, muito bem*) repeliu de seu seio como uma madrasta cruel os seus filhos mais distintos e curvou humildemente o colo para receber a gargalheira que lhe pôs o ministério de 16 de julho (*muito bem, muito bem*), senti uma dor profunda, senhores, porque mais uma ilusão querida se tinha esvaecido no meu espírito (*bravos, muito bem*), e fiquei aterrado considerando no imenso poder da misteriosa alquimia com que o governo do Sr. D. Pedro II conseguiu também abater a cerviz daquela orgulhosa rainha das montanhas! (*Bravos! Aplausos*).

Senhores, tratando-se da ignorância do espírito público e dos esforços centralizadores que caracterizaram o Primeiro Império, passa-se naturalmente para o Segundo Império, porque este não é outra cousa mais do que a continuação daquele, com a diferença, porém, que no Segundo a centralização tem-se produzido por diferentes meios. O primeiro Imperador era assomado e impetuoso, dissolvia a

Constituinte à mão armada e mandava postar uma peça de artilharia na porta do edifício em que funcionava essa memorável assembleia, embora após cada nova violência dissesse ele sempre, como estribilho, que fazia isto com grande pesar e mágoa do seu imperial coração. (*Aplausos e risadas.*)

O Segundo Império variou de tática; as violências do primeiro Imperador produziram o 7 de abril e a perspectiva não é por certo das mais animadoras. (*Muito bem, muito bem*). Convinha mudar de rumo e foi o que se fez. À audácia substituiu a habilidade. O absolutismo franco encerra seus perigos, é sempre bom disfarçá-lo com a máscara da liberdade. (*Muito bem*). Depois da maioridade que liberais sinceros reputaram um grande passo para a liberdade, uma vitória sobre a oligarquia, mas que foi uma verdadeira embaçadela, o dia dos logrados, *une journée des dupes (apoiados)*,[109] começou o sistema das incoerências e das tergiversações e quando o espírito público se agitava indignado contra o aviltamento a que era reduzido o país, uma nova e mais pesada mordaça caía sobre a boca da nação. (*Muito bem, muito bem*). E depois de 1855, senhores, depois de promulgada a famosa lei da Guarda Nacional, estava completa a obra da centralização, reinou a paz de Varsóvia. Foi então, e não há pouco, como sucedeu por um engano cronológico, que S. M. o Imperador deveria ter proclamado a harmonia de todos os brasileiros, como Augusto proclamou a concórdia dos romanos quando acabava de usurpar-lhes a sua última liberdade. (*Muito bem, muito bem*). Onde não se pode pensar diversamente, é natural que todos se achem de acordo. (*Muito bem*). Desde então, senhores, a história imparcial registrando os fatos deste Império formulará o seguinte inexorável dilema: "Ou o governo imperial tem ignorado inteiramente as tendências do espírito público, ou tem procurado acintemente [acintosamente?] contrapor-se a essas tendências." (*Apoiados.*) E, se não, vejamos os fatos:

---

[109] N. A.: *Journée des dupes*, jornada dos otários, expressão usada por Teófilo Otoni para se referir à Abdicação do 7 de abril.

Em 1833 [sic], apareceu neste país, como um flagelo da cólera de Deus, o pavoroso visitante do Ganges;[110] milhares de vidas desapareceram subitamente ceifadas por esse horrível sopro de morte; a lavoura privada de inúmeros braços definhou rapidamente e fez definhar o crédito e a miséria sentou-se em muitas casas, onde, havia pouco, reinavam a abastança e mesmo a opulência. (*Apoiados*).

Pois bem, senhores, pouco depois desse horrível cataclismo, e quando o país não tinha conseguido reparar os males produzidos pela peste assoladora, foi que o Sr. D. Pedro II, aconselhado por pérfidos áulicos, resolveu fazer uma viagem ao Norte do Império. Era apenas um passeio quase *incógnito*, diziam eles, S. M. o Imperador deseja somente conhecer por si mesmo o estado do país. (*Risadas*). Vejamos, porém, senhores, como se guardou esse incógnito e como S. M. o Imperador conheceu o verdadeiro estado do país.

Fizeram-se programas oficiais para festejos, dos cofres públicos correram rios de ouro para ocultar aos olhos do Imperador a miséria nacional, foram nomeados presidentes *ad hoc* e, como isto não bastasse, esses presidentes fintaram os particulares com promessas de títulos e condecorações (*Muitos apoiados, risadas*). O imperador passou pelo Norte como em triunfo no meio das ovações oficiais e os berradores da praça punham à prova seus pulmões dando gritos estrondosos (*risadas*). Sua Majestade regressou à Corte julgando que governava o mais próspero e feliz dos impérios e os áulicos tiveram a astúcia de fazer-lhe crer que, para completar a felicidade do povo brasileiro, bastava que da munificência imperial caísse uma nova e abundante chuva de teteias. (*Hilaridade.*) E vós sabeis que não foi chuva o que caiu, senhores, foi dilúvio. (*Risadas gerais*).

Tudo isto passou como um relâmpago. Depois da ficção oficial veio a triste e pavorosa realidade, depois do reinado das festas veio o reinado dos meirinhos (*risadas*), as execuções e as penhoras sucederam-se em multidão e aos gritos atordoadores dos berradores das praças substi-

---

[110] N. A.: Refere-se à epidemia de febre amarela que atingiu o Rio de Janeiro em 1850.

tuiu o bater monótono do martelo do leiloeiro. (*Aplausos*). Eis aí como S. M. o Imperador conheceu o estado do país. (*Muito bem*).

Isto que se passou nesta Rússia da América, senhores, faz-me lembrar o que se deu com Catarina II, na Rússia da Europa. Desejou um dia a Czarina conhecer por si mesma o estado dos seus vastos domínios, mas os áulicos que tinham todo o interesse em ocultar à soberana o estado de desolação a que se achava reduzido aquele país dos gelos, mandaram colocar à custa dos cofres públicos, cidades improvisadas, construídas de papelão ou de madeira, nos lugares por onde tinha de passar a czarina. A Imperatriz passou, as cidades povoadas por habitantes enviados de propósito a saudavam em grandes gritos, mas, depois que passava o correjo imperial, as cidades desapareciam para se irem colocar nos lugares por onde tinha ainda de passar a soberana. Catarina voltou a São Petersburgo crendo que a maior prosperidade reinava no seu vasto império, mas os [sic] estepes e os gelos lá ficaram escarnecendo da perspicácia da soberana. (*Muito bem, muito bem*). Eis como os monarcas conhecem a verdade. (*Apoiados.*)

Quereis outro exemplo do manifesto desconhecimento do espírito público e das necessidades vitais do país? Aí o tendes no golpe de estado de 16 de julho do ano passado. Quando o país precisava mais do que nunca de paz e tranquilidade no interior para refazer-se das perdas enormes de sangue e dinheiro ocasionadas por esta guerra desgraçada que nos arruína (*apoiados*), foi que S. M. o Imperador resolveu, sem dúvida mal aconselhado, entregar a este governo impopular o alfanje com que tem sido golpeadas todas as nossas liberdades (*muitos apoiados*); e no mesmo dia em que se dava esse funesto acontecimento pejado de tantas calamidades futuras, no mesmo dia em que surgiu no horizonte a nuvem negra que havia de estender sobre o país tão furiosa procela, S. M. o Imperador, desconhecendo o alcance de seu ato menos acertado, ia com a maior calma para o observatório astronômico verificar as variações de um planeta no espaço. (*Apoiados.*)

Depois, senhores, vieram as prisões arbitrárias, o recrutamento caprichoso, os assassinatos e as ofensas ao pudor, que acabavam [sic] de ser tão eloquentemente descritos no Senado por um distinto senador cearense (*muitos apoiados*) e, cousa inaudita, enquanto assim se violava impunemente o que o homem tem de mais sagrado, a sua liberdade, o que a sociedade possui de mais respeitável, o pudor das famílias, enquanto os emissários do poder no seu furor infrene até crucificavam por conta deste governo (*aplausos*), os áulicos do paço, como insultando o sofrimento público, iam rir-se e divertir-se no teatro com as facécias indecentes da Baronesa de Caiapó. (*Risadas gerais, muito bem, muito bem.*)

Este contraste, senhores, repugna com o coração bondadoso de S. M. o Imperador, não creio que o Sr. d. Pedro II queira acintemente [acintosamente?] aviltar o povo que lhe fez presente de um trono, quero antes acreditar que os áulicos do palácio impedem que a verdade chegue aos ouvidos imperiais e que os gemidos das vítimas ecoem nos paços de São Cristóvão. É melhor que alimentemos esta crença, senhores, por honra da Monarquia brasileira. (*Muitos apoiados.*)

Chego agora à segunda parte da minha tese, a qual é sem dúvida a mais fácil porque é facílimo demonstrar com os fatos os perigos da centralização para os mesmos governantes. A longa paciência dos povos, diz um distinto historiador, ilude os governos injustos, o silêncio oculta o perigo, mas quando a fermentação está preparada basta uma faísca para produzir a explosão. De feito, senhores, revolvendo as páginas da história não me podereis apontar um só rei que tenha sido destronado por ter sido francamente liberal (*muitos apoiados*), mas encontrareis inúmeros que o têm sido por se terem afastado do elemento popular. (*Muitos apoiados, muito bem, muito bem*). Agora mesmo, senhores, a Europa nos apresenta um exemplo vivo desta eloquente verdade. Enquanto Napoleão III observa espavorido o vulcão revolucionário rugir debaixo de seus pés, ameaçando engolir o trono em que se sentou como usurpador e que pretendia transmitir a seu filho, a soberana de outro país,[III] apenas separado da França por um estreito braço de mar, repousa tranquila no amor e confiança de seus

---

[III] N. A.: Refere-se à rainha Vitória da Inglaterra.

súditos, porque sempre respeitou as leis e a opinião pública do seu país. (*Aplausos*).

Em qualquer sociedade bem organizada, senhores, a responsabilidade há de ser sempre o correlativo do poder. (*Muito bem*). Criar um poder irresponsável é um absurdo, repelido pela ordem natural das cousas e em política como em qualquer outra matéria não se infringe impunemente a ordem natural. (*Muitos apoiados*). Esteja embora a irresponsabilidade de um indivíduo consagrada nas leis, toda a vez que esse indivíduo exercer funções públicas a responsabilidade surgirá mesmo a despeito das leis. (*Apoiados*). E quanto maior for a soma de poder de que o funcionário é revestido, tanto maior será a sua responsabilidade. (*Apoiados*). Irresponsáveis eram todos os reis que têm sido até hoje apeados do trono, mas no dia em que os povos exerceram por si mesmos a sua soberania foi sobre suas cabeças que caiu a espada da justiça popular. (*Muitos apoiados*).

É por isso, senhores, que, me parece, somos mais amigos do Sr. D. Pedro II, nós que pretendemos a abolição do Poder Moderador, do que esses que clamam contra pretendidos ataques à Monarquia. (*Muitos apoiados*). Dizem que não podemos reformar a Constituição do Império. Senhores, as constituições são feitas segundo as necessidades e o espírito das épocas, mas logo que essas necessidades e esse espírito desaparecem, as constituições perdem a sua razão de viver. (*Muito bem, muito bem*). Revelam, pois, completa ignorância do direito público esses emperrados leguleios (*risadas*) que, incapazes de desprender-se da letra da lei para se elevarem ao seu espírito, pretendem que a nossa Constituição é irreformável, como se ela fosse o *supra summum* da sabedoria humana. (*Apoiados*).

Senhores, quando uma constituição cessa de representar o espírito do povo, não é mais coisa alguma, é um pedaço de papel sem importância e não é possível que os progressos de uma nação recuem diante de um pedaço de papel. (*Muito bem*). Professar um respeito idólatra por uma Constituição que perdeu a sua razão de existir é o mesmo que procurar o homem onde já não existe mais do que um cadáver (*muito bem),* é o mesmo que ajoelharmo-nos reverentes dentro de um templo de onde já desapareceu a imagem da divindade. (*Muito bem, muito bem).*

Senhores, o Partido Liberal do Brasil tem caminhado de decepção em decepção, de mistificação em mistificação. Agora dissiparam-se as névoas, acabaram-se as ilusões, já não nos resta mais dúvida alguma a respeito da hediondez da nossa situação e, se algum benefício devemos ao governo da ditadura que atualmente nos rege, é ter-nos feito compreender a necessidade urgente de reformas liberais (*aplausos*) e a extensão do caminho que temos retrogradado. (*Muito bem).*

Com efeito, senhores, uma legislação como a que temos, à sombra da qual o asilo do cidadão pode ser impunemente violado, uma legislação que converteu uma nação de compatriotas e de irmãos em uma vasta arena de combate (*muito bem),* uma legislação, finalmente, que autoriza um governo sacrílego a pôr a garra sobre o que o cidadão possui de mais sagrado, a sua consciência, e a dizer-lhe: pensa como nós ou perderás o pão de tua família e verás teus filhos irem morrer nos pântanos do Paraguai, ou, se preferires, pensa como quiseres, mas vem mentir à tua consciência à boca da urna (*bravos! muito bem),* vem votar servilmente nos nomes que te forem indicados por nossos agentes, porque a urna violada receberá promiscuamente os votos inspirados pela consciência e aqueles que forem arrancados pelo terror, como a burra do usurário recebe do mesmo modo a moeda que é fruto do trabalho e aquela que é fruto amaldiçoado da extorsão e da usura (*muito bem),* uma tal legislação, *senhores,* está condenada porque é um insulto à civilização do século XIX. (*Aplausos).*

Senhores, o Clube Radical entendeu, e creio que muito bem, que só oferecem garantias de estabilidade as conquistas liberais cuja iniciativa parte das camadas populares. (*Muitos apoiados).* O povo é o principal agente do seu futuro. É este o seu melhor título de glória. Queremos adquirir garantias para as nossas liberdades, não como concessões do poder, mas como reivindicações de direitos. (*Muito bem, muito bem).*

Senhores, em política, como na indústria, como nas batalhas, a história tem cometido uma grave e clamorosa injustiça. Se um país é livre a história põe todo o merecimento à conta dos governantes que protegeram a liberdade e não do povo que a conquistou; se um país prospera, se vence batalhas, a glória é para os reis e para os generais e não para o povo que trabalha e que morre. (*Muitos apoiados*). É preciso acabar com esse sistema que inverte todos os princípios de justiça e afasta as glórias de sua verdadeira origem; é preciso elevar o povo à consciência do seu valor. (*Muito bem*). É por isso, senhores, que eu, que sou plebeu, que amo como minhas as glórias populares, procuro no meu foro íntimo inverter o injusto sistema da história.

E, para citar-vos um exemplo que tenha o mérito da atualidade, quando vejo o soldado brasileiro, a despeito das injustiças do governo e dos erros do general em chefe, combater com bravura inexcedível em defesa da bandeira que, longe da sua terra natal, lhe simboliza a pátria, eu não acompanho aqueles que gritam: viva o Imperador, viva o general em chefe, porque entendo que não se adquirem glórias militares por procuração, nem à respeitosa distância das balas inimigas, e no meio de numeroso Estado Maior (*muitos apoiados, risadas*), mas no fundo do meu coração, porque não costumo gritar nas praças públicas, digo cheio de entusiasmo: – viva o glorioso soldado brasileiro! (*Aplausos estrondosos!*)

VOZES: – Viva o soldado brasileiro!

O ORADOR: – Senhores, um deputado respondendo pelo *Jornal do Commercio* a algumas palavras por mim aqui proferidas sobre a oposição feita à pensão de uma pobre viúva, mãe de um bravo mancebo morto em Mato Grosso, disse que nós somos cômicos que vimos aqui representar os papéis que nos são distribuídos.

UMA VOZ: – É o grande Benjamin.[112] (*Hilaridade*).

O ORADOR: – O deputado enganou-se, senhores: não é aqui que se representa a comédia. Cada um de nós vem aqui dizer o que a sua

---

[112] N. A.: Pode tratar-se de Benjamim Rodrigues Pereira, deputado pelo 1º. distrito de Minas Gerais, primo de Lafaiete Rodrigues Pereira.

consciência lhe inspira. (*Muito bem, muito bem*). A comédia representa-se no teatro da Cadeia Velha[113] (*risadas gerais*). É lá que cada um dos figurantes vai repetir servilmente o papel que lhe é distribuído pelo empresário, sem o direito de alterá-lo em uma vírgula, ou em um ponto sequer. (*Muitos apoiados*).

O que, porém, eu peço a Deus, o que todos nós do Clube Radical pedimos a Deus com os nossos mais ardentes votos é que essa comédia sacrílega não degenere em tragédia. (*Aplausos*). E não é de admirar que nós, moços e inexperientes, nutramos esses receios se vimos há pouco um ancião venerando, um representante dos dois séculos, um homem que serviu a dois Impérios, o Sr. marquês de Olinda, elevar-se no Senado em toda a majestade da sua ancianidade e quase das bordas do túmulo soltar aos ventos estas palavras proféticas: "A revolução aí vem; o que eu não sei dizer é se é em benefício da nação." (*Sensação prolongada*).

Senhores, tenho necessidade de concluir. Estou fatigado e tenho-vos fatigado. (*Gerais não apoiados*).

O estudo da história tem-me feito compreender, senhores, que os maiores esforços do despotismo só têm conseguido retardar, mas nunca impossibilitar os triunfos da democracia. A onda sobe, o povo se agita por toda a parte, na Áustria, na Itália, na Espanha e na França, e não é possível que nós, povo da América, fiquemos para sempre atados a este poste de ignomínia. (*Muitos aplausos*). E estas conferências pacíficas em que cidadãos caracterizados se reúnem para discutir os seus direitos fazem-me crer que muito breve nós, que temos por tanto tempo gemido na opressão e no silêncio, havemos de entoar os cânticos da liberdade, saudando a aurora da democracia. (*Aplausos gerais e estrepitosos. Vozes: viva o orador! Viva o orador popular! O orador é calorosamente abraçado e felicitado e acompanhado em triunfo pelo povo até a casa do Clube Radical.*)

---

[113] N. A.: Cadeia Velha, sede da Câmara.

AS CONFERÊNCIAS DO CLUBE RADICAL PERNAMBUCANO

O *Radical Paulistano* anunciou em 17 de junho de 1869 (nº 9, p. 3) a instalação no Recife, no dia 24 de fevereiro desse ano, do Clube Radical Pernambucano:

"Clube Radical Pernambucano. – No dia 24 do corrente mês de fevereiro, achando-se reunidos alguns liberais em um dos salões do Clube Pernambucano, instalaram, com o título de Clube Radical, uma sociedade política, com o fim de promover por todos os meios legais reformas radicais na legislação do Brasil, e o restabelecimento do governo representativo.

O Sr. Gervásio Rodrigues Campelo, depois de demonstrar algumas vantagens da sociedade e o auxílio que pode prestar ao diretório que o Partido Liberal eleger, propôs que fosse aclamado presidente, para dirigir os trabalhos da sessão, o Sr. major Manoel Guimarães. Tendo sido por aclamação unânime eleito presidente, o Sr. major Manoel Guimarães foi chamado para servir de secretário o Sr. Dr. José Eustáquio Ferreira Jacobina. Organizada assim a mesa, foi discutido um projeto de estatutos provisórios para ser submetido à aprovação do governo.

Depois de uma discussão em que tomaram parte alguns sócios [ilegível] logo que a sociedade funcionar, serão convocados [ilegível] para eleger o presidente e mais membros da direção.

Parabéns ao país e aos nossos correligionários.

O modo por que a ideia radical vai tomando incremento entre nós é uma prova de seu alto merecimento e da importância e predomínio que ela em breve há de realizar no país. A unidade do Partido Liberal debaixo de uma bandeira comum que apresente as mais graves necessidades da nação e os pontos mais capitais em que as nossas leis merecem reformas é um largo caminho que nós abrimos para chegar à verdade do sistema representativo e é a regeneração deste pobre povo que embalde luta por um dia de liberdade."[1]

O Clube pernambucano, a exemplo dos da Corte e de São Paulo, promoveu conferências públicas que foram divulgadas pelo *Opinião Liberal*. Em 18 de junho de 1869, nº 47 (p. 4), este jornal noticiou:

"Conferências radicais em Pernambuco. – Naquela província inauguraram-se sob prometedores auspícios conferências do respectivo Clube Radical. Parabéns aos nossos correligionários da briosa província."

Lista das Conferências

1ª Dr. Gervásio Campelo.
"O recrutamento por sorteio sem distinção de classes."
Pronunciada em 06 de junho de 1869.
2ª Dr. Jacobina.
"A extinção da Guarda Nacional."
Pronunciada em 04 de setembro de 1869.
3ª Dr. Sinfrônio Coutinho.
"O Partido Radical no Brasil."
Pronunciada em 15 de julho de 1869.

---

[1] N. A.: A criação do Clube não se fez sem polêmica. *O Tribuno,* jornal republicano de Borges da Fonseca, publicou em 3 de maio protesto de João Carneiro Câncio da Silva, dizendo-se enganado pela atuação do Clube e pedindo o cancelamento de sua filiação. O Clube, acusou ele, revelava-se uma associação aristocrática, antiliberal, que apenas procurava o poder pelo poder (p. 4).

4ª Leonardo de Almeida.
"Polícia eletiva."
Pronunciada em 07 de novembro de 1869.

1ª CONFERÊNCIA
1ª Dr. Gervásio Campelo
"O recrutamento por sorteio sem distinção de classes".
Pronunciada em 06 de junho de 1869.

São estas as únicas informações encontradas sobre orador, tema e data da conferência. Estão em *A Reforma* 35, de 19/06/1869, p. 3.

2ª CONFERÊNCIA
Dr. [José Eustáquio Ferreira] Jacobina[2]
"A extinção da Guarda Nacional."
Pronunciada em 04 de setembro de 1869.

Publicada em três partes no OL, 65, 25/09/1869, p. 2-3; OL, 66, 02/10/1869, p. 3-4.; e OL, 68, 16/10/1869, p. 2-3.

PRIMEIRA PARTE
Opinião Liberal, nº 65, 25/09/1869, p. 2-3:
"Clube Radical. Pernambuco.

Discurso proferido pelo Sr. Dr. [José Eustáquio Ferreira] Jacobina na 2ª conferência do Clube Radical em 4 do corrente:
Deveria começar solicitando a atenção e benevolência de tão imponente quão respeitável auditório. Mas não contando que se reunissem tantas

---

[2] N. A.: [José Eustáquio Ferreira Jacobina] (?-1898). Foi deputado provincial em Pernambuco e presidente de Alagoas (1880-1882). Secretariou a sessão de fundação do Clube Radical Pernambucano. Primo e grande amigo de Rui Barbosa.

ilustrações e caracteres veneráveis na presente conferência, na qual o mais humilde e menos habilitado dos radicais recebera a comissão de tratar da extinção da Guarda Nacional, pensando falar entre irmãos da mesma crença e tolerantes para meus erros, não me havia passado pelo espírito preparar palavras, frases e pensamentos pelos quais implorasse vosso silêncio. Entretanto, já que nos achamos reunidos, e não me é dado recuar, reverente me animo a encetar a discussão, contando que esta reunião, filha ou parte de um povo generoso, franco e expansivo jamais abandonará seu irmão, que somente escudado nas qualidades congênitas do caráter dos que compõem a assembleia se anima a erguer sua voz. E mais é, que certo de vossa condescendência tomará vosso silêncio e benevolência, à semelhança dos náuticos, [como] a bússola que os dirige a porto suspirado.

Antes, porém, de qualquer consideração relativa ao ponto da discussão, permiti-me algumas palavras sobre matéria estranha à vossa convocação. A história da liberdade neste Império passa sem leitura por quase todos os brasileiros, que silenciosos e indiferentes veem e sentem correr o perpassar dos dias em que se deram fatos importantes e exemplos sublimes de verdadeiro patriotismo. É que o povo sofre, e não se quer iludir com mentirosos festins, que mais aumentariam seus pungentes e dolorosos gemidos.

Deixam, pois, silenciosos e indiferentes raiar o astro brilhante e precursor da aurora que para o obscurecer somente encontra o fumo da artilharia oficial, o qual rompendo logo as trevas que oficialmente se lhe antepõem, faz mais brilhante e eloquente o desgosto e desprezo deste povo que saudoso comemora o passado, que aflito geme no presente e antevê os sacrifícios para melhor futuro. Entretanto, destas férteis e lindas planícies, destas gigantes montanhas, destes caudalosos e impetuosos rios, não obstante o perpétuo e jamais interrompido movimento da ampulheta indicadora dos meses, anos, e dizemos de anos, que desapercebidos [sic] passam, uma certa parte deste vasto Império se ergue e cheia de júbilo festeja o dia Dois de Julho.[3]

---

[3] N. A.: Dois de Julho é a data em que na Bahia se celebra a Independência.

Já a vosso espírito feriu o nome dessa fração dos brasileiros e creio poderem lisonjear de ser instrumento de vossos lábios declarando que é a província da Bahia. Atendei. Não quero falar da aurora que ilumina as altas e pisadas montanhas daquela capital; passo silencioso pelo expansivo e sublime patriotismo que nesse dia se derrama por todos os espíritos, que faz de qualquer cidadão um poeta, cujos versos são vozes do coração metrificadas e harmonizadas pelo sentimento do passado, apreciação do presente e esperanças do futuro.

Desvaneço-me, porém, de comemorar o dia Dois de Julho festejado pelos jovens baianos residentes nesta província, os quais, roubando aos prazeres, diminuindo as sensações individuais, entregam o excesso do simples e necessário a suas despesas, mais uma vez ao brilhar do sol resplandecente e deslumbrante desta Veneza brasileira, e o aplicam na emancipação e concessão da liberdade de vinte entes esquecidos pela sociedade e fora do grêmio da religião da vítima e mártir do Gólgota.

De fato, onde houver um escravo no país em que se garante e cria o direito de propriedade sobre o ente racional, se desprezam os princípios dogmáticos da liberdade, igualdade e fraternidade. Num tal país se detesta o sublime mistério da redenção da humanidade, nega-se o sangue vertido na Cruz, as chagas abertas no corpo de Deus Filho por ordem de Deus Pai para regeneração e emancipação da humanidade feita à sua imagem e semelhança.

A esses jovens irmãos, de tão puros e livres corações que se afastam dos jantares saborosos ao som da melodia da música, matizados pelas variadas e inúmeras cores das aromáticas flores, para se dedicarem à emancipação da escravatura, um sincero e estreito abraço deste fraco admirador, como de seus íntimos amigos da redação do jornal *Ideia Liberal*. Vossos sacrifícios sublimes são dignos de imitação, vosso fim é a continuação da obra encetada pelo Deus de misericórdia, de bondade, liberdade e igualdade que, como sabeis, não falta aos que protege, embora não tenham o corpo coberto com a sotaina, que nem sempre envolve um verdadeiro coração do ministro de sua edificante e divina doutrina.

Ânimo, que o Deus de misericórdia e humanidade está convosco, vos ajudará a vencer as dificuldades e coroará de bons resultados vossos esforços. Dai, mocidade estudiosa, um exemplo de que não usais de palavras enganadoras e vãs que fazem nutrir esperanças que se definham na alma, ou que as acompanham ao túmulo, sem realização possível, palavras que com o perpassar dos anos são riscadas das páginas em que foram escritas, atestando com o silêncio do imperial autor que a emancipação dos escravos no Brasil é impossível. É a condição da política neste país: promessas animadoras, mas com a intenção reservada de não realizá-las, se de sua execução vem liberdade e grandeza nacional.

Felizmente o povo já conhece os homens e não se deixa empalmar e lhes reserva um riso de indiferença, se não de escárnio. É que o povo cansado de seus sofrimentos sabe que não pode ser defendido por tão experimentados e contraditórios guias, que somente variam de frases conforme a posição outorgada na esfera administrativa.

Tenho por demais abusado de vossa indulgência (*não apoiados*), mas desculpai-me, que não pude resistir ao grito de minha alma, ao impulso de meu coração, ao desvio de meu espírito, ante o fato que presenciei na igreja do Espírito Santo, na qual, ao mesmo tempo que das cousas se faziam pessoas, filhas de Deus, com água do batismo, eram imediatamente banhadas pelas lágrimas de júbilo e reconhecimento das que lhes deram o ser, que enternecidas ante cena tão edificante e sublime, apertando-as em seus seios, onde pouco antes as amamentaram, abriam os olhos para dar passagem a essa linguagem muda de que se serviam como súplica a Deus e agradecimento do benefício que recebiam. (*Aplausos*).

Sinto ter prodigamente abusado de vossa atenção (*não apoiados*), entretanto se não quereis que continue curvarei a cerviz, agradecendo-vos a maneira por que me haveis ouvido até o presente. Se, pelo contrário, consentis entrarei no assunto para que fomos convocado – extinção da Guarda Nacional .

Senhores, a instituição da Guarda Nacional é uma das conquistas das revoluções porque ela veio de envolta com o princípio de que o poder público é do povo que constantemente o deve defender, porque, fazendo-o, defende a sociedade, a família e a própria pessoa. (*Apoiados*) A Guarda Nacional é uma dessas conquistas do princípio, ou antes, do dogma para as sociedades modernas de que o poder público é a reunião, é a expressão, a força, a ação de todos os cidadãos. (*Apoiados*). Foi por isso que a Guarda Nacional nasceu na época memorável de 1791, na França, sendo composta de todos os cidadãos que tinham direito de fazer parte das assembleias políticas do Estado porque, como muito bem disse um escritor, se todo o cidadão tinha o direito de tomar parte nos atos do governo, justo era que lhe corresse a obrigação correlativa de o defender.

Assim conhecida a instituição em país estrangeiro, eu me ocuparei agora, ou antes, passarei, não a fazer-vos conhecer, porque perfeitamente o sabeis, mas a dizer alguma cousa sobre o que foi a Guarda Nacional quando instituída entre nós, até hoje.

Senhores, na época memorável do patriotismo e da liberdade neste país foi a Guarda Nacional criada sob a regência do distinto e desinteressado patriota Feijó. A 18 de agosto de 1831 baixou a lei pela qual foi criada no Brasil a Guarda Nacional e basta dizer-vos o nome de Feijó, no meu modo de pensar, para dizer-vos que essa lei era o consórcio da liberdade com o governo, porque a liberdade e o governo nascem do povo.

O SR. AFONSO DE ALBUQUERQUE: – E o rei no meio.

O SR. JACOBINA: – É verdade, no meio para evitar os dois extremos, mas desde que saiu do meio nós temos sofrido. (*Apoiados*).

Mas, como dizia, a Guarda Nacional então instituída tinha por base o seguinte: os soldados, que eram cidadãos, se reuniam e elegiam aqueles que os deviam comandar na companhia, estes por sua vez reuniam-se e procediam à eleição de seu tenente-coronel comandante, do seu major, do tenente-ajudante e alferes porta-bandeira.

Dizer-vos o fim altamente político e liberal que se tinha em vista com a lei, em consequência da qual se dava semelhante organização à Guarda Nacional é dizer-vos aquilo que salta aos espíritos, porque o que era um oficial comandante de companhia? Era a expressão clara, era a manifestação fiel da consciência individual. Aqueles que, pela eleição, passavam a governar estavam sujeitos a ser governados noutro dia por alguns dos que lhes eram pouco antes subordinados. Assim essa alternativa entre comandantes e comandados, essa reciprocidade de posições e o receio de que viessem a sofrer amanhã as consequências dos abusos praticados no comando, fariam imperar a justiça e extirpar as perseguições e vinganças.

A instituição da Guarda Nacional por esta forma somente a faria um governo que tivesse em vistas bem servir ao país, certo de ter recebido dele a atribuição de governar e por isso inspirando-se nos seus sentimentos, na sua vontade. Portanto, uma tal instituição só podia ser lembrada por homens completamente desinteressados e amantes de sua pátria. É por [esses] dias que semelhante instituição nasceu no tempo da Regência, tempo melindroso, tempo em que mal se tinham firmado as instituições, em que se arcava com adversários temíveis, com os próprios inimigos dessas instituições dentro do seio da nação. Foi por isso que o nobre caráter que então dirigia os destinos do país procurou a sua força na vontade e confiança do povo, porque este é que devia dar prestígio ao governo que era a expressão de sua vontade e seu delegado. (*Aplausos*).

Senhores, se não fora o fim generoso e sincero daquele patriarca da liberdade brasileira inspirar-se na confiança pública, firmar o consórcio entre o poder e a nação, certamente não teria sido estabelecida a Guarda Nacional naquele sentido. E, assim instituída, a Guarda Nacional manifesta claramente que seu ardente desejo, seu maior anelo, seu fim eram o engrandecimento do país, a garantia das liberdades públicas e acercar-se de força e prestígio nacional para sustentar o poder, que pela nação lhe tinha sido confiado. No entretanto, à proporção que se retiravam os corações patriotas dessa situação, a lei foi sendo cutilada pouco a pouco, para dar origem a esta lei de escravidão a que fomos condenados e que temos hoje, que é a lei de 19 de setembro de 1850, mais conhecida pela da reforma![4]

---

[4] N. A.: Lei 602, de 19 de setembro de 1850, assinada por Eusébio de Queirós, Ministro da Justiça.

Senhores, eis o que foi a Guarda Nacional no estrangeiro, eis o que foi a Guarda Nacional do país; o espírito indagador pergunta: qual a causa da reforma? Qual a causa de ter desaparecido o sistema da eleição na Guarda Nacional para dar lugar à centralização do sistema de força governamental, ao despotismo e à escravidão? É simples, senhores, dizem os sustentadores da reforma da Guarda Nacional, as resistências que esta força popular oferecia ao governo. Confessam, portanto, que efetivamente a Guarda Nacional criava dificuldades, oferecia resistência ao poder público. Isto é o mesmo que dizer que a Guarda Nacional devorava seus próprios filhos, porque o que é o poder público num país perante o direito moderno? É o resultado da vontade da nação, é a sua força, é o delegado da vontade nacional e portanto, as dificuldades eram criadas pela mesma nação!

Pois bem, senhores, aceito e digo raciocinemos sobre o argumento. Podemos estabelecer o seguinte dilema: ou o governo que então dirigia o país era como o de 1831, ou, por outra, o governo dirigia o país promovendo o desenvolvimento de sua prosperidade, respeitando as liberdades públicas e satisfazendo as aspirações nacionais, ou ao contrário. No primeiro caso, é incrível, senão impossível, que o povo, aquele que deve velar pelo seu aproveitamento, pelo desenvolvimento das forças locais e, por consequência, da riqueza do seu próprio país, aquele que tinha a maior segurança no seu bem-estar, aquele que não sofria no exercício de sua atividade o menor constrangimento, a menor peia, o menor obstáculo, digo, não é crível que este povo feliz fosse oferecer resistência e criar dificuldades ao poder público, e não é crível porque toda a resistência, todas as dificuldades exigem um sacrifício e o povo não está disposto todos os dias a fazer sacrifícios. (*Apoiados.*) Logo, senhores, por este lado, não é possível que o povo oferecesse resistência. Se, porém, esta resistência é um fato (eu quero conceder tudo aos meus adversários no terreno da discussão), se, porém, as causas eram outras, então ao governo, mais ilustrado do que o povo porque por isso é que se lhe entrega o poder, ou é por isto que deve ocupá-lo, cumpre fazer um estudo sobre o fenômeno extraordinário que se apresentava, examinar as causas que o determinaram e então pela persuasão, pelo conselho, fazer conhecer ao povo que, desvairado pela paixão cega dos mal-intencionados, ele não podia ser feliz e era levado às consequências fatais e funestas à sua própria liberdade e à pátria.

Mas, senhores, o que fez o governo logo que reconheceu essa resistência? Disse: estas tendências são prejudiciais ao nosso arbítrio, embaraçam a nossa prepotência, portanto reorganizemos a Guarda Nacional de forma que tenhamos de dirigir uma fazenda de escravos e não um exército de cidadãos! (*Apoiados.*)

Portanto, o que resta é a segunda ponta do dilema, isto é, o governo de então via dificuldades e resistência nessa corporação porque encontrava embaraços ao arbítrio, sabia que o sistema eleitoral da Guarda Nacional lhe tirava os meios de abusar tão violentamente como deseja, [sic] sabia por experiência que uma corporação assim organizada não podia ser uma reunião de escravos que pudesse dirigir conforme seus desejos e caprichos. Eis, por consequência, a conclusão do meu argumento, eis a prova eloquente de que a instituição antiga era superior e melhor do que a moderna. (*Aplausos.*)

Em tais casos, senhores, para mim, as dificuldades e resistência oferecidas por essa nobre instituição antiga era não só de sua parte um dever como guarda da Constituição e liberdade pública, como também o dever de todo o cidadão brioso que tinha fé no seu país, que tinha dignidade e força para reagir contra as usurpações do despotismo. Então, senhores, neste caso, a resistência era um direito, um direito soberanamente exercido, mas que jamais podia ser tolerado, porque então já a centralização tinha invadido o espírito do governo que, se julgando superior a tudo e a todos, entendia que o cidadão era um escravo e ele o senhor.

Será, senhores, que desde a época da maioridade praticamente o despotismo fora lançando em todas as instituições as sementes que mais tarde deviam frutificar para ter hoje este povo amordaçado e oprimido? O que é verdade é que as leis de reformas, não só desta instituição, isto é, a atual lei da Guarda Nacional, como todas as que vieram depois, nenhuma delas garantiu mais, ou reconheceu tanto quanto as antigas, já no domínio de Portugal, já durante a Regência, as prerrogativas e liberdade do cidadão.

Será possível que um povo inteiro no continente da América, aonde [sic] a natureza é pródiga e maravilhosa, se tenha deixado avassalar e assim cante o hino de vitória à usurpação, que outra coisa não é senão o despotismo? Esquece-se, com verdadeiro desprezo dos princípios, que o governo ou o poder público não é senão o movimento, a ação, o poder e o instrumento de um povo, ou antes, não é senão o governo de alguns pelo auxílio e patriotismo de todos!

Nada tenho dito por ora que não esteja ao alcance de todos nós e antes poderia ser muito desenvolvido por qualquer de vós...

SR. AFONSO DE ALBUQUERQUE E OUTROS SENHORES: – Não apoiado.

SR. JACOBINA: – Tenho feito conhecer a lei antiga e certamente a situação em que então se achava o país não é estranha de vós, tenho também feito ver ao vosso espírito, ou antes despertado, a causa que determinou a promulgação da nova lei da Guarda Nacional, que me resta, pois, dizer, senhores? Oh! sim, cousa alguma, porque o ponto de que se trata não é nenhuma novidade. Eu diviso em vossas faces, encontro em vós próprios sinais de que conheceis a verdade, além de que tendes convicção de que não possa dizer maravilhas, máxime dispondo de palavras toscas e mal alinhavadas. (*Não apoiado*).

Mas, senhores, dizei-me com franqueza, qual de vós não terá visto com seus próprios olhos e lastimado o quadro triste, a cena tirânica e sombria do pobre cidadão brasileiro chamado ao serviço da Guarda Nacional? Qual de vós não terá derramado algumas lágrimas ao ver o pobre guarda nacional ser arrancado a sua família, a seus caros filhinhos, a sua consorte, mãe e irmãs? Creio, senhores, que nenhum de vós.

Aqui não existe um só coração que não tenha muitas vezes se compungido deste quadro triste de que tem sido testemunha e, se não chorado, ao menos se interessado vivamente pela sorte do pobre cidadão que é escravo, escravo de um serviço despótico em que permanecerá enquanto a compressão não for de baixo para cima, ou da opinião à força, ou da violência ao despotismo.

Senhores, que poderei dizer mais contra esta lei? Aduzir fatos? Não, certamente, porque eles são tantos, são tão multiplicados que quem tivesse a paciência de os contar, de os colecionar, apresentaria uma obra bastante extensa.

O SR. AFONSO DE ALBUQUERQUE: – Nem há papel.

O SR. JACOBINA: – Entretanto, senhores, eu podia dizer que os sofrimentos dos guardas nacionais têm sido iguais aos do próprio Cristo, porque fatos de toda a ordem, verdadeiras flagelações se têm dado. Os tormentos têm chegado a ponto que calculo que seria um impossível analisá-los todos. Enfim, senhores, até já um homem houve que foi crucificado em nome da Guarda Nacional! (*Apoiados.*)

(*Continua.*)

OL, 66, 02/10/1869, p. 3-4:

"Clube Radical – Discurso proferido pelo Sr. Dr. Jacobina na 2ª conferência do Clube Radical em 4 do corrente.

(*Continuação.*)

Não quero também falar, senhores, da maneira bárbara, selvagem, estúpida e criminosa por que se fazia uma coisa chamada designação. Sabeis, senhores, que eram designados homens porque eram encontrados nas ruas, não se perguntava se eram cidadãos, não se indagava mesmo se faziam parte da instituição em nome de quem se davam como designados.

UM CIDADÃO: – Nem se eram filhos da província.

O SR. JACOBINA: – A questão era que aparecesse na ocasião.

O SR. SÁ: – A questão é que se queria ser barão.

O SR. JACOBINA: – Nenhum de nós deixou de testemunhar estes fatos revoltantes, de ver mesmo que em nome da lei, em nome das circunstâncias do país, se atacava a casa do cidadão e sua mulher, seus filhos e suas irmãs eram muitas vezes vítimas dessa perseguição desenvolvida, porque em nome da Guarda Nacional se tirava o único arrimo a uma família para muitas vezes melhor satisfazer desejos brutais!

Enfim, senhores, o cidadão era e é em nome desta lei compressora completamente desprotegido e se nós não apreciamos bem o fato é porque ele não toca às classes que se dizem mais altas da sociedade *(apoiado)*, toca ao pobre cidadão, aos infelizes artistas colocados sem proteção nesta sociedade pervertida. Perguntai ao pobre guarda nacional quais são os seus sofrimentos! Ele luta com a fome, debate-se na miséria porque o trabalho que é o seu recurso lhe é interdito em nome da Guarda Nacional! Nós, porém, como estamos descansados porque não nos obrigam a tanto, como que deixamos passar desapercebidos [sic] estes fatos, principalmente quando o homem não é como este que ocupa agora a vossa atenção que, nascendo do povo e tendo até hoje estado com ele, sente a dor por si e pelos outros.

Senhores, com relação à pessoa já vos narrei um fato bastante frisante. Quereis que vos apresente outro com relação à família e que dá a medida desse poder despótico? É, senhores, que a violência não chegou só à pessoa do guarda nacional, não chegou só à família, foi mais longe a violação, buscou o leito conjugal. É muito horrível este fato, que não se pode narrar.

Senhores, depois de tão bárbaros fatos, de tão duras e torpes cenas, haverá algum coração que se preze de ser livre, de ser filho do abençoado torrão americano, que possa tolerar essa nojenta e despótica lei? Entretanto, senhores, permiti-me que volte um pouco e vos apresente os argumentos que em virtude destes fatos aconselham a extinção de semelhante Guarda Nacional, motivos que me parecem tirados da própria instituição, da sociedade civil, e os princípios que devem fazer prevalecer e justificar minha convicção.

Senhores, penso que a Guarda Nacional deve ser extinta porque é ofensiva da liberdade e dignidade do cidadão. *(Apoiados)*. A demonstração, senhores, seria quase que motivo de uma conferência, mas sabeis perfeitamente que ela daria lugar a um grande discurso e creio que não é esta a minha missão e aquilo que eu deixar em silêncio suprirá vosso talento e o conhecimento que tendes destas coisas.

Disse eu que a Guarda Nacional, tal como existe, era incompatível com a liberdade e dignidade do cidadão. Vejamos. O cidadão se diz livre porque pode dispor de sua pessoa e exercer sua atividade como, quando e onde melhor lhe parecer. Ora, pergunto, senhores, aquele que é tirado, aquele que está todos os dias debaixo da pressão do serviço da Guarda Nacional pode transportar-se, pode exercer sua atividade como, quando e onde lhe parecer? Não, logo a Guarda Nacional é incompatível com a liberdade do cidadão. *(Apoiados).*

(Continua.)

OL, 68, 16/10/69, p. 2-3:

"Clube Radical – Discurso proferido pelo Sr. Dr. Jacobina na 2ª conferência do Clube Radical em 4 do corrente.

(Continuação.)

Será, porventura, este o motivo (que para mim era bastante) para que a Guarda Nacional não deva continuar? Não, senhores, há outros interesses que a Guarda Nacional também vai ferir completa e absolutamente. A Guarda Nacional é incompatível com a família, traz muitas vezes a sua desonra e quase sempre a sua desgraça. Como sabeis, o guarda nacional, desde a procissão (que para mim é cousa sem justificação) até às honras fúnebres de seus senhores ou oficiais, é obrigado a deixar sua mulher, esteja em que condições desfavoráveis e de sofrimento estiver, em quaisquer condições de dor ou de pesar, a seus filhos inocentes, a sua irmã desamparada, para correr às armas acudindo ao serviço público e nestas condições vê-se separado de sua família dias, semanas e às vezes meses!

UM CIDADÃO: – E dali para o calabouço.

O SR. JACOBINA: – Isso está sabido.

Nestas condições o que é a família do Guarda Nacional? É a vítima sacrificada em nome do serviço público. Os laços de família afrouxam-se, a afeição aos filhos quase que desaparece porque o guarda nacional tem por casa o quartel, os destacamentos, o serviço público, sendo obrigado a descurar daquilo que mais lhe devia prender a atenção.

O SR. AFONSO DE ALBUQUERQUE: – São sacrifícios à pátria!

O SR. JACOBINA: – Não é sacrifício à pátria, meu amigo, é o despotismo do poder. Nestas condições, pois, a família do cidadão guarda nacional não é uma família como a de nós outros; não, esse cidadão é uma espécie de pária que não tem direito, a quem só cabem em partilha o sofrimento, o trabalho, a miséria, até que ao governo e aos seus oficiais assim convenha! (*Apoiados*)

O SR. AFONSO DE ALBUQUERQUE: – Para o bem social!

O SR. JACOBINA: – Serão porventura estes os únicos motivos que exigem a extinção da Guarda Nacional? Não, senhores, outros muitos de não menos ponderação militam em favor desses míseros brasileiros, outros motivos exigem a extinção dessa bárbara e despótica instituição, motivos altamente poderosos e que deviam estar ao alcance dos homens do governo, se porventura prezassem o engrandecimento do país, se porventura se prezassem de dizer: sou cidadão brasileiro, sou cidadão de um país poderoso por sua força, por sua extensão, por seu patriotismo e riqueza. (*Apoiados*).

Mas, qual! O nosso governo não se inspira nesses sentimentos, entende poder prescindir da opinião pública e só procura a força tirada da compressão! (*Apoiados.*)

Senhores, todo o [sic] cidadão vive dos recursos que lhe presta seu trabalho, da faculdade de trabalhar, do uso de sua liberdade e atividade, mas o cidadão guarda nacional é embaraçado por essa lei na sua atividade que lhe tira os recursos de sua subsistência e de sua família porque o serviço público o exige e não poucas vezes serve este de pretexto para o serviço particular de seus superiores ou dos agentes do governo (*apoia-*

dos) que muitas vezes o arrancam do seio de sua família para facilitar de gozos libidinosos.

UM CIDADÃO: – A pretexto de conduzir ofícios levam cartas.

O SR. JACOBINA: – Ora, o cidadão, como sabeis, e como há pouco foi perfeitamente demonstrado no Rio de Janeiro, vivendo de seu trabalho, sustentando ele sua família, ou ele vive comodamente segundo o seu trabalho, ou ele pode, sujeitando-se a algumas privações, fazer economias, porque a economia é sempre uma privação de gozos, ou ganha o absolutamente indispensável para sua subsistência; mas, ainda assim, ele distraído de seu trabalho para prestar serviços públicos com misérrima paga, que não lhe dá mesmo nem para satisfazer as necessidades mais urgentes da vida; logo, das duas uma, ou ele se reduz a mendigar o pão para sua subsistência, ou se sujeita a fazer economias forçadas para pagamento das dívidas contraídas durante o serviço, economias que dariam para fazer a sua fortuna dando maior desenvolvimento a sua indústria, sua atividade... (*Muito bem*).

Ora, senhores, se fizermos o cálculo de que há no país quinhentos mil guardas nacionais, que cada um goza do seu trabalho, economiza alguma cousa, teremos que tantos cidadãos são privados de ter fortuna quantos são os que hoje se acham distraídos com o serviço da Guarda Nacional. Daqui, pois, resultaria um aumento da fortuna particular e este aumento aplicado conjuntamente com o trabalho traria necessariamente maior desenvolvimento na indústria, na riqueza do país, e dentro em pouco a fortuna geral teria progressivamente aumentado. (*Aplausos*).

O SR. SÁ: – Mas a reforma martiniana[5] permite melhor!

O SR. JACOBINA: – Mas ainda quando assim não sucedesse, ainda quando o cidadão não quisesse fazer essas economias que conduzem ao bem estar e à riqueza, ao menos viveria mais comodamente, não teria a face vermelha perante seus credores, nem a desonra próxima à sua porta.

---

[5] N. A.: Refere-se ao ministro da Justiça, José Martiniano de Alencar.

UM CIDADÃO: – Quase que o Guarda Nacional não tem honra!

O SR. JACOBINA: – Infelizmente, porque os ricos assim pensam é que não há honra.

Mas, senhores, dizia eu, supondo, porém, que o cidadão não queira fazer economia, porque a economia é a privação, o sofrimento, supondo que ele não queira fazê-la e aplicando-se ao trabalho lucra com isto porque vive mais comodamente; mas aquele que lhe paga o salário de seu trabalho tira maior lucro e aumenta sua fortuna, e desenvolve sua indústria; logo, a cessação desse trabalho diminui as comodidades da existência do cidadão guarda nacional, cerca-o de maiores privações, faz decrescer o lucro daquele industrioso que, com seus capitais, oferece a paga do trabalho, faz ,por conseguinte, a fortuna pública sofrer diminuição. (*Apoiados*).

Assim, pois, senhores, daqui se vê que, ainda pelo lado financeiro, ainda pelo lado de melhorar sorte do cidadão e promover o engrandecimento do país, esta lei é incompatível, a sua existência é naturalmente ofensiva.

O SR. SARMENTO: – Antieconômica.

O SR. JACOBINA: – Como muito bem diz o ilustrado Sr. Morais Sarmento, é antieconômica e destruidora da riqueza nacional.

Mas, senhores, reduz-se por ventura somente a estes inconvenientes expostos a incompatibilidade de semelhante lei com a liberdade e engrandecimento deste país? Não, senhores, a lei, depois de ter jungido o cidadão na parte externa, porque o prende na faculdade de exercer a sua atividade, porque lhe tira a liberdade do trabalho, a lei foi ainda mais longe e invadindo o domínio da consciência do cidadão foi até aí aferrolhar-lhe a alma.

Eu vos digo como. O cidadão guarda nacional tem um caráter duplo, é guarda quando se trata da defesa do seu país, é cidadão quando se trata do exercício de seus direitos, donde resulta que ele exerce em duplo caráter. Pois bem, como o cidadão tem o direito, neste país é direito...

UM CIDADÃO: – Escrito.

O SR. JACOBINA: – Escrito, e eu direi mais, escarnecido, tem o direito escarnecido de votar, de dizer quem quer para exercer o poder público. O que faz, porém, o governo que atualmente está armado com a instituição da Guarda Nacional? Cidadão guarda nacional, vossa consciência eu a quero sob pena de serviço e castigo em nome da Guarda Nacional! (*Aplausos*). Custa a crer isto, mas é o fato: nós temos presenciado essa série de coisas inauditas praticadas em nome da lei da Guarda Nacional para escravizar a vontade do cidadão.

O SR. SÁ: – Na Boavista há um inspetor de quarteirão que diz que é a segunda pessoa do Imperador.

O SR. JACOBINA: – E é, podia muito bem dizê-lo.

Senhores, outros muitos motivos poderosos podiam ser aduzidos a estes, e mesmo mais bem desenvolvidos, mas eu não posso, não tenho mesmo cabedal suficiente para tanto. (*Não apoiados*). Estou aqui, Deus sabe como, para sair-me das dificuldades em que me colocaram; no entretanto, senhores, ficará isto para mais esclarecidos membros do *Clube Radical* e para qualquer cidadão que aqui se queira alistar. Portanto, eu passarei a dizer o que ainda os sectários de semelhante lei dizem: – como se fará o serviço do Estado?

O SR. AFONSO DE ALBUQUERQUE: – Quando a pátria exigir sacrifícios.

O SR. JACOBINA: – Ou, por outra, como o colega diz, quando a pátria exigir sacrifícios. É uma outra questão de que mais tarde me hei de ocupar e peço ao colega que se digne prestar-me um pouco de sua benévola atenção para ver se chegamos a um acordo neste ponto.

O SR. AFONSO DE ALBUQUERQUE: – Eu já estou de acordo.

O SR. JACOBINA: – Senhores, o serviço se faz, no meu modo de entender, com a força municipal, porque não conheço nada mais interessado, nada mais afeto à ordem e à tranquilidade do que a corporação municipal, porquanto se o crime produz abalo no centro chamado Rio de Janeiro é porque aí repercute, mas antes disso tem abalado a municipalidade onde se perpetrou; os outros lugares sofrem pela repercussão, mas o município sofre pela ação.

Portanto, creio que o serviço que a Guarda Nacional presta pode ser substituído perfeitamente pelo serviço municipal. Desde o momento em que cada município tiver a sua guarda especial, terá em si todos os recursos e os meios suficientes para repressão dos crimes e punição dos criminosos. Nestas condições, portanto, respondo aos sectários da lei atual e das suas reformas que a força municipal supre perfeitamente a Guarda Nacional e que, portanto, ainda por este lado, não se justifica a sua instituição.

Mas, tornar-me-ão, e as fronteiras deste vasto Império? As suas fortificações, as costas, que compreendem uma grande linha do oceano? Dizei ainda, para isto temos o Exército que, sendo filho de um sorteio sem distinções de classes, tendo por base, portanto, a igualdade e por incentivo a distinção ao verdadeiro mérito, fará todo o serviço que exigem a liberdade e integridade do país.

Mas, dir-me-ão, nos casos extraordinários, nas circunstâncias difíceis (creio que isto se refere ao aparte do meu nobre colega), em que não são bastante o Exército permanente e as reservas dos anos anteriores, que remédio dareis?

Digo, ainda assim distingo, porque no distinguir bem as coisas está a sabedoria humana. Digo, distingo duas hipóteses, ou a guerra é interna ou externa. Vamos por partes: se é uma guerra interna, por que razão não havemos de estudar as causas que determinaram essa guerra? O conhecimento perfeito dessas causas traz a solução da questão. (*Apoiados.*) A guerra interna ou é o resultado da reação contra os abusos do poder, ou é incontestavelmente um abuso, um desvio das paixões de uma certa parte da população; se é o resultado de uma reação combinada contra um governo que se diz livre para se tornar despótico e violento, é melhor que não se lhe conceda uma faculdade que aumenta o seu poder contra os interesses da associação política. (*Apoiados.*) Em tais casos, é melhor que a população se erga e lhe diga – sai-te daqui, indigno, que iludiste a minha boa-fé.

Ou então temos a segunda hipótese, isto é, quando as paixões dirigidas por mal-intencionados espalhadas no coração do povo, produzindo efeito sobre os espíritos, fazem uma reação de fora a querer lançar fora do poder os homens que com dedicação e zelo promovem o engrandecimento do país e a liberdade do cidadão e a segurança individual; neste caso, senhores, o governo tem contra si a resistência de uma parte da população desvairada e há de encontrar também a seu lado a parte sã da sociedade, a maioria dos cidadãos, todos o hão de auxiliar para, por meios brandos e suasórios, chamar à ordem, ao respeito à lei esses desvairados; e digo por meio brandos, porque antes de armar o irmão contra o irmão, antes de autorizar o pai a matar o filho, o filho a matar o pai, deve um governo sábio procurar dissipar as paixões más, falar ao povo, instruí-lo e fazer-lhe conhecer que longe de merecer as suas iras, o governo merece a sua atenção, a sua confiança, a sua adesão; e há de ser difícil que o cidadão que não tem interesse nas posições, que não quer escalar ao poder, digo, há de ser difícil que o pai de família queira combater crimes e deixe de acompanhar um governo assim protetor.

Portanto, senhores, mostrei-vos, ao menos penso, da forma como me é possível na ocasião, que na hipótese do [sic] governo ser bom, é impossível ou muito difícil que o caso figurado se dê, mas ainda quando tenha lugar nós temos o governo escudado com o resto da população do país e cada cidadão será um soldado em defesa do governo e contra esses seus irmãos apaixonados; e é por essa confiança que o governo melhor se firmará no coração do povo e levará a convicção ao ânimo da parte do rebanho que se desgarra.

Vejamos, porém, a outra hipótese, isto é, quando o governo pondo de parte sua honrosa missão, seu fim nobre na sociedade, procura entorpecer o movimento, enganar a expectativa natural do país, reduzir a escravos os cidadãos, aniquilar a iniciativa individual. Senhores, neste caso eu direi que o estigma da infâmia devia marcar a face do cidadão que, tendo consciência de que seu país é por essa forma governado, pegasse em armas contra os seus concidadãos que, tendo bastante dignidade e patriotismo, se revoltassem contra um semelhante poder público (*Apoiados*). Portanto, ainda por este lado, não tem justificação a instituição que só pode servir de auxiliar a um poder despótico.

Vejamos, porém, senhores, a primeira parte da primeira distinção que fiz, isto é, no caso extraordinário de uma guerra estrangeira, em que faltem os recursos ordinários e os extraordinários de reserva, em que forem insuficientes para defesa da honra, integridade e independência nacional. Senhores, ainda assim distingo, porque essas questões são muito complexas, ao meu modo de entender, no meu espírito. Digo, o que é o governo perante o direito e o que deve ser o governo perante o seu país?

Segundo a organização das sociedades modernas, deve ser a expressão da opinião, a ação, o pensamento da maioria que no mesmo país tem força e recursos para a sustentar. Se assim é, digo eu, se o ousado estrangeiro nos ludibria, se fere a honra do país, se o ousado estrangeiro por seus insultos e provocações, se por qualquer motivo ataca o pundonor nacional, fere a nossa integridade e continuando na sua força pretende menosprezar a independência da nação, tencionando fazer dela mais tarde um país de escravos ou vassalos, neste caso, o que vemos e o que nos ensina a história servem muito para responder a este argumento capcioso, a esta forma por que se disfarça o despotismo para continuar a sustentar-se nesta terra.

A guerra que se nos dirige, ou seja, contra a honra, ou contra a integridade, ou contra a Independência, fere naturalmente os nossos brios, o governo e a expressão do povo, o povo não aceita guerra porque é feita ao governo, aceita a guerra porque o governo do país usa do poder que o mesmo povo lhe deu; logo, portanto, que a guerra tem por fim desagravar a afronta feita ao país, é uma guerra feita ao povo, ele a aceita espontaneamente, porque a sua soberania foi ofendida na pessoa do governo de sua escolha, aceita-a sem hesitar, sem dificuldades, sem embaraços para o governo, que é a sua expressão, o representante de sua vontade (*Apoiados.*) Nestas condições, o poder público há de encontrar em cada cidadão um soldado, o velho será soldado experimentado e refletido e o jovem o impetuoso, mas abrasados pelo fogo do patriotismo sacrificar-se-ão pela pátria, porque a guerra não é do governo, é de nação a nação (*Apoiados*).

Supondo, porém, que a guerra é provocada não pelo audaz estrangeiro que quer ultrajar o país, mas pela incúria, ignorância ou paixões do governo que temos, porque nem sempre o provocador é o que primeiro dá o tiro que rompe as hostilidades, mas por aquele que acumulou as causas, os motivos para o fato, digo eu, neste caso para que incomodar o país inteiro, para que sacrificá-lo fazendo vítimas para sustentar com capricho a paixão, o interesse muitas vezes do soberano ou do governo que dirige o país? Por forma alguma. Em tais casos, o país, antes de empreender uma semelhante guerra, antes de defender em seu nome os interesses particulares do governo que o dirige, deve dizer-lhe – não, amigo, retirai-vos daí porque o sacrifício não é para vós, é para nós. Nestas condições, seria até um meio de coibir os soberanos ou os governos de empreenderem guerras injustas, com sacrifício do país, para satisfação de seus caprichos.

O SR. AFONSO DE ALBUQUERQUE: – Entretanto, a guerra atual é de honra e os voluntários são de corda.

O SR. JACOBINA: – Senhores, eu podia agora, neste momento, aduzir ao meu pensamento fatos bem conhecidos, podia compulsar a história da França e dizer-vos, senhores, quando a França estava abandonada de quase toda a Europa, em 1793, de cada canto surgiam os cidadãos voluntários, outros tantos soldados em defesa da causa da pátria. Eu podia mesmo dizer que nessa guerra sangrenta que ultimamente teve lugar nos Estados Unidos, em que não se pelejava pela emancipação dos escravos, mas em que se combatia pela independência do Sul, essa República não tinha mais do que um Exército de dez mil homens, mas, entretanto, bateram-se milhões de homens! Eu poderia mesmo dizer, senhores, que nesta guerra com que lutamos (sirva isto de resposta ao aparte que há pouco deu o meu colega) houve uma situação no país que até então merecia certa confiança, que fez com que aparecessem milhares de voluntários, sem cordas, sem compressão. (*Apoiados*). Já vemos, portanto, que o exemplo vem de cima, como de cima vem o despotismo.

Depois disto, quem fez estancar essa corrente patriótica de voluntários, essa dedicação sem exemplo? Foi o governo que, contando com a docilidade deste povo, sabia que havia de arrancá-lo com violência para assim manter o seu poderio, o seu despotismo. Mas, senhores, dizei-me, qual foi o corpo de guardas nacionais que sob o império da lei de 19 de setembro foi para a campanha completo? Não me consta que fosse um só. Entretanto, pela iniciativa pessoal, pelo patriotismo dos cidadãos, muitos foram e entre estes um de 90 praças, à frente do qual disse um presidente: – se algum de vós não é voluntario, dê um passo à frente.

Nem um só se moveu, senhores!

UM CIDADÃO: – Isso só fez o Sr. Castelo Branco.[6]

O SR. JACOBINA: – É a ele que me refiro.

Portanto já vedes, senhores, que, qualquer que seja a hipótese (ao menos é o que me parece) em que se coloque a questão, os fatos provam que a extinção da Guarda Nacional não é um motivo para que o país fique completamente sem defensores. Nestas condições, portanto, o que resta? Qual o fundamento de que se socorrem os defensores da lei de 1850 e os reformadores?

Senhores, eu entendo que a instituição da Guarda Nacional como existe não só tem defeitos que exigem a sua extinção, como mesmo essa lei tem sido sofismada. Portanto, um governo que não é a expressão da opinião pública, que tem consciência de ocupar o lugar não por merecimento próprio, porque o país o apoie, mas porque a vontade de quem quer que seja o chama, não pode estar tranquilo, nem conta com a confiança pública, entende que só pode manter-se, e acho-lhe razão, com a compressão do país. (*Apoiados*).

UM CIDADÃO: – E o país para que se sujeita?

O SR. JACOBINA: – Porque não tem recursos por ora e ainda não se congregou como nós estamos nos congregando para um dia também dizer – não. (*Numerosos apoiados.*)

Senhores, eu poderia também, se quisesse alongar-me, perguntar de que serve ao governo a instituição da Guarda Nacional para a guerra? De coisa nenhuma. E o que tem feito com que o governo possa sustentar a guerra enviando para lá milhares de cidadãos? Vós o sabeis,

---

[6] N. A.: Provavelmente Antônio Borges Leal Castelo Branco, presidente de Pernambuco em 1865.

não tem sido a Guarda Nacional com a sua lei de organização, os que para lá têm ido são os simples cidadãos recrutados e os voluntários da pátria. (*Apoiados.*)

O que se pretende, pois, com as reformas? Eu vo-lo digo, estarei em erro, pode ser, mas é a minha convicção. O despotismo, a usurpação do Brasil, vendo que há tendências, que a opinião pública se manifesta pela extinção desta lei corruptora, violenta e arbitrária, vendo abalado, portanto, o seu poder, uma de suas poderosas fontes de compressão, trata de iludir, mistificar, estabelecendo reformas que não extinguem os defeitos da lei, que os agravam, pretendendo mais tarde até prender na sua rede de compressão os próprios estrangeiros! (*Aplausos.*)

Senhores, é tão extraordinária a reforma quanto os motivos que a determinam, porque, como sabeis, um nobre e respeitável senhor deste país acabou de dizer: – se eu fosse traduzir como devera a vontade daqueles que me mandaram para aqui, eu diria com aplauso da população toda do país, a extinção da Guarda Nacional é a única lei possível. Entretanto, senhores, ele discute, é um representante do país que trai o seu mandato e diz, quer estabelecer um meio termo entre a vontade da nação e a do governo, transige com a sua consciência, com o seu mandato e propõe a reforma!

O SR. SÁ: – Eu ouvi-o dizer no Senado que só respondia pelos seus atos para com o Imperador e o Senado.

O SR. JACOBINA: – Portanto, senhores, a reforma com que hoje se quer iludir a opinião pública há de ser a mesma coisa que temos.

UM CIDADÃO: – Ou pior.

O SR. JACOBINA: – Parece-me, senhores, que o fim ou o pensamento da reforma é o mesmo e único: os seus autores tratam apenas de colorir as vistas, de soltar notas harmoniosas para assim prender as atenções e quando virem que têm conseguido o seu fim, que têm desvairado a opinião pública, desmascaram-se, então apresentam um novo elemento de compressão igual ou superior ao que existe. (*Apoiados*). Nestas condições, pois, o que resta a este país?

O SR. SIQUEIRA: – A revolução. (*Apoiados.*)

O SR. JACOBINA: – Resta o que eu disse há pouco: cada cidadão por si aconselhando-se com seus amigos vá formando sua opinião segura e definida e não duvide oferecer combate ao governo quando ele o provocar. (*Apoiados.*)

Se por hoje ainda somos poucos, se poucas são as vontades que se unem, elas irão engrossando à proporção que as usurpações, as violências forem crescendo e um dia, quando a maioria do país tiver julgado os homens que tenham subido às alturas do poder, o povo reivindicará os seus direitos. (*Apoiados.*)

Senhores, tenho por demais abusado de vossa benevolência (*não apoiados*), receio mesmo que a impaciência se possa estabelecer (*não apoiados*) e além disso eu mesmo já não posso continuar, sinto-me um pouco fatigado, não tenho remédio senão concluir, sentindo que me fosse encarregada essa tarefa que é por demais nobre, mas superior às minhas forças (*não apoiados*), que pode dar lugar a extensos e eloquentes discursos.

Se porventura não levei a convicção a vossos espíritos tão profunda quanto existe em minha alma, ao menos fiz o que me foi possível, ao que dareis o apreço que bem vos parecer, e o fiz não por mim somente, mas em nome daqueles que comigo contam, em nome daqueles que comigo comungam nas ideias políticas, em nome daqueles que hasteiam a bandeira de fazer desaparecer o despotismo que fere de morte e escraviza este país. Tenho concluído.

(O orador é cumprimentado por grande número de cidadãos.)

3ª CONFERÊNCIA DE PERNAMBUCO
Dr. Sinfrônio Coutinho[7]
"O Partido Radical no Brasil", pronunciada em 15/09/1869.
Foi publicada no OL, 78, 24/12/1869, p. 2-3.

Registro: OL, 64, 18/09/1869, p. 3:

"3ª Conferência do Clube Radical – Lê-se na *Idea Liberal* (de Pernambuco). Assistimos no dia 15 à conferência pública sobre o *Partido Radical* feita pelo Sr. Dr. Sinfrônio César Coutinho. Foi um dia de regozijo para todos os verdadeiros liberais que prezam a verdade e amam a liberdade, como o único meio de salvar o Império do Brasil do abismo para onde o leva a nefasta política do Imperador.

O Sr. Dr. Coutinho, elevando-se à altura do assunto e profligando em linguagem enérgica e brilhante todos os erros do Primeiro e do Segundo Reinado, mostrando com espírito perspicaz o termo fatal da luta entre o Rei e a nação e concluindo logicamente por mostrar que o termo dessa luta fatal seria a perda da Coroa, apontou como meio de salvação as reformas como as exige o Partido Radical.

O orador entrou depois na apreciação da origem do Partido Radical e de grande número das reformas que constituem o nosso programa político. Um dos pontos em que mais apreciamos o importante discurso do digno presidente do Clube Radical foi a sua irrespondível argumentação sobre a necessidade para o Império do Brasil, cercado de repúblicas e único na América, de nada ter que invejar em questões de liberdade e de descentralização às repúblicas vizinhas.

O orador foi muitas vezes aplaudido e entusiasticamente felicitado por todos os seus amigos quando terminou o discurso. A atenção com

---

[7] N. A.: Sinfrônio César Coutinho (1832-1887). Formado em Medicina pela Faculdade da Bahia em 1853, com tese sobre a febre amarela, foi presidente do Clube Radical de Pernambuco. Criou o primeiro fármaco brasileiro registrado, a pilocarpina, extraída das folhas do jaborandi. Na década de 1870, recebeu o título de doutor pela Faculdade de Medicina de Paris.

que foi ouvido prova que o povo pernambucano vai-se habituando às práticas do regime da liberdade, da ordem e do respeito aos direitos de cada um, pelo que nos felicitamos e a todos em geral."

Publicação: OL, 78, 24/12/1869, p. 2-3:

"Transcrição. Clube Radical Pernambucano. – 3ª Conferência sobre o Partido Radical no Brasil, em 15 de julho de 1869, pelo Dr. Sinfrônio Coutinho.

Meus concidadãos:

Creio que já é tempo de libertarmo-nos dessa odiosa tutela que nos avilta ante o mundo civilizado e nos rouba os foros de um povo livre. Sim, é tempo de entrarmos de pleno direito no gozo de nossa maioridade e se há espíritos tão pessimistas que ainda nos julgam incapazes do exercício desse direito, que venham dissipar suas dúvidas ante o espetáculo imponente de um povo que corre espontâneo e palpitante de generosa dedicação para acercar-se de modestos cidadãos que não sabem inspirar-se senão no culto da pátria e no entusiasmo pela liberdade. (*Muito bem.*)

Sede bem-vindos, mancebos, esclarecidos obreiros de um mais esperançoso porvir desta desditosa pátria! É sempre nobre discorrer-se quando o objeto do discurso é o interesse de seu país e quando se fala, se clama e se agita, a razão e a justiça não ficam esquecidas na sombra e no silêncio. Seja, pois, nossa divisa: clamar e agitar sempre e não desesperar de nossa regeneração, porque Deus não engana o gênero humano.

Filhos desta nobre província, nós nos devemos congratular porque teimamos corajosamente em manter ilesas as brilhantes tradições de nossa história; porque, apesar da insânia com que se tem pretendido converter-nos em um bando de escravos, nós persistimos em conservar--nos um povo de livres. (*Muito bem*).

E tu, minha terra, gentil Veneza do Atlântico, tu que hoje soluças estremecida à margem de teus rios, como tua irmã do Adriático, te erguerás um dia garbosa às neblinas do futuro, e terás também o teu dia de redenção. Crê e espera.

Senhores, a liberdade também tem sua religião: esta é o sentimento íntimo do aperfeiçoamento social para onde se precipita a humanidade. Sublime aspiração de todos os séculos, dogma brilhante de todas as civilizações que se têm sucedido sobre a terra, a liberdade nascida com o homem nas planícies da Ásia, havia somente peregrinado pelo antigo continente e seu grandioso apostolado traçado pelo dedo de Deus era incompleto, porque o mundo inteiro ainda não a conhecia.

Há, porém, no desenvolvimento do progresso humano mistérios assombrosos, que revelam a excelência de Deus. O mundo antigo dilata-se sob o compasso de um marinheiro e a América levanta-se ante as mãos de Colombo; uma tempestade arroja a frota de Cabral ao dorso de um gigante e o Brasil surge aos enviados da tormenta. Terra de mimos, coberta com o manto de seus bosques, orgulhosa com a coroa de seus montes, feliz nas solidões de seus vales, rica no desalinho de sua opulenta vegetação, a Europa, ávida de fortuna e de aventuras, devia bem cedo cobiçar esta pérola dos trópicos que através dos mares ia deslumbrar sua imaginação.

A Holanda, então florescente, poderosa e no fastígio de seu poderio marítimo, houve de disputar com invejável tenacidade o novo apanágio que a Coroa portuguesa tão mal sabia zelar; mas teve de recuar ante o indômito valor de nossas armas, que por uma singular fatalidade serviam à causa do despotismo e não a da civilização. Devo dizê-lo ainda: 1654 foi uma época de consequências funestas. Daí decorreu essa vitória prematura, que trouxe a barbaria aos nossos costumes e retardou a vitória da civilização, que a mão polida do holandês derramava sobre nós.

Senhores, os grandes acontecimentos da vida de um povo não devem ser julgados isoladamente: eles, como uma consequência lógica, têm sua procedência no passado e vão refletir-se no futuro como um conselho ou como uma exprobração. Entre a Holanda livre que recuava vencida, e Portugal preso ao despotismo de seus reis, que de mais em mais firmavam seus domínios na América, ficou o Brasil mergulhado em um eclipse de quase dois séculos, de quase dois séculos de trevas e de mortificações, e por isso, quase desventurados prisioneiros arrancados de súbito das escuras masmorras, nos deslumbramos aos primeiros clarões de independência e tão sôfregos e inconscientes aceitamos o presente grego que nos ofertou um príncipe em cujo coração tumultuavam largas e desregradas ambições. (*Apoiado*).

A história, às vezes tardia, mas sempre irrepreensível em seus juízos finais, um dia julgará severamente o legendário brado do Ipiranga, que não foi senão a ambição coroada pelo sucesso, e mais tarde a ingratidão e a tirania castigadas pela justiça da nação. Pedro I não foi um grande príncipe. Que importa que o orgulho e a vaidade filial lhe tivessem erigido uma estátua?[8] Em redor desse bronze mentiroso volteiam as sombras ensanguentadas de Caneca e de Ratcliffe,[9] e embaixo está a alegoria do Brasil protestando contra esta afronta. Filho do absolutismo, ele não podia renegar seu berço, nem amaldiçoar as tradições de sua raça; déspota por índole, pela educação e pelo exemplo, não podia ser o intérprete fiel, nem o cooperador sincero de uma nacionalidade que se expandia ao sol da América e à luz dos grandes princípios deste século; aliado interesseiro e fementido da revolução que lhe deu a coroa, atraiçoou essa aliança no primeiro dia em que pôde amordaçar e golpear a liberdade.

Um passo desse homem no caminho do direito teria feito dele o Washington da Monarquia americana; preferiu, porém, ser César, sem se lembrar de que poderia encontrar em seu caminho um vingador da liberdade, não brandindo o punhal de Bruto, mas armado dessa força

---

[8] N. A.: Refere-se à polêmica estátua de Pedro I erguida em 1862 no Rio de Janeiro, no local hoje conhecido como Praça Tiradentes. Teófilo Otoni a ela se referiu como mentira de bronze.
[9] N. A.: Frei Joaquim do Amor Divino Caneca (1779-1825) envolveu-se na Confederação do Equador (1824), sendo por isso fuzilado. João Guilherme Ratcliffe foi um português que aderiu à Confederação. Condenado à morte, foi enforcado no Rio de Janeiro em 1825.

irresistível de que os povos modernos sabem dispor nos seus dias de supremas angústias e de regeneração.

E o déspota caiu: ele que havia reinado pela usurpação, pelo terror e pelos cadafalsos, caiu humilhado ante suas vítimas e abismado na magnanimidade da nação, que acolhia seus filhos abandonados à orfandade. A revolução de 7 de abril, senhores, não podia ser o corolário final de nossa independência, desde que resumia-se na abdicação do imperador. De feito, expelir um rei e deixar em derredor de seu trono todas essas instituições perigosas das monarquias absolutas; nada ousar contra um Senado faccioso e em sua maioria composto de validos; nada tentar contra os conspiradores da Corte, que ainda sonhavam uma restauração; querer conquistar sem violência e vencer sem resistência e sem ressentimentos era inutilizar os esforços da revolução, era dar espaço à reação. Uma revolução que se coloca na defensiva é sempre uma revolução perdida: ela não pode ser vitoriosa, senão com a condição de ser agressiva.

No entretanto, a Regência passou próspera e ovante, apesar de todos os tropeços da reação, e a ela devemos os nossos melhores dias de governo, de organização interna e de liberdade.

E, porém, a reação tornou-se ameaçadora; e ainda foi mister que os liberais sempre dedicados, mas sempre tímidos, desarmassem os conspiradores de 1837, fazendo ascender ao trono o príncipe infante, que tinha sido embalado nos braços da liberdade.[10] Pobres liberais! Nem pressentiram que essa deusa que tinha sido honrada em Esparta, ia transformar-se em impudica cortesã da corrompida Bizâncio.

UM CIDADÃO: – É uma verdade.

Príncipe, cujo berço foi um símbolo e uma esperança, órfão abandonado à revolução e por ela tão generosamente acolhido, Pedro II parecia fadado para mui nobres cometimentos e para por nobres e patrióticas ações resgatar os erros e os crimes de seu pai. Iludiu, porém, cedo as

---

[10] N. A.: Refere-se ao golpe da maioridade de 1840, pelo qual os liberais anteciparam a coroação de Pedro II.

previsões daqueles que confiavam encontrar nele o brilhante paladino de nossas liberdades. Ainda bem não tinha decorrido o período de sete meses e já era fulminado o primeiro ministério liberal, organizado com os lidadores da maioridade; ainda não eram passadas dois anos, e o jovem rei, tão precocemente atirado à senda perigosa das reações, dava combate aos liberais nas províncias de Minas e São Paulo e Diogo Antônio Feijó, esse vulto venerando de nossos tempos heroicos, era atirado desprezivelmente nas praias da província do Espírito Santo, para expiar no desterro o nobre crime de haver defendido sua pátria ultrajada pela reação monárquica de 3 de dezembro de 1841. Ah! tinha caído a máscara do rosto de Augusto, e convencemo-nos de que, até nesta terra virgem da América, os Bourbons, hoje proscritos de todos os tronos da Europa, não sabem reinar senão pela perfídia e pelo mais grosseiro despotismo. (*Apoiados.*)

Rápido foi então o declínio da aurora de 7 de abril, e as sombras crepusculares que se acumularam sobre o horizonte pronunciaram a noite medonha que hoje nos envolve, e através da qual apenas se distingue um ponto luminoso, que é o vulto do herói de Uruguaiana,[11] tripudiando sobre o coração da liberdade agonizante e bradando: o Estado sou eu! Senhores, uma das maiores personificações do absolutismo moderno, Luís XIV, resumindo nesta tão breve quão sinistra fórmula o que são os governos absolutos, cavou um abismo bem fundo no seio da França, onde também e para sempre, foi precipitar-se toda sua dinastia.

É que o destino, na rotação misteriosa de sua vida, reserva também grandes castigos para os reis; é que os reis, concentrando em si todos os poderes das nações, assumem perante elas todas as responsabilidades, sem se lembrarem de que aqueles que usurpam devem olhar para seus filhos, que muitas vezes são as vítimas expiatórias de seus crimes.

Meus concidadãos: seria uma indigna profanação às liberalidades da providência eterna supormos, ainda por um momento, que somos

---

[11] N. A.: Refere-se à rendição paraguaia em Uruguaiana, em 1865, a que assistiu Pedro II ao lado dos chefes aliados.

o povo mais imbecil desta América tão livre? Mas, por que, a par de tantas magnificências e de tantas grandezas no país do Amazonas e do Prata, ao pé dos Andes portentosos, onde parece que Deus colocou o tabernáculo da liberdade, o homem é ainda tão mesquinho e o cidadão tão escravo? Por que tantas trevas nesta terra tão dileta de luz?

Não me surpreende, senhores, esta desarmonia transitória. A equidade é para o mundo moral o que o equilíbrio é para o mundo físico, e quando a equidade não é a base da vida e das relações políticas de um povo, não é possível a harmonia, daí não pode resultar a ordem social. Se o gênio de Esopo imortalizou num de seus apólogos a bela ficção da partilha do leão com seus consócios, a célebre outorga da nossa carta constitucional realizou praticamente essa ficção: no Brasil tudo é o Rei.

Sim, o nosso governo é uma concentração odiosa de todos os poderes nas mãos do Imperador; é a absorção de todas as forças nacionais pelo Poder Moderador; e este poder, senhores, dizem os áulicos, é impecável em seus desígnios, como também irresponsável nas manifestações de sua autoridade divina.

O Estado é o Rei. Vede:

Lá no cimo da pirâmide política está o Imperador cercado de eunucos, ostentando aos olhos da multidão todos os seus caprichos, armado com a força do direito e com o direito da força, acenando a todas as ambições, corrompendo os caracteres e atirando sobre os homens que o servem as suas responsabilidades e toda sua impopularidade; embaixo está o povo esmagado pelo imposto, oprimido pelos rigores de um recrutamento bárbaro, verdadeira caçada humana em que até os cães ferozes entram como auxiliares, está o povo militarizado pela Guarda Nacional, despojado de seus direitos e roubado em sua soberania pela conquista do sufrágio; estão as municipalidades, essas colmeias onde devia se retemperar a seiva da nação, nulificadas pelos arbitrários decretos do poder e reduzidas apenas a uma simples expressão política; estão as províncias asfixiadas à força de tanta centralização, privadas de vida própria e, quais outras dependências do antigo Império Romano, governadas por procônsules e só lembradas para os tributos de ouro e de sangue; está a representação nacional rebaixada até o desprezível Parlamento rabadilho [sic] de Cromwell;[12] estão os partidos impotentes para o bem, subservientes para o mal e fautores e vítimas ao mesmo tempo dessa política fratricida, que tanto os tem desonrado; embaixo do grupo divino, está toda a nação sem iniciativa em suas mais graves questões, sem faculdade para desenvolver seus grandes recursos, está a nação outrora opulenta, reduzida à miséria, está o Brasil envolto na lúgubre mortalha dos empréstimos insolváveis ainda por muitas gerações.

Creio, senhores, que esboçando em largos traços este quadro, não iludi a fidelidade dos fatos, nem assombrei-lhes as cores. Não vim aqui para lisonjear paixões políticas e sim para falar-vos com a imparcialidade que me dita minha consciência e com a energia que me inspira meu patriotismo. Sim, caia desta tribuna somente a verdade; fecundemos a inteligência do povo pela discussão dos grandes princípios liberais, enobreçamos seu coração pelo respeito aos princípios eternos da moral e pelo seu desprezo à prostituição política.

Acabo de pronunciar uma frase, que talvez pareça inconveniente pela sua veemência: falei em prostituição política. Mas como achar outra expressão bastante verídica para condenar esse mercado de consciências que em 1853 se chamou a Conciliação, para qualificar esse fato de opiniões tão divergentes, que em 1863 se chamou a Liga, e depois o Progresso? Como a história um dia designará este reinado fatal, em que as crenças políticas foram revolvidas por paixões ignóbeis, em que a apostasia foi honrada e a probidade política vilipendiada? Corrupto e corrompido diria Tácito! (*Apoiado*). Meus compatriotas, basta de fraquezas e de mistificações: os iludidos de ontem que não reincidam, que não se iludam hoje. Cumpre que todos aqueles que estremecem pela

---

[12] N. A.: O *Rump Parliament* (1649-1653) foi resultado do expurgo promovido pela *New Model Army* no sentido de impedir a aprovação do tratado de Newport que restaurava o Rei Carlos I. Mais da metade dos 470 parlamentares foi expurgada. O Novo Parlamento assim reduzido aprovou a execução do Rei e a abolição da Monarquia. Em 1653, ele foi dissolvido por Oliver Cromwell.

honra e pelo futuro desta pátria desditosa se preparem para assistir à sua gloriosa ressurreição; cumpre que marchemos todos, irmãos nas mesmas esperanças, para saudar o majestoso alvorecer da aurora do grande dia do futuro.

Senhores, há um século que um Rei deixou cair de seus lábios esta tremenda sentença "depois de mim, o fim do mundo". E quem assim falava era Luís XV,[13] e desde esse dia os franceses compreenderam que era preciso esquecer o Rei para salvar a França. Hoje parece que ouvimos uma paráfrase desse mote sinistro; mas nós, os radicais, compreendemos por nossa vez que é preciso esquecer o Imperador para salvar o Brasil. (*Apoiados, muito bem*). Evidentemente, os nossos antigos partidos políticos, condenados, quais plantas parasitas, a rastejarem-se nos degraus do trono, não podiam arcar contra essa impetuosa corrente que, precipitando-se das altas regiões, ameaçava afogar tudo em seu seio. Era preciso que um partido novo, sem compromissos com a Corte e apoiado somente nos votos da nação, se erguesse ousado para reivindicar nossos direitos confiscados e para amparar nossa pátria prestes a rolar no abismo. Foi, pois, uma questão de urgência a criação do Partido Radical do Brasil e ele surgiu aos reclamos da nação que anseia resolver todos esses problemas sociais e políticos, tão imprudente e improvidentemente acumulados durante dois reinados.

Mas o que é o Partido Radical?

Os áulicos, esses terroristas de todos os tempos, dizem que nós, os radicais, somos uns revolucionários incorrigíveis, que tudo queremos aluir e subverter para, sobre as ruínas fumegantes da Monarquia, estabelecer a desordem e o caos; outros mais complacentes nos dirão ainda: os radicais são um punhado de moços entusiastas pela liberdade, mas sem a experiência das cousas públicas, sem a calma dos pensamentos refletidos e querendo realizar um mundo de quimeras.

Não há, senhores, senão calculada falsidade nessas apreciações. Nem uma coisa, nem outra; sim, nem anarquistas, porque somos es-

---

[13] N. A.: A frase atribuída a Luís XV é "Depois de mim, o dilúvio".

sencialmente homens de ordem, e a anarquia é a negação de todos os deveres sociais; nem utopistas, porque não se compreende que aqueles que seriamente se interessam pelos destinos de seu país estejam a engendrar vãs quimeras, para serem logo repelidas pelo bom senso e pela consciência da nação.

Confessamos, porém, nosso grande pecado, se não for nossa mais digna honra: sem fé no Rei, volvemos nossas esperanças para a nação; e não recusaremos nossa cumplicidade nesse grande movimento que a louca obstinação de uma política retrógrada vai preparando, nesse grande movimento que é a revolução e que será inevitável se esta Monarquia, isolada na América e cercada de repúblicas, tiver que invejar às repúblicas suas condições de liberdade; se esta Monarquia, adstrita ainda à essência e às fórmulas do regime ex-colonial, não for iluminada pelo espírito democrático que reina na América.

Mas, senhores, os reis não costumam recuar e eles, que ainda se julgam os dispensadores das graças na terra, preferem, como Saturno, ver o céu escalado pelos Titãs a abdicar uma pequena parcela de sua autoridade. E, porém, a revolução será inevitável; mas não vos receeis dela, porque chegamos felizmente a uma época em que a religião da liberdade tem revelado todos os seus mistérios, em que a sua igreja se congrega e em que a apostasia não pode enfraquecê-la porque seus crentes são o povo e o povo atravessa o deserto em busca da terra da promissão, quer e há de alcançar sua redenção.

Xerxes, esse grande domador dos povos, diz a história, teve poder para vencer e para corromper os homens, mas foi impotente, quando com suas mãos armadas de azorrague flagelava as ondas revoltas do Helesponto,[14] que lhe disputavam passagem. Pois bem, esse mar em fúria, ante quem recuou o tirano, será a revolução; essas ondas alterosas, que lhe desarmaram o braço, serão o Partido Nacional.

---

[14] N. A.: Refere-se à versão histórica de que Xerxes teria açoitado as ondas do Helesponto (Dardanelos) por terem elas destruído as pontes que mandara construir.

Senhores, Thiers[15] que não é suspeito à causa das monarquias, acaba de exclamar com muita elevação de espírito: — "Os governos escusam de se iludir por mais tempo. Acabou o governo pessoal. A Europa não o quer mais. Quando se é Rei, tem-se obrigação de passar o estreito e de trazer para cá as instituições constitucionais da Inglaterra. Se os reis não quiserem atravessar a Mancha, atravessarão os povos o Atlântico".

Aqui, porém, o Rei não teve de atravessar a Mancha, nem o povo terá de atravessar o Atlântico. O Rei que escravize, e o povo que se liberte. Faça cada um o seu dever. (*Apoiados.*)

Senhores, hoje existem duas escolas políticas no Brasil, que se distinguem mui claramente pelos seus dogmas e pelas suas tendências: há a escola conservadora e a escola radical. A conservadora é aquela que, juntando a idolatria do passado à descrença do futuro, imagina que, por se ter sido um dia o mais forte, se ficará sendo-o eternamente. É aquela que, ligando menos importância à lógica das coisas do que à inconsequência dos homens, se identifica mais com as paixões que transigem, do que com os princípios que não mudam. É aquela que, tendo duas balanças e duas medidas, calca aos pés o direito, quando ela é vitória e o reivindica quando é derrota. É aquela que não tendo fé, nem lei, nem escrúpulos, nem remorsos, tem por único objetivo o sucesso e o poder. É, finalmente, aquela que, julgando-se predestinada como Josué, intenta fazer parar o astro da liberdade, quando ele vai fatalmente descrevendo seu movimento providencial em roda do mundo.

A escola radical é aquela que, proclamando a prescrição para todas as faltas e erros cometidos, não quer ligação com o passado senão para dele colher a experiência; repele o presente como sendo ainda o prosseguimento do passado e trabalha para o futuro, aspirando emancipar o escravo, o cidadão e a pátria. Em uma palavra, seu objetivo é dar equilíbrio à nossa sociedade política que flutua à mercê dos caprichos

---

[15] N. A.: Louis Adolphe Thiers (1797-1877). Político e historiador francês. Muito citado no Brasil por suas ideias sobre a natureza do poder real que, segundo ele, reinava, mas não governava.

imperiais, é regenerar nossa organização social, modelada ainda pelo absolutismo dos tempos coloniais. Nobre e sublimado intento, mas que não passará de uma vã aspiração se o sentimento e a coragem da nação não traduzirem-no em fatos pela reforma ou pela revolução.

Em nosso programa, nos propusemos, por fim, realizar os princípios hoje aceitos sem contestação pelos radicais de todas as províncias e que consistem:

— Na emancipação do escravo pela abolição da escravidão.
— Na emancipação do cidadão pelo sufrágio direto, pela independência da magistratura, pela liberdade de cultos, de ensino e de indústria e pela extinção da Guarda Nacional e do recrutamento arbitrário.
— Na emancipação dos municípios, garantindo-lhes patrimônios, faculdade de dispor de suas rendas, liberdade administrativa e eleição de sua política.
— Na emancipação das províncias pelo respeito a suas autonomias, pela eleição de seus presidentes, e pela descentralização administrativa e econômica.
— Na emancipação da nação pela abolição do Poder Moderador e do Senado vitalício.

As nossas leis políticas distinguem-se em dois grupos: Constituição e Ato Adicional, e leis orgânicas. As reformas destas leis são reclamadas pelos liberais que se dizem moderados; mas nós radicais, reconhecendo que o vício de nossas instituições está na Constituição que nos foi imposta pelas baionetas do primeiro tirano e cerceada em suas disposições mais livres pela camarilha do Segundo Reinado, proclamamos a necessidade de uma assembleia constituinte como meio de realizar todas essas reformas.

Não é de hoje que os espíritos mais pensadores têm assinalado os graves defeitos de nossa carta constitucional. Apraz-me aqui trazer em apoio desta ideia a opinião de um publicista profundo que, não sendo brasileiro, tem uma autoridade insuspeita e extreme de paixões: falo de Silvestre Pinheiro Ferreira.[16] Eis o que ele de Paris escrevia a um amigo nesta província, em data de 12 de janeiro de 1836:

"Eu não posso encobrir que tenho grande receio de que se elevem graves dissensões entre as províncias e o governo central pelo deplorável sistema com que os infaustos conselheiros de d. Pedro I dotaram o Brasil. Desde 1830, não tenho cessado de clamar que se a Assembleia Geral se não apressa em remediar a tamanho mal, mediante uma reforma radical dessa viciosíssima Constituição, quando lhe quiser acudir, arrisca-se ser demasiado tarde. São passados quinze anos e ainda não se vê que a Assembleia Geral ou o governo percebem a urgente necessidade de um tão importante assunto."

De resto, como é possível governar do Rio de Janeiro tão remotas províncias e povoações disseminadas por um tão extenso território e separadas umas das outras por imensos desertos? Que seria a esta hora dos Estados Unidos se eles tivessem adotado um tão errado sistema de centralização? O sistema de confederação que abraçaram foi que os salvou e que os conserva. A confederação é uma necessidade dos países de tão vasta extensão.

Em honra de muitos brasileiros, sem distinção de partidos, devo aqui dizer que o grande problema a resolver, o problema da emancipação do escravo, está julgado na consciência desses homens generosos. Por certo, a grandiosa questão humanitária marcha pacificamente para seu desenlace e é de crer que demos ao mundo o invejável exemplo de realizarmos tão grande progresso sem que uma só gota de sangue humano seja posta em contribuição. Por um instinto admirável, temos compreendido que, dado esse passo na senda da civilização, reabilitamo-nos perante o mundo cristão e marcharemos rapidamente na conquista das reformas políticas.

---

[16] N. A.: Silvestre Pinheiro Ferreira (1769-1846). Político e pensador português que veio para o Brasil acompanhando d. João. Escreveu importantes obras de filosofia e direito constitucional.

Proclamar a abolição da escravidão é forçosamente abrir nossas portas à corrente da emigração [sic], é permitir que o braço do emigrante [sic] laborioso, econômico e inteligente venha fecundar pelo trabalho este solo fertilíssimo que aí jaz inculto e sem proveito.

Há, porém, uma reforma que, se ligando intimamente com a emigração [sic], urge ser realizada conjuntamente com a abolição do elemento servil. Julgo mesmo que deve precedê-la. Falo da liberdade de cultos. O legislador imperial estatuiu em sua Constituição a liberdade de cultos e de consciência; mas neste ponto, como em muitas outras disposições dessa Constituição, predominou o pensamento reservado do absolutismo. Essas liberdades não existem de fato, desde que certos direitos políticos são restringidos e nulificados pela intolerância religiosa: o brasileiro que não pertencer à comunhão católica está por esse fato arredado de toda representação política e administrativa em seu país. É preciso convir que expirou o reinado da intolerância religiosa. Somos todos iguais perante Deus.

Dentre as reformas políticas que aspiramos realizar, avulta a reforma eleitoral, que se prende tão intimamente com outras, que, para realizá-la profícua e conscienciosamente, é imprescindível a um só tempo instituir:

– O ensino livre e gratuito;
– A supressão da Guarda Nacional;
– O recrutamento por sorteio e sem distinção de classes;
– A independência e incompatibilidade da magistratura;
– A separação da judicatura da polícia;
– A polícia eletiva.

Desarmar o poder de todos os recursos de compressão, de terror e de suborno, privá-lo da perniciosa interferência no pleito eleitoral, não é desmoralizar um governo justo e garantidor dos direitos, é proteger um povo que exerce sua soberania. Assim, pois, cercado dessas garantias de independência e de liberdade, queremos o sufrágio direto e generalizado, restringido somente para aqueles que não souberem ler nem escrever.[17] Tal restrição não é odiosa, pois que não exclui o cidadão do exercício desse direito senão temporariamente; converte-se em um incentivo para a propagação da instrução e é uma condição essencial para que o voto não seja devassado.

Como complemento de uma boa reforma eleitoral, cumpre aceitar o direito de representação das minorias, princípio este justo e equitativo e a que não se pode infligir o desdém com que os espíritos rotineiros olham para todas as inovações, porque é já uma realidade na Inglaterra, onde o partido radical converteu-o em lei, há cerca de dois anos.[18] Sob o regime das maiorias, tal como existe geralmente, os partidos, ainda mesmo sob um governo livre, não podem contar que serão representados no Parlamento: é sempre a maioria, embora pouco superior à minoria, que pode absorver toda representação política e isto é uma espécie de despotismo que arrebata a seu modo os direitos de muitos cidadãos.

Uma vez garantida a representação das minorias, não terão mais razão de ser as Câmaras unânimes e acabaremos com o despotismo dos partidos, que muitas vezes se suicidam pela superabundância de forças. É sempre um mal e um mal gravíssimo governar sem o corretivo de opiniões adversas.

Senhores, não é meu intento desenvolver todas as teses políticas contidas em nosso programa de reformas; afastar-me-ia nesse caso do objeto desta conferência e, além disto, carecia de melhores cabedais para levar a termo essa empresa, que deixo a talentos mais cultivados.

Permiti, porém, ainda alguns instantes para falar-vos acerca do Senado, tal como é constituído. O absolutismo da metrópole, vazando em seus moldes todas as nossas instituições, não poderia consentir que o Senado brasileiro exprimisse outra coisa senão as tradições de

---

[17] N. A.: A eleição direta com exclusão dos analfabetos foi introduzida pela lei 3.029 de 9 de janeiro de 1881.
[18] N. A.: A representação das minorias foi introduzida no Brasil pela chamada Lei do Terço (Lei 2.675, de 20 de outubro de 1875).

submissão à realeza e desrespeito à soberania popular. O legislador absoluto, bem longe de consagrar em sua Constituição o princípio da temporariedade do Senado, estabeleceu o Senado vitalício e dependente a escolha de seus membros do *placet* imperial. Fatal tem sido esta instituição a nossas liberdades e muito fatal será quando o Rei, sem mais prestígio para mistificar a opinião pública, sem rebuço, apelar, segundo a frase de Guizot,[19] para esse terrível tirano que tem todo poder sem nenhuma responsabilidade.

À parte os perigosos resultados possíveis dessa instituição, devemos considerar que ela é um contrassenso perante a natureza humana. Sim, se a idade além de certos limites torna o homem incapaz de gerir seus negócios, se a lei civil tem prevenido esses casos de incapacidade física e moral resultantes da idade avançada, como aqueles que devem representar a soberania nacional poderiam esquivar-se desse fatal tributo a que nos condena irrevogavelmente a velhice? Podem razoavelmente homens assim decrépitos significar a inteligência e o critério da nação?

Demais, a vitaliciedade é repelida pela lógica dos governos representativos: eleição é condição e, assim, ou os representantes da nação cumprem com honra e dignidade o seu mandato, ou iludem pela fraqueza, ou pela traição a confiança de seus comitentes: no primeiro caso, são merecedores de reeleição, no segundo devem ser castigados pelo desprezo. Delegar perpetuamente seus poderes é nulificar-se.

Por certo, prevalecem até certo ponto as conveniências de amparar essa corporação naturalmente conservadora dos perigos de inovações, às vezes imoderadas: é preciso mesmo que o Senado represente a tradição de governo, de ordem, de estabilidade, mas este resultado pode se obter sem o grave defeito da vitaliciedade. Os americanos, creio que os primeiros, resolveram praticamente esse problema, sem tributar a liberdade e sem ameaçar os grandes interesses da ordem social: estabelece-

---

[19] N. A.: François Pierre Guillaume Guizot (1787-1874). Historiador e político francês, cuja obra, assim como a de Thiers, foi muito lida no Brasil. Defendia a tese de que o rei reinava, governava e administrava.

ram a permanência para a corporação, mas a temporariedade para seus membros, que são eleitos por seis anos, renovando-se por terças partes de dous em dous anos. Assim, o Senado americano é retemperado periodicamente pela força das novas ideias e deixa de ser o inexpugnável baluarte de interesses retrógrados, onde só a morte pode penetrar.

A criação dessa instituição assim acessível ao corretivo da soberania popular não se limitou somente à grande República americana: a Bélgica, em sua constituição de 7 de fevereiro de 1831, consagrou o mesmo princípio e ali o Senado é renovado todos os quatro anos. A Espanha, depois de sua gloriosa revolução de setembro de 1868, derribando o secular despotismo de seus reis católicos, estatuiu no art. 39 da sua nova Constituição que o Senado se renovaria por quartas partes todos os três anos.[20]

Malgrado as resistências que os divinos e os seus adoradores opõem às ideias democráticas, o instinto de aperfeiçoamento impele a humanidade para seus progressos incessantes e a liberdade é a lei suprema a que o homem e a sociedade embalde se recusariam prestar homenagem.

Com referência à organização do Senado, a previdente Constituição americana estabeleceu um outro princípio que revela o bom senso e o espírito de equidade que predominou nas deliberações dos imortais fundadores da grande República. Lá, os estados pequenos e de população mais escassa são igualmente representados no Senado, pois que dão o mesmo número de representantes que os estados grandes e mais populosos. Souberam destarte os pequenos estados evitar a preponderância política que os grandes estados alcançariam sobre eles.

No Brasil, onde se observa a mais imperfeita distribuição geográfica das províncias, dentre estas as de menor população são igualmente privadas de importância política pela desigualdade de sua representação no Senado, injustiça essa tanto mais clamorosa, quando se considera

---

[20] N. O.: A Câmara dos Pares de Portugal acaba de tomar uma honrosa iniciativa em favor de uma reforma radical na organização da mesma Câmara. O conde de Samodães e o marquês de Sousa já apresentaram projetos nesse sentido e com bons fundamentos se presume que a ideia será abraçada.

que nem mesmo o direito têm elas de fazer eleger outros candidatos senão os consignados pela oligarquia da Corte.

Prevaleço-me, senhores, da oportunidade para expender algumas considerações acerca da grande questão que tão profundamente nos preocupa: falo-vos da guerra travada há cinco anos nas margens do Prata. Os governos dinásticos, senhores, fazem muitas vezes pesar suas paixões na política internacional dos povos e os fastos da política brasileira nos estados do Prata são um exemplo dessa asserção.

Já antes da independência dos Estados sul-americanos o antagonismo que reinava nas respectivas metrópoles motivou conflitos entre as possessões portuguesa e espanhola da América; depois, apenas proclamada a independência do Brasil, tivemos guerra na Banda Oriental, que nos custou o abandono da Cisplatina e um empréstimo externo de 769.200 libras esterlinas.

No Segundo Reinado, além das constantes decepções diplomáticas por que temos passado, nos batemos contra Rosas em nome do equilíbrio platino, fomos humilhados pela horrorosa carnificina de Quinteros,[21] cometida à sombra da mediação brasileira e, por último, tivemos a intervenção armada na Banda Oriental que terminou pelo assalto de Paissandu e pela capitulação de Montevidéu, para recomeçar na guerra desastrosa em que nos achamos empenhados com o Paraguai e cujo termo estamos longe de prever.[22] A constante preocupação da política brasileira no Rio da Prata tem sido evitar a reconstrução do antigo vice-reinado de Buenos Aires sob a forma republicana. A possibilidade desse fato é um pesadelo horrível, que tem feito desvairar os nossos homens de Estado, se não o nosso *Rei:* ora o Brasil, sem poder conser-

---

[21] N. A.: Massacre de colorados em Quinteros, ocorrido no contexto da guerra civil uruguaia entre blancos e colorados, os últimos apoiados pelo Brasil.
[22] N. O.: Os últimos acontecimentos parecem anunciar o próximo termo desta guerra; começarão as complicações diplomáticas e talvez que das vitórias de Gaston d'Orleans no Paraguai resulte mais uma batalha contra a liberdade no Brasil.
N. A.: A guerra terminou em 1º de março de 1870, cinco meses e meio depois da palestra.

var a Cisplatina que se destaca, sanciona e garante sua independência; ora arma Lopes contra Rosas, que premeditava absorver o Paraguai, hoje desarma e aniquila o Paraguai, que fica à mercê das ambições da Confederação Argentina. Certo, se não abrirmos mãos dessa nefasta política de intervenção, a lógica nos armará ainda uma vez o braço para corrermos em defesa da mísera nacionalidade paraguaia.

A quantas contradições, a quantos perigos não nos expõe o fatal equilíbrio dos Estados platinos? Já temos perdido nesta guerra cerca de cem mil homens[23] e oneramos nossas finanças com empréstimos superiores a trezentos mil contos. O mérito e o valor de um governo também se aquilatam pelos sacrifícios que impõem ao trabalho e, pois, cumpre que meditemos sobre essa série não interrompida de erros políticos a que nos tem levado a política pessoal do Imperador.

Que nos importa a nós o modo de organização dos Estados vizinhos? Deixemos que eles se congreguem ou se retalhem. A verdadeira e única política brasileira no Rio da Prata define-se em uma só palavra: abstenção. (*Apoiados*). Só assim poderemos apagar rivalidades mal contidas pelo ouro ou pelo canhão; só assim ganharemos ali a influência natural e legítima a que nos derem direito a moralidade e a sabedoria de nossos governos. Não se deixe a Monarquia aterrar pelo republicanismo do sul: ela que se fortaleça pela liberdade, sob pena de ser derrocada pelo republicanismo do norte.

Devo terminar esta conferência, senhores, e termino dizendo: a liberdade não está morta no Brasil, a ideia não recuou, nem recuará diante da espada; o que parece paz é a descrença nos homens e quando em um país os homens não honram as ideias, [elas] se impõem pela lei fatal do progresso. (*Muito bem, muito bem. O orador é cumprimentado por numerosos amigos.*)

---

[23] N. A.: Francisco Doratioto acha mais provável o número de 50 mil mortos. *Maldita guerra*. Nova história da Guerra do Paraguai. São Paulo. Cia das Letras, 202, p. 461.

4ª CONFERÊNCIA RADICAL
Leonardo de Almeida[24]
Polícia eletiva. Pronunciada em 07 de novembro de 1869.
Publicada em três partes pelo OL.
OL, I, 01/01/1870, p. 3.[25]

"CLUBE RADICAL PERNAMBUCANO – Discurso proferido pelo Sr. Dr. Leonardo de Almeida na 4ª conferência no dia 7 de novembro de 1869.

Senhores. A democracia no Brasil procura reunir seus filhos na arena das lutas ideais para com os seus esforços promover uma conquista gigante e nobre, esta conquista já é esperada há muito tempo entre nós pela oligarquia, que, não querendo ceder uma polegada de seus domínios ferrenhos, funde em seu estrepitoso [ilegível] cadeias de aço para prender o movimento popular por causa da tendência, que este também de há muito tempo mostra, de erigir um marco contra a força usurpadora dos direitos do povo, dizer com ênfase à tirania que pare, e lançar para bem longe de si os estilhaços dos governos pessimistas, que bacanalmente honram em apoteoses a corrupção daqueles de seus adeptos que mais solícitos se mostram na promoção das liberdades públicas e prostituição dos princípios mais puros do governo representativo.

Já vedes, portanto, que a luta existe e a hora se extrema, pelo que não devemos ser surdos ao apelo feito pela democracia para dar novas bases à sociedade que não deve mais pousar nas maquinações infernais do despotismo traiçoeiramente erguido no seio da nação.

VOZES: – Apoiado.

É preciso, pois, que desviemo-nos com horror do fantasma da descrença e despedaçando a clava enorme do indiferentismo procuremos afanosamente exercer toda a atividade na derrubada de uma vetusta

---

[24] N. A.: Não foi encontrada informação sobre este conferencista.
[25] N. A.: Há muitas falhas nos originais guardados na Biblioteca Nacional.

peroba política, que entre nós se diz força do governo central, hidra de mil cabeças, fonte perene de todos os suplícios populares. É preciso que não nos abstenhamos por título algum dessa luta porque a abstenção política, nessas épocas em que o poder público quer tudo confiscar, importa honras ao orgulho do cínico que o concentra em suas mãos e vassalagem à apatia dos selvagens famintos que o cercam.

VOZES: – Muito bem, apoiado.

Conveniente me parece dizer-vos que é preciso também desprezar os escravos de um senhor absoluto e esquecer na noite do passado suas fofas glórias em que eles fingem revérberos de patriotismo; assim, sem ouvirmos os arpejos da impostura, é fácil prosseguirmos a nossa derrota, procurando à força de reconstruções parciais – notai bem – demolir todo o nosso edifício político, transformá-lo em uma sede de garantias sociais, onde se preste sincero culto às liberdades públicas, não se fale a linguagem das Sibilas e se venda entrada aos mercadores políticos, atrevidos piratas dos mares das teorias livres. Sim, senhores, atrevidos piratas, digo, porque para eles não há bandeiras neutras e desde já levantam contra nós, reformistas, que não divisamos a escala das remunerações do poder, a arma tremenda do ridículo, apelidando-nos de loucos ou visionários.

Sabeis por que é que eles assim dizem com um riso sardônico a cair de seus lábios acostumados a mentir?! É porque temem que a revolução das ideias rompendo os diques da impostura de que eles [10 linhas comprometidas] engrossem as fileiras do radicalismo, assim [...] as enchentes do Nilo engrossam a [...] egípcios, e faça o povo [...] eles zombando de sua [...] para alimento [...] democrata [...] hão de [...] ...doarão as tempestades políticas que tiverem carregado sobre o seu horizonte, isto porque então estarão libertos o homem e o país, e os instrumentos vis das cortesanias já estarão também enferrujados pelo progresso maravilhoso das novas instituições que serão festejadas pela geração a vir.

Quero crer, senhores, que não vem longe esse dia em que o sol da liberdade logo no levante fará arder as ervas daninhas do ostracismo para que o solo político produza essas árvores soberbas que se dizem verdadeiras leis fundamentais, viçosas de liberdade, em cuja sombra os romeiros políticos em conferência com os mártires das belas instituições descansam as fadigas de suas lides e lembram-se da idade áurea de que nos falaram os antigos em sua mitologia por não ouvirem mais o tinir dos ferros que lhes arroxeavam os pulsos e encorrentavam os corações de seus filhos.

Então, os hinos da redenção entoados por entre a aura embalsamada da nova vida sufocarão o último gemido da realeza, que se desprenderá dos píncaros da tirania, desaparecendo no oceano da democracia para que em seus cachopos não soçobrem mais os Jasões[26] modernos, argonautas intrépidos, que demandam a Cólquida onde se oculta o ouro da liberdade. Então, digo ainda, senhores, uma coluna de luz espancará as trevas em que se ocultam as franjas cediças das monarquias, deixando ver a todos esmigalhado o tridente do despotismo. A igualdade surgirá com a sua coroa destituída das parasitas que lhes sugam a seiva, o aldeão será um cidadão, o Rei será um democrata, todos girando na sociedade sem se chocarem como os astros no espaço, obedecendo somente às leis do arquiteto celeste, tal será, senhores, o prodígio da revolução dos princípios que jamais se equiparam às barricadas dos salteadores das constituições dos povos! (*Estrondosos apoiados*).

É para chegarmos a esse estado que nos preparamos, é para essa luta de honra que vos convidamos, dando a maior expansão possível às ideias das reformas, que não amedrontam por certo aos varões conspícuos, que com franqueza e total desinteresse têm algumas vezes tentado emancipar o povo brasileiro das tropelias nefandas que contra ele exerce o governo com a organização política que lhe tem dado.

Disse-vos a princípio que há no centro da nação uma hidra de mil cabeças cuja força convém extenuar, disse-vos uma bem triste verdade, mas bem conhecida de todos vós, que sentis comigo o choque elétrico dado

---

[26] N. A.: Jasão, herói da mitologia grega. Criado pelo centauro Quíron, foi enviado pelo tio, feito Rei, em missão quase impossível de buscar o velocino (lã de carneiro) de ouro na Cólquida. Conseguiu realizar a façanha com o auxílio dos argonautas.

nas pastas ministeriais nessas épocas em que o capricho manda que se levantem as mediocridades e tripulem a nau do Estado muito embora não saibam esperar a cerração próxima; e sabeis qual é o recurso de que lança mão para que essa voz saia lá das montanhas do poder, venha ecoando até a praça pública e aí seja imposta à consciência do cidadão?

Não podeis ignorar creio, e creio digo porque sois brasileiros. É a polícia, é com ela que se impõe ao país a adoção de qualquer política, é ela a tesoura mais forte sobre que descansa e tem descansado a coberta deste anfiteatro em que se representam as mais horríveis tragédias; é ela tal como está constituída entre nós que faz de um inocente um criminoso, de um cidadão honesto laborioso um vagabundo e salteador. (*Apoiados*). Ela substitui finalmente em política a inquisição da teocracia e traz em contínua atribulação todos aqueles até onde chega facilmente a sua ação. (*Repetidos apoiados.*)

Será, porém, senhores, a polícia um ramo da administração que deve ser abolido das sociedades modernas, por isso que algumas vezes inverte a ordem natural das mesmas? Não. Portanto, não é a sua extinção que queremos, porque isto importaria a concepção de uma sociedade de justos, quando o contrário diariamente observamos; o que queremos, pois, é reforma na instituição, reforma que estreite ao menos as cancelas por onde entram francamente os abusos de modo a encherem o cidadão de um pânico quase invencível ao ouvir a triste e longa história desse ramo de administração nas épocas de que venho de falar-vos.

É um reparo importante que deve ser feito ao edifício administrativo, é o veneno de uma das cabeças da hidra que queremos nulificar com um antídoto popular, é a vontade do áulico de César que queremos substituir pela vontade dos munícipes; é a baioneta que queremos trocar por um ramo de oliveira; é um cautério potencial que procuramos para destruir os tecidos da máquina de opressão de que usa o governo poluto do país; em uma palavra, senhores, é a polícia de eleição que é preciso antepormos à de nomeação.

Com profundo pesar vos digo que sobre este ponto que hoje serve de assunto à presente conferência não são acordes os reformistas do país. É assim que os reformistas saídos lá das imediações do trono, reconhecendo a necessidade de modificações no nosso sistema policial, não querem prescindir do poder central, âncora tenaz em que por longo tempo se apegaram. Eles querem simplesmente que se prescinda do fato de ser o cidadão magistrado para poder ser chefe de polícia, considerando qualquer pessoa idônea para exercer o cargo. A reforma assim considerada é puramente ilusória porque, então, o poder central, bem longe de fazer de um togado algoz da consciência popular, fará de um capanga carrasco das liberdades individuais e neste encontrará por certo um instrumento mais afiado para cumprir as suas instruções satânicas *(apoiados)*; nulo será, portanto, o benefício que o povo espera. Não é, pois, para tal reforma que solicito a vossa adesão, porque ela é assaz deficiente.

Ao contrário, porém, os reformistas levantados das imediações do povo, de que presumo serem os radicais representantes, pensam de modo diverso e traçam um círculo mais amplo, porque querem extirpar as raízes do cancro policial, negam toda a intervenção ao poder central, querem a polícia popular, assim como é popular o juiz de paz, expressão sublime da soberania do povo, querem um cidadão diretor da polícia escolhido pelo povo e não imposto pelo governo. (*Estrondosos apoiados.*)

Creio, senhores, que não é preciso demonstrar-vos a superioridade desta reforma sobre aquela, porque ela é manifestada a todos vós. A obrigação, pois, que me assiste é a de demonstrar-vos as vantagens da polícia eletiva sobre a de nomeação do poder central, que também se diz oficial. A tarefa é na verdade assaz importante, outro que não o obscuro representante do Clube Radical (*não apoiados*) que vos dirige a palavra devia dela se encarregar, mas o orador, confiando na grandeza da ideia, esperou que esta suprisse a deficiência de seus conhecimentos práticos e por isso entrou em conferência convosco.

Quando o Brasil preparava-se para dar batalha à velha metrópole e proclamar-se independente, tinha a maioria dos brasileiros o corpo cativo e a consciência livre, por isso, depois da fermentação, a cratera do vulcão dos patriotas vomitou lavas que se transformaram nessas leis da nossa organização, que fizeram os povos do velho continente, turiferários de todas as liberdades, invejarem o nosso pacto fundamental e as nossas primitivas leis do processo,[27] porque simbolizavam a arca de todas as garantias sociais.

Hoje, porém, quando pela imprensa e pela palavra, nos clubes e nas praças, na aldeia e na cidade há maior fervor em galardoar-se o século com o título de *progresso,* hoje quando os povos semibárbaros do Norte, ouvindo o brado da civilização, que ecoa em todos os reinos, impérios, repúblicas e republiquetas do meio dia, a par de suas emancipações físicas, procuram fazer-se livres nos domínios da política interna, nós, deixando marear-se o brilho de nossas primeiras glórias, conservamos cativa parte do nosso corpo e deixamos arrastar-se até à proscrição toda a nossa consciência. E por que, senhores?!

Porque nossos guias bem longe de levarem-nos sempre aos pomares das instituições úteis e livres, em meio da jornada largaram seus bordões [três linhas perdidas] levantaram-se, e, já cegos pela corrupção [ilegível] levaram-nos por caminhos tortuosos a uma alta montanha, em que nos achamos, e donde os espíritos atilados divisam um abismo insondável para a democracia e todos os seus filhos! (*Apoiados.*)

Assim falando, quero dizer-vos que, depois de uma Constituição democrata de 1824 e de um Código do Processo de 1831 [sic], apareceram um Ato Adicional de 1834, uma célebre lei de 10 de junho de 1835 e a famosa de 3 de Dezembro de 1841;[28] todas acompanhadas de um imenso cortejo de regulamentos e avisos que equivalem a milhares de espinhos venenosos espalhados na estrada por que caminha o cidadão, nos quais de momento a momento se estrepa a sua liberdade.

Sequestraram-se as instituições livres com as inovações da oligarquia, aparelharam-se diversas cadeias de aço e o independente de 1824,

---

[27] N. A.: Refere-se ao Código de Processo Criminal de 1832.
[28] N. A.: A lei de 10 de junho de 1835 tornou mais rigorosa a punição de crimes cometidos por escravos; a Lei de 3 de dezembro de 1841 reformou o Código de Processo Criminal, reforçando o papel da polícia em detrimento da jurisdição dos juízes de paz.

o cidadão livre e soberano da carta fez-se cativo da lei de 1841, porque coarctou-se a sua liberdade, deu-se estelionato em suas garantias, sofismaram-se os direitos da democracia, delineou-se o plano do sistema de governo absoluto, criou-se um mito diabólico e, na luta desigual que os filhos dedicados da democracia então sustentaram com os acólitos da realeza não puderam aqueles obstar que estes assentassem a primeira pedra do despotismo! De então para cá ficou agonizante a liberdade!

Não vos pareça, senhores, que o orador diverga do assunto da conferência; até então era a polícia uma emanação imediata da vontade do povo, porque o seu primeiro representante, seja-me dado assim dizer, era o juiz de paz; era o povo que, escolhendo este, elegia na mesma pessoa o manter de suas ações, que podiam mais ou menos afetar a ordem pública, mais ou menos perturbar as relações de indivíduo a indivíduo; tinha então o cidadão um juiz amigo que, não transigindo com os interesses da justiça social, como hoje se faz, não se fazia de carrasco para aqueles cujo mandato exerciam; era uma autoridade soberana porque emanava do povo e que, sendo eleita por seus pares, com eles partilhava suas alegrias e seus pesares; em uma palavra, era uma autoridade que amava extremamente a paz, e que não aparentava crimes para ostentar a força. (*Apoiados.*)

UMA VOZ: – Nesse tempo éramos felizes.

Tal ordem de cousas era prejudicial à aristocracia, que via a democracia florescer; portanto, assentaram os corifeus da oligarquia que era preciso fazer sair do trilho regular a locomotiva social, fazer sepultar todos os direitos da democracia no banco areento das novas leis, porque a liberdade não estava de todo esfarrapada e nem era no Brasil palavra bombástica dos aventureiros de manto régio; por isso restringiram-se as atribuições do juiz de paz e em nome da ordem e da segurança pública criou-se uma companhia de batedores composta de um ministro, chefes [de polícia], delegados, subdelegados, inspetores de quarteirão (*hilaridade*); essa companhia não era bastante para espreitar o cidadão no trabalho, no lar doméstico e nos passeios, ainda não estava bem garantida a ordem pública; criou-se outra companhia, deu-se lhe o nome de polícia secreta e por toda essa plêiade de sanguessugas dos nossos direitos distribuíram funções policiais e até judiciárias!

O cidadão ficou sendo propriedade indivisa de todos esses agentes, à vontade de cada um dos quais deve obedecer cegamente, como os escravos das Antilhas obedecem a seus senhores, ou os polacos proscritos aos cossacos da Rússia; isto porque onde está o representante da polícia oficial está a vontade do Rei, quero dizer da lei; e o desacato, o atentado feito pelo último homem da companhia que é o *cabo de quarteirão*, pessoa que deixei de nomear há pouco, é sancionado pelo primeiro que é o ministro. Sabeis por quê? A razão é intuitiva, é porque na derribada dos direitos do povo, na supressão das garantias individuais, o ministro de estado é colegal do inspetor de quarteirão (*apoiados*): é por isso que quando este dá uma ordem legal ou ilegal e o cidadão reclama, é preso e amarrado e se insiste na alegação de seus direitos é assassinado porque não deve replicar a ordem de um funcionário da polícia oficial. Imposições, esse servilismo que todos os dias sofre o homem do povo pelo homem do poder, vem lá do alto; a polícia oficial criou-se para mantê-los. Portanto, levado um atentado policial ao conhecimento do governo central na pessoa do ministro este elogia o zelo e atividade de seus delegados. (*Apoiados.*) Não vos pareça que engendro ficções para fazer odiosa a polícia oficial; apelo para a consciência de todos aqueles que têm prestado um pouco de atenção à história deste ramo da administração e tranquilo fico porque só poderei ser desmentido pelos criados graves da oligarquia, que vestem a roupagem da mentira.

O DR. AFONSO ALBUQUERQUE: – Mas o Clube quer o Rei.

O ORADOR: – Sim, o Clube quer o Rei, porque não quer a revolução armada insinuada por seus desafetos. Aqueles, porém, que por instantes quiserem deixar de ouvir as lições ditadas pelo interesse malentendido confirmarão as verdades que venho de expor-vos.

O Dr. Afonso dá um aparte.

VOZES: – Não interrompa o orador.

O ORADOR: – Qual será, senhores, a razão por que é tão adúltera a polícia oficial no consórcio que por via do Estado social fez com o povo?

Será simplesmente ter ela por fim [19 linhas perdidas]... conheço ilustração [...] no cidadão, para exercer este o [...] cargo público (*apoiados*) este elemento [uma palavra perdida] preside a escolha de um senador, a [uma palavra perdida] de um diplomata, de um bispo e de um Conselheiro de Estado, não se [dispensa] na polícia [oficial].

(*Continua*)

OL, 3, 22/01/1870, p. 2:

"Transcrição – CLUBE RADICAL PERNAMBUCANO – Discurso proferido pelo Sr. Dr. Leonardo de Almeida, na 4ª conferência radical no dia 7 de novembro de 1869.

(*Continuação*)

Portanto, é fácil de compreender-se que na nomeação dos funcionários policiais não se atende aos interesses das localidades, nem também às qualidades do indivíduo e só, sim, ao cartão perfumado da irmã, prima, mulher ou amásia do Ministro, que pede por Pedro ou Paulo, magistrado de tal ou tal comarca, é assim que na razão da força do mediador é nomeado um juiz de direito para chefe de polícia desta ou daquela província de 1ª ou 2ª ordem; não é preciso dizer que este magistrado, esse diretor da polícia nas províncias é uma entidade as mais das vezes subordinada ao sultão político da província, cuja vontade é lei; da forma que é escolhida a primeira autoridade policial da província são todas as outras inferiores na hierarquia administrativa, sendo então o centro da força de atração o filho adotivo do governo central, ele é quem promove os demais, atende a tudo que for interesse público local, justiça administrativa e possibilidade de tranquilidade nos arraiais que dizem oposicionistas.

A polícia, senhores, assim organizada, com tais princípios poderá ser um bem público? Duvido. Esses funcionários assim nomeados respeitam os direitos individuais, têm o que temer da opinião pública? Não. A vontade do povo, dizem eles, é nada quando aparece a vontade do Ministro, segunda pessoa do senhor absoluto; este dito tem uma força tal no ânimo de tais funcionários que os autoriza a incendiarem até uma cidade se necessário julgarem.

O país inteiro sente ainda as dores provocadas pela polícia oficial depois do dia 16 de julho:[29] cito essa data para não remontar-me a outra de tempos que não vão longe. Dispenso-me, senhores, de narrar os fatos hediondos praticados nesses últimos tempos, porque suponho que eles chegaram ao conhecimento de todos vós; sei que procuraram-vos e vos contaram a triste história deles. Não posso, porém, deixar de lamentar que esses mesmos que levaram ao vosso lar doméstico um livro negro que vos encheu de terror queiram ainda a polícia oficial, para mais tarde reproduzirem-se as cenas selvagens do poder! Oh, senhor, parece-me que procuram apenas especular conosco?! (*Apoiados.*)

Demonstrados os grandes inconvenientes da polícia oficialmente constituída como está no país, reconhecida ela como uma das causas da anarquia social, necessário é apresentar-se o modo de substituí-la de forma a consolidar a confiança pública nas garantias de todos os direitos sociais, sem o que inútil seria patentear seus vícios e defeitos.

Não é, senhores, desconhecido aos estadistas do país o meio de remediar a nossa organização policial, mas o interesse que há em conservar-se às ordens do poder sicários revestidos do caráter de autoridade para levarem o terror à consciência do cidadão tem feito que todos os partidos militantes se contentem com a atual, a elogiem e declamem contra aqueles que não lhe prestam a menor adesão; felizmente a experiência e os fatos têm mostrado por diversas vezes os imoladores de ontem imolados hoje em honra do seu próprio ídolo!

No governo do povo pelo povo facilmente encontramos um modelo para a polícia nos países cujos governos se dizem representativos e

---

[29] N. A.: 16 de julho de 1868, data da volta dos conservadores ao poder no gabinete chefiado pelo visconde de Itaboraí.

onde tudo que não emanar do povo deve considerar-se verdadeira anomalia. Os governos representativos têm por base o sufrágio universal, se não me enganam as teorias; no Brasil, porém, assim não é porque a representação nacional é um sofisma que começa na polícia, primeira proposição falsa; assentando a representação na polícia, como todos sabem, por isso que é ela o elemento mais infalível de que dispõe o governo para o triunfo de sua vontade nas épocas eleitorais, e não sendo a polícia eleitoral, ou melhor, representativa, tudo o que nela tiver base participará de seu caráter, isto é, será régio ou oficial.

Os reis, disse um pensador da antiguidade, são inimigos naturais dos povos, e por via de regra deles nada se deve esperar. Portanto, a representação no Brasil assentando na polícia, e tendo esta por base a vontade régia, não pode deixar de ser infensa ao povo e por consequência uma anomalia social. É preciso, pois, rejeitar a ficção do governo e fazer-se a polícia eletiva para que a representação nacional possa ser a expressão genuína da vontade do povo.

Mil embaraços engendram os oposicionistas da polícia eletiva para que não seja ela aceita pela maioria da nação, assim como têm engendrado a respeito da emancipação dos cativos os servos assalariados da oligarquia, que querem a todo custo conservar o povo humilhado e, ante o espectro horrendo da escravidão pessoal, querem sustentar o do servilismo político; os espíritos tímidos fraquejam em vista da série de falsos argumentos fornecidos pela ambição do poder, que quase sempre procuram aparentar com o nome de bem público: esses argumentos, porém, não resistem a qualquer consideração política que se queira fazer, tendo em vista a origem das sociedades antigas ou modernas e ao estado de conservação daquelas que se dizem civilizadas ou selvagens.

De feito, senhores, o primeiro argumento que representam os inimigos da liberdade popular é a ignorância dos associados; dizem eles: — Não se pode conceber a polícia eletiva porque ela só será admissível quando toda a sociedade se compuser de homens mais ou menos ilustrados, que compreendam todos os seus direitos e conheçam a maioria de seus deveres; com um povo ignorante ela será sempre uma utopia e as grandes vantagens que seus apologistas indigitam teoricamente serão vãs quimeras que a realidade prática se encarregará de dissipar. Este argumento, que todos os dias se reproduz sempre que se procura preparar a opinião pública para bem conhecer o que é o governo do povo pelo povo, encontra refutação solene na história dos povos semibárbaros da África e da América, mas não querendo alongar-me nela, me servirei das palavras do autor do *Livro do democrata*[30] escrito na província de São Paulo, livro assaz precioso para os filhos da democracia por suas teorias utilitárias à política dos povos modernos.

(Continua.)

OL, 4, 29/01/1870, p. 2-3:

"TRANSCRIÇÃO. – Clube Radical Pernambucano – Discurso proferido pelo Sr. Dr. Leonardo de Almeida, na 4ª conferência radical no dia 7 de novembro de 1869.

(Conclusão.)

Senhores, esse apóstolo dedicado da democracia brasileira responde ao argumento da oposição que acabei de expor do modo seguinte:

"É mais fácil desgovernar o mundo do que governá-lo, como é mais difícil tirar um rio do seu leito do que deixá-lo correr seu curso. Que habilitações tinha um príncipe da paz, que pensava que a Rússia e a Prússia eram uma mesma e só nação, e que chamava as cidades hanseáticas de ilhas asiáticas? Que habilitações tiveram Lincoln, o rachador de estacas, Rosas, o gaúcho, e quais Johnson, o alfaiate, para tornarem-se célebres no seu bom ou mau governo? Que habilitações têm a Repúbli-

---

[30] N. A.: Refere-se a *O livro do democrata*, por Arcesilao [pseudônimo de Ricardo Viscoli Castellazzo], S. Paulo: Typ. Americana, 1866.

ca de São Marino, composta toda de pobres camponeses e de artesões e as tribos da América e da África, que nem sabem ler, nem escrever? E todos estes povos, porventura, não se governam à sua satisfação? Desgraçados deles, se para terem um governo precisassem de homens de Estado!"

"Que felicidades", continua ainda o corifeu do governo popular, "derramaram sobre suas nações um Metternich,[31] que tornou odiosíssimo o seu soberano a todos os seus povos; um Napoleão III,[32] que, esgotando os recursos bélicos e financeiros da França em empresas tresloucadas, achou-se desarmado quando a Áustria e a Prússia assaltaram a Dinamarca, isto é, quando precisava estar armado? Quando a França pensaria que se riscaria quase do mapa geográfico uma nação, sem ela ser ouvida, e que se transportaria o congresso de Londres, onde ela emitia a sua palavra, para Viena, onde não tinha assento? Eis uma amostra da grande perícia dos homens de Estado! Poderíamos, por contrapeso, mostrar a de Lincoln, de Johnson, de Washington e dos grandes homens das repúblicas italianas que, surgidos dentre o povo, nunca tiveram pretensões a estadistas".

Eu não poderia, senhores, desprezar tão eloquente refutação ao argumento produzido pelos escravos da oligarquia, horríveis algozes da democracia, sem cometer uma grave falta; por isso lancei mão dessas palavras singelas, é verdade, mas que encerram verdades preciosas para todos nós que almejamos a felicidade da pátria e de nossos filhos, desligando-os dos torpedos semeados pelos disfarçados obreiros do absolutismo, solicito a vossa atenção ainda para as palavras que vou enunciar, são do mesmo autor:

---

[31] N. A.: Klemens Wenzel von Metternich (1773-1859). Político e diplomata do Império Austro-Húngaro, defensor do absolutismo monárquico contra a política napoleônica.

[32] N. A.: Napoleão III (1808-1873). Sobrinho de Napoleão Bonaparte, foi presidente da Segunda República francesa que surgiu da Revolução de 1848. Em consequência do golpe de Estado, de 1851, tornou-se Napoleão III, que governou até 1870, quando foi proclamada a Terceira República.

"A um povo para governar-se basta uma consciência e uma perspicácia natural. Todos os seus cidadãos, que devem ser os seus homens de Estado, devem ter tido anos de instrução nesta grande escola prática chamada o *mundo*, onde se estudam os sucessos políticos do dia e na qual se formaram em outro tempo os mercadores da República de Veneza, que se distinguiram por sua perícia governativa. E qual é o povo que não tem esta escola?"

Já vedes, portanto que o argumento tirado da ignorância do povo é fútil, improcedente e malicioso; o povo pode governar-se e, por consequência, fazer a sua polícia eletiva, na qual, por certo, encontrará ordem, paz, tranquilidade e segurança individual, que jamais encontrou e nem encontrará na polícia oficial, anomalia que deve desaparecer da sociedade brasileira (*muito bem, apoiados*) porque ela representa o assassino na emboscada, o salteador na estrada, o bancarroteiro no comércio, o pirata nos mares, pelo que viverá sempre o cidadão brasileiro em perigo na honra, na vida e na propriedade pela má organização policial do país. (*Apoiados.*) Em nome da ordem será obrigado a respeitar a desordem, em nome da lei será obrigado até a prestar auxílio à violação de qualquer direito de seu irmão.

UMA VOZ: – Como tem sucedido.

Outro argumento há, senhores, de que se tem lançado mão para tachar de inconveniente a polícia eletiva: ele, porém, bem longe de merecer séria contestação, presta-se ao ridículo, ao que não pretendo descer; é um argumento puramente especulativo, com que muitas vezes se tem deixado empalmar atribuições importantes dos corpos coletivos. Se as eleições, dizem, para os deputados às assembleias embaraçam muitas vezes o comércio, as artes e a indústria do país; se elas às mais das vezes rompem as relações de muitas famílias, deixando a discórdia no meio delas, o que será do povo com a necessidade de eleger agentes policiais? Viverá em um moto-contínuo de intrigas, que não permitirá a paz no mais pequeno distrito de uma cidade, os ódios crescerão e embaraçarão o progresso individual e daí o regresso para o país.

É verdade, senhores, que o trabalho eletivo aumentará na razão dos distritos que houverem de eleger seus agentes policiais, mas é verdade também que as intrigas opressivas, que resultam das eleições dos deputados e senadores, não aparecerão na eleição da polícia, porque então não será a polícia um meio de satisfazer caprichos de um, sustentar os crimes de outros, proporcionar recursos a dar ouro a outros e nem será baía onde ancorem os filhos do patronato militante no país; ela afetará somente os interesses particulares dos distritos e por isso não se prestará ao que se presta a polícia oficial, os cidadãos terão em vista para seus agentes aqueles que maior soma de garantias oferecerem ao bom exercício do mandato. Admitindo, porém, como procedentes as objeções que se apresentam, perguntamos: qual será melhor, sofrer o cidadão um dia de incômodo na eleição de seu agente policial, ou estar exposto a milhares de assaltos da polícia oficial?

A resposta é curial.

No distrito não se fará sentir a vontade do áulico de César, os partidos políticos não se manterão de forma a togar um ladrão, um assassino, ou um vagabundo, o interesse dos membros do distrito eleitoral falará mais alto do que tudo, porque em primeiro lugar está o cômodo do cidadão e de sua família, que encontrará sólida base na pessoa do agente da polícia que eleger. O governo central fraquejará, e a vontade da nação será levada à realidade.

Utopia, senhores, é dizer-se que com a polícia oficial se garantem a vida, a honra e a propriedade do cidadão. Anarquia é o que faz a polícia oficial todos os dias entre nós, matando em nome da ordem, saqueando para garantir, prendendo para desonra e fazer toda a sorte de tropelias de que tendes conhecimento. (*Apoiados*). O que embaraça o comércio, as artes e a indústria é essa vingança estúpida exercida pelo governo central com a sua polícia recrutando o pai de família, o agricultor, o negociante e o artista que não quis obedecer à voz do capitão de eleição. (*Estrondosos apoiados.*) Não é a polícia eletiva, senhores, uma ideia irrealizável; pelo contrário, é de fácil execução e dela todos nós auferiremos imensas garantias; a polícia eletiva será uma guarda fiel da liberdade individual, um paradeiro às vexações diurnas que sofremos até no lar doméstico; convencido dessas verdades vo-las exponho para que bem possais conhecer o que é útil fazer, já que por toda a parte se clama pelas reformas: conhecendo perfeitamente o país em que nasci, tateando todos os preconceitos da sociedade em que vivo, falando com a franqueza devida, não posso ainda ter aspirações, portanto, não sou daqueles que ainda ontem sentiam em seus ombros o peso das dragonas de El-Rei e que hoje vêm à praça pública falar-vos sob artefatos que ocultam os sinais de que são pérfidos traidores do povo. (*Muito bem, muito bem.*)

De pé sempre me haveis de achar para lutar convosco pelos vossos direitos, porque quando se respeitar a vós, povo, eu serei respeitado porque de vós emano.

(*Muito bem, muito bem, o orador é abraçado por grande número de amigos e espectadores.*)

AS CONFERÊNCIAS DO CLUBE RADICAL PAULISTANO

As conferências do Clube Radical Paulistano foram publicadas pelo *Radical Paulistano*, jornal semanal do Clube.

O Clube estabeleceu as seguintes regras para a promoção de suas conferências, conforme se lê no *Radical Paulistano*, nº 11, de 3 de julho de 1869, p. 3:

"Art. 1º. O ingresso às conferências é completamente franco, ficando abolido de hoje em diante o uso dos cartões.

Art. 2º. O dia de cada uma das conferências e o prazo que convém interpolar-lhes serão determinados pelo Clube, de conformidade com as circunstâncias.

Art. 3º. As pessoas que houverem de falar nas conferências serão nomeadas por eleição da casa, não ficando por isso os sócios inibidos de inscreverem-se para esse fim.

Art. 4º. Esta inscrição deve ser feita em livro especial com indicação das respectivas questões e submetidas ao Clube, que entre os inscritos escolherá livremente o orador.

Art. 5º. Em tese, só poderão falar os membros do Clube; entretanto, se algum estranho o desejar, poderá fazê-lo dirigindo-se à casa por intermédio de seu secretário, uma vez que, em relação à tese que pretende discutir, professe as ideias do programa político adotado pelo Clube.

Art. 6º. Quer sejam membros do Clube, quer estranhos, os indivíduos que tiverem de falar nas conferências não o poderão fazer sem que apresentem à casa na sessão anterior à respectiva conferência um transunto escrito dos pontos capitais que houverem de desenvolver, sujeitando-se a qualquer observação que lhes for dirigida por parte do Clube.

Art. 7º. Quanto aos pormenores, às circunstâncias de ocasião e qualquer necessidade momentânea que não se achem previstas nestes artigos, fica o secretário autorizado a providenciar, deliberando em harmonia com o tesoureiro do Clube."

O jornal do Clube publicou três textos editoriais introdutórios às conferências, o primeiro deles dois meses antes do início delas, os outros dois quando já se realizavam. Os textos não são assinados e se destinavam não apenas a justificar as conferências e a conclamar o público a comparecer mas, sobretudo, a deixar clara a posição do grupo. Por sua óbvia relevância, eles são reproduzidos abaixo.

PRIMEIRO TEXTO – RP, 5, 17/05/1869, P. 1-2.

"AS CONFERÊNCIAS PÚBLICAS – Quando uma ideia grande encarna-se num fato ou numa instituição aos evangelistas da imprensa incumbe saudá-la e apresentá-la ao país. Quando, na superfície de uma nação esterilizada pelos influxos do absolutismo, surgem um acontecimento benéfico, uma empresa humanitária, uma conquista popular, é ainda da imprensa que deve partir, com brado animador de esperança, a confissão leal, severa e inflexível das misérias sociais.

A fé na liberdade que não é senão a fé na Providência, o desprezo pelas ostentações do poder que não é mais do que a crença na eternidade do direito, o ânimo de dizer a verdade contra todas as considerações mundanas, a força de estigmatizar todos os crimes, ainda quando um tirano os proteja, tais são as virtudes cardiais do cidadão honesto, tais os predicados característicos da imprensa.

Ora, o que há no governo deste país que não seja mentira, usurpação e iniquidade? O que nos resta para consolo aos homens de bem, para alento às almas patrióticas, para incentivo aos operários do futuro?

Temos uma Constituição adulterada, sofismada, mutilada, pelos seus pretensos defensores, um complexo de leis orgânicas absurdas, contraditórias, opressivas, um agregado de instituições incompletas e ineficazes, uma jurisprudência política imoral, obscura e incongruente, que concilia a soberania nacional com a irresponsabilidade do Poder Moderador, o governo parlamentar com a centralização administrativa, a liberdade civil com a lei de 3 de Dezembro.

Temos uma política insidiosa e depravada, como o interesse com todas as suas torpezas, violentas, inconsequente e feroz, como a ambição com toda a sua audácia; uma política que se resume no domínio das camarilhas e dos validos imperiais, que se traduz pelo esquecimento absoluto das leis, que debilita, corrompe e desconceitua a nação.

Temos estadistas que vendem a consciência e atraiçoam o país, que ajoelham ao cetro e lisonjeiam o povo, que na oposição trovejam contra o poder e no governo espezinham a liberdade.

Temos um rei pior do que os Stuarts, porque pratica o absolutismo sem crer na sua legitimidade, pior do que Napoleão III, porque Napoleão III governa com instituições opressivas, ao passo que este oprime viciando as leis estabelecidas.

Tudo conspira para o opróbrio deste país: a imperfeição das leis, a degeneração das instituições, e a versatilidade dos homens públicos.

O Imperador prevarica.

O Ministro usurpa.

O Parlamento suicida-se, abdicando.

A polícia prende, recruta e processa.

A magistratura hesita.

O escrutínio mente.

E, como consequência de tudo isto, a nação descrê, descrê profundamente, com a pertinácia do desespero e a frieza do ceticismo. Ora, contra a improbidade dos homens há um remédio seguro: é a vigilância implacável do país, a efetividade do sistema representativo. Mas, quando um povo perde a confiança nas suas leis, e a estima às suas instituições, não há mais leis nem instituições, e sim o arbítrio legalizado com as insígnias oficiais. Logo, não há outro meio de salvamento para nós que não seja a revolução pacífica, isto é, a reforma.

Reforma, porém, sem a consciência do povo, sem a vontade do povo, sem a cooperação inteligente do povo é um passo inútil, porque a liberdade imposta não é mais que um simulacro de liberdade, funesta, porque cada tentativa liberal que se malogra é uma arma perigosa que se forja contra a democracia.

As reformas plantadas pela influência individual são como ela, acanhadas e efêmeras. As reformas criadas sobre o papel desaparecem de um dia para outro, sem deixar vestígios, nem convicções, nem saudades no seio do país. As reformas que se organizam nas altas regiões do Estado são mentiras, incompletas e traiçoeiras. Para aluí-las basta a ação corrosiva dos maus caracteres, a inépcia do governo, e os recursos da administração.

A alma das instituições é o espírito público. Há alguém que aproveita com a cegueira do país: são esses estadistas desleais que especulam com a ignorância, armando-se com o prestígio de uma ideia, para sacrificá-la com a força de que ela os reveste; que fascinam a multidão com a beleza de um princípio, para abjurá-lo nessas conspirações mesquinhas do poder com o interesse; que proclamam em teoria a necessidade de uma instituição popular, e a eliminam ao mesmo tempo dos seus planos legislativos. Esses são os Judas da nossa pátria, nós os detestamos.

Nossa norma é a sinceridade. Nós não podemos transigir nem com os respeitos palacianos, nem com a eventualidade de uma ascensão próxima. O que queremos é a honestidade na política, é a franqueza nos programas, é a verdade nas instituições.

Ora, nada disso é possível sem o governo do povo pelo povo. Mas para este fim são necessários dois requisitos: a realização do credo que sustentamos, e a adesão universal, esclarecida e absoluta do povo às instituições democráticas. Esta última condição é a pedra angular de toda a reforma sincera e profunda.

Nenhum sistema político tem em si a virtude intrínseca do bem. Nenhuma forma de governo só por si tem o condão de fazer a felicidade da nação que a adota. Quando um povo compreende, porém, uma instituição liberal, e, assimilando-a a seus hábitos, chega a identificá-la com os seus interesses cotidianos, não há cataclismo que a possa derrocar. Tal é o pensamento que nos guia continuamente, que induziu nossos correligionários da Corte a estabelecer as conferências públicas e que nos aconselhou imitar o seu exemplo, inaugurando-as também nesta cidade.

Até hoje ninguém tem olhado para as necessidades morais do povo. Corrompem-no com as vilezas da cabala para preparar umas falsificações que, por antítese, apelidam-se mandato nacional. Insultam-no invocando o seu nome para apoiar pretensões que ele repele, e para legitimar combinações políticas que ele desconhece ou condena. É um escravo que trabalha, dorme e paga imposto.

Acabemos com este aviltamento!

Nós desejamos que o país nos abrace, mas queremos primeiro que ele nos conheça, nos aprecie e nos julgue. Temos um símbolo que aspiramos a ver executado; mas queremos que a nação examine, reflita e delibere antes de aceitá-lo.

Eis a explicação das conferências radicais...

Ensinar o povo, distribuir o alimento do espírito, derramar a luz por todas as camadas do Brasil. Alargar a publicidade, enraizá-la, difundi-la, multiplicá-la pelo país.

Nos governos livres, na Inglaterra, na Bélgica, na Holanda, na Suíça, nos Estados Unidos, não há uma reforma que não emane do povo.

Qual a razão deste infortúnio?

É que o povo não tem meios de conhecer a política do Estado.

O povo não sabe ler, porque não tem escolas.

Não ouve, porque ninguém fala para ele.

Não obra, porque ignora o sofrimento de seus irmãos.

Ilustremo-lo, pois.

Desde que as Câmaras deixam cercear todos os dias a sua prerrogativa, desde que a tribuna parlamentar deixa de ser o eco das aspirações nacionais, desde que a eleição tem perdido sua pureza, trabalhemos para levantar no meio do povo uma instituição que o civilize, que o dirija, que o nobilite.

Fundemos as conferências públicas!

Elas são a primeira aquisição da iniciativa individual, num país onde o governo é o supremo iniciador de tudo e a iniciativa individual é a associação emancipando o homem com os prodígios do comércio e da indústria, é o povo esclarecendo e vivificando os parlamentos por meio das petições e da imprensa, é a moralidade a propagar-se, as escolas a reproduzirem-se, o sentimento religioso a crescer, e a liberdade a consolidar-se no Estado.

Ainda há pouco esta ideia começou a realizar-se na Corte do Império; ainda há pouco principiaram ali as conferências numa esfera tão restrita, perante um auditório tão limitado que ninguém preocupava-se com aquele acontecimento. Hoje o círculo amplia-se, o concurso aumenta a olhos vistos, e os oradores radicais são escutados por uma galeria de três mil pessoas.

Tudo em menos de dois meses!

Vós, que já tendes o coração endurecido pelo pessimismo, dizei: não sentis porventura um estremecimento íntimo diante desse espetáculo? Não ouvis alguma cousa que vos exprobra a impiedade de vossa descrença? Não vos parece, na ansiedade de um sentimento vago, ver a pátria erguendo-se entre os déspotas fulminados, com uma energia extraordinária?

Meditai e haveis de convencer-vos da infalibilidade das leis eternas.

Os partidos equívocos hão de sepultar-se na desconfiança que os rodeia.

Os homens de bem hão de ter a sua vez.

Ai dos que tergiversarem!

Concidadãos, acudi às conferências públicas, que vão começar dentro em pouco.

Ali não encontrareis nem as contemplações que dissimulam o erro, nem o preconceito que se apega aos abusos, nem as meias palavras que geram a dúvida, nem os panegíricos que provocam o riso, nem as declamações que gastam a paciência.

Nós não queremos o poder, mas a reforma.

Eis a senha dos radicais.

Eis o espírito das conferências a que ides assistir."

PRIMEIRO TEXTO – RP, 14, 29/07/1869, p. 2.

"AS CONFERÊNCIAS RADICAIS – A nação brasileira apresenta nos dias de hoje o aspecto mais contristador; a fé nos partidos, a confiança nos homens políticos não são mais entre nós uma realidade; as instituições também, por sua vez, longe de serem o amparo e a segurança do cidadão, nada mais representam a não ser uma letra morta, sem valor e sem prestígio, ou uma arma perigosa nas mãos de autoridades arbitrárias.

Tudo morreu entre nós; e a descrença do espírito público sobre os negócios que se referem ao Estado vai lavrando de um modo que sérios cuidados e funestas consequências.

O cidadão brasileiro, descrente da causa pública, não podendo contar com os homens do poder, quer de uma, quer de outra cor política, das que têm dominado a nação, porque todas elas o enganaram e se esqueceram dos sagrados direitos e interesses da pátria onde nasceram, retira-se para o silêncio de sua habitação, cuida somente dos seus negócios individuais e do bem-estar de sua família, e deixa os negócios públicos seguirem o terrível desfiladeiro em que os colocaram aqueles que têm governado este pobre Brasil.

Estas circunstâncias são mais do que contristadoras, este painel, sobrecarregado de luto, é na realidade digno de lástima, porque no fundo dessa descrença nacional se percebem a miséria da nação e a fome de seus filhos.

Os erros e os desmandos dos nossos homens políticos, principalmente depois que surgiu a tenebrosa aurora do Segundo Reinado, colocaram este país, que nasceu para a liberdade porque é americano, que devia ser rico porque é fértil e vasto, que aspirava grandeza porque contém em si todos os elementos de que precisava para este fim, na escravidão a mais indigna e cheia de indignação, na pobreza a mais vexatória, e em uma pequenez em excelso aviltante.

Assim, esta pobre nação, vendo à sua frente um futuro brilhante, que lhe escapa constantemente, só encontra em seu caminho destroços e ruínas, em vez de cobrir-se de flores e galas envolve-se nas roupagens tristes do luto e da mortalha.

E a nação vai caminhando rapidamente para sua decadência, e os seus filhos, longe de lhe colocarem uma barreira, ou de levantá-la com a força de seu braço possante, retiram-se do *forum*, temendo que os homens do poder mão lhes roubem a vida, a propriedade e, sobretudo, a honra de suas mulheres e filhas.

Doloroso estado, duas vezes doloroso, porque nos matou o presente e nos faz criar sérios e bem fundados receios a respeito do futuro! O nosso país, envolvido em uma guerra desastrada, cujo fim não nos pode ser útil, nem glorioso, a braços com uma dívida extraordinária, sem crédito e desrespeitado no exterior, cercado de inimigos por todas as partes por causa de sua péssima política internacional, com sua política interna excessivamente desmoralizada, sem partidos verdadeiramente arregimentados e definidos, sem homens de conceito, de consideração e popularidade que possam guiar a nau do Estado sustentados pela força da opinião e, além de tudo, ameaçado pela fome que para ele caminha na maior velocidade, apresenta em toda a sua nudez o aspecto o mais lastimável pelo qual se pode manifestar uma nação.

Entretanto, é preciso acreditar na Providência Divina, é de nosso dever estudar as condições do nosso país e vermos se ele caminha para o seu desmoronamento, ou se para uma revolução em que o precipitam os homens do poder, revolução de ideias e princípios, da qual deverá necessariamente brotar a luz que nos tem de guiar em nossa peregrinação.

O Brasil não pode, e nem deve, temer a morte porque ele ainda não viveu, ainda não teve a sua época de grandeza, não lhe é dado, pois, esperar a decadência. Os males que ora nos rodeiam são restos dessas instituições anacrônicas que a grande e fértil Revolução Francesa não conseguiu de todo destruir, são restos dos espinhos que a velha metrópole enterrou em nossas carnes e dos quais nós precisamos a todo o custo nos livrar.

A época da divindade dos reis e da escravidão dos súditos já passou; hoje os povos são os soberanos e os monarcas seus simples agentes. É esta a bela verdade política dos nossos tempos, é ela o elemento indispensável à grandeza das nações, é ela a única que pode levar a humanidade pelo caminho da prosperidade e da glória.

O povo deve, portanto, no sagrado cumprimento de um direito e na obediência rigorosa de uma obrigação, procurar governar-se a si mesmo, dirigir os seus negócios segundo as suas inspirações, conhecer e pensar sobre as necessidades de seu país, a menos que queira, de livre, tornar-se escravo, de forte e poderoso, tornar-se fraco e impotente.

O Brasil é hoje uma nação de infelizes e de escravos porque tem deixado que os homens no poder pensem por ele, façam tudo e tudo sacrifiquem e destruam sem importarem-se com a vontade do país, sem consultarem a opinião nacional. É esta a origem de todas as nossas desgraças; o Imperador, com as suas Câmaras e seus ministros, feitos a seu talante, que têm arruinado esta nação predestinada ao mais belo futuro porque o povo, na ignorância de seus negócios, ocupa-se somente de seus interesses particulares e deixa a nação exclusivamente entregue ao governo pessoal, governo funesto por seu caráter absolutista e incompatível com as necessidades dos tempos modernos.

Este estado de coisas deve desaparecer a todo o custo, é preciso que o povo, descrendo, com razão, dos nossos homens públicos, não lhes deixe, entretanto, exclusivamente a direção do país, é de uma necessidade suprema que a nação se livre da tutela, que rompa completamente com esta ordem de cousas e estabeleça uma outra mais digna pelo seu liberalismo. O povo precisa conhecer as questões do seu país, discuti-las e formar a seu respeito um juízo claro e seguro. Só assim a nação se poderá governar a si mesma, como se dá na Inglaterra e nos Estados Unidos. Não se fie o povo mais nem nas fardas bordadas, nem nos medalhões políticos, isto tudo está perdido; a situação presente está morta e a situação passada, que se prepara para subir, ainda pior nos será. Um regime novo, livre dos compromissos e dos erros do passado e do presente, deve ser estabelecido em nosso país.

Só assim o povo, varrendo de seu espírito a descrença que nos mata a todos, poderá se ocupar dos negócios do país e salvar a nação da crise pela qual atravessa.

A época dos grandes desapareceu, é tempo dos pequenos se erguerem e darem a lei; os homens *superiores* nos trouxeram a decadência e a desmoralização, cabe agora à *plebe* nos dar o engrandecimento e a moralidade.

Nestas condições se apresenta o Partido Radical fundando por diversas províncias clubes onde se discutem as mais graves questões do país e os pontos capitais em que a nossa legislação precisa ser reformada. A sua imprensa ergue-se por todos os pontos do Império, protestando contra o regime do governo pessoal e discutindo as reformas de que as nossas leis não podem prescindir.

É preciso que o povo conheça o estado do país; para isso, cumpre que ele leia, e os clubes radicais criam jornais; mas nem todos podem ler, e muitos não o sabem, os radicais da Corte, dando o exemplo e um grande passo para a nossa emancipação, erguem a tribuna das conferências públicas, e aí, em nome da democracia, fazem ouvir a todas as classes do país que a elas concorrem, as grandes verdades de seu credo político. Aí o povo, sem esforço, vai conhecer o estado de seus negócios e refletir sobre as medidas que cumpre tomar, vai, enfim, nessa tribuna criar uma opinião sobre as coisas do país e receber uma educação própria e indispensável às nações que se querem governar pelas formas representativas.

Essa tribuna, franca a todos aqueles que querem sustentar qualquer tese do programa radical, ou desenvolver qualquer opinião que esteja em conformidade com suas vistas gerais, onde é preferido o filho do povo às casacas bordadas, é o germe do governo livre e constitucional que começa para nós, é uma aurora de vida que surge neste horizonte de trevas para nos aclarar as misérias da pátria e nos mostrar o caminho da salvação. O povo precisa ler o livro diário, na expressão de Thiers, para saber como vão os negócios do seu país, necessita ter também uma tribuna popular e acessível a todas as camadas sociais, onde ele ouça e por sua vez vá também expor o seu modo de sentir e pensar. É este o fundamento dos governos livres, é esta a base onde somente se pode consolidar um verdadeiro sistema democrático.

O Clube Radical da Corte, realizando esta grande ideia, deu um passo gigantesco no terreno da liberdade e a história, registrando no futuro este fato, há de entoar sobre os seus autores um hino de louvor e gratidão. Verdadeiros liberais e sinceros amigos da nação, os radicais da Corte procuram salvá-la fazendo-a sabedora de seus negócios, dando-lhe a conhecer o que tem feito o poder e o que cumpre fazer. Imitando-os neste nobre exemplo, os radicais de Pernambuco e de Vassouras já falaram ao povo, firmando, por este modo, a primeira pedra do grande edifício de nossa futura emancipação política.

Assim a nação se irá ilustrando para, no futuro, dirigir os seus negócios independente de tutores importunos e prejudiciais. Então ela terá conquistado os foros da nação livre, então ela será grande, feliz e respeitada.

Os radicais de São Paulo, não sem grande esforço, abriram no dia 18 do corrente as suas conferências públicas. O modo lisonjeiro pelo qual foi aplaudido o orador, o grande número de pessoas que concorreu a esta festa popular são uma garantia do merecimento dessas práticas e uma prova do espírito público do povo desta capital.

Tudo isto dá a conhecer o contraste que o nosso povo e o nosso governo apresentam; enquanto este dorme sobre as ruínas da pátria, ou trabalha para mais estragá-la, aquele se ergue, por entre as maiores dificuldades, para curar das chagas da nação e do futuro de seus filhos.

É porque aqui está a nação, e ali os seus algozes."

PRIMEIRO TEXTO – RP, 15, 05/08,1869, p. 2:

"AS CONFERÊNCIAS RADICAIS. – O cidadão neste país, onde governa um poder despótico e pessoal, não tem tido até agora significação alguma política. Tudo aqui se faz: mudam-se as situações governamentais, caem e sobem os partidos, transformam-se as instituições, despendem-se os dinheiros públicos, joga-se com os mais graves interesses do Estado sem que o cidadão intervenha, sem que o país seja ouvido em cousa alguma que afete os seus mais importantes interesses e sagrados direitos.

O Sr. D. Pedro II, rodeado dos poderes absolutos dados a sua pessoa pela carta de alforria, que *benevolamente* nos *concedeu* D. Pedro I (de *saudosa* memória), e os intitulados partidos, onde os *chefes* são tudo e o povo nada, têm sido, de comum acordo, os únicos diretores desta nação, os seus exclusivos senhores; em todo esse jogo de mesquinhos interesses individuais os filhos deste território só têm colhido a pobreza, a vergonha e a escravidão.

O povo brasileiro até agora se tem resumido no Imperador e nos intitulados chefes de partidos, *diretores* da opinião pública e exclusivos senhores do governo; a nação nada tem representado em tudo isto, a não ser o simples papel de espectadores que não têm nem sequer o direito de aplaudir ou apupar os que representam bem ou mal o seu papel de comediantes ou de trágicos.

E o que temos nós lucrado de toda esta ordem de cousas? Que benefícios, que progresso, que glórias tem o país conquistado do *sábio* governo do seu *grande* monarca, e dos *poderosos* e *ilustrados* chefes dos intitulados partidos nacionais? Nada disto ainda pôde gozar esta pobre nação, antes, pelo contrário, o seu Imperador, rodeado e protegido pelos chefes desta mascarada política, em vez de lucros, têm dado ao povo somente prejuízos, em lugar de progressos, glórias e benefícios, lhe têm prodigalizado unicamente misérias, desonra e decadência.

É tempo, pois, de acabar com esta ordem de coisas, é preciso que o povo arranque de seus ombros o pesado fardo desta terrível tutela que o esmaga e avilta. Se os *sábios* deste país, aqueles que só têm olhos e ouvidos, aqueles que se julgam no direito de tudo poder, de tudo desejar e de tudo merecer, nada têm feito, cousa alguma ainda poderão conseguir a não ser misérias e desonras para os cidadãos desta nacionalidade que agoniza; é justo que hoje eles deixem o lugar que até aqui ocuparam aos *surdos* e *cegos*, àqueles que *nada* podem, nada merecem, aos pequenos, nada enfim.

Se os grandes, os chefes deste povo só nos deram misérias e luto, torna-se preciso que eles sejam substituídos pelos pequenos e pelos humildes. Se os primeiros nada conseguiram senão comprometer-nos, é de crer-se que os segundos obtenham salvar-nos. Até agora um grupo de homens comandados pelo Sr. D. Pedro II, tem feito e desfeito tudo neste infeliz e desventurado país, e o resultado de tudo isto é a maneira horrível e desanimadora em que se acham todos os nossos negócios. É preciso, pois, que de hoje em diante nós conquistemos os nossos direitos roubados, assumindo os foros de um povo livre, nobre e independente.

Para obtermos este justo e honroso *desideratum*, nos cumpre desviar os olhos dos homens do poder, tratando de estudar e discutir, por nós mesmos, as graves e importantíssimas questões do nosso país; é forçoso lançarmos para bem longe a tutela dos homens *superiores*, fiarmo-nos em nossas próprias forças e, segundo elas, encaminhar os negócios do país, que são os nossos. É por este meio que começaremos a nossa futura emancipação, é trilhando por esta estrada que, afinal, chegaremos a colocar a nossa pátria na superior altura que o futuro lhe aguarda. [sic]

A tribuna das conferências radicais é o meio o mais seguro para a consecução deste grande fim. Aí, enquanto os poderes do Estado dormem descuidosos, desfrutando os últimos e escassos recursos de um governo que se vai extinguindo pela força de sua própria decadência, o povo, livre e soberano, vai falar e discutir desassombradamente e ouvir, por sua vez, a discussão franca dos vastos e fecundos princípios da democracia. As conferências radicais são a aurora de um regime livre que começa a aparecer nesta nação de despotismo, são o primeiro despontar de uma luz que vai espancando este horizonte de trevas para, mais tarde, inundá-lo de brilhos e esplendores. É dali que há de partir a liberdade, é naquele recinto que se hão de formar os futuros cidadãos que terão de libertar esta pátria até agora jungida ao carro do despotismo e dilacerada pelas cadeias da escravidão.

Este fato que, nos dias de hoje, é olhado por alguns com rancor, por muitos com indiferença e por outros com entusiasmo e fé, há de no futuro receber a gratidão e as bênçãos do país, bem como os louvores do historiador imparcial. E nessa época em que os nossos filhos tiverem de gozar dos frutos dos nossos esforços, a província de São Paulo será recordada com veneração e respeito por ter sido uma das iniciadoras destas práticas salutares e fecundas em seus resultados. Então os nossos vindouros, sob as sombras benfazejas da árvore da liberdade, no gozo de instituições dignas de um povo americano, há de muitas vezes interromper as suas alegrias para entoar à nossa memória um hino de saudade e gratidão.

Hoje, os inimigos da nação blasfemam contra nós e os descrentes do futuro da causa deste grande e esperançoso país, riem-se, chamando-nos de loucos; amanhã a história nos olhará por outro prisma bem diferente e os nossos vindouros terão, em compensação, para os loucos de hoje sempre uma palavra de admiração e um sentimento de amor, e para os indiferentes que riem e os *ajuizados* que nos reprovam uma sentença de condenação e desprezo.

É esta a ordem das cousas humanas: as mais sublimes verdades são sempre as que encontram maior número de injuriosos; as intenções as mais puras deparam constantemente com as perseguições dos malévolos e o ódio dos ambiciosos, bem como a luz, ainda a mais viva, nunca pode despertar a cegueira dos desgraçados que não veem o dia."

LISTA DAS CONFERÊNCIAS DO CLUBE RADICAL PAULISTANO:

1ª Luís Gonzaga Pinto da Gama
   "A extinção do Poder Moderador."
   Pronunciada em 18 de julho de 1869.
2ª Américo de Campos
   "Liberdade de cultos."
   Pronunciada em 1º de agosto de 1869.

3ª Quirino dos Santos
   "Incompatibilidades judiciárias."
   Pronunciada em 15 de agosto de 1869.
4ª Bernardino Pamplona
   "O despotismo do nosso governo tem sua origem na Constituição."
   Pronunciada em 29 de agosto de 1869.
5ª Rui Barbosa
   "O elemento servil."
   Pronunciada em 12 de setembro de 1869.
6ª Júlio César de Freitas Coutinho
   "Ensino livre."
   Pronunciada em 25 de setembro de 1869.

* * *

1ª CONFERÊNCIA
Luís Gonzaga Pinto da Gama[1]
"A extinção do Poder Moderador", pronunciada em 18 de julho de 1869.
Local: o salão do Sr. Joaquim Elias, situado à rua São José.

Anúncio: RP, 13, 16/07/1869, p. I:
"Conferências públicas. – O Clube Radical Paulistano acaba de coroar os seus esforços em favor dessa instituição democrática, re-

---

[1] N. A.: Luís Gonzaga Pinto da Gama, conhecido como Luís Gama (1830-1882). Filho de africana livre com branco, foi vendido como escravo pelo pai. Libertou-se em São Paulo, tornou-se rábula e jornalista. Fundou O *Cabrião* com Ângelo Agostini e Américo de Campos; com este último e outros criou o *Radical Paulistano*. Militante abolicionista e republicano. Em 1868, com a queda dos liberais, perdeu o emprego de amanuense na polícia paulista. Após 1870, participou da preparação do Congresso do Partido Republicano Paulista de 1872. Manteve com o Partido divergência constante pela hesitação dele em tomar posição mais firme em relação à abolição.

solvendo encetá-las desde já. Domingo, 18 do corrente, efetuar-se-á a primeira conferência radical, orando o Sr. Luís Gonzaga Pinto da Gama sobre a extinção do Poder Moderador. A entrada será franqueada por meio de cartões, os quais se distribuirão às pessoas que os solicitarem, entendendo-se com a respectiva comissão à rua da Boa Vista nos. 29 e 39."

Estranhamente, o jornal não publicou resumo desta conferência, pronunciada por um dos membros de sua Comissão de Redação. Notícia de sua realização e resumo de seu conteúdo, no entanto, foram dados em O *Ypiranga*, 266, de 20/07/1869, p. 3:

"Conferência pública. — A que foi anunciada, por parte do Clube Radical Paulistano, efetuou-se no domingo. Estiveram presentes 500 pessoas, mais ou menos, e o orador, o Sr. Luís Gonzaga Pinto da Gama, discorreu brilhantemente, arrancando aplausos repetidos e calorosos dos ouvintes.

O Sr. Luís da Gama tanto mais distinguiu-se, quanto se lembram os que o conhecem, ser ele um cidadão que não cursou academias, o que não lhe impede de conhecer os direitos da nação, discuti-los e os pedir. Verdadeiro homem do povo, foi o Sr. Luís Gama, na tribuna, o seu legítimo e eloquente representante. Damos-lhe nestas linhas os nossos aplausos, fazendo sinceros votos pela regeneração do povo, que será soberano no dia em que conhecer toda a extensão dos seus direitos".

2ª CONFERÊNCIA
Américo de Campos[2]
"A liberdade de cultos", pronunciada em 1º de agosto de 1869.
Registro: RP, 15, 05/08/1869, p. 2:

---

[2] N. A.: Américo [Brasílio] de Campos (1835-1900). Nasceu em Bragança Paulista. Formado em Direito pela Faculdade de São Paulo. Advogado e jornalista, foi fundador e diretor do *Correio Paulistano* (1865-74). Com Francisco Rangel Pestana fundou em 1875 *A Província de São Paulo*, depois *O Estado de S. Paulo*. Assinou o manifesto do Congresso Republicano de São Paulo em 1873. Após a proclamação da República foi cônsul em Nápoles, onde faleceu.

"CONFERÊNCIA PÚBLICA — Deu-se no domingo a conferência pública do Clube Radical, anunciada, estando presente um auditório de 300 a 400 pessoas. A tese — liberdade religiosa — compreendendo liberdade da consciência e de culto, foi desenvolvida pelo orador que teve a palavra pela demonstração das seguintes disposições:

— O exame da questão da liberdade religiosa nada tem que ver com o ponto de vista teológico do assunto, no qual somente é cabida a investigação de qual é a religião verdadeira; nada tem que ver com o ponto de vista filosófico, no qual assenta a investigação metafísica e ontológica da questão de saber se existe Deus — se a alma é imortal — e se há uma vida futura; limita-se por sua própria natureza ao ponto de vista das relações jurídicas e obrigações coercitivas que constituem a esfera da ação social no terreno do direito. A tese — liberdade religiosa — limita-se e determina-se por esta outra: — a sociedade tem o direito de restringir a liberdade religiosa? — tem o direito de ser intolerante?
— A doutrina da Constituição brasileira, que estabelece uma religião oficial, protegida pelo Estado, permitindo e tolerando outras somente no círculo estreito do culto doméstico e estabelecendo restrições políticas aos brasileiros que as professarem, resume-se nos dois corolários seguintes, igualmente contrários à inviolabilidade da consciência, ao direito social e à dignidade da própria religião protegida: 1º: violação da liberdade religiosa; 2º: degradação da Igreja erigida em religião oficial, que de tal arte perde a independência e autonomia peculiares ao seu foro espiritual para transformar-se em instrumento do poder civil.
— O verdadeiro caráter deste último fato indicado é a transformação da religião em arma do governo — verdadeira instituição política — freio dos povos, segundo dizem os sustentadores de tal doutrina.
— É a continuação mais ou menos modificada do ideal histórico que nos antigos tempos estereotipava-se nos governos e sociedades

teocráticas do Egito e da Ásia, e que modernamente se acha representado pela aliança mais ou menos íntima entre o trono e o altar, tal qual se nota em geral nas monarquias da Europa.

— É uma medida de interesse dinástico: por ela firma-se o domínio da consciência do cidadão, pelo influxo do clero oficial, pelo ensino, tolhendo assim a natural e necessária expansão do elemento popular, e até amoldando-se ao grado do interesse dinástico o espírito e feição das gerações do por vir.

— Como prova de que é efetivo entre nós este estado de cousas, apontou o orador para o fato significativo da instalação do jesuitismo no país, introduzido por influxo e vontade do governo, e por ele francamente apoiado e protegido, com o fim bem visível de engolfar e aniquilar o nascente espírito público do Brasil nas grosseiras superstições e anacrônicas doutrinas religiosas e políticas daquela seita estrangeira, que renasce das cinzas em que foi sepultada com as mesmas astúcias e ambições de poderio social que teve e pôs em prática nos tempos da bárbara Inquisição. Lembrou ainda o fato significativo da violação da lei provincial sobre liberdade de ensino, praticada pelo ex-presidente desta província, barão de Itaúna, em outubro do ano passado, quando ordenou ao inspetor-geral da instrução pública que impusesse aos professores e professoras de escolas primárias da capital a obrigação de levarem seus discípulos e discípulas uma vez por semana às igrejas em que padres lazaristas ensinam a sua doutrina.

— Demonstrou em seguida os males práticos que decorrem de tudo isto e, fazendo um confronto entre o Brasil e os Estados Unidos, notou com o testemunho dos fatos, que a coação da liberdade religiosa entre nós, não só do ponto de vista da civilização geral, mas ainda no ponto de vista da religiosidade do povo, dá resultados opostos: no Brasil, aniquilamento do espírito público e transformação do espírito religioso em meras práticas de superstição material, de mistura com o ceticismo e a descrença, que são corolários inevitáveis de tal degradação do puro espiritualismo da religião; nos Estados

Unidos, aonde impera em sua plenitude a liberdade de consciência e de cultos e a independência da Igreja, conforme a máxima — Igrejas livres no Estado livre, a elevação do espírito evangélico ao caráter de verdadeiro ambiente social, quer no lar doméstico daqueles chamados *anarquistas*, quer nas relações de sua vida pública.

— De todo o exposto concluiu o orador pela demonstração de que é urgente, para a felicidade e desenvolvimento social entre nós não somente como restabelecimento do direito, e ainda como meio de abrir o solo brasileiro aos benefícios da imigração e espírito industrial estrangeiro, a desaparição do regime odioso e restritivo que se acha a tal respeito estabelecido pela Constituição do Império".

3ª CONFERÊNCIA
Quirino dos Santos[3]
"Incompatibilidades judiciárias", pronunciada em 15 de agosto de 1869.

Notícia: RP, 17, 19/08/69, p. I:
"Terceira conferência radical. — Domingo, 15 do corrente, perante um auditório numeroso, orou sobre as incompatibilidades judiciárias o distinto cidadão Dr. Quirino dos Santos, em nome do Clube Radical Paulistano. Foi um verdadeiro triunfo para as ideias democráticas: a atenção religiosa, o assentimento profundo, as calorosas explosões de entusiasmo que envolveram constantemente as palavras do orador vieram robustecer ainda mais a convicção enérgica, a fé inabalável com que encaramos o futuro deste país.

Espetáculos tais são de todo novos e inesperados entre nós. Aquela tribuna converteu-se em altar; ali a verdade política, proscrita pelos

---
[3] N. A.: Francisco Quirino dos Santos (Campinas, 1841 – São Paulo, 1886). Formado em Direito pela Faculdade de São Paulo. Advogado e proprietário rural. Assinou o manifesto do Congresso Republicano de São Paulo de 1873.

partidos, ergue a fronte severa, meditativa e inflexível; ali não há coroas erguidas à fortuna, nem pompas consagradas à vaidade, nem folhas desfolhadas sobre os caracteres impuros. Há, porém, uma auréola divina para a dedicação – a nobre simpatia dos homens de bem; há um incenso que não arde nos templos da infidelidade – é o aplauso espontâneo, fervoroso, irrepressível [sic] da opinião; há uma glória que se não mercadeja, que se não transmite, que se não falsifica – é a estima popular.

Naquele recinto não existem ídolos, nem heróis, nem semideuses; há unicamente cidadãos livres. O crente que vai falar à alma do povo despe na porta os títulos do poder. Tal é o nosso brasão: guerra à mentira política.

A última conferência foi uma expressão brilhante das aspirações radicais. À imponência do assunto correspondeu, no orador, a majestade do talento. Daqui, pois, o saudamos, como órgão do partido radical nesta província. Aos nossos leitores oferecemos em seguida um ligeiro transunto desse eloquente discurso:

Depois de pedir desculpa ao auditório, em razão de ir falar quase de improviso sobre matéria que pedia ampla meditação e estudos, entrou o orador no objeto da tese escolhida, isto é, independência da magistratura. Fez a exposição das bases em que assenta o poder judiciário no Império. Demonstrou que a natureza desta instituição, de que pende, na máxima parte, o equilíbrio de todos os princípios orgânicos da sociedade, acha-se completamente viciada entre nós.

Desenvolveu sucintamente a importância que se deve ligar à independência do poder judiciário como fonte única da justiça que vale tanto na ordem moral, como na ordem física, vale o espaço para todos os seres. Fez ver que essa independência não a tem o juiz brasileiro, porquanto:

I. Apesar de perpétuo e inamovível em face da Constituição, estas qualidades são burladas inteiramente na prática de harmonia com as leis monstruosas, que desvirtuaram completamente as suas funções por muitas maneiras, e que o tornam, no mais dos casos, uma verdadeira sujeição do Poder Executivo, o que importa dizer do Poder Moderador;

II. Ainda que fosse perpétuo e inamovível, no sentido real dos termos, esses atributos por si sós não significariam de modo algum a independência, visto como podendo ser chamado pelas aspirações naturais não só para os cargos de nomeação do governo, como para os de eleição popular, este fato é bastante para estabelecer um jogo de dependência entre o juiz e o jurisdicionado, por uma parte, e por outra, entre o juiz e o governo, de sorte que desaparece completamente a energia vital de todos os princípios de moral e direito próprios a garantirem a justiça.

Apreciou as vantagens de que está rodeado o poder judiciário na Inglaterra, tornando saliente que no Brasil ele nem mesmo leva a palma à organização dos velhos parlamentos de França. Mostrou perfunctoriamente quanto cumpre fazer para pô-lo no devido pé, dizendo que ele só pode alcançar a independência sendo principalmente incompatível o cargo de juiz com todo e qualquer outro, e o juiz posto ao abrigo do impulso desastrado do governo, de modo que desempenhe a sua tarefa sem ambições e sem medo.

Como ideia anexa fez sentir que a incompatibilidade deve estender-se aos representantes da nação para não aceitarem cargos de nomeação do governo etc. e igualmente ao magistério para os representantes da nação, suposta a faculdade de opção, para todos os funcionários públicos, entre o emprego e o cargo de representação nacional, uma vez eleitos para este.

Notou, em seguida, que a eleição, sem reformas urgentes neste sentido, ainda quando limpa dos enormes defeitos que a tornam, hoje, nenhuma, é impossível que venha a ser a vontade genuína da nação, pois que a magistratura há de conservar uma das mãos sobre as urnas e outra erguida para o governo, continuando, portanto, a ser este o único poder influente em todas as coisas. Daí a improbidade política esteiando por todos os pontos o absolutismo e, portanto, o relaxamento dos costumes e atraso em tudo. Abriu margem honrosa para os caracteres distintos que brilham felizmente na magistratura apesar das apertadas condições em que existem.

Finalizou declarando que esta, como todas as divisas da bandeira radical, haviam de vingar forçosamente, porque o partido do povo havia de se erguer e porque aqueles mesmos que desenrolavam agora (não tendo dado aberta, quando no poder, a nenhuma das tendências liberais) um programa sem cousa alguma definida, e só notável pela mesquinhez das doutrinas, sendo incapazes de levar a efeito estes interesses tão legítimos do país, ou teriam de ceder o passo, ou, o que é mais certo, de seguir, em toda a plenitude, o influxo do pensamento democrático em que se firma a existência do Clube Radical e dos seus correligionários, entre os quais ele orador se conta."

4ª CONFERÊNCIA
Bernardino Pamplona[4]
"O despotismo do nosso governo tem sua origem na Constituição", pronunciada em 29 de agosto de 1879.

Registro: RP, 19, 02/09/1869, p. I:
"Quarta conferência radical – Deu-se no domingo a quarta conferência anunciada, orando o Sr. Bernardino Pamplona sobre a tese – O despotismo do nosso governo tem sua origem na Constituição.

O orador começou fazendo ligeiras considerações sobre as circunstâncias em que se achava o país, e, a propósito, falou da escravidão, das finanças, da lavoura, da imigração, da guerra, da nossa política externa e interna, demonstrando que todos os elementos de prosperidade e segurança das nações se acham entre nós em um estado bastante desanimador.

Indagou em seguida a causa, a origem de todos estes males e foi encontrá-las no poder despótico do nosso governo, que tudo faz neste país, sem que o povo em nada intervenha. Esse poder despótico, disse o orador, não existe unicamente nos abusos do governo, mas tem sua origem na Constituição, donde tira toda a sua força; e que, portanto,

---

[4]N. A.: Bernardino Pamplona. Fazendeiro. Advogado na Corte. Assinou o Manifesto Republicano.

convinha estudar seriamente esta questão, mormente quando se propalava ser a nossa Constituição a mais liberal do mundo, quando ela só servia para o Rei e de nada para o povo.

Passou em seguida o orador a mostrar a organização e o jogo dos nossos poderes, citando constantemente, para confirmar as suas proposições, artigos da nossa lei fundamental.

Começou pelo artigo 10, que consagrava a existência de quatro poderes e, seguindo a sua ordem, passou a analisar o Poder Legislativo, depois o Moderador, depois o Executivo e finalmente o Judiciário.

Em relação ao Poder Legislativo, segundo os artigos 13, 101§3, art. 65 e 101§5, demonstrou o orador que o Imperador era tudo e que nenhuma lei se podia fazer no Império contra sua vontade; que o veto suspensivo, consagrado pelo art. 65, de fato equivalia ao veto absoluto e que, além disto, esse artigo desaparecia em face do direito que o Imperador tem de dissolver indefinidamente a Câmara temporária.

Falou depois sobre o Senado vitalício, mostrando ser ele uma oligarquia sem explicação em um governo constitucional.

Em seguida passou a considerar o Poder Moderador e, analisando os arts. 98, 99, 100, 101, mostrou ser ele a única soberania desta nação de súditos. O Poder Executivo, ainda provou o orador ser o Imperador pela força do *livremente* do art. 101§6, o qual não encontrava limites na vontade da nação, porque o monarca podia dissolver a Câmara quantas vezes quisesse e que pela letra do art. 102 os ministros eram meros agentes do Poder Executivo, porque este artigo dizia:

"O Imperador é o chefe do Poder Executivo, e o *exercita* pelos seus ministros de Estado."

Finalmente, disse o orador, o Poder Judiciário ainda é o Imperador, porque este, nomeando os magistrados, segundo o art. 102§3 da Constituição, podendo suspendê-los, pelo art. 101§7 e perdoar, ou minorar as penas impostas aos réus, segundo o art. 101§8, coloca o Poder Judiciário na sua dependência e, em muitos casos, inutiliza os seus atos de tal maneira que, no dia em que o Imperador quiser, todos os condenados serão soltos.

O orador observou que não se exigia o desaparecimento destas atribuições, mas que elas não podiam estar sujeitas a capricho de um homem que não tinha responsabilidade, possuindo, além disso, muitas outras supremas prerrogativas.

Os arts. 9 e 12 da Constituição, o primeiro consagrando a harmonia e divisão dos poderes e o segundo dizendo que todos os poderes são delegações da nação, observou o orador, eram um sofisma de que tinha lançado mão o legislador constituinte para iludir o país, porque estes dois artigos firmavam dois princípios que pela constituição nunca podiam realizar-se contra a vontade do monarca, sendo completamente destruídos pelos artigos que já haviam sido discutidos. Que aqui dava-se o mesmo que tem lugar em relação ao art. 5 da Constituição, o qual dá a todos o direito de adotar a religião que quiser, mas proíbe-lhes a sua livre manifestação.

Depois destas considerações, passou o orador a demonstrar a necessidade de reformas profundas e radicais em nossas leis, dizendo que as reformas secundárias de nada serviriam, ou seriam talvez piores, conservando-se o sistema absoluto que de direito e de fato nos governa.

Então teve ocasião de manifestar as reformas de que não podemos prescindir, e que constituem o programa dos radicais do Brasil.

Concluiu o orador citando um brilhante trecho de um discurso de Castelar,[5] quando este ilustre tribuno demonstra a verdade das profecias da democracia, e aplicando-o em relação ao Brasil, finalizou erguendo um viva à vitória da democracia, o qual foi calorosamente repetido pelo auditório".

O registro foi reproduzido na *Opinião Liberal*, 64, 18/09/1869, p. 2-3, com acréscimo ao final dos seguintes parágrafos:

"O orador desenvolveu com muito talento, ordem e clareza todos os pontos do assunto, provando à toda luz que o absolutismo gover-

---

[5] N. A.: Emílio Castelar y Ripoli (1832-1889). Jornalista e político liberal e republicano espanhol. Participou da revolução de 1868 que derrubou Isabel II. Proclamada a República em 1873, foi seu quarto presidente, renunciando no ano seguinte, quando a Monarquia foi restaurada,

namental que nos mata assenta legalmente na Constituição e, pois, que nada poderá satisfazer as urgentes necessidades do país enquanto aquela feitura de D. Pedro não for refeita pela nação, refeita livremente e no pleno exercício dos direitos de soberana que é.

Constantemente apoiado e aplaudido na brilhante exposição de tão importantes questões, demonstrou o orador que a verdade vai todos os dias ganhando terreno no seio do povo, e que aquelas práticas populares vão produzindo os seus frutos benéficos."

5ª CONFERÊNCIA
Rui Barbosa[6]
"O elemento servil", pronunciada em 2 de setembro de 1869.
Registro: RP, 21, de 23/09/1869, p. 1:[7]

"Quinta conferência radical.

Domingo, 12 do corrente, teve lugar a 5ª conferência do Clube Radical Paulistano, orando o Sr. Rui Barbosa sobre a tese *O elemento servil*.

O orador, depois de demonstrar que sendo a emancipação um princípio de interesse universal, e não uma reforma política, tem, entretanto, sido convertido pelos partidos do país numa questão de programa governativo, aludindo à oposição movida pelos históricos em 1867, 1868 contra os progressistas pela inserção dessa ideia na Fala do Trono, bem como ao inopinado silêncio guardado a esse respeito pelo gabinete Itaboraí no último discurso da Coroa; passa a provar que a existência do elemento servil é uma abominação moral, um núcleo de corrupção na vida pública e doméstica e, argumentando com as leis da

---

[6] N. A.: Rui Barbosa (1849-1923). Filho de médico, formou-se pela Faculdade de Direito de São Paulo em 1870. Advogado no Rio de Janeiro. Depois de 1870, foi deputado geral pela Bahia (1878-84). Aderiu à República em 1889 e foi ministro da Fazenda entre 1889 e 1891. Foi senador de 1890 até 1921.

[7] N. A.: Reproduzida nas *Obras Completas*, vol. I, 1865-1871, Tomo I, Rio de Janeiro: Ministério da Educação e Saúde, 1951, p. 171-173.

ciência econômica, esclarecidas com a história da União Americana antes e depois de 1863, estabelece a infinita superioridade do trabalho livre sobre o trabalho servil.

Em seguida, baseando-se no exemplo da Virgínia, que, sendo até 1787 a pérola dos Estados Unidos, ficou reduzida ao quarto lugar na federação, enquanto a sua população duplicara apenas, ao passo que a da Pensilvânia sextuplicara, e a de New York decuplara, de 1790 a 1850, apontando ainda o escasseamento da população livre nos estados escravistas, de 1840 a 1850, ao mesmo tempo que a população escrava crescia em proporção quase idêntica; comprovou exuberantemente a perniciosa influência da escravatura no desenvolvimento da raça livre.

Entrando afinal no terreno da história, descreveu os resultados da emancipação nas colônias francesas em 1794 e 1848, nas colônias inglesas em 1834 e na América em 1863, sustentando, firmado sempre em dados estatísticos, econômicos e históricos, que tanto nos Estados Unidos como nas possessões de França em 1794, a abolição, longe de ser a causa provocadora das insurreições, foi pelo contrário o remédio que as aplacou; narrando as animadoras consequências desta grande reforma em toda a parte; explicando o abalo suscitado antes pela imperfeição das medidas práticas, do que pela emancipação em si mesma, e comparativamente diminuta em relação às maravilhosas compensações que sempre a têm seguido na lavoura, na indústria, na produção e no comércio.

Considerando então a reforma quanto às circunstâncias atuais do Brasil, prova com argumentos cabais a sua necessidade urgente, imediata, absoluta, não só pela pressão que exerce sobre nós o espírito do século e porque as potências civilizadas nos hão de forçar a realizá--la, se o não fizermos espontaneamente, quanto antes, irrogando-nos mais um estigma ignominioso; não só pela sede de imigração em que ardemos, imigração europeia, que é essencialmente incompatível com a manutenção do trabalho servil, e não imigração asiática, imigração de *coolies*,[8] que o país deve repelir a todo transe, porque importa a introdução de outra escravaria, tão vil, tão imoral e tão funesta quanto a escravaria africana; como também porque é preciso evitar que a tendência escravista se enlace mais profundamente nas instituições e nos costumes pátrios, agora que um movimento ainda latente prenuncia a regeneração futura do Brasil.

A emancipação, diz o orador, é muito mais fácil em nosso país do que em todos aqueles onde se tem efetuado até hoje: — 1º porque uma proporção imensa da propriedade servil existente entre nós (mais de um terço), além de ilegítima, como toda a escravidão, é também ilegal, em virtude da lei de 7 de novembro de 1831 e do regulamento respectivo que declaram expressamente — "que são livres todos os africanos importados daquela data em diante" —, donde se conclui que o governo tem obrigação de verificar escrupulosamente os títulos dos senhores e proceder na forma do decreto sobre a escravatura introduzida pelo contrabando; — 2º porque a população escrava no Brasil acha-se para com a população livre em uma proporção incomparavelmente inferior àquela em que se achava nas colônias francesas e inglesas, nem entre nós se dá a circunstância da grande luta civil no meio da qual foi proclamada a emancipação nos Estados Unidos.

Afinal, depois de provar com boas estatísticas que a ação do tempo não extingue nem diminui por si só a escravatura e que a civilização não atenua a condição miserável dos escravos, antes a agrava, como demonstra cotejando a escravidão antiga com a moderna, termina lendo um trecho de um artigo escravista publicado pelo *Diario de São Paulo* em fevereiro de 1868, que provocou geral indignação no auditório e sustentando a tese de que "*a emancipação é o único recurso de salvação e engrandecimento que pode encontrar a lavoura no Brasil*".

Em último lugar, o orador convidou o auditório a estudar esta grave e imperiosa questão, a fim de que ela possa ser resolvida de um modo humanitário, sem, contudo, causar grande abalo ao país."

---

[8] N. A.: *Coolies* era o nome que se dava aos trabalhadores de origem indiana; os chineses de origem eram chamados *chins*.

6ª CONFERÊNCIA
Júlio César de Freitas Coutinho[9]
"Ensino livre", pronunciada em 25 de setembro de 1869.
Registro: RP, 22, 30/09/1869, p. 2:

"Conferência radical. – No último domingo deu-se, como fora anunciado, a 6ª conferência do Clube Radical, orando com muito sucesso sobre o ensino livre o Sr. Júlio César de Freitas Coutinho.

O distinto acadêmico tratou a matéria com proficiência e desenvolvimento. Damos abaixo um resumo de seu discurso. Começou o orador demonstrando a grande diferença que existe entre a liberdade dos povos modernos e a dos povos antigos, concluindo judiciosamente que os governos dos países cultos da atualidade só têm por fim abrir amplo exercício aos direitos individuais, verdadeiros elementos da natureza humana e indispensáveis constitutivos da vida social. Desta premissa desceu ao exame da tese de que se ocupava, fazendo resultar as questões mais importantes que se prendem a ela, tendo em vista não só o nosso código fundamental como a filosofia do direito e as tendências retrógradas do governo que nos rege. Generalizando essas considerações em referência ao ensino superior, médio e primário, sustentou as seguintes teses:

Em relação ao ensino superior e ao ensino médio, ampla faculdade concedida aos particulares para erigirem escolas, quer a respeito de um, quer a respeito de outro, em concorrência com as do Estado e, como consequência, portanto, deste princípio, plena liberdade outorgada aos indivíduos de cursarem aquelas que melhor lhes convierem, caso pretendam se iniciar no estudo das matérias que fazem parte do seu domínio. Para demonstrar as vantagens deste sistema o

---

[9] N. A.: Júlio César de Freitas Coutinho (1845-1889). Filho de desembargador, formou-se na Faculdade de Direito de São Paulo em 1869. Advogado no Rio de Janeiro, tendo como sócio Lafaiete Rodrigues Pereira, seu cunhado, cujo nome também aparece, com o dele, entre os signatários do Manifesto Republicano. Depois de 1870, foi deputado geral pela província do Rio de Janeiro entre 1878-81. Morreu antes da proclamação da República.

orador apresenta os grandes resultados obtidos com ele na Inglaterra, na Bélgica, na Alemanha, nos Estados Unidos e em outros países civilizados.

A respeito do ensino primário, o orador sustentou, com uma opinião verdadeiramente liberal, o ensino obrigatório, fazendo pesar somente sobre si a responsabilidade dessa ideia. Para isso o orador ainda tornou sensível a posição que ocupa o Estado em face do indivíduo e apresentou a proteção que este exige daquele, como um poder suplementar dos seus direitos, que muitas vezes não se tornam efetivos por falta de meios necessários. Assim o orador além de muitas outras considerações apresentou os privilégios que a lei concede ao indivíduo menor em virtude de sua posição especial na sociedade, intervindo muitas vezes nas relações que o ligam ao pai para compelir este ao rigoroso cumprimento dos deveres que tem para com aquele, ou para substituí-lo por pessoa mais idônea e capaz de sua observância fiel e desinteressada.

Portanto, para ser-se lógico em face destas diversas considerações, de nenhum modo se poderia deixar de admitir a obrigatoriedade como elemento constitutivo do ensino primário. O orador, por conseguinte, rebateu os escrúpulos infundados que concebem alguns democratas em face do ensino obrigatório, tornando salientes não só os diversos fatos apresentados por diferentes relatores em França de se terem diversos pais escusados a enviarem seus filhos às escolas pretendendo que o seu trabalho material lhes era mais proveitoso, como também a singularidade apresentada por Jules Simon[10] de ter a República proclamado o sistema da obrigatoriedade como uma garantia verdadeira das liberdades populares e de ter o Império, que menos zelos devia nutrir em face da individualidade, destruído esse princípio.

---

[10] N. A.: Jules François Simon (1814-1896). Filósofo e político francês, escreveu várias obras sobre liberdade, regime que estendia à educação primária. Na República, foi primeiro-ministro em 1876.

O orador ainda mostrou a grande vantagem da intervenção do Estado na instrução do país como simples concorrente e não exercendo sobre ela uma espécie de suserania. O orador ainda, para se tornar mais claro, distinguiu a obrigação que existe a respeito do ensino e aquela que existe a respeito das escolas, declarando ser esta a maior das tiranias, uma verdadeira lei inquisitorial, da qual portanto se desviava com todas as forças, definindo com evidência o alcance da intervenção do Estado no ensino, a qual não tinha outro fim senão procurar um estímulo real e vantajoso.

O orador, finalmente, desaprovou o sistema de restrições que alguns países adotam para aqueles que pretendem levantar estabelecimentos de instrução, mostrando o perigo que há em seguir-se a máxima – antes prevenir do que reprimir – e fez um quadro geral do estado do país em relação aos seus costumes e às suas ideias, concluindo com as últimas palavras que Washington já moribundo legara ao mundo inteiro – 'instruir o povo'.

O orador não se ocupou de outras teses ainda muito importantes por falta de tempo."

CRONOLOGIA

1853

06 de setembro: Ministério do marquês de Paraná (1853-1857). Política de conciliação.

1861

04 de março: Abraham Lincoln toma posse na presidência dos Estados Unidos.

12 de abril: Inicio da Guerra Civil norte-americana.

1862

24 a 30 de maio: Primeiro Ministério de Zacarias de Góis e Vasconcelos. Por inspiração de Nabuco de Araújo, foi criada a Liga Progressista de liberais históricos e conservadores dissidentes.

1863

Janeiro: Início da Questão Christie e posterior rompimento de relações diplomáticas com a Inglaterra.

1864

15 de janeiro a 31 de agosto: Segundo Ministério de Zacarias de Góis e Vasconcelos. Liga transforma-se em Partido Progressista.

10 de abril: Maximiliano, irmão do imperador Francisco José I da Áustria e primo de d. Pedro II, é coroado imperador do México.

06 de junho: Programa do Partido Progressista.

31 de agosto: Ministério liberal de Francisco José Furtado. Partido Progressista divide-se em Progressistas (antigos conservadores) e li-

berais históricos. Luta acalorada entre os dois grupos.
10 de setembro: Crise bancária causa pânico na Corte.
12 de outubro: Tropas brasileiras invadem o Uruguai.
12 de novembro: López apreende o vapor *Marquês de Olinda*, dando início à guerra contra o Brasil.
1864-1866: Guerra do Pacífico. Frota espanhola intervém no Peru bombardeando a cidade de Callao e também Valparaíso no Chile.

1865
07 de janeiro: Criado o corpo de Voluntários da Pátria.
09 de abril: Fim da Guerra Civil nos Estados Unidos.
Janeiro: 13ª Emenda à Constituição abole a escravidão nos Estados Unidos.
1º de maio: Assinado o Tratado da Tríplice Aliança.
12 de maio: Ministério do marquês de Olinda. Preocupação com a guerra.
11 de junho: Batalha do Riachuelo.
14 de julho: Imperador parte para o Sul.
18 de agosto: Rendição de Uruguaiana.
23 de setembro: Reatamento das relações diplomáticas entre Brasil e o Reino Unido.

1866
23 de janeiro: Pimenta Bueno entrega ao Imperador cinco projetos abolicionistas.
21 de abril: Aparece o jornal *Opinião Liberal* (Rangel Pestana, Limpo de Abreu, José Luís Monteiro de Sousa), de oposição aos progressistas.
03 de agosto: Terceiro ministério de Zacarias de Góis e Vasconcelos (até 16 de julho de 1868).
22 de agosto: Governo de Zacarias, por instrução do imperador, responde à Junta Francesa de Emancipação dizendo que, terminada a guerra, a questão servil será prioridade.
22 de setembro: Derrota de Curupaiti paralisa aliados por um ano.
12 de outubro: Caxias nomeado comandante das tropas brasileiras. Frota espanhola bombardeia Valparaíso (Chile).

1867

09 de fevereiro: Caxias assume provisoriamente o comando das tropas aliadas.
22 de maio: Primeira referência à emancipação na Fala do Trono.
19 de junho: Fuzilamento de Maximiliano no México.
31 de julho: Mitre reassume comando dos aliados.

1868

14 de janeiro: Caxias assume em definitivo comando dos aliados.
19 de fevereiro: Passagem de Humaitá.
16 de julho: Zacarias de Góis e Vasconcelos renuncia e nega-se a indicar sucessor. D. Pedro chama o conservador visconde de Itaboraí.
25 de julho: Reunião em casa de Nabuco de Araújo para reconciliar históricos e progressistas.
14 de agosto: Caxias quer terminar a guerra, mas d. Pedro II não aceita.
19 de setembro: Revolução chamada A Gloriosa na Espanha força a fuga para a França da rainha Isabel II.
03 de outubro: Fundação do Centro Liberal por um grupo de nove senadores. Nabuco é eleito presidente.
20 de novembro: Circular do Centro Liberal prega a abstenção eleitoral nas eleições convocadas por Itaboraí.

1869

1º Janeiro: Ocupação de Assunção por tropas brasileiras.
19 de janeiro: Caxias retira-se da guerra.
23 de fevereiro: Abolição da escravidão nas possessões portuguesas.
24 de fevereiro: Fundação do Clube Radical de Pernambuco.
21 de março: Primeira conferência radical no Rio de Janeiro.
31 de março: Manifesto e Programa do Centro Liberal.
12 de abril: Jornal *O Radical Paulistano*.
12 de maio: *A Reforma* (Rio de Janeiro).
19 de junho de 1869: Primeira conferência do Clube Radical de Pernambuco.
20 de junho: Primeira conferência do Clube Liberal de Vassouras.

18 de julho: Primeira conferência radical em São Paulo.
30 de agosto: Por ferimentos, general Osório retira-se do Paraguai.
07 de setembro: Criação do Clube Radical de São Fidelis (RJ).
06 de outubro: Criação do Clube Radical de Vassouras.
26 de outubro: Criação do Clube Radical de Campinas.
03 de novembro: Jornal *Correio Nacional* (Rio de Janeiro).
1870
1º de março: Morte de López e fim da guerra da Tríplice Aliança.
09 de junho: Jornal *O Radical Acadêmico* (Rio de Janeiro) (até 17 de agosto).
19 de julho: Início da guerra franco-prussiana, de que resultou a queda de Napoleão III e a proclamação da República.
20 de setembro: Unificação da Itália.
29 de setembro: Ministério do visconde de São Vicente (até 7 de março de 1871).
03 de dezembro: Manifesto Republicano assinado por 67 pessoas.
03 de dezembro: Jornal *A Republica* (Rio de Janeiro).
1871
07 de março: Ministério do visconde do Rio Branco.
28 de setembro: Lei do Ventre Livre.

FONTES E BIBLIOGRAFIA

Fontes:

JORNAIS
Jornais radicais.

Opinião Liberal (Rio de Janeiro), 21 abril 1866 a 17 nov. 1870.
Radical Paulistano (São Paulo), 12 abril a 13 nov. de 1869.
Correio Nacional (Rio de Janeiro), 03 nov. 1869 a 16 nov. 1870.
O Radical Acadêmico (Rio de Janeiro), 09 jun. a 17 ago. 1870.
O Radical Mineiro, 1869. Não disponível.
Idea Liberal (Recife), 2 jan. 1869. Não disponível.

Outros jornais.

A Reforma (Rio de Janeiro), 12 maio 1869 a dez. 1876. Consultados 1869-70.
A República (Rio de Janeiro), 03 dez. 1870 a 28 fev. 1874. Consultados 1870-71.
O Tribuno (Recife), 05 set. 1866 a 22 jun. 1869. Consultados 1868-69.
Jornal do Commercio, consultado 1869.
Correio Mercantil, 02 jan. 1848 a 15 nov. 1868. Consultados 1849, 1868.
Diário do Rio de Janeiro, jan. 1846 a 31 out. 1878. Consultados 1849, 1869.
Correio da Tarde (Rio de Janeiro), 03 de jan. 1848 a 10 de jul. 1852. Consultado 1849.

O Democrata Pernambucano. 14 nov. 1868 a 08 maio 1869. Consultado 1869.

LIVROS E PANFLETOS.[11]

Alencar, José de. *Página da actualidade. Os partidos*. Rio de Janeiro: Typ. de Quintino & Irmão, 1866.

———— *Cartas de Erasmo*. José Murilo de Carvalho, org. Rio de Janeiro: Academia Brasileira de Letras, 2009 (1ª ed. 1865-68).

Almeida, Tito Franco de. *O conselheiro Franciso José Furtado. Biografia e estudo de história política contemporânea*. São Paulo: Cia. Editora Nacional, 1944. Primeira edição, Rio de Janeiro, 1867.

Anônimo. *O Poder Moderador e o Dr. Theophilo B. Ottoni*. São Paulo, 1860.

Araújo, José Thomaz Nabuco de. *O Centro Liberal*. Introdução de Vamireh Chacon. Brasília: Senado Federal, 1979.

Arcesilao [Ricardo Viscoli de Castellazzo]. *O livro do democrata*. S. Paulo: Typ. Americana, 1866.

Barbosa, Rui. *Obras completas*. Rio de Janeiro: Ministério da Educação e Saúde, 1946, v. XVI e 1947, v. XVII.

Barreto, Tobias. *A questão do poder moderador e outros ensaios brasileiros*. Petrópolis: Editora Vozes Ltda., 1977. Primeira edição, 1871.

[Bastos, Tavares] *Os males do presente e as esperanças do futuro (estudos brasileiros)* por "Um Excêntrico". São Paulo: Cia. Editora Nacional, 1939. Primeira edição no Rio de Janeiro, Tip. de Quirino e Irmão, 1861.

———— *Cartas do solitário*. São Paulo: Cia. Editora Nacional, 1975. Primeira edição, 1862.

Bastos, Aureliano Cândido Tavares. *A revolução e o imperialismo*. Rio de Janeiro: Typographia Universal de Laemmert, 1866.

———— *A província*. Primeira edição, 1870. São Paulo: Cia. Editora Nacional, 1937.

---

[11] N. A.: Inclui apenas os textos diretamente relacionados à temática do livro. Entendem-se por panfleto textos políticos de até 50 páginas. Mantém-se a ortografia originalmente citada a primeira edição.

Brasiliense, A. *Os programas dos partidos e o Segundo Império*. São Paulo: Typographia de Jorge Sekler, 1878. Segunda edição: Brasília: Senado Federal, 1979.

Bueno, José Antônio Pimenta. *Direito público brasileiro e análise da Constituição do Império*. Brasília: Senado Federal, 1978. Primeira edição, 1857.

Canavarro, Antônio David Vasconcellos. *A Monarchia constitucional e os libellos*. Rio de Janeiro: Typographia do Commercio de Brito & Braga, 1860.

[Carvalho, Antônio Alves de Souza]. *O imperialismo e a Reforma*. Rio de Janeiro, Typographia Perseverança, 1865.

Carvalho, visconde de Souza. *A história das dissoluções da Câmara dos Deputados*. Publicada e anotada por Flag Junior. Rio de Janeiro: Typ. União, 1885.

Conferência radical. Oitava sessão. Discurso proferido pelo Sr. Dr. Gaspar da Silveira Martins sobre o radicalismo. Rio de Janeiro: Typographia Esperança de Santos e Vellozo, 1869.

Conferências populares por um ex-ministro d'Estado. Rio de Janeiro: Typ. Economica, 1870.

A dictadura de 1868. Parahyba do Norte, Typ. Liberal Parahybana, s.d. [1869].

Falcão, Aníbal. *Fórmula da civilização brasileira*. Guanabara: Editora Guanabara [1933]. Conferência de 1883.

Um Fluminense. *Resposta de um fluminense ao folheto A opinião e a Coroa*. Rio de Janeiro: Typ. do Correio da Tarde, 1861.

Galvão, Ramiz, org. *Catálogo da Exposição de História do Brasil*. Senado Federal, 1998, 3 tomos. Edição fac-similar da de 1881.

Jardim, Antônio da Silva. *Propaganda republicana (1888-1889)*. Rio de Janeiro: Fundação Casa de Rui Barbosa/Conselho Federal de Cultura, 1978.

Jornal das Conferências Radicais do senador Silveira da Motta. Rio de Janeiro: Typographia da *Reforma*, 1870, 3 vol.

——————. Rio de Janeiro: Typographia do *Diario do Rio de Janeiro*, 1871.

Javari, barão de. *Organizações e programas ministeriais. Regime Parlamentar no Império.* Rio de Janeiro: Imprensa Nacional, 1889.

Malheiro, Agostinho Marques Perdigão. *A escravidão no Brasil. Ensaio histórico-jurídico-social.* Rio de Janeiro: Typographia Nacional, 1866. Reeditado pela Cultura, São Paulo, 1944.

Manifesto do centro liberal. Rio de Janeiro: Typ. Americana, 1869.

[Marinho, Joaquim de Saldanha]. *O rei e o Partido Liberal.* Rio de Janeiro: Typographia e Lithographia Franco-Americana, 1869. Segunda parte, Rio de Janeiro: Typographia e Lithografia Franco-Americana, 1869. Reimpresso em 1885 com o título *A Monarchia e a política do rei.* Rio de Janeiro: Leuzinger.

Martins, Silveira. *Conferência radical.* Oitava sessão. Discurso proferido pelo Sr. Dr. Gaspar da Silveira Martins sobre o radicalismo. Rio de Janeiro: Typographia e Lithographia Esperança, 1869.

Medrado, Landulfo. *Os cortezãos e a viagem do imperador, ensaio político sobre a situação.* Bahia: Typ. de Camillo de Lellis Masson & C., 1860.

[Matos, Luís de Carvalho Melo]. *Páginas de história constitucional do Brasil, 1840-1848.* Rio de Janeiro: Garnier, 1870.

[Justiniano José da Rocha]. *Monarchia-democracia.* Rio de Janeiro: F. de Paula Brito, 1860.

Moura, Carlos Bernardino de. *Compilação de algumas reflexões sobre o regime constitucional do Brasil.* Niterói: Typ. do Echo da Nação, 1860.

N. C. B. C. *A regeneração e a reforma.* Pernambuco, Typ. Com. de G.H. Mira, 1866.

[Nabuco, Joaquim] *O povo e o throno.* Profissão de fé política de Juvenal, romano da decadência. Rio de Janeiro, Typ. e Lith. Franceza, 1869.

————. *Um estadista do Império.* Rio de Janeiro: Nova Aguilar, 1975. Primeira edição 1898-1899.

Ottoni, Theophilo Benedicto. *A estátua equestre* [...]. Rio de Janeiro: Typographia do *Diario do Rio*, 1862.

————. *Circular dedicada aos senhores eleitores de senadores pela província de Minas Gerais* [...]. Rio de Janeiro: Typ. do Correio Mercantil, 1860.

Pereira, Theodomiro Alves. *O Poder Moderador e o Snr. Theophilo Benedicto Ottoni, offerecido aos mineiros por um seu comprovinciano*. São Paulo: Typ. da Lei, 2ª ed. 1860.

Programma do partido liberal. Rio de Janeiro: Typ. Americana, 1870.

Philemon [Quintino Bocaiuva], *A opinião e a Coroa*. Rio de Janeiro, Typ. do Correio da Tarde, 1861.

Pimentel, Prado. *These: centralização*. Typographia Americana [1869].

Processo da actualidade, pelo Velho Solitário. Rio de Janeiro: Typ. Progresso, 1866.

Regeneração por Demophilo [Salvador de Mendonça], Rio de Janeiro: Typ. Lisbonense, 1861.

Regulamento do Club da Reforma. Rio de Janeiro: Typ. Americana, 1869.

Resposta de um fluminense ao Folheto A Opinião e a Coroa. Rio de Janeiro, 1861.

Romero, Sílvio. "Explicações indispensáveis". In *Obras completas*. Ed. do Estado do Sergipe, 1926, t. X.

_____. "Resposta do Sr. Sílvio Romero". Em Academia Brasileira de Letras, *Discursos acadêmicos*. Tomo I, 1897-1919. Rio de Janeiro, 2005, 209-310.

_____. *Doutrina contra doutrina: o evolucionismo e o positivismo na República do Brasil*. Rio de Janeiro: J. B. Nunes, 1894.

A revolução e o imperialismo. Rio de Janeiro: Typ. Universal de Laemmert, 1866.

Sales, Alberto. *Política republicana*. Rio de Janeiro: Leuzinger e Filhos, 1882.

Silva, J. M. Pereira da. *Memórias de meu tempo*. Rio de Janeiro: H. Garnier [1895-1896].

Sousa, Francisco Belisário Soares de. *O sistema eleitoral no Império*. Brasília: Senado Federal, 1979. Primeira edição, 1872.

Vasconcelos, Zacarias de Góes e. *Da natureza e limites do Poder Moderador*. Brasília: Senado Federal, 1978. Primeira edição, Rio de Janeiro, 1862.

Vianna, Ferreira, "A conferência dos divinos". Em *Três panfletários do Segundo Reinado*, dir. R. Magalhães Jr. São Paulo: Cia. Editora Nacional, 1956, 265-275. Primeira edição, 1867.

Uruguai, visconde do. *Ensaio sobre o direito administrativo*. Rio de Janeiro, 1960. Primeira edição, 1862.

BIBLIOGRAFIA DE APOIO

Alonso, Ângela. *Ideias em movimento: a geração 1870 na crise do Brasil Império.* São Paulo: Paz e Terra, 2002.

Basile, Marcello. "O radicalismo exaltado: definições e controvérsias". Em Lucia Maria Bastos P. Neves e Tânia Maria Bessone, orgs. *Dimensões políticas do Império do Brasil.* Rio de Janeiro: Contra Capa, 2012, 19-50.

_____. "Anarquistas, rusguentos e demagogos: os liberais exaltados e a formação da esfera pública na corte imperial". Dissertação de Mestrado, UFRJ, 2000.

Barbosa, Silvana Mota. "Panfletos vendidos como canela": anotações em torno do debate político nos anos 1860". Em José Murilo de Carvalho, org. *Nação e cidadania no Império: novos horizontes.* Rio de Janeiro: Civilização Brasileira, 2007, 153-183.

_____. "A política progressista: parlamento, sistema representativo e partidos nos anos 1860". Em José Murilo de Carvalho e Lúcia Maria Bastos Pereira das Neves, orgs., *Repensando o Brasil do Oitocentos: cidadania, política e liberdade,* 293-324.

Carula, Karoline. *A tribuna da ciência.* A Conferências da Glória e as discussões do darwinismo na imprensa carioca (1873-1880). São Paulo: Anablume; Fapesp, 2009.

Carvalho, José Murilo de. "As conferências radicais do Rio de Janeiro: novo espaço de debate". Em José Murilo de Carvalho, org. *Nação e cidadania no Império: novos horizontes.* Rio de Janeiro: Civilização Brasileira, 2007, 17-41.

_____. "Radicalismo e republicanismo". Em *Repensando o Brasil do Oitocentos. Cidadania, política e liberdade*, José Murilo de Carvalho e Lucia Maria Bastos Pereira das Neves, orgs., 19-48. Rio de Janeiro: Civilização Brasileira, 2009.

_____. *A construção da ordem e Teatro de Sombras*. Rio de Janeiro: Civilização Brasileira, 2003.

_____. *D. Pedro II. Ser ou não ser.* São Paulo: Companhia das Letras, 2007.

Do Dratioto, Francisco. *Maldita guerra.* Nova história da Guerra do Paraguai. São Paulo: Cia das Letras, 2002.

Ermakoff, George e Cristiano Mascaro. *Theatro Municipal do Rio de Janeiro 100 anos*. Rio de Janeiro: J. Ermakoff Casa Editorial, 2010.

Ferreira, Ligia Fonseca, org. *Com a palavra Luís Gama*. São Paulo: Imprensa Oficial, 2011.

Fonseca, Maria Rachel Froes da. "As conferências populares da Glória: a divulgação do saber científico". *História, Ciências, Saúde: Manguinhos*, vol. II, n. 3, (1995), 1-38.

Guimarães, Lucia Maria Paschoal, "Ação, reação, transação: a pena de aluguel e a historiografia". Em José Murilo de Carvalho, org. *Nação e cidadania no Império: novos horizontes*. Rio de Janeiro: Civilização Brasileira, 2007, 71-91.

_____. e Maria Emília Prado, orgs. *O liberalismo no Brasil imperial.* Origens, conceitos e prática. Rio de Janeiro: Revan, 2001.

Janotti, Aldo. *O Marquês de Paraná*. Belo Horizonte/Itatiaia- São Paulo: Edusp, 1990.

Kauffmann, Elisana Furtado de Lira. "Liberais versus liberais: a oposição da *Opinião Liberal* ao Centro Liberal na Corte imperial (1868-1870)". Monografia de graduação, UFRJ, 2004.

Mattos, Ilmar Rohloff de. *O tempo saquarema*. São Paulo: Hucitec, 1987.

Needell, Jeffrey D. *The party of order. The conservatives, the State, and slavery in the Brazilian Monarchy, 1831-1871*. Stanford: Stanford University Press, 2006.

Peixoto, Antônio Carlos et alii. *O liberalismo no Brasil imperial*. Rio de Janeiro: Revan, 2001.

Pessoa, Reynaldo Carneiro. *A ideia republicana no Brasil, através dos documentos*. São Paulo: Alfa-Ômega, 1973.

Santos, José Maria dos. *Os republicanos paulistas e a abolição*. São Paulo: Martins [1842?]

Santos, Wanderley Guilherme dos. *Ordem burguesa e liberalismo político*. São Paulo: Duas Cidades, 1978.

Sodré, Nelson Werneck. *História da imprensa no Brasil*. Rio de Janeiro: Mauad,1999, 4ª ed.

Viana, Hélio. *Contribuição à história da imprensa brasileira (1812-1869)*. Rio de Janeiro: Imprensa Nacional, 1945.